Die Maßgeblichkeit des Gesellschaftswohls für die Bestellung und Tätigkeit des gerichtlich bestellten Sonderprüfers gemäß § 142 Abs. 2 Satz 1 AktG

Europäische Hochschulschriften Recht

European University Studies in Law

Publications Universitaires Européennes de Droit

Band/Volume 6204

Jana Vorsich

Die Maßgeblichkeit des Gesellschaftswohls für die Bestellung und Tätigkeit des gerichtlich bestellten Sonderprüfers gemäß § 142 Abs. 2 Satz 1 AktG

PETER LANG

Bibliografische Information der Deutschen Nationalbibliothek
Die Deutsche Nationalbibliothek verzeichnet diese Publikation in der Deutschen Nationalbibliografie; detaillierte bibliografische Daten sind im Internet über http://dnb.d-nb.de abrufbar.

Zugl.: Düsseldorf, Univ., Diss., 2020.

D 61
ISSN 0531-7312
ISBN 978-3-631-83411-4 (Print)
E-ISBN 978-3-631-83868-6 (E-PDF)
E-ISBN 978-3-631-83869-3 (EPUB)
E-ISBN 978-3-631-83870-9 (MOBI)
DOI 10.3726/b17726

Diese Publikation wurde begutachtet.

www.peterlang.com

Vorwort

Die Juristische Fakultät der Heinrich-Heine-Universität Düsseldorf hat die vorliegende Arbeit im September 2019 als Dissertation angenommen.

Mein ganz herzlicher Dank gilt meinem Doktorvater Herrn Prof. Dr. Christian Kersting LL.M. (Yale) für die großartige Betreuung im Rahmen meiner Dissertation und vor allem auch im Rahmen meines gesamten Studiums sowie für die schnelle Erstellung des Erstgutachtens. Bedanken möchte ich mich auch bei Prof. Dr. Dieter Leuering für die ebenfalls hervorragende Betreuung meiner Dissertation.

Zudem möchte ich mich bei allen denjenigen bedanken, die mich bei dem Schreiben meiner Dissertation auf vielfältige Art und Weise unterstützt haben. Besonderer Dank gilt dabei Sophie Regenhardt, Sibille Hanenberg und Maren Dittrich.

Frankfurt, im Juli 2020

Inhaltsverzeichnis

Die Maßgeblichkeit des Gesellschaftswohls für die Bestellung und Tätigkeit des gerichtlich bestellten Sonderprüfers gemäß § 142 Abs. 2 Satz 1 AktG

Die Maßgeblichkeit des Gesellschaftswohls für die Bestellung und Tätigkeit des gerichtlich bestellten Sonderprüfers gemäß § 142 Abs. 2 Satz 1 AktG

A) Allgemeiner Teil

I) Einführung

Die aktienrechtliche Sonderprüfung gemäß §§ 142 ff. AktG zielt darauf ab, Vorgänge bei der Gründung einer Gesellschaft oder der Geschäftsführung näher zu beleuchten. Dadurch sollen gegebenenfalls unklare Tatsachen aufgeklärt und unbekannte Fakten aufgedeckt werden. Ein Interesse an der Bestellung des Sonderprüfers bzw. der Durchführung der Sonderprüfung besteht dann, wenn der Verdacht besteht, dass es zu Vorfällen gekommen ist, die nicht einer ordnungsgemäß geführten Gesellschaft entsprechen.

Zum einen kann ein Sonderprüfer gemäß § 142 Abs. 1 Satz 1 AktG durch die Hauptversammlung bestellt werden. Sofern eine derartige Bestellung von der Hauptversammlung abgelehnt wurde, steht zum anderen einer Aktionärsminderheit subsidiär das Recht zu, einen Antrag auf Bestellung des Sonderprüfers durch das Gericht gemäß § 142 Abs. 2 Satz 1 AktG zu stellen. Anders als die Bestellung durch die Hauptversammlung, die keinen weiteren Voraussetzungen unterliegt, ist die Bestellung durch das Gericht nur unter erhöhten Anforderungen rechtlich zulässig.

Dementsprechend ist die Bestellung eines Sonderprüfers eine Situation, von der sämtliche Gruppen innerhalb der Gesellschaft betroffen sind. Während den Aktionären bzw. einer Aktionärsminderheit die Bestellung des Sonderprüfers obliegt, ist es die Aufgabe des Aufsichtsrats bzw. Vorstands, die gewonnen Erkenntnisse zu bewerten und über die weiteren Schritte zu entscheiden.

Gleichzeitig entstehen – insbesondere mit der gerichtlichen – Bestellung des Sonderprüfers zahlreiche Spannungsverhältnisse, die es zur erfolgreichen Durchführung der Sonderprüfung in angemessener Weise aufzulösen gilt. Die Interessenkonflikte, die im Folgenden aufgezeigt werden, stellen dabei die Grundlage der Problematik dar, welcher im Rahmen dieser Arbeit nachgegangen werden soll:

Erstens, die Durchführung einer Sonderprüfung gemäß §§ 142 ff. AktG dient dem Aufklärungsinteresse. Demgegenüber steht ein Geheimhaltungsinteresse der Gesellschaft im Hinblick auf Informationen, aus deren Bekanntwerden der Gesellschaft ein Nachteil entstehen könnte.

Zweitens, Gegenstand der Sonderprüfung sind (abgesehen von einzelnen Teilen des Gründungsvorgangs) zumeist Vorgänge, die sich auf das (unterlassene) Handeln der Geschäftsführung (d.h. des Vorstands und somit indirekt auch des Aufsichtsrats) bezieht. Gleichzeitig liegt es jedoch in der Verantwortung dieser Organe, die Ergebnisse der Sonderprüfung einzuschätzen und den weiteren Umgang mit diesen festzulegen.

Drittens, die Idee zur Einführung einer Sonderprüfung fand mit § 222a AGHGB bereits im Jahr 1884 Eingang in das damals geltende Gesetz.[1] Obwohl die damit verbundenen Kompetenzen der Hauptversammlung und der Aktionärsminderheit im Laufe der Jahre schrittweise ausgebaut wurden[2], hatte der Gesetzgeber stets ausschließlich die in der Bundesrepublik Deutschland gegründeten und operierenden Gesellschaften im Blick.[3] Die den Vorschriften der §§ 142 ff. AktG zugrundeliegende Annahme, dass die Tätigkeit der Gesellschaft auf den deutschen Rechtsraum beschränkt sind, entspricht heutzutage in vielen Fällen jedoch nicht mehr der Realität. Vielmehr erstreckt sich das (vor allem operative) Geschäft zahlreicher Gesellschaften unabhängig von ihrer deutschen Rechtsform über die Bundesgrenzen hinaus, wobei die Regelungen der §§ 142 ff. AktG weiterhin anwendbar bleiben. Dies ist bei der Ausgestaltung der §§ 142 ff. AktG nicht bedacht worden. Dementsprechend kommt es zu Situationen, in denen die Durchführung der Sonderprüfung nach deutschem Recht die rechtliche Situation der Gesellschaft im Ausland (insbesondere im angloamerikanischen Rechtsraum) in vom Gesetzgeber vermutlich nicht vorhergesehener Weise zu deren Nachteil beeinträchtigt.

Um eine erfolgreiche Durchführung der Sonderprüfung zu ermöglichen, ist es unerlässlich, dass diese drei Spannungsfelder, welche nicht vollständig losgelöst voneinander betrachtet werden können, einer interessengerechten Lösung zugeführt werden. In der Entwicklung eines solchen Lösungsvorschlags liegt der Anspruch dieser Arbeit, wobei diese sich auf die Konstellation der gerichtlichen Bestellung des Sonderprüfers gemäß § 142 Abs. 2 Satz 1 AktG beschränkt.

Im Verlauf dieser Arbeit soll gezeigt werden, dass die Vorschriften des §§ 142 ff. AktG ein in sich schlüssiges System bilden, aus welchem sich die Antwort auf die Frage, wie die bestehenden Konflikte zu bewältigen sind, ableiten lässt. Dazu wird zunächst der Schutzzweck der Sonderprüfung sowie die Stellung des gerichtlich bestellten Sonderprüfers innerhalb der Gesellschaft, welche den maßgeblichen Rahmen für die Auflösung der Interessenkonflikte bilden, untersucht. Im Anschluss daran werden die Rechte und Pflichten des gerichtlich bestellten Sonderprüfers dargestellt und mögliche Maßstäbe und Modifizierungen diskutiert.

Der Hauptteil dieser Arbeit beschäftigt sich mit dem Einfluss der Durchführung der Sonderprüfung auf bestehende Legal (Professional) Privileges unter angloamerikanischem Recht, wobei der Schwerpunkt auf die Auswirkungen in dem Vereinigten Königreich und den Vereinigten Staaten von Amerika gelegt wird. Dieser

---

1 *Mock*, in: Spindler/Stilz, AktG, 4. Auflage 2019, § 142 Rn. 10; *Arnold*, in: MünchKomm-AktG, 4. Auflage 2018, § 142 Rn. 9.

2 *Mock*, in: Spindler/Stilz, AktG, 4. Auflage 2019, § 142 Rn. 10ff. *Arnold*, in: MünchKomm-AktG, 4. Auflage 2018, § 142 Rn. 9ff..

3 Der Frage, inwieweit die Grundsätze der aktienrechtlichen Sonderprüfung gemäß §§ 142 ff. AktG auf andere deutsche Rechtsformen (z.B. GmbH) übertragbar sind oder auf ausländische Rechtsformen (z.B. Societas Europaea) Anwendung finden, soll im Rahmen dieser Arbeit nicht nachgegangen werden.

Themenkomplex spiegelt eindrucksvoll wider, wie sich die drei oben beschriebenen Interessenkonflikte in der Praxis darstellen. Das Ziel dieser Arbeit ist es, eine Lösung für diese Interessenkonflikte zu finden, die eine effektive Durchführung der Sonderprüfung ermöglicht.

Des Weiteren wird diese Arbeit der Frage nachgehen, inwiefern die der gefundenen Lösung zugrundeliegenden Überlegungen bereits im Rahmen der gerichtlichen Bestellung des Sonderprüfers zu berücksichtigen sind.

Abschließend erörtert die Arbeit in einem Exkurs die Frage, welche Konsequenzen es hat, wenn der gerichtlich bestellte Sonderprüfer vor Beginn der Durchführung der Sonderprüfung die Annahme seines Mandats ablehnt.

II) Schutzzweck der Sonderprüfung

Die Ermittlung des Schutzzwecks ist eine grundlegende Weichenstellung für das Institut der aktienrechtlichen Sonderprüfung gemäß §§ 142 ff. AktG.

1) Allgemeines

Im Rahmen der gerichtlichen Bestellung eines Sonderprüfers gemäß § 142 Abs. 2 Satz 1 AktG stellt der Schutzzweck den maßgeblich zu berücksichtigen Faktor dar:

Er legt zunächst einmal fest, ab wann die Grenze zu einer rechtsmissbräuchlichen Antragsstellung überschritten ist (vgl. Ziffer C) II) 5)). Darüber hinaus ist die Prüfung der Verhältnismäßigkeit nach dem Schutzzweck auszurichten. Die Verhältnismäßigkeit ist als ungeschriebene Voraussetzung für die gerichtliche Bestellung einer Sonderprüfung gemäß § 142 Abs. 2 Satz 1 AktG allgemein anerkannt.[4] Eine gerichtliche Bestellung ist als unverhältnismäßig anzusehen, sofern sie konträr zum Schutzzweck der Sonderprüfung gemäß §§ 142 ff. AktG erfolgen würde (vgl. Ziffer C) II) 6) a)).

Im Hinblick auf die Durchführung der Sonderprüfung gemäß §§ 142 ff. AktG wirkt sich der Schutzzweck auf die Rechte und Pflichten des Sonderprüfers aus. So muss der Sonderprüfer seine Rechte im Einklang mit dem Schutzzweck ausüben (vgl. Ziffer A) IV) 1), A) IV) 2)). Spiegelbildlich dazu ergeben sich gewisse Pflichten

---

4 BT-Drucks. 15/5092, Seite 18; *Mock*, in: Spindler/Stilz, AktG, 4. Auflage 2019, § 142 Rn. 155; *Koch*, in: Hüffer/Koch, AktG, 13. Auflage 2018, § 142 Rn. 21; *Liebscher*, in: Henssler/Strohn, GesR, 3. Auflage 2016, § 142 Rn. 12; *Spindler*, in: K. Schmidt/Lutter, AktG, 3. Auflage 2015, § 142 Rn. 52; *Rieckers/Vetter*, in: KölnKomm-AktG, 3. Auflage 2015, § 142 Rn. 299; *Möhrle*, in: Happ, Aktienrecht, 2. Auflage 2014, Abschnitt 11.16 Rn. 12.5; *Wilsing/von der Linden*, in: Heidel, Aktienrecht und Kapitalmarktrecht, 4. Auflage 2014, § 142 AktG Rn. 32; *Zwissler*, in: Wachter, Aktienrecht, 2. Auflage 2014, § 142 Rn. 17; *Schröer*, in: MünchKomm-AktG, 3. Auflage 2003, § 142 Rn. 73; *Bungert*, in: MünchHdb-AG, 4. Auflage 2015, § 43 Rn. 16; *Kirschner*, Die Sonderprüfung der Geschäftsführung in der Praxis, 2008, Seite 89; *Spindler*, NZG 2010, 281, 282; *Göz/Holzborn*, WM 2006, 157, 157, 158; *Koch*, 2006, 769, 769, 780; *Spindler*, NZG 2005, 865, 865,870.

des Sonderprüfers, die die Einhaltung des Schutzzwecks bei der Durchführung der Sonderprüfung gemäß §§ 142 ff. AktG sicherstellen sollen (vgl. Ziffer A) IV) 3) b)).

Dementsprechend strahlt der Schutzzweck sowohl auf den Vorgang der gerichtlichen Bestellung des Sonderprüfers gemäß § 142 Abs. 2 Satz 1 AktG als auch auf den darauffolgenden Akt der Durchführung der Sonderprüfung gemäß §§ 142 ff. AktG aus. Fraglich bleibt jedoch, worin der Schutzzweck der Sonderprüfung zu sehen ist.

2) Minderheitenschutz

Denkbar wäre es, den Schutzzweck der Sonderprüfung gemäß §§ 142 ff. AktG in dem Schutz von Minderheitsaktionären zu sehen.[5] Auffällig in diesem Kontext ist zunächst, dass unter den Stimmen, die die Sonderprüfung gemäß §§ 142 ff. AktG als Instrument des Minderheitenschutzes ansehen, weitgehend Einigkeit herrscht, dass dieses Ziel nicht der ausschließliche Zweck der Sonderprüfung gemäß §§ 142 ff. AktG sein kann, sondern die Sonderprüfung gemäß §§ 142 ff. AktG lediglich <u>auch</u> dem Minderheitenschutz dient.[6]

Dem Wortlaut des § 142 Abs. 2 Satz 1 AktG ist zu entnehmen, dass die Ablehnung der Bestellung eines Sonderprüfers durch die Hauptversammlung eine zwingende Voraussetzung für die Begründetheit des Antrags auf gerichtliche Bestellung eines Sonderprüfers ist. Indem einer Aktionärsminderheit das Recht eingeräumt wird, einen Antrag auf gerichtliche Bestellung eines Sonderprüfers stellen zu können, wird dieser die Möglichkeit verliehen, einen Prozess in Gang zu setzen, der es ihr erlaubt, dass sich unter bestimmten Voraussetzungen über eine Mehrheit von mindestens 50% der in der Hauptversammlung abstimmenden Aktionäre

---

5 LG Frankfurt, Beschluss vom 23. Februar 2016, Az.: 3–16 O 2/15 = BB 2016, 977, 978; KG Berlin, Beschluss vom 5. Januar 2012, Az.: 2 W 95/11 = AG 2012, 412, 413; *Arnold*, in: MünchKomm-AktG, 4. Auflage 2018, § 142 Rn. 7; *Koch*, in: Hüffer/Koch, AktG, 13. Auflage 2018, § 142 Rn. 1; *Hirschmann*, in: Hölters, AktG, 3. Auflage 2017, § 142 Rn. 5; *Rieckers/Vetter*, in: KölnKomm-AktG, 3. Auflage 2015, § 142 Rn. 4, 26; *Mock*, in: Spindler/Stilz, AktG, 4. Auflage 2019, § 142 Rn. 7; *Herrler*, in: Grigoleit, AktG, 2013, § 142 Rn. 1; *Bezzenberg*, in: GroßKomm-AktG, 4. Auflage 2008, § 142 Rn. 8; *Mock*, ZIP 2018, 201, 202; *Müller-Michaels/Wingerter*, AG 2010, 903, 905; *Hirte*, ZIP 1988, 953, 954; *Ebenroth*, Das Auskunftsrecht des Aktionärs und seine Durchsetzung im Prozess, 1969, 232.

6 OLG München, Beschluss vom 25. März 2010, Az.: 31 Wx 144/09 = AG 2010, 598, 600; *Koch*, in: Hüffer/Koch, AktG, 13. Auflage 2018, § 142 Rn. 1; *Arnold*, in: MünchKomm-AktG, 4. Auflage 2018, § 142 Rn. 7 - in Bezug auf Gläubiger- und Öffentlichkeitsinteressen; *Hirschmann*, in: Hölters, AktG, 3. Auflage 2017, § 142 Rn. 5 - im Hinblick auf öffentliche Interessen; *Spindler*, in: K. Schmidt/Lutter, AktG, 3. Auflage 2015, § 142 Rn. 2; *Rieckers/Vetter*, in: KölnKomm-AktG, 3. Auflage 2015, § 142 Rn. 4, 26; *Bachmann*, ZIP 2018, 101, 106; *von der Linden/Ogorek*, EWiR 2010, 629, 630; *Hirte*, ZIP 1988, 953, 954.

hinweggesetzt wird. Die Möglichkeit einer Aktionärsminderheit, eine Maßnahme ohne bzw. gegen den Willen der Mehrheit der Hauptversammlung anzustrengen, ist ein typisches Charakteristikum eines Minderheitenrechts. Dies zeigt sich beispielsweise an dem Recht einer Aktionärsminderheit, gemäß § 122 Abs. 1 AktG die Einberufung einer Hauptversammlung zu verlangen.[7] Ähnlich gelagert – streng genommen jedoch kein Minderheitenrecht, sondern ein Individualrecht – ist das Auskunftsrecht des einzelnen Aktionärs gemäß § 131 Abs. 1 Satz 1 AktG im Rahmen der Hauptversammlung.[8] Im Hinblick auf diese scheinbare Ähnlichkeit des Rechts der Aktionärsminderheit, einen Antrag auf gerichtliche Bestellung eines Sonderprüfers gemäß § 142 Abs. 2 Satz 1 AktG zu stellen, mit allgemein anerkannten Minderheitsrechten bzw. Individualrechten, scheint es zumindest nicht von vorneherein ausgeschlossen, dass die Sonderprüfung gemäß §§ 142 ff. AktG den Minderheitenschutz verfolgt.

Diese oberflächliche Betrachtung ist jedoch um eine tiefergehende Analyse der Intention der Sonderprüfung gemäß §§ 142 ff. AktG zu ergänzen. Die Durchführung einer gerichtlich angeordneten Sonderprüfung dient gemäß § 142 Abs. 2 Satz 1 AktG *„zur Prüfung eines Vorgangs bei der Gründung oder eines nicht über fünf Jahre zurückliegenden Vorgangs bei der Geschäftsführung [...], wenn Tatsachen vorliegen, die den Verdacht rechtfertigen, dass bei dem Vorgang Unredlichkeiten oder grobe Verletzungen des Gesetzes oder der Satzung vorgekommen sind.“* Die im Rahmen der Durchführung der Sonderprüfung festgestellten Tatsachen sollen als Grundlage für die Geltendmachung von Ersatzansprüchen der Gesellschaft gegen

7 OLG Frankfurt, Beschluss vom 19. Juni 2017, Az.: 5 U 150/16 = AG 2017, 125, 126; OLG München, Beschluss vom 9. November 2009, Az.: 31 Wx 134/09 = AG 2010, 84, 85; OLG Stuttgart, Beschluss vom 25. November 2008, Az.: 8 W 370/08 = AG 2009, 169, 170; OLG Hamm, Beschluss vom 11.Juli 2002, Az.: 15 W 269/02 = DStR 2003, 219, 219 m. Anm. *König/Römer*; KG Berlin, Beschluss vom 3. Dezember 2012, Az.: 1 W 363/02) AG 2003, 500, 502; *Koch*, in: Hüffer/Koch, AktG, 13. Auflage 2018, § 122 Rn. 1; *Drinhausen*, in: Hölters, AktG, 3. Auflage 2017, § 122 Rn. 6; *Reger*, in: Bürgeres/Körber, AktG, 4. Auflage 2017, § 132 Rn. 1; *Butzke*, in: GroßKomm-AktG, 5. Auflage 2015, § 122 Rn. 1; *Rieckers*, in: Spindler/Stilz, AktG, 3. Auflage 2015, § 122 Rn. 1; *Ziemons*, in: K. Schmidt/Lutter, AktG, 3. Auflage 2015, § 122 Rn. 2; *U. Schmidt*, in: Heidel, Aktienrecht und Kapitalmarktrecht, 4. Auflage 2014, § 93 AktG Rn. 5; *Herrler*, in: Grigoleit, AktG, 2013, § 122 Rn. 1; *Mertens/Cahn*, in: KölnKomm-AktG, 3. Auflage 2010, § 91 Rn. 1; *Maul*, in: Drinhausen/Eckstein, Beck-HdB AG, 3. Auflage 2018, § 4 Rn. 92; *Halbermann/Gierke*, NZG 2004, 494, 496.

8 BGH, Beschluss vom 5. November 2013, Az.: II ZB 28/12 = NJW 2014, 541, 544; OLG München, Urteil vom 4. Juli 2001, Az.: 7 U 5285/00 = NZG 2002, 187, 188; *Siems*, in: Spindler/Stilz, AktG, 4. Auflage 2019, § 131 Rn. 2; *Kubis*, in: MünchKomm-AktG, 4. Auflage 2018, § 131 Rn. 3; *Koch*, in: Hüffer/Koch, AktG, 13. Auflage 2018, § 131 Rn. 1; *Spindler*, in: K. Schmidt/Lutter, AktG, 3. Auflage 2015, § 131 Rn. 4; *Kersting*, in: KölnKomm-AktG, 3. Auflage 2010, § 131 Rn. 8; *Haggeney/Hausmanns*, NZG 2016, 814, 815.

Mitglieder der Geschäftsführung[9] sowie für die Vorbereitung weiterer (personeller) Konsequenzen (z.B. Abberufung, Verweigerung der Entlastung etc.)[10] dienen.[11]

Die Überwachung der Geschäftsführung obliegt jedoch gemäß § 111 Abs. 1 AktG grundsätzlich dem Aufsichtsrat. Dabei weist die Überwachungspflicht des Aufsichtsrats gemäß § 111 Abs. 1 AktG sowohl eine vergangenheitsbezogene als auch eine zukunftsbezogene Komponente auf.[12] Die vergangenheitsbezogene Kontrolle befasst sich mit der Überprüfung bereits abgeschlossener Vorgänge auf deren Recht- und Zweckmäßigkeit.[13] Darunter fällt insbesondere auch die Aufklärung eines Sachverhalts, der möglicherweise die Grundlage für Ersatzansprüche der Gesellschaft gegen Mitglieder der Geschäftsführung begründen könnte.[14] Dagegen

---

9 OLG Hamburg, Urteil vom 23. Dezember 2010, Az.: 11 U 185/09 = BeckRS 2011, 09369; OLG München, Beschluss vom 25. November 2008, Az.: 8 W 370/08 = AG 2009, 169, 171; LG München I, Beschluss vom 9. Juni 2016, Az.: 17 HK O 6754/15 = NZG 2016, 1342, 1346; KG Berlin, Beschluss vom 5. Januar 2012, Az.: 2 W 95/11 = AG 2012, 412, 413; *Mock*, in: Spindler/Stilz, AktG, 4. Auflage 2019, § 142 Rn. 6; *Arnold*, in: MünchKomm-AktG, 4. Auflage 2018, § 142 Rn. 5; *Koch*, in: Hüffer/Koch, AktG, 13. Auflage 2018, § 142 Rn. 1; *Hirschmann*, in: Hölters, AktG, 3. Auflage 2017, § 142 Rn. 3; *Rieckers/Vetter*, in: KölnKomm-AktG, 3. Auflage 2015, § 142 Rn. 16 ff. *Bezzenberg*, in: GroßKomm-AktG, 4. Auflage 2008, § 142 Rn. 6; *Habersack*, in: FS Wiedemann, 2002, 889, 892 f. *Mock*, ZIP 2018, 201, 202; *Slavik*, WM 2017, 1684, 1684; *Müller-Michaels/Wingerter*, AG 2010, 903, 904; *von der Linden/Ogorek*, EWiR 2010, 629, 630.

10 *Arnold*, in: MünchKomm-AktG, 4. Auflage 2018, § 142 Rn. 6; *Hirschmann*, in: Hölters, AktG, 3. Auflage 2017, § 142 Rn. 4; *Mock*, ZIP 2018, 201, 202; *von der Linden/Ogorek*, EWiR 2010, 629, 630; *Müller-Michaels/Wingerter*, AG 2010, 903, 904.

11 Denkbar sind darüber hinaus grundsätzlich auch mögliche Konsequenzen gegen Mitglieder des Aufsichtsrats, soweit diese ihre Überwachungspflicht gemäß § 111 Abs. 1 AktG verletzt haben und insoweit letzlich die Grundlage für die Durchführung einer Sonderprüfung gmeäß §§ 142 ff. AktG geschaffen haben.

12 *Habersack*, in: MünchKomm-AktG, 4. Auflage 2018, § 111 Rn. 29, 39; *Koch*, in: Hüffer/Koch, AktG, 13. Auflage 2018, § 111 Rn. 13; *Spindler*, in: Spindler/Stilz, AktG, 3. Auflage 2015, § 111 Rn. 10; *Lutter/Krieger/Verse*, Rechte und Pflichten des Aufsichtsrats, 6. Auflage 2014§ 3 Rn. 103; *Habersack*, 2014, 1, 1.

13 BGH, Urteil vom 25. März 1991, Az.: II ZR 188/89 = NJW 1991, 1830, 1831; *Habersack*, in: MünchKomm-AktG, 4. Auflage 2018, § 111 Rn. 42; *Spindler*, in: Spindler/Stilz, AktG, 3. Auflage 2015, § 111 Rn. 14; *Koch*, in: Hüffer/Koch, AktG, 13. Auflage 2018, § 111 Rn. 14; *Grigoleit/Tomasic*, in: Grigoleit, AktG, 2013, § 111 Rn. 15; *Drygala*, in: K. Schmidt/Lutter, AktG, 3. Auflage 2015, § 111 Rn. 20, 21; *Mertens/Cahn*, in: Köln-Komm-AktG, 3. Auflage 2013, § 111 Rn. 14; *Arnold*, in: Marsch-Barner/Vetter, Hdb. börsennotierte AG, 4. Auflage 2018, § 19 Rn. 9 ff. *Hoffmann-Becking*, in: MünchHdB GesR Band 4, 4. Auflage 2015, § 29 Rn. 31; *Lutter/Krieger/Verse*, (o. Fn. 12), § 3 Rn. 73; *Lutter*, AG 2008, 1, 2; *Säcker/Rehm*, DB 2008, 2814, 2817; *Semler*, Leitung und Überwachung der Aktiengesellschaft, 2. Auflage 1996 Rn. 183.

14 BGH, Urteil vom 21. April 1997, Az.: II ZR 175/95 = NJW 1997, 1926, 1927 – (ARAG/Garmenbeck); *Koch*, in: Hüffer/Koch, AktG, 13. Auflage 2018, § 111 Rn. 8; *Habersack*, in: MünchKomm-AktG, 4. Auflage 2018, § 111 Rn. 35; *Spindler*, in: Spindler/Stilz,

liegt der Schwerpunkt der zukunftsbezogenen Überwachung in der Beratung des Vorstands durch den Aufsichtsrat.[15]

Die Aufgabe der Durchführung der Sonderprüfung gemäß §§ 142 ff. AktG entspricht somit dem vergangenheitsbezogenen Aufgabenbereich des Aufsichtsrats. Das Bestreben der Hauptversammlung bzw. einer Aktionärsminderheit eine Sonderprüfung durchführen zu wollen, bringt dabei deren fehlendes Vertrauen in die ordnungsgemäße Ausführung der Überwachung durch den Aufsichtsrat zum Ausdruck. Wäre der Aufsichtsrat seiner eigenverantwortlichen Überwachungstätigkeit gemäß § 111 Abs. 1 AktG ordnungsgemäß nachgekommen, hätte er den in Frage stehenden Sachverhalt umfassend aufgeklärt, um in einem weiteren Schritt evaluieren zu können, ob mögliche Ersatzansprüche gegen (ehemalige) Mitglieder des Vorstands bestehen. Die Möglichkeit der Prüfung von Vorgängen der Geschäftsführung durch den Sonderprüfer durchbricht somit die grundlegende Kompetenzverteilung in der Aktiengesellschaft.[16]

Aus dem Umstand, dass eine Sonderprüfung gemäß §§ 142 ff. AktG letztlich darauf abzielt, die Aufgaben des Aufsichtsrats (ordnungsgemäß) wahrzunehmen, lässt sich die Schlussfolgerung ziehen, dass die Sonderprüfung gerade nicht der Unterstützung der Durchsetzung von individuellen Ansprüchen oder Interessen einzelner Aktionäre zu dienen bestimmt ist.[17] Dies wird umso deutlicher, wenn man sich vor Augen führt, dass, sofern die Sonderprüfung Tatsachen aufdeckt, die einen Haftungsanspruch gegen ein Vorstandsmitglied begründen, eine Haftung des betroffenen Vorstandsmitgliedes gemäß § 93 Abs. 2 Satz 1 AktG als reine Binnenhaftung ausgestaltet ist.[18] Es handelt sich also um einen Anspruch der Gesellschaft. Sofern die Gesellschaft diesen Haftungsanspruch gegen ein Vorstandsmitglied erfolgreich geltend macht, ist die Schadensersatzzahlung somit an die Gesellschaft – und nicht an die Minderheitsaktionäre – zu leisten.

AktG, 3. Auflage 2015, § 111 Rn. 27; *Drygala*, in: K. Schmidt/Lutter, AktG, 3. Auflage 2015, § 111 Rn. 11; *Goette*, in: FS Liber Amicorum Winter, 2011, 153, 156; *Cahn*, WM 2013, 1293, 1296; *Casper*, ZHR 176 2012, 617, 621; *Goette*, ZHR 176 2012, 588, 600 ff.

15 *Habersack*, in: MünchKomm-AktG, 4. Auflage 2018, § 111 Rn. 39; *Koch*, in: Hüffer/Koch, AktG, 13. Auflage 2018, § 111 Rn. 13; *Grigoleit/Tomasic*, in: Grigoleit, AktG, 2013, § 111 Rn. 9; *Lutter/Krieger/Verse*, (o. Fn. 10), § 3 Rn. 103.

16 *Bezzenberg*, in: GroßKomm-AktG, 4. Auflage 2008, § 142 Rn. 6.

17 *Rieckers/Vetter*, in: KölnKomm-AktG, 3. Auflage 2015, § 142 Rn. 26; *Kamm*, Die aktienrechtliche Sonderprüfung gemäß §§142ff. AktG - Das Gesellschaftsinteresse im Konflikt mit Anliegen der Aktionäre und der Verwaltung, 2015, S. 35 ff. *Bachmann*, ZIP 2018, 101, 106; *Müller-Michaels/Wingerter*, AG 2010, 903, 906; *von der Linden/Ogorek*, EWiR 2010, 629, 629; *Wilsing/Ogorek*, GWR 2009, 75, 77.

18 *Spindler*, in: MünchKomm-AktG, 5. Auflage 2019, § 93 Rn. 162; *Fleischer*, in: Spindler/Stilz, AktG, 4. Auflage 2019, § 93 Rn. 1; *Koch*, in: Hüffer/Koch, AktG, 13. Auflage 2018, § 93 Rn. 36.

Der Umstand, dass den Minderheitsaktionären kein eigener Anspruch aus der Ausübung eines Rechts entsteht, stellt einen entscheidenden Unterschied zu den typischerweise als Minderheitsrecht / Individualrecht verstandenen Rechten dar. So verleiht die Vorschrift des § 122 Abs. 1 AktG einer Aktionärsminderheit das Recht, eine Hauptversammlung einzuberufen. Die Einberufung der Hauptversammlung an sich gewährleistet zwar nicht die Durchsetzung der von der Aktionärsminderheit verfolgten Beschlussanträge; sie bildet aber den notwendigen ersten Schritt, um eine Willensbildung über einen von der Aktionärsminderheit auf die Tagesordnung gesetzten Beschlussgegenstand zu bewirken.[19] Somit verhilft das Einberufungsrecht gemäß § 122 Abs. 1 AktG der Aktionärsminderheit zur Durchsetzung ihrer individuellen Interessen. Ebenso verhält es sich mit dem Auskunftsanspruch des einzelnen Aktionärs gemäß § 131 Abs. 1 AktG. Die Möglichkeit, Auskunft über Angelegenheiten der Gesellschaft zu verlangen, soll es dem einzelnen Aktionär ermöglichen, diejenigen Informationen zu erlangen, die er zur Ausübung seiner mitgliedschaftlichen Rechte (insbesondere des Stimmrechts) benötigt.[20] Es geht also wiederum – anders als bei der Sonderprüfung gemäß §§ 142 ff. AktG – um die Durchsetzung von individuellen Rechten.

Der Umstand, dass die Sonderprüfung gemäß §§ 142 ff. AktG gerade nicht auf die Unterstützung der Durchsetzung von Individualansprüchen einzelner Aktionäre ausgerichtet ist[21], lässt die Annahme zu, dass sie gerade nicht auf den Schutz einer Aktionärsminderheit abzielt. Vielmehr wird die Durchführung einer Sonderprüfung gemäß §§ 142 ff. AktG lediglich durch eine Aktionärsminderheit initiiert. Das Antragsrecht der Aktionärsminderheit auf gerichtliche Bestellung eines Sonderprüfers gemäß § 142 Abs. 2 Satz 1 AktG beschränkt sich somit auf die Ingangsetzung der Bestellung des Sonderprüfers. Die letztendliche Entscheidung über die Bestellung eines Sonderprüfers liegt jedoch bei dem Gericht. Auch an der Durchführung der Sonderprüfung an sich, welche der gerichtlich bestellte Sonderprüfer im Anschluss an seine Bestellung aufnimmt, ist die Aktionärsminderheit in

19 *Kubis*, in: MünchKomm-AktG, 4. Auflage 2018, § 122 Rn. 1; *Koch*, in: Hüffer/Koch, AktG, 13. Auflage 2018, § 122 Rn. 1; *Drinhausen*, in: Hölters, AktG, 3. Auflage 2017, § 122 Rn. 1; *Rieckers*, in: Spindler/Stilz, AktG, 3. Auflage 2015, § 122 Rn. 1.

20 BVerfG, Beschluss vom 20. September 1999, Az.: 1 BvR 636/95 = NJW 2000, 349, 351; *Kubis*, in: MünchKomm-AktG, 4. Auflage 2018, § 131 Rn. 1; *Koch*, in: Hüffer/Koch, AktG, 13. Auflage 2018, § 131 Rn. 1; *Drinhausen*, in: Hölters, AktG, 3. Auflage 2017, § 131 Rn. 1; *Reger*, in: Bürgeres/Körber, AktG, 4. Auflage 2017, § 131 Rn. 1; *Liebscher*, in: Henssler/Strohn, GesR, 3. Auflage 2016, § 131 Rn. 1; *Rieckers/Vetter*, in: KölnKomm-AktG, 3. Auflage 2015, § 142 Rn. 26; *Siems*, in: Spindler/Stilz, AktG, 3. Auflage 2015, § 131 Rn. 2; *Spindler*, in: K. Schmidt/Lutter, AktG, 3. Auflage 2015, § 131 Rn. 1; *Herrler*, in: Grigoleit, AktG, 2013, § 131 Rn. 1; *Bachmann*, ZIP 2018, 101, 106; *Müller-Michaels/Wingerter*, AG 2010, 903, 906.

21 *Rieckers/Vetter*, in: KölnKomm-AktG, 3. Auflage 2015, § 142 Rn. 26; *Bachmann*, ZIP 2018, 101, 106; *Slavik*, WM 2017, 1684, 1685f. *Müller-Michaels/Wingerter*, AG 2010, 903, 906.

keiner Weise beteiligt. Die Rolle der Aktionärsminderheit ist auf die Veranlassung der Bestellung beschränkt. Dementsprechend dient die Sonderprüfung gemäß §§ 142 ff. AktG nicht dem Schutz einer Aktionärsminderheit selbst.

3) Aufklärungsinteresse der Allgemeinheit bzw. der Gläubiger der Gesellschaft

Denkbar wäre weiterhin, dass die Sonderprüfung gemäß §§ 142 ff. AktG den Interessen der Allgemeinheit, insbesondere der Gläubiger der Gesellschaft, dienen soll.[22] Diese Annahme scheint ihre Berechtigung in dem Umstand zu finden, dass der abschließende Sonderprüfungsbericht gemäß § 145 Abs. 6 Satz 3 AktG zum zuständigen Handelsregister einzureichen ist und mithin gemäß § 9 Abs. 1 Satz 1 HGB für jedermann einsehbar ist.

Dagegen spricht jedoch, dass der Allgemeinheit bzw. den Gläubigern der Gesellschaft weder ein Antragsrecht gemäß § 142 Abs. 2 Satz 1 AktG[23] noch irgendein Recht, das eine Verwertung der Ergebnisse der Sonderprüfung mit direkten Konsequenzen für die Gesellschaft erlauben würde, zusteht. Zwar ist denkbar, dass Gläubiger der Gesellschaft die in dem abschließenden Sonderprüfungsbericht enthaltenen Informationen, welche gemäß § 145 Abs. 6 Satz 3 AktG zum Handelsregister einzureichen sind, zur Vorbereitung einer Klage gegen die Gesellschaft nutzen. Im Hinblick auf den dem Zivilrecht zugrundeliegenden Beibringungsgrundsatz ist jedoch nicht davon auszugehen, dass das Aufklärungsinteresse der Gläubiger der Gesellschaft im Wege der Durchführung einer Sonderprüfung gemäß §§ 142 ff. AktG gefördert werden soll.

Darüber hinaus trägt die Gesellschaft gemäß § 142 Abs. 6 Satz 1 AktG sämtliche Kosten, die für die Tätigkeit des Sonderprüfers im Rahmen der Durchführung der Sonderprüfung gemäß §§ 142 ff. AktG anfallen. Im Hinblick auf das hohe Ausmaß der mit der Sonderprüfung verbundenen Kosten[24] erscheint es fernliegend, davon auszugehen, dass die Sonderprüfung die Interessen Dritter befriedigen soll.

Schließlich wird die Allgemeinheit in Form der Anleger am Kapitalmarkt hinreichend durch die kapitalmarktrechtlichen Vorschriften geschützt (z.B. Ad-hoc Publizitätspflicht gemäß Art. 17 MAR). Ungeachtet dessen ist nicht ersichtlich, inwiefern der Gläubiger einer Aktiengesellschaft schutzbedürftiger als der Gläubiger einer Gesellschaft bürgerlichen Rechts oder einer natürlichen Person, aus deren Beziehung sich ebenfalls kein Recht auf Aufklärung bestimmter Tatsachen im Rahmen einer Sonderprüfung ergibt, sein soll.

---

22 *Spindler*, in: K. Schmidt/Lutter, AktG, 3. Auflage 2015, § 142 Rn. 2 - nimmt einen reflexhaften Schutz an; *Rottnauer*, NZG 2000, 1235, 1236; *Hirte*, ZIP 1988, 953, 954.

23 *Spindler*, in: K. Schmidt/Lutter, AktG, 3. Auflage 2015, § 142 Rn. 2.

24 OLG Frankfurt, Beschluss vom 15. Juni 2011, Az.: 21 W 18/11 = AG 2011, 755, 756; OLG Frankfurt, Beschluss vom 13. Januar 2011, Az.: 21 W 16/11 = juris, Rn. 27.

Dementsprechend werden die Interessen der Allgemeinheit bzw. der Gläubiger der Gesellschaft allenfalls reflexartig geschützt. Sie stellen jedoch nicht den Schutzzweck der Sonderprüfung gemäß §§ 142 ff. AktG dar.[25]

4) Gesellschaftswohl

Der Zweck der Sonderprüfung gemäß §§ 142 ff. AktG könnte jedoch in der Förderung des Gesellschaftswohls zu sehen sein. Zur Überprüfung dieser Annahme bedarf es einer näheren Betrachtung der Systematik des § 142 AktG.

Gemäß § 142 Abs. 1 Satz 1 AktG liegt die originäre Zuständigkeit für die Bestellung eines Sonderprüfers bei der Hauptversammlung. Diese Bestellungskompetenz ist Ausfluss der Stellung der Hauptversammlung als Organ der inneren Willensbildung der Gesellschaft.[26] Aufgrund ihrer Organstellung wird ein von der Hauptversammlung gefasster Beschluss der Gesellschaft unmittelbar zugerechnet.[27] Die Notwendigkeit für das Bestehen eines internen Willensbildungsorgans ergibt sich aus der Unfähigkeit der Gesellschaft als juristische Person, einen eigenen Willen zu bilden.[28] Sofern ein Sonderprüfer durch die Hauptversammlung gemäß § 142 Abs. 1 Satz 1 AktG bestellt wird, bedeutet dies also, dass die Gesellschaft –durch die Hauptversammlung – beschlossen hat, einen Sonderprüfer zu bestellen.

Sofern die Hauptversammlung die Bestellung eines Sonderprüfers gemäß § 142 Abs. 1 Satz 1 AktG abgelehnt hat, steht einer qualifizierten Aktionärsminderheit gemäß § 142 Abs. 2 Satz 1 AktG das Recht zu, unter bestimmten Voraussetzungen einen Antrag auf gerichtliche Bestellung des Sonderprüfers zu stellen. Daraus ergeben sich folgende Konsequenzen:

Zunächst einmal verdeutlicht der Umstand, dass es eine Voraussetzung für die Begründetheit des Antrags auf gerichtliche Bestellung des Sonderprüfers darstellt, dass die Hauptversammlung einen ablehnenden Beschluss über die Bestellung des Sonderprüfers gefasst haben muss, das bestehende Stufenverhältnis zwischen der Bestellung eines Sonderprüfers durch die Hauptversammlung gemäß § 142 Abs. 1

---

25 *Arnold*, in: MünchKomm-AktG, 4. Auflage 2018, § 142 Rn. 7; *Hirschmann*, in: Hölters, AktG, 3. Auflage 2017, § 142 Rn. 5; *Spindler*, in: K. Schmidt/Lutter, AktG, 3. Auflage 2015, § 142 Rn. 2; *von der Linden/Ogorek*, EWiR 2010, 629, 630.

26 *Koch*, in: Hüffer/Koch, AktG, 13. Auflage 2018, § 118 Rn. 2; *Kubis*, in: MünchKomm-AktG, 4. Auflage 2018, § 118 Rn. 1, 9; *Drinhausen*, in: Hölters, AktG, 3. Auflage 2017, § 118 Rn. 1; *Liebscher*, in: Henssler/Strohn, GesR, 3. Auflage 2016, § 118 Rn. 2; *Hoffmann*, in: Spindler/Stilz, AktG, 3. Auflage 2015, § 118 Rn. 5; *Herrler*, in: Grigoleit, AktG, 2013, § 118 Rn. 1.

27 *Koch*, in: Hüffer/Koch, AktG, 13. Auflage 2018, § 118 Rn. 3; *Kubis*, in: MünchKomm-AktG, 4. Auflage 2018, § 118 Rn. 9; *Drinhausen*, in: Hölters, AktG, 3. Auflage 2017, § 118 Rn. 5; *Liebscher*, in: Henssler/Strohn, GesR, 3. Auflage 2016, § 118 Rn. 2; *Herrler*, in: Grigoleit, AktG, 2013, § 118 Rn. 1.

28 RG, Urteil vom 25. April 1906; Az.: I 614/05 = RGZ 63, 203, 208; *Hoffmann*, in: Spindler/Stilz, AktG, 3. Auflage 2015, § 118 Rn. 5.

Satz 1 AktG und der Bestellung eines Sonderprüfers durch das Gericht gemäß § 142 Abs. 2 Satz 1 AktG, die insoweit subsidiär ist. Die Bestellung eines Sonderprüfers durch die Hauptversammlung gemäß § 142 Abs. 1 Satz 1 AktG, welche einen Sicherheitsmechanismus für den Fall des Versagens des Aufsichtsrats im Hinblick auf seine Überwachungspflicht gegenüber der Geschäftsführung gemäß § 111 Abs. 1 AktG darstellt, wird also wiederum durch ein weiteres Sicherheitsnetz in Form der Bestellung des Sonderprüfers durch das Gericht gemäß § 142 Abs. 2 Satz 1 AktG abgesichert.

Die originäre Willensbildungskompetenz der Hauptversammlung wird der Überprüfung durch ein Gericht zugänglich gemacht bzw. dem Gericht übertragen. Der Aktionärsminderheit kommt also keine Kompetenz zur Bestellung des Sonderprüfers zu. Vielmehr kann sie nur die Verlagerung der besagten Kompetenz auf eine andere Institution – das Gericht – veranlassen. Weder das Gericht noch die antragsstellende Aktionärsminderheit hat jedoch eine Organstellung innerhalb der Gesellschaft inne. Die Stellung des Gerichts entspricht der eines außenstehenden Dritten. Die Kompetenzverlagerung stellt folglich einen schwerwiegenden Eingriff in das grundsätzliche Organisationsgefüge der Gesellschaft dar.[29] Um diesen schwerwiegenden Eingriff zu rechtfertigen, hält die Vorschrift des § 142 Abs. 2 Satz 1 AktG die Einschränkung vor, dass Tatsachen vorliegen müssen, die den Verdacht rechtfertigen, dass bei dem zu prüfenden Vorgang Unredlichkeiten oder grobe Verletzungen des Gesetzes oder der Satzung vorgekommen sind. Die gerichtliche Bestellung eines Sonderprüfers gemäß § 142 Abs. 2 Satz 1 AktG ist somit im Vergleich zur Bestellung eines Sonderprüfers durch die Hauptversammlung gemäß § 142 Abs. 1 Satz 1 AktG nur unter erhöhten Anforderungen möglich.

Diese Kompetenzverschiebung, die einen gravierenden Eingriff in das Organisationsgefüge der Gesellschaft darstellt[30] und nur unter erhöhten Anforderungen ausgeübt werden kann, lässt sich nur damit rechtfertigen, dass die gerichtliche Bestellung eines Sonderprüfers gemäß § 142 Abs. 2 Satz 1 AktG bei Vorliegen der dafür vorgesehenen Voraussetzungen, letztlich dem Gesellschaftswohl dient.

Nachdem der erste Sicherheitsmechanismus zur Gewährleistung einer ordnungsgemäßen Überwachung der Geschäftsführung (d.h. Überwachung durch den Aufsichtsrat) sowie der zweite Sicherheitsmechanismus (d.h. die Bestellung eines Sonderprüfers durch die Hauptversammlung) versagt haben, liegt es bei dem Gericht durch die Bestellung eines Sonderprüfers gemäß § 142 Abs. 2 Satz 1 AktG das Wohl der Gesellschaft zu schützen.

---

29 *Arnold*, in: MünchKomm-AktG, 4. Auflage 2018, § 142 Rn. 89; *Bezzenberg*, in: Groß-Komm-AktG, 4. Auflage 2008, § 142 Rn. 6.

30 *Arnold*, in: MünchKomm-AktG, 4. Auflage 2018, § 142 Rn. 89; *Bezzenberg*, in: Groß-Komm-AktG, 4. Auflage 2008, § 142 Rn. 6.

Folglich dient die Bestellung eines Sonderprüfers gemäß §§ 142 ff. AktG sowie die Durchführung der Sonderprüfung stets ausschließlich dem Gesellschaftswohl.[31] Andere Gruppen werden hingegen nur reflexartig geschützt.

Zwar lässt sich das Kriterium des Gesellschaftswohls im Hinblick auf die zahlreichen möglicherweise zu berücksichtigen Interessen der Gesellschaft nicht einheitlich für sämtliche Fälle trennscharf positiv definieren. Problematisch erscheint in diesem Zusammenhang ebenfalls, wem die Letztentscheidungskompetenz hinsichtlich der Frage, was dem Gesellschaftswohl unterfällt, zukommt. Ungeachtet dessen, welche Aspekte bei der Festlegung des Gesellschaftswohls zu berücksichtigen sind und wem diese Festlegung obliegt, liegt ein Handeln zum Wohle der Gesellschaft jedenfalls dann vor, wenn es der langfristigen Ertragsstärkung und Wettbewerbsfähigkeit des Unternehmens und seiner Produkte oder Dienstleistungen dient.[32] Daraus ergibt sich, dass ein Verstoß gegen das Gesetz oder die Satzung grundsätzlich nicht mit dem Gesellschaftswohl vereinbar ist, da er Dritten einen Schaden verursachen kann, welcher im Fall der erfolgreichen Durchsetzung des diesen Schaden ausgleichenden Schadensersatzanspruches gegen die Gesellschaft deren Vermögen und langfristig somit deren Wettbewerbsfähigkeit schmälern würden.[33] Die Aufklärung von Tatsachen, die es der Gesellschaft ermöglichen, eigene, sich aus dem Gesetzes- bzw. Satzungsverstoß ergebende Ersatzansprüche gegen (ehemalige) Mitglieder der Geschäftsführung geltend machen zu können, schützt mithin das Vermögen der Gesellschaft[34] und somit die Ertragsstärke bzw. Wettbewerbsfähigkeit der Gesellschaft. Dies gilt ausnahmslos, da die Haftung eines Vorstandsmitglieds gemäß § 93 Abs. 2 Satz 1 AktG als reine Binnenhaftung ausgestaltet ist.[35] Folglich entspricht die Aufklärung von Tatsachen, die den Verdacht rechtfertigen, dass bei dem zu prüfenden Vorgang Unredlichkeiten oder grobe Verletzungen des Gesetzes oder der Satzung vorgekommen sind, objektiv grundsätzlich dem Gesellschaftswohl.

Allerdings sind Situationen denkbar, in denen eine Abweichung von diesem Grundsatz geboten sein könnte. Dies hat das Gericht bei der Entscheidung über

---

31 So auch *Rieckers/Vetter*, in: KölnKomm-AktG, 3. Auflage 2015, § 142 Rn. 301; *Holle*, ZHR 2018, 569, 589, 594; *Wilsing*, Der Schutz vor gesellschaftsschädlichen Sonderprüfungen, 2014 Seite 159; *Wilsing/Ogorek*, GWR 2009, 75, 77.

32 BT-Drucks. 15/5092, Seite 11; *Koch*, in: Hüffer/Koch, AktG, 13. Auflage 2018, § 142 Rn. 23; *Hölters*, in: Hölters, AktG, 3. Auflage 2017, § 93 Rn. 37; *Bürgers*, in: Bürgers/Körber, AktG, 4. Auflage 2017, § 93 Rn. 15; *Dauner-Lieb*, in: GesR, 3. Auflage 2016, § 93 AktG Rn. 23; *Horn*, in: FS Westermann, 2008, 1053, 1058; *Fleischer*, in: Spindler/Stilz, AktG, 3. Auflage 2015, § 93 Rn. 74; *Spindler*, in: MünchKomm-AktG, 5. Auflage 2019, § 93 Rn. 46; *Koch*, 2006, 769, 790; *Gehb/Heckelmann*, ZRP 2005, 145, 147.

33 *Gehb/Heckelmann*, ZRP 2005, 145, 147.

34 *Casper*, ZHR 176 2012, 617, 631.

35 *Spindler*, in: MünchKomm-AktG, 5. Auflage 2019, § 93 Rn. 162; *Fleischer*, in: Spindler/Stilz, AktG, 4. Auflage 2019, § 93 Rn. 1; *Koch*, in: Hüffer/Koch, AktG, 13. Auflage 2018, § 93 Rn. 36.

die Bestellung eines Sonderprüfers gemäß § 142 Abs. 2 Satz 1 AktG gebührend zu berücksichtigen, um dem Schutzzweck des Instituts der Sonderprüfung gemäß §§ 142 ff. AktG hinreichend Rechnung zu tragen (vgl. Ziffer C) II) 6) d)).

5) Fazit

Der alleinige Zweck der Sonderprüfung liegt in dem Schutz des Gesellschaftswohls. Die Interessen der Aktionärsminderheit werden trotz ihrer gemäß Art. 14 GG grundrechtlich geschützten Stellung als Eigentümer der Gesellschaft nur reflexartig geschützt. Dies ergibt sich daraus, dass die Sonderprüfung gemäß §§ 142 ff. AktG gerade nicht zur Durchsetzung individueller Ansprüche der Aktionärsminderheit dient. Die unter Art. 14 Abs. 1 GG grundgesetzlich geschützten Informationsrechte des einzelnen Aktionärs werden durch die Sonderprüfung gemäß §§ 142 ff. AktG nicht berührt.

Ein Verstoß gegen Gesetz oder Satzung widerspricht objektiv stets dem Gesellschaftswohl, da er zu der Begründung von Schadensersatzansprüchen gegen die Gesellschaft, deren Durchsetzung das Vermögen der Gesellschaft schädigen könnten, führen könnte. Da die Geltendmachung von Ersatzansprüchen das Vermögen der Gesellschaft wiederherstellt, dient die dafür notwendige Aufklärung dieser Gesetzes- bzw. Satzungsverstößen grundsätzlich dem Gesellschaftswohl. Dementsprechend dient auch die Sonderprüfung gemäß §§ 142 ff. AktG im Rahmen derer diese notwendige Aufklärung vorgenommen wird, grundsätzlich dem Gesellschaftswohl.

Daraus ergibt sich gleichzeitig, dass sowohl die gerichtliche Bestellung des Sonderprüfers gemäß § 142 Abs. 2 Satz 1 AktG als auch die Durchführung der Sonderprüfung gemäß §§ 142 ff. AktG diesem Schutzzweck dienen muss.

Dementsprechend hat eine gerichtliche Bestellung des Sonderprüfers gemäß § 142 Abs. 2 Satz 1 AktG in Situationen zu unterbleiben, in denen die gerichtliche Bestellung des Sonderprüfers und die sich daran anschließende Durchführung der Sonderprüfung gemäß §§ 142 ff. AktG gerade nicht dem Gesellschaftswohl entsprechen würde. Bei der Bestellung des Sonderprüfers hat das Gericht somit eine Verhältnismäßigkeitsprüfung vorzunehmen, im Rahmen derer es den Nutzen, den die Gesellschaft durch die Durchführung der Sonderprüfung gemäß §§ 142 ff. AktG erlangt, und den Schaden, den sie durch die Sonderprüfung erleidet, gegenüberstellt. Kommt das Gericht zu dem Ergebnis, dass Tatsachen vorliegen, die die Annahme rechtfertigen, dass der Schaden, der aus der Durchführung der Sonderprüfung gemäß §§ 142 ff. AktG entsteht, außer Verhältnis zu dem daraus resultierenden Nutzen stünde, bedeutet dies, dass eine Abweichung von dem Grundsatz, dass die Aufklärung von Gesetzes- bzw. Satzungsverstößen im Interesse der Gesellschaft liegt, erforderlich ist. Eine gerichtliche Bestellung des Sonderprüfers gemäß § 142 Abs. 2 Satz 1 AktG würde dann gerade nicht mehr dem Wohl der Gesellschaft dienen.

Ebenso gilt es, den Schutzzweck des Gesellschaftswohls im Hinblick auf die Durchführung der Sonderprüfung gemäß §§ 142 ff. AktG zu berücksichtigen. Der gerichtlich bestellte Sonderprüfer hat seine Rechte und Pflichten im Einklang mit dem Gesellschaftswohl auszuüben. Zwar vollzieht sich die Durchführung der Sonderprüfung unter der Annahme, dass die Aufklärung von Gesetzes- bzw. Satzungsverstößen im Interesse der Gesellschaft liegt. Gleichzeitig gilt es allerdings zu beachten, dass es bei der Durchführung der Sonderprüfung gemäß §§ 142 ff. AktG nicht zu Handlungen kommen darf, die Folgen haben, welche gerade nicht dem Gesellschaftswohl entsprechen. Mithin stellt der Schutzzweck des Gesellschaftswohls den maßgeblichen Maßstab für die Reichweite der Rechte und Pflichten des Sonderprüfers im Rahmen der Durchführung der Sonderprüfung gemäß §§ 142 ff. AktG dar.

III) Verhältnis des gerichtlich bestellten Sonderprüfers zur Gesellschaft

Im Hinblick auf das Verhältnis zwischen dem gemäß § 142 Abs. 2 Satz 1 AktG gerichtlich bestellten Sonderprüfer und der Gesellschaft sind zwei verschiedene Ebenen zu differenzieren: Zum einen gibt es das Mandat des gerichtlich bestellten Sonderprüfers. Es kommt mit der Annahme der Bestellung, die gemäß § 142 Abs. 2 Satz 1 AktG durch das Gericht ausgesprochen wurde, durch den designierten Sonderprüfer zustande.[36] Zum anderen könnte auf die wirksame Bestellung durch das Gericht der Abschluss eines schuldrechtlichen Vertragsverhältnisses zwischen der Gesellschaft und dem Sonderprüfer folgen.

Die sich aus der gerichtlichen Bestellung gemäß § 142 Abs. 2 Satz 1 AktG ergebende Stellung des Sonderprüfers innerhalb der Gesellschaft sowie der potentiell zwischen dem gerichtlich bestellten Sonderprüfer und der Gesellschaft abzuschließende Prüfungsvertrag definieren zum einen die Rechte und Pflichten des gerichtlich bestellten Sonderprüfers an sich. Zum anderen legen sie die Reichweite dieser Rechte und Pflichten fest. Dies ist insbesondere relevant für die Frage, inwiefern und in welchem Ausmaß den gerichtlich bestellten Sonderprüfer Treuepflichten, die sein Verhalten maßgeblich steuern würden, treffen.

1) Schuldrechtliches Verhältnis

Der Bestellungsbeschluss des Gerichts stellt die Anordnung dar, dass ein Sonderprüfer zu bestellen ist und dieser eine Sonderprüfung gemäß §§ 142 ff. AktG durchzuführen hat. Der Bestellungsbeschluss des Gerichts determiniert folglich das „Ob“ der Sonderprüfung. In dem Bestellungsbeschluss hat das Gericht die Person des

36 *Mock*, in: Spindler/Stilz, AktG, 4. Auflage 2019, § 142 Rn. 180; *Arnold*, in: MünchKomm-AktG, 4. Auflage 2018, § 142 Rn. 111; *Rieckers/Vetter*, in: KölnKomm-AktG, 3. Auflage 2015, § 142 Rn. 321; *Wilsing/von der Linden*, in: Heidel, Aktienrecht und Kapitalmarktrecht, 4. Auflage 2014, § 142 AktG Rn. 21; *Bezzenberg*, in: GroßKomm-AktG, 4. Auflage 2008, § 142 Rn. 67.

Sonderprüfers[37] sowie den Prüfungsgegenstand (d.h. die zu untersuchenden Vorgänge)[38] hinreichend konkret zu bestimmen. Darüber hinaus kann das Gericht dem Sonderprüfer einen Kosten- und Zeitrahmen für die Durchführung der Sonderprüfung gemäß §§ 142 ff. AktG vorgeben.[39]

Zusätzlich zu dem mit der Annahme des Bestellungsbeschlusses einhergehenden Mandats könnte ein schuldrechtlicher Prüfungsvertrag zwischen dem gerichtlich bestellten Sonderprüfer gemäß § 142 Abs. 2 Satz 1 AktG und der Gesellschaft zustande kommen. Es herrscht Einigkeit, dass bei einer Bestellung des Sonderprüfers durch die Hauptversammlung gemäß § 142 Abs. 1 Satz 1 AktG die Gesellschaft einen Prüfungsvertrag mit dem Sonderprüfer abschließt.[40] Die Notwendigkeit des Abschlusses eines Prüfungsvertrags ergibt sich daraus, dass mit der Bestellung des Sonderprüfers durch die Hauptversammlung nur die Identität des Sonderprüfers und der Prüfungsgegenstand festgelegt werden.[41] Die Einzelheiten

---

37 OLG Frankfurt am Main, Beschluss vom 9. Oktober 2003, Az.: 20 W 487/02 = NJW-RR 2004, 686; *Mock*, in: Spindler/Stilz, AktG, 4. Auflage 2019, § 142 Rn. 179; *Arnold*, in: MünchKomm-AktG, 4. Auflage 2018, § 142 Rn. 109; *Koch*, in: Hüffer/Koch, AktG, 13. Auflage 2018, § 142 Rn. 32; *Holzborn/Jähnig*, in: Bürger/Körbers, AktG, 2017, § 142 Rn. 19; *Spindler*, in: K. Schmidt/Lutter, AktG, 3. Auflage 2015, § 142 Rn. 61; *Rieckers/Vetter*, in: KölnKomm-AktG, 3. Auflage 2015, § 142 Rn. 305; *Bezzenberg*, in: GroßKomm-AktG, 4. Auflage 2008, § 142 Rn. 66; *Jänig*, BB 2005, 949, 953; *Lieder*, in: MünchHdB GesR, Band 7, 5. Auflage 2016, § 26 Rn. 137; *Jänig*, Die aktienrechtliche Sonderprüfung - Eine rechtsvergleichende Untersuchung zur außerordentlichen Kontrolle der Verwaltung im deutschen, schweizerischen, französischen, englischen und niederländischen Aktienrecht, 2005 S. 309.

38 *Mock*, in: Spindler/Stilz, AktG, 4. Auflage 2019, § 142 Rn. 179; *Arnold*, in: MünchKomm-AktG, 4. Auflage 2018, § 142 Rn. 109; *Koch*, in: Hüffer/Koch, AktG, 13. Auflage 2018, § 142 Rn. 32; *Holzborn/Jähnig*, in: Bürger/Körbers, AktG, 2017, § 142 Rn. 19; *Spindler*, in: K. Schmidt/Lutter, AktG, 3. Auflage 2015, § 142 Rn. 61; *Rieckers/Vetter*, in: KölnKomm-AktG, 3. Auflage 2015, § 142 Rn. 305; *Bezzenberg*, in: GroßKomm-AktG, 4. Auflage 2008, § 142 Rn. 66; A/D/S, 6. Auflage 1996, §§ 142 Rn. 21; *Lieder*, in: MünchHdB GesR, Band 7, 5. Auflage 2016, § 26 Rn. 137; *Jänig*, (o. Fn. 39), S. 309.

39 *Mock*, in: Spindler/Stilz, AktG, 4. Auflage 2019, § 142 Rn. 179; *Holzborn/Jähnig*, in: Bürger/Körbers, AktG, 2017, § 142 Rn. 19.

40 *Koch*, in: Hüffer/Koch, AktG, 13. Auflage 2018, § 142 Rn. 11; *Arnold*, in: MünchKomm-AktG, 4. Auflage 2018, § 142 Rn. 66; *Spindler*, in: K. Schmidt/Lutter, AktG, 3. Auflage 2015, § 142 Rn. 34; *Mock*, in: Spindler/Stilz, AktG, 4. Auflage 2019, § 142 Rn. 112.

41 OLG Hamm, Urteil vom 1. September 2010, Az.: I 8 U 118/09 = AG, 2011, 90, 92; *Mock*, in: Spindler/Stilz, AktG, 4. Auflage 2019, § 142 Rn. 112; *Arnold*, in: MünchKomm-AktG, 4. Auflage 2018, § 142 Rn. 48,49; *Koch*, in: Hüffer/Koch, AktG, 13. Auflage 2018, § 142 Rn. 10 - bzgl. der Identität des Sonderprüfers; *Hirschmann*, in: Hölters, AktG, 3. Auflage 2017, § 142 Rn. 22; *Holzborn/Jähnig*, in: Bürger/Körbers, AktG, 2017, § 142 Rn. 9; *Liebscher*, in: Henssler/Strohn, GesR, 3. Auflage 2016, § 142 Rn. 6; *Spindler*, in: K. Schmidt/Lutter, AktG, 3. Auflage 2015, § 142 Rn. 26; *Herrler*, in: Grigoleit, AktG, 2013, § 142 Rn. 11; *Bezzenberg*, in: GroßKomm-AktG, 4. Auflage 2008, § 142 Rn. 27.

der Durchführung der Sonderprüfung bestimmt die Hauptversammlung jedoch nicht.[42] Der Prüfungsvertrag bestimmt folglich das „Wie“ der Sonderprüfung.

In Literatur und Rechtsprechung ist ungeklärt, ob und wenn ja, in welcher Form sich ein schuldrechtliches Verhältnis auch im Anschluss an die gerichtliche Bestellung eines Sonderprüfers gemäß § 142 Abs. 2 Satz 1 AktG ergibt.

a) Prüfungsvertrag

Möglich wäre, dass ebenso wie bei der Bestellung des Sonderprüfers durch die Hauptversammlung gemäß § 142 Abs. 1 Satz 1 AktG, der Abschluss eines Prüfungsvertrags auf die Annahme der gerichtlichen Bestellung gemäß § 142 Abs. 2 Satz 1 AktG durch den Sonderprüfer folgt.

Inhaltlich stellt der Prüfungsvertrag eine individuelle, schuldrechtliche Vereinbarung dar, die eine auf eine Werkleistung gerichtete Geschäftsbesorgung gemäß §§ 675 Abs. 1, 631 BGB zum Gegenstand hat.[43] Nach einhelliger Ansicht schließt die Gesellschaft in der Konstellation, dass der Sonderprüfer gemäß § 142 Abs. 1 Satz 1 AktG von der Hauptversammlung bestellt wird, einen Prüfungsvertrag mit diesem ab.[44] Ob zwischen einem gemäß § 142 Abs. 2 Satz 1 AktG durch das Gericht bestellten Sonderprüfer und der Gesellschaft ein schuldrechtliches Verhältnis zustande kommt, ist fraglich.

Einige Stimmen in der Literatur nehmen an, dass dem gerichtlich bestellten Sonderprüfer die gleiche Stellung zukommt wie dem durch die Hauptversammlung bestellten Sonderprüfer, sodass als Konsequenz und zur Aufrechterhaltung dieses Gleichlaufs, der gerichtliche Beschluss das Zustandekommen eines privatrechtlichen Rechtsverhältnisses in Form eines Prüfungsvertrags begründet.[45] Dies erscheint jedoch insoweit bedenklich, als dass dies darauf hinausliefe, dass dem Gericht, das auf Initiative einer Minderheit von Aktionären tätig wird, die Kompetenz zugesprochen werden würde, stellvertretend für die Gesellschaft bindende Willenserklärungen abzugeben. Weiterhin würde sich der Vergütungsanspruch des gerichtlich bestellten Sonderprüfers, sofern man annimmt, dass ein Prüfungsvertrag mit der Gesellschaft zustande kommt, aus den Vorschriften der §§ 675, 667, 632

---

42 *Mock*, in: Spindler/Stilz, AktG, 4. Auflage 2019, § 142 Rn. 112.

43 *Mock*, in: Spindler/Stilz, AktG, 4. Auflage 2019, § 142 Rn. 114; *Arnold*, in: MünchKomm-AktG, 4. Auflage 2018, § 142 Rn. 112; *Koch*, in: Hüffer/Koch, AktG, 13. Auflage 2018, § 142 Rn. 32; *Bezzenberg*, in: GroßKomm-AktG, 4. Auflage 2008, § 142 Rn. 69.

44 *Mock*, in: Spindler/Stilz, AktG, 4. Auflage 2019, § 142 Rn. 112; *Koch*, in: Hüffer/Koch, AktG, 13. Auflage 2018, § 142 Rn. 11; *Arnold*, in: MünchKomm-AktG, 4. Auflage 2018, § 142 Rn. 66; *Spindler*, in: K. Schmidt/Lutter, AktG, 3. Auflage 2015, § 142 Rn. 34.

45 *Spindler*, in: K. Schmidt/Lutter, AktG, 3. Auflage 2015, § 142 Rn. 61; *Bezzenberg*, in: GroßKomm-AktG, 4. Auflage 2008, § 142 Rn. 69; A/D/S, 6. Auflage 1996, §§ 142 Rn. 20.

BGB ergeben.[46] Der Vergütungsanspruch des gerichtlich bestellten Sonderprüfers ist jedoch bereits gesetzlich in § 142 Abs. 6 Satz 1 AktG vorgeschrieben. Danach hat der vom Gericht bestellte Sonderprüfer einen Anspruch auf Ersatz angemessener barer Auslagen und auf Vergütung für seine Tätigkeit. Der Annahme, dass mit dem gerichtlichen Beschluss zur Bestellung des Sonderprüfers sogleich ein Prüfungsvertrag zwischen dem gerichtlich bestellten Sonderprüfer und der Gesellschaft zustande kommt, steht somit zum einen im Wege, dass dies die Vorschrift des § 142 Abs. 6 Satz 1 AktG überflüssig lassen werden würde.[47] Zum anderen bezieht sich die Vorschrift des § 142 Abs. 6 Satz 1 AktG ausdrücklich nur auf den gerichtlich bestellten Sonderprüfer gemäß § 142 Abs. 2 Satz 1 AktG und gerade nicht auf den von der Hauptversammlung bestellten Sonderprüfer gemäß § 142 Abs. 1 Satz 1 AktG. Dies lässt die Schlussfolgerung zu, dass der Gesetzgeber bei der Einführung des § 142 Abs. 6 Satz 1 AktG nicht davon ausgegangen ist, dass sich ein Vergütungsanspruch des gerichtlich bestellten Sonderprüfers aus einem vermeintlich bestehenden Prüfungsvertrag ergeben würde. Vielmehr sah der Gesetzgeber offensichtlich das Bedürfnis, diesen mit einer gesetzlichen Anspruchsgrundlage zu gewährleisten. Der Annahme, dass mit der gerichtlichen Bestellung des Sonderprüfers gemäß § 142 Abs. 2 Satz 1 AktG ein Prüfungsvertrag zwischen dem gerichtlich bestellten Sonderprüfer und der Gesellschaft zustande kommt, ist somit nicht zu folgen.

b) Vertragsähnliches Rechtsverhältnis

Denkbar wäre jedoch, dass ein vertragsähnliches Rechtsverhältnis zwischen der Gesellschaft und dem gerichtlich bestellten Sonderprüfer zeitgleich mit dem Zustandekommen des wirksamen Mandats entsteht. Sofern sich diese Annahme als haltbar erweist, bleibt weiter zu untersuchen, worin der Inhalt dieses vertragsähnlichen Rechtsverhältnisses besteht, insbesondere welche Rechte und Pflichten sich aus diesem ergeben.

(i) Zustandekommen des vertragsähnlichen Rechtsverhältnisses

In der Rechtsprechung und Literatur wird vermehrt angenommen, dass mit der Annahme der gerichtlichen Bestellung ein vertragsähnliches Rechtsverhältnis zwischen der Gesellschaft und dem Sonderprüfer zustande kommt.[48]

---

46 OLG München, Beschluss vom 4. Juni 2008, Az.: 31 Wx 50/08 = BeckRS 2008, 46639 Rn. 8; *Bezzenberg*, in: GroßKomm-AktG, 4. Auflage 2008, § 142 Rn. 42.

47 *Arnold*, in: MünchKomm-AktG, 4. Auflage 2018, § 142 Rn. 112; *Rieckers/Vetter*, in: KölnKomm-AktG, 3. Auflage 2015, § 142 Rn. 322; *Wilsing/von der Linden*, in: Heidel, Aktienrecht und Kapitalmarktrecht, 4. Auflage 2014, § 142 AktG Rn. 45.

48 OLG München, Beschluss vom 4. Juni 2008, Az.: 31 Wx 50/08 = BeckRS 2008, 46639 Rn. 8; *Mock*, in: Spindler/Stilz, AktG, 4. Auflage 2019, § 142 Rn. 182; *Arnold*, in: MünchKomm-AktG, 4. Auflage 2018, § 142 Rn. 112; *Koch*, in: Hüffer/Koch, AktG,

Im Hinblick darauf, dass der Gerichtsbeschluss zur Bestellung des Sonderprüfers gemäß § 142 Abs. 2 Satz 1 AktG nur die Identität des Sonderprüfers und den Prüfungsgegenstand festlegt, erscheint die Vereinbarung bestimmter Kriterien, die die Durchführung der Sonderprüfung näher beschreiben, zur Gewährleistung einer erfolgreichen Durchführung der Sonderprüfung erstrebenswert. Ansonsten könnte der Ablauf der Durchführung der Sonderprüfung aufgrund fehlender Koordination zwischen der Gesellschaft und dem gerichtlich bestellten Sonderprüfer behindert werden. Dies würde nicht nur zu einer Verzögerung der Beendigung der Sonderprüfung führen, welche wiederum in erhöhten Kosten für die Gesellschaft münden würde. Es wäre darüber hinaus auch zu befürchten, dass die Durchführung der Sonderprüfung weniger effektiv und umfassend ausfallen könnte. Dies widerspricht jedoch dem Interesse der Gesellschaft an einer umfassenden Aufklärung der Tatsachen, die einen möglichen Ersatzanspruch der Gesellschaft begründen können, welches den Schutzzweck der Sonderprüfung gemäß §§ 142 ff. AktG darstellt (vgl. Ziffer A) II) 4)).

Eine Vereinbarung von Rahmenbedingungen für die Durchführung der Sonderprüfung gemäß §§ 142 ff. AktG ist somit auch im Fall der gerichtlichen Bestellung des Sonderprüfers gemäß § 142 Abs. 2 Satz 1 AktG erstrebenswert. Gleichzeitig erfordert dies, dass die Parteien sich auf bestimmte Kriterien (z.B. zeitlicher Ablauf, Zurverfügungstellung von Materialen, Räumlichkeiten, Koordinierung mit Personal etc.) einigen. Dementsprechend müssten sie aktiv miteinander kommunizieren. Merkmal eines vertragsähnlichen Rechtsverhältnisses ist jedoch, dass dieses gerade ohne die Abgabe einer ausdrücklichen Willenserklärung zustande kommt.[49] Dementsprechend kann das bloße Bedürfnis der Koordinierung der Durchführung Sonderprüfung gemäß §§ 142 ff. AktG nicht das Zustandekommen eines vertragsähnlichen Rechtsverhältnisses zwischen der Gesellschaft und dem gerichtlich bestellten Sonderprüfer begründen.

Dieses ergibt sich vielmehr aus dem Umstand, dass dem gerichtlich bestellten Sonderprüfer weitreichende Einsichts- und Auskunftsrechte im Rahmen der Durchführung der Sonderprüfung gemäß § 145 Abs. 1 und 2 AktG zugestanden werden. Aus diesen Rechten ergibt sich jedoch gleichzeitig das Bedürfnis, dem gerichtlich bestellten Sonderprüfer bestimmte Pflichten aufzuerlegen, welche ein Gegengewicht zu dem umfassenden Ausmaß dieser Rechte bilden.

Diese Überlegung findet Unterstützung in dem Umstand, dass der Abschlussprüfer gemäß § 323 Abs. 1 Satz 3 HGB zum Ersatz des Schadens verpflichtet ist, der der Gesellschaft aus einer vorsätzlichen oder fahrlässigen Verletzung seiner in § 323 Abs. 1 Satz 1 und 2 HGB statuierten Pflichten resultiert. Diese Schadensersatzpflicht trifft den gerichtlich bestellten Sonderprüfer über den Verweis des § 144 AktG unter den genannten Umständen zwar ebenfalls. Die Rechte des gerichtlich

---

13. Auflage 2018, § 142 Rn. 32; *Rieckers/Vetter*, in: KölnKomm-AktG, 3. Auflage 2015, § 142 Rn. 322; *Hüffer*, ZHR 174 2010, 642, 665.

49 *Emmerich*, in: MünchKomm-BGB, 7. Auflage 2016, § 311 BGB Rn. 43.

bestellten Sonderprüfers gemäß § 145 Abs. 1 und 2 AktG gestalten sich jedoch umfassender als die Rechte des Abschlussprüfers gemäß § 320 Abs. 1 Satz 2 und Abs. 2 HGB. Danach steht dem Abschlussprüfer – insoweit vergleichbar mit den Rechten des gerichtlich bestellten Sonderprüfers – ein Einsichts- und Prüfungsrecht gemäß § 320 Abs. 1 Satz 2 AktG und ein Auskunftsrecht gemäß § 320 Abs. 2 AktG zu. Die Ausübung dieser Rechte beschränkt sich jedoch auf die Bücher, Schriften, Vermögensgegenstände und Dokumente, die für die Durchführung der Abschlussprüfung gemäß § 317 HGB erforderlich sind.[50] Die gleiche Beschränkung ergibt sich im Hinblick auf das Auskunftsrecht gemäß § 320 Abs. 2 HGB, welches der Abschlussprüfer nur gegenüber gesetzlichen Vertretern der Gesellschaft und auch nur soweit zur Erreichung des Prüfungszweck notwendig geltend machen kann.[51] Die Rechte des Abschlussprüfer gemäß § 320 Abs. 1 Satz 2 und Abs. 2 HGB sind somit jeweils auf den Zweck der Durchführung der Abschlussprüfung beschränkt. Eine derartige Beschränkung erfährt zumindest das Einsichts- und Prüfungsrecht des gerichtlich bestellten Sonderprüfers gemäß § 145 Abs. 1 AktG jedoch gerade nicht (vgl. Ziffer A) IV) 1) a)). Dies ergibt sich bereits daraus, dass der mögliche Prüfungsgegenstand einer Sonderprüfung gemäß §§ 142 ff. AktG nicht auf einen bestimmten Anwendungsbereich festgelegt ist, sondern sämtliche Angelegenheiten der Gesellschaft unterschiedlichen Ausmaßes betreffen kann (vgl. Ziffer C) II) 2)). Das Auskunftsrecht gemäß § 145 Abs. 2 AktG ist zwar – ebenso wie das Auskunftsrecht des Abschlussprüfers gemäß § 320 Abs. 2 HGB – auf die zur Prüfung notwenigen Auskünfte beschränkt (vgl. Ziffer A) IV) 1) b)). Gleichzeitig folgt aus dem weiteren sachlichen Anwendungsbereich des Einsichts- und Prüfungsrechts des gerichtlich bestellten Sonderprüfers gemäß § 145 Abs. 1 AktG im Vergleich zu dem Einsichts- und Prüfungsrechts des Abschlussprüfers gemäß § 320 Abs. 1 Satz 2 HGB jedoch unweigerlich auch die größere Reichweite des Auskunftsrechts des gerichtlich bestellten Sonderprüfers gemäß § 145 Abs. 2 AktG gegenüber dem Auskunftsrecht des Abschlussprüfers gemäß § 320 Abs. 2 HGB.

Im Hinblick auf diese umfassendere Reichweite der Rechte des gerichtlich bestellten Sonderprüfers vermögen die in § 323 Abs. 1 und 2 HGB festgelegten Verhaltenspflichten, bei deren Verletzung der Gesellschaft ein Schadensersatzanspruch gemäß § 323 Abs. 3 HGB zusteht, die Gesellschaft nicht umfassend zu

---

50 *Schmidt/Heinz*, in: Beck-BilanzKomm, 11. Auflage 2018, § 320 HGB Rn. 6; *Schorse/Morfeld*, in: Beck-OK HGB, 20. Edition 2018, § 320 Rn. 10; *Bormann*, in: MünchKomm-BilR, 2013, § 320HGB Rn. 10; *Böcking/Gros/Rabenhorst*, in: E/B/J/S, 3. Auflage 2014, § 320 Rn. 6.

51 *Morck/Bach*, in: Koller/Kindler/Roth/Drüen, HGB, 9. Auflage 2019, § 320 Rn. 3; *Merkt*, in: Baumbach/Hopt, HGB, 38. Auflage 2018, § 320 Rn. 2; *Schmidt/Heinz*, in: Beck-BilanzKomm, 11. Auflage 2018, § 320 HGB Rn. 11; *Schorse/Morfeld*, in: Beck-OK HGB, 20. Edition 2018, § 320 Rn. 20; *Böcking/Gros/Rabenhorst*, in: E/B/J/S, 3. Auflage 2014, § 320 Rn. 8; *Bormann*, in: MünchKomm-BilR, 2013, § 320HGB Rn. 20; *Ebke*, in: MünchKomm-HGB, 3. Auflage 2013, § 320 Rn. 15, 20.

schützen. Vielmehr besteht ein Bedürfnis der Gesellschaft, dem gerichtlich bestellten Sonderprüfer weitere Schutzpflichten gemäß § 241 Abs. 2 BGB als Gegengewicht zu den Einsichtnahme- und Auskunftsrechten, die dem Sonderprüfer gemäß § 145 Abs. 1 und 2 AktG zugesprochen werden, aufzuerlegen. Diese könnten sich aus einem vertragsähnlichen Rechtsverhältnis ergeben.

Dementsprechend ist der Ansicht, dass ein vertragsähnliches Rechtsverhältnis an sich zwischen der Gesellschaft und dem gerichtlich bestellten Sonderprüfer zustande kommt, zu folgen.

(ii) Inhalt des vertragsähnlichen Rechtsverhältnisses

Näher zu untersuchen bleibt jedoch die Frage, wie dieses vertragsähnliche Rechtsverhältnis ausgestaltet ist und welche Rechte und Pflichten sich aus diesem für den gerichtlich bestellten Sonderprüfer gemäß § 142 Abs. 2 Satz 1 AktG ergeben.

Im Gesetz sind einige Beispiele für vertragsähnliche Rechtsverhältnisse kodifiziert: Zum einen statuiert die Vorschrift des § 311 Abs. 2 BGB drei Situationen, in denen das Bestehen eines vorvertraglichen Schuldverhältnisses anzunehmen ist.[52] Gemäß § 311 Abs. 2 BGB entsteht ein Schuldverhältnis mit Pflichten nach § 241 Abs. 2 BGB auch durch die Aufnahme von Vertragsverhandlungen (Nr. 1), die Anbahnung eines Vertrags, bei welcher der eine Teil im Hinblick auf eine etwaige rechtsgeschäftliche Beziehung dem anderen Teil die Möglichkeit zur Einwirkung auf seine Rechte, Rechtsgüter und Interessen gewährt oder ihm diese anvertraut (Nr. 2) oder ähnliche geschäftliche Kontakte (Nr. 3). Gleichwohl ergeben sich aus diesen vorvertraglichen Schuldverhältnissen keine Leistungspflichten,[53] sondern lediglich Schutzpflichten gemäß § 241 Abs. 2 BGB.[54]

Zum anderen besagt die Vorschrift des § 311 Abs. 3 Satz 1 BGB, dass ein Schuldverhältnis mit Pflichten nach § 241 Abs. 2 BGB auch zu Personen entstehen kann, die nicht selbst Vertragspartei werden sollen. Gemäß § 311 Abs. 3 Satz 2 BGB entsteht ein solches Schuldverhältnis insbesondere, wenn der Dritte in besonderem Maße Vertrauen für sich in Anspruch nimmt und dadurch die Vertragsverhandlungen oder den Vertragsschluss erheblich beeinflusst. Während der Gesetzgeber mit der Vorschrift des § 311 Abs. 3 Satz 1 BGB sich vornehmlich auf Vertreter und Verhandlungsgehilfen beziehen wollte[55], sollten mit der Vorschrift des § 311 Abs. 3

---

52 *Stadler*, in: Jauernig, BGB, 17. Auflage 2018 Rn. 43; *Sutschet*, in: BeckOK-BGB, 47. Edition 2018, § 311 Rn. 39; *Schulze*, in: Schulze, BGB, 9. Auflage 2017, § 311 Rn. 15; *Emmerich*, in: MünchKomm-BGB, 7. Auflage 2016, § 311 BGB Rn. 39; *Becker*, in: Dauner-Lieb/Langen, BGB, 3. Auflage 2016, § 311 Rn. 37.

53 *Stadler*, in: Jauernig, BGB, 17. Auflage 2018 Rn. 34, 37; *Schulze*, in: Schulze, BGB, 9. Auflage 2017, § 311 Rn. 23; *Emmerich*, in: MünchKomm-BGB, 7. Auflage 2016, § 311 BGB Rn. 50.

54 *Stadler*, in: Jauernig, BGB, 17. Auflage 2018 Rn. 47; *Sutschet*, in: BeckOK-BGB, 47. Edition 2018, § 311 Rn. 39; *Schulze*, in: Schulze, BGB, 9. Auflage 2017, § 311 Rn. 1.

55 BT-Drucks. 14/6040 Seite 163; BT-Drucks. 14/7052 Seite 190; vgl. auch *Kersting*, Die Dritthaftung für Informationen im Bürgerlichen Recht, 2007, Kapitel 5 § 5 und

Satz 2 BGB in erster Linie Sachwalter und Sachverständige erfasst werden.[56, 57] Beiden Konstellationen ist jedoch gemein, dass sich aus dem zu dem Dritten entstehenden Schuldverhältnis keine Leistungspflichten, sondern ausschließlich Schutzpflichten gemäß § 241 Abs. 2 BGB ergeben.[58]

Vorvertraglichen Schuldverhältnissen gemäß § 311 Abs. 2 BGB sowie Schuldverhältnissen mit Dritten gemäß § 311 Abs. 3 BGB, welche beide unter dem Stichwort rechtsgeschäftsähnliches Schuldverhältnis zusammenzufassen sind, ist mithin gemein, dass sie keine Leistungspflichten begründen können. Wie sich dem jeweiligen Wortlaut der beiden Vorschriften entnehmen lässt, ergeben sich aus ihnen jeweils nur Schutzpflichten gemäß § 241 Abs. 2 BGB. Dieser Umstand ist insofern schlüssig, als sich die Notwendigkeit der Existenz dieser beiden rechtsgeschäftsähnlichen Schuldverhältnisse daraus ergibt, dass einer Partei, die (noch) nicht Vertragspartei ist, die Möglichkeit gegeben wurde, auf die Rechte und Interessen einer anderen Partei einzuwirken.[59] Mit der gesteigerten Einwirkungsmöglichkeit auf die Rechte und Interessen eines anderen, geht spiegelbildlich jedoch stets auch ein erweiterter Grad an Verantwortung einher. Gleichzeitig haben die betroffenen Parteien allerdings keine Willenserklärung abgegeben, auf Basis derer ein Schuldverhältnis zwischen ihnen zustande gekommen sein könnte.

Dieser Gedanke könnte sich auf die gerichtliche Bestellung des Sonderprüfers gemäß § 142 Abs. 2 Satz 1 AktG übertragen lassen. Sofern die Hauptversammlung den Sonderprüfer gemäß § 142 Abs. 1 Satz 1 AktG bestellt, wird zwischen der Gesellschaft und dem designierten Sonderprüfer ein Prüfungsvertrag abgeschlossen.[60] Die Entscheidung, dass ein solcher Prüfungsvertrag abzuschließen ist, ergibt sich dabei in jedem Fall zwingend aus der Bestellung des Sonderprüfers durch die Hauptversammlung, welche das interne Willensbildungsorgan der Gesellschaft darstellt.[61] Zwar ist ungeklärt, wem in dieser Konstellation letztlich

---

§ 6 – der zutreffend darauf hinweist, dass der Anwendungsbereich des § 311 Abs. 3 Satz 2 BGB über die ursprünglich angepeilte Eigenhaftung der Vertreter und Sachwalterhaftung hinausgeht.

56 BT-Drucks. 14/6040 Seite 163; BT-Drucks. 14/7052 Seite 190.

57 Siehe allgemein zu dem Thema: *Kersting,* Die Dritthaftung für Informationen im Bürgerlichen Recht, 2007, Kapitel 5 – wonach Vertrauen das Kernelement des Tatbestands der Vorschrift des § 311 Abs. 3 BGB darstellt.

58 *Stadler,* in: Jauernig, BGB, 17. Auflage 2018 Rn. 49.

59 *Sutschet,* in: BeckOK-BGB, 48. Edition 2018, § 241 Rn. 90; *Stoll,* AcP 136 1932, 257, 288f.

60 *Mock,* in: Spindler/Stilz, AktG, 4. Auflage 2019, § 142 Rn. 112; *Koch,* in: Hüffer/Koch, AktG, 13. Auflage 2018, § 142 Rn. 11; *Arnold,* in: MünchKomm-AktG, 4. Auflage 2018, § 142 Rn. 66; *Spindler,* in: K. Schmidt/Lutter, AktG, 3. Auflage 2015, § 142 Rn. 34.

61 *Kubis,* in: MünchKomm-AktG, 4. Auflage 2018, § 118 Rn. 9; *Koch,* in: Hüffer/Koch, AktG, 13. Auflage 2018, § 118 Rn. 2; *Mülbert,* in: GroßKomm-AktG, 5. Auflage 2017, Vor §§ 118 Rn. 19; *Liebscher,* in: Henssler/Strohn, GesR, 3. Auflage 2016, § 118 Rn. 2; *Hoffmann,* in: Spindler/Stilz, AktG, 3. Auflage 2015, § 118 Rn. 5; *Spindler,* in: K. Schmidt/Lutter, AktG, 3. Auflage 2015, § 118 Rn. 12; *Herrler,* in: Grigoleit, AktG, 2013, § 118 Rn. 1.

die Abschlusskompetenz zukommt. Nach allen vertretenen Ansichten, auf die hier nicht näher eingegangen werden soll, erfolgt der Abschluss des Prüfungsvertrags jedoch stets durch ein Organ der Gesellschaft.

Falls der Sonderprüfer gemäß § 142 Abs. 2 Satz 1 AktG von dem Gericht bestellt wird, hat die Gesellschaft (vertreten durch eines ihrer Organe) allerdings keine Willenserklärung, die auf den Abschluss eines Prüfungsvertrags gerichtet ist, abgegeben. Gleichzeitig stehen dem gerichtlich bestellten Sonderprüfer gemäß § 145 Abs. 1 und 2 AktG umfassende Einsichts- und Auskunftsrechte zu (vgl. Ziffer A) IV) 1)). Weiterhin hat er über das Ergebnis seiner Prüfung schriftlich in einem die Durchführung der Sonderprüfung abschließenden Sonderprüfungsbericht gemäß § 145 Abs. 6 Satz 1 AktG zu berichten. Gemäß § 145 Abs. 6 Satz 3 AktG ist dieser Sonderprüfungsbericht zum Handelsregister am Sitz der Gesellschaft einzureichen. Indem der gerichtlich bestellte Sonderprüfer nicht nur Zugang zu sämtlichen für die Durchführung der Sonderprüfung relevanten Informationen erlangt, sondern diese abschließend auch noch in Form des Sonderprüfungsberichts gemäß § 9 Abs. 1 Satz 1 HGB für jedermann einsehbar im Handelsregister zu veröffentlichen sind, kann er maßgeblich auf die Rechte und Interessen der Gesellschaft einwirken.

Diese Konstellation ist vergleichbar mit derjenigen der vorvertraglichen Schuldverhältnisse gemäß § 311 Abs. 2 BGB sowie der Schuldverhältnisse mit Dritten gemäß § 311 Abs. 3 BGB. In all diesen Situationen liegen keine zwei übereinstimmenden Willenserklärungen von zwei natürlichen oder juristischen Personen vor, sodass kein Schuldverhältnis gemäß § 311 Abs. 1 BGB zwischen diesen zustande gekommen ist. Gleichwohl handelt es sich jeweils um eine Situation, in der eine Person verstärkt auf die Rechte und Interessen der anderen Person einwirken kann. In den Konstellationen der § 311 Abs. 2 und 3 BGB werden der Person, die auf die Rechte und Interessen der anderen Person einwirken kann, Schutzpflichten gemäß § 241 Abs. 2 BGB auferlegt. Der Umstand, dass die geschützte Person der jeweils anderen Person freiwillig die Möglichkeit gegeben hat, auf seine Rechte und Interessen einzuwirken, schmälert das Bedürfnis für das Bestehen und die Einhaltung dieser Schutzpflichten nicht. Die Tatsache, dass die Gesellschaft im Fall der Bestellung des Sonderprüfers durch das Gericht gemäß § 142 Abs. 2 Satz 1 AktG dem gerichtlich bestellten Sonderprüfer gerade nicht freiwillig die Möglichkeit gegeben hat, im Rahmen der Durchführung der Sonderprüfung auf ihre Rechte und Interessen einwirken zu können, steht der Annahme von dem Bestehen von Schutzpflichten mithin nicht entgegen.[62] Im Gegenteil, im Hinblick auf den Umstand,

62 A.A. Vgl. *Kersting,* Die Dritthaftung für Informationen im Bürgerlichen Recht, 2007, Kapitel 5 § 3 A V, VI – wonach eine Sonderverbindung i.S.v. § 311 Abs. 3 Satz 2 BGB nur bei Inanspruchnahme von Vertrauen (d.h. Entstehen von subjektiven Erwartungen des Vertrauensgebers an den Vertrauensnehmer im Hinblick auf die Richtigkeit von dessen vergangenem bzw. zukünftigem Verhalten, das Maßnahmen zur Überprüfung von Wissenserklärungen oder Sicherstellung künftigen Verhaltens entbehrlich macht) zwischen den betroffenen Personen zustande kommt. Von der Absicht des

dass die Hauptversammlung, als internes Willensbildungsorgan[63], die Bestellung eines Sonderprüfers gerade abgelehnt hat, müssen sich aus dem vertragsähnlichen Rechtsverhältnis, welches zwischen der Gesellschaft und dem gerichtlich bestellten Sonderprüfer gemäß § 142 Abs. 2 Satz 1 AktG mit Wirksamkeit der Bestellung des Sonderprüfers zustande kommt,[64] erst recht Schutzpflichten gemäß § 241 Abs. 2 BGB ergeben.

Diese Schutzpflichten gemäß § 241 Abs. 2 BGB begründen in Verbindung mit § 242 BGB schuldrechtliche Treuepflichten.[65] Die Parteien des Schuldverhältnisses unterliegen dementsprechend der vertraglichen Nebenpflicht, *„sich leistungstreu zu verhalten, also alles zu unterlassen, was den Vertragszweck gefährden oder vereiteln könnte, und alles Notwendige zu tun, um die Erfüllung der vertraglich übernommenen Verpflichtungen sicherzustellen"*.[66] Mithin hat der gerichtlich bestellte Sonderprüfer ebenso wie die Gesellschaft alle Handlungen zu unterlassen, die den Vertragszweck, d.h. die Durchführung der Sonderprüfung, gefährden könnten. Gleichzeitig haben sie alle erforderlichen Maßnahmen zu treffen, um den Erfolg der Durchführung der Sonderprüfung zu fördern und herbeizuführen.

Fraglich ist, ob sich über diese Schutzpflichten gemäß § 241 Abs. 2 BGB hinaus, auch Leistungspflichten aus diesem vertragsähnlichen Rechtsverhältnis ergeben könnten. Dagegen lässt sich jedoch zum einen anführen, dass es gänzlich an einer Willenserklärung der Gesellschaft bezogen auf die Vereinbarung solcher Leistungspflichten fehlt, ungeachtet dessen, bei welchem Organ man letztlich die entsprechende Kompetenz ansiedelt. Darüber hinaus geht aus dem Gerichtsbeschluss eindeutig die Person des Sonderprüfers sowie der hinreichend konkretisierte

---

gerichtlich bestellten Sonderprüfers „Vertrauen zu nehmen" bzw. dem Willen der Gesellschaft dem Sonderprüfer „Vertrauen zu geben" kann jedoch im Fall von dessen gerichtlichen Bestellung nicht ausgegangen werden.

63 *Koch*, in: Hüffer/Koch, AktG, 13. Auflage 2018, § 118 Rn. 2; *Kubis*, in: MünchKomm-AktG, 4. Auflage 2018, § 118 Rn. 1, 9; *Drinhausen*, in: Hölters, AktG, 3. Auflage 2017, § 118 Rn. 1; *Liebscher*, in: Henssler/Strohn, GesR, 3. Auflage 2016, § 118 Rn. 2; *Hoffmann*, in: Spindler/Stilz, AktG, 3. Auflage 2015, § 118 Rn. 5; *Herrler*, in: Grigoleit, AktG, 2013, § 118 Rn. 1.

64 OLG München, Beschluss vom 4. Juni 2008, Az.: 31 Wx 50/08 = BeckRS 2008, 46639 Rn. 8; *Mock*, in: Spindler/Stilz, AktG, 4. Auflage 2019, § 142 Rn. 182; *Arnold*, in: MünchKomm-AktG, 4. Auflage 2018, § 142 Rn. 112; *Koch*, in: Hüffer/Koch, AktG, 13. Auflage 2018, § 142 Rn. 32; *Rieckers/Vetter*, in: KölnKomm-AktG, 3. Auflage 2015, § 142 Rn. 322; *Hüffer*, ZHR 174 2010, 642, 665.

65 BGH, Urteil vom 30. März 1995, Az.: IX ZR 182/94 = NJW 1995, 1954,1955; *K. Schmidt*, in: Gesellschaftsrecht, 4. Auflage 2004, § 20 IV 1. *Weller*, in: FS Liber amicorum für Martin Winter, 2011, 755, 762; *Weller*, Die Vertragstreue, 2009, S. 302ff. *Winter*, Mitgliedschaftliche Treuebindungen im GmbH-Recht, 1988, S. 12ff.

66 BGH, Urteil vom 30. März 1995, Az.: IX ZR 182/94 = NJW 1995, 1954,1955; *Weller*, in: FS Liber amicorum für Martin Winter, 2011, 755, 762.

Prüfungsgegenstand hervor.[67] Der Vergütungsanspruch des gerichtlich bestellten Sonderprüfers ergibt sich aus § 146 Abs. 6 Satz 1 AktG. Die wesentlichen Merkmale, die sich für die Möglichkeit mit der Durchführung der Sonderprüfung gemäß §§ 142 ff. AktG als elementar darstellen, sind somit verbindlich bestimmt. Folglich besteht kein Bedürfnis zur Festlegung darüberhinausgehender Leistungspflichten.

Weiterhin lässt ein systematischer Vergleich mit den Vorschriften des § 311 Abs. 2 und 3 BGB darauf schließen, dass Leistungspflichten im Rahmen von rechtsgeschäftsähnlichen Schuldverhältnissen nicht vorgesehen sind. Mithin ist davon auszugehen, dass sich aus dem rechtsgeschäftsähnlichen Verhältnis bestehend zwischen dem gerichtlich bestellten Sonderprüfer und der Gesellschaft keine Primärpflichten ergeben.[68]

c) Zulässigkeit des Abschlusses eines Prüfungsvertrags

Denkbar wäre jedoch, dass die Gesellschaft und der gerichtlich bestellte Sonderprüfer sich ausdrücklich auf den Abschluss eines Prüfungsvertrags einigen. Ein solcher Prüfungsvertrag entspricht einem auf Werkleistung gerichteten Geschäftsbesorgungsvertrag gemäß §§ 675, 631 ff. BGB.[69] Sofern der Prüfungsvertrag einen Vergütungsanspruch des Sonderprüfers nicht ausdrücklich adressiert, ergibt sich dieser gemäß §§ 675, 667, 632 BGB.[70]

Zum Teil wird die Vorschrift des § 142 Abs. 6 Satz 1 AktG in der Literatur als abschließend angesehen, sodass der Abschluss einer solchen Vereinbarung im Hinblick auf die Vergütung des gerichtlich bestellten Sonderprüfers unzulässig und mithin als unwirksam erklärt wird.[71] Begründet wird diese Ansicht unter Verweis auf ein drohendes Bestechungsrisiko. Dies soll sich daraus ergeben, dass einem

---

67 *Mock*, in: Spindler/Stilz, AktG, 4. Auflage 2019, § 142 Rn. 179; *Arnold*, in: MünchKomm-AktG, 4. Auflage 2018, § 142 Rn. 109; *Koch*, in: Hüffer/Koch, AktG, 13. Auflage 2018, § 142 Rn. 32; *Holzborn/Jähnig*, in: Bürger/Körbers, AktG, 2017, § 142 Rn. 19; *Spindler*, in: K. Schmidt/Lutter, AktG, 3. Auflage 2015, § 142 Rn. 61; *Rieckers/Vetter*, in: KölnKomm-AktG, 3. Auflage 2015, § 142 Rn. 305; *Bezzenberg*, in: GroßKomm-AktG, 4. Auflage 2008, § 142 Rn. 66; A/D/S, 6. Auflage 1996, §§ 142 Rn. 21; *Lieder*, in: MünchHdB GesR, Band 7, 5. Auflage 2016, § 26 Rn. 137; *Jänig*, (o. Fn. 39), S. 309; *Jänig*, BB 2005, 949, 953.

68 *Rieckers/Vetter*, in: KölnKomm-AktG, 3. Auflage 2015, § 142 Rn. 322.

69 *Mock*, in: Spindler/Stilz, AktG, 4. Auflage 2019, § 142 Rn. 182; *Arnold*, in: MünchKomm-AktG, 4. Auflage 2018, § 142 Rn. 112; *Koch*, in: Hüffer/Koch, AktG, 13. Auflage 2018, § 142 Rn. 32; *Bezzenberg*, in: GroßKomm-AktG, 4. Auflage 2008, § 142 Rn. 69.

70 OLG München, Beschluss vom 4. Juni 2008, Az.: 31 Wx 50/08 = BeckRS 2008, 46639 Rn. 8; *Bezzenberg*, in: GroßKomm-AktG, 4. Auflage 2008, § 142 Rn. 42.

71 *Mock*, in: Spindler/Stilz, AktG, 4. Auflage 2019, § 142 Rn. 238; *Koch*, in: Hüffer/Koch, AktG, 13. Auflage 2018, § 142 Rn. 33; *Spindler*, in: K. Schmidt/Lutter, AktG, 3. Auflage 2015, § 142 Rn. 71; *Bezzenberg*, in: GroßKomm-AktG, 4. Auflage 2008, § 142 Rn. 91.

Organ der Gesellschaft, deren internen Vorgänge im Rahmen der Durchführung der Sonderprüfung durch den gerichtlich bestellten Sonderprüfer untersucht werden sollen, gestattet wird, Einfluss auf die Höhe der Vergütung eben dieses Sonderprüfers zu nehmen.[72] Darüber hinaus wird die Vorschrift des § 35 Abs. 3 Satz 1 und 2 AktG herangezogen. Diese legt – identisch mit dem Wortlaut der Vorschrift des § 142 Abs. 6 Satz 1 AktG – fest, dass der Gründungsprüfer Anspruch auf Ersatz angemessener barer Auslagen und auf Vergütung seiner Tätigkeit hat, wobei die Auslagen und Vergütung vom Gericht festgesetzt werden. Um die Unabhängigkeit des Gründungsprüfers zu gewährleisten, wird in diesem Zusammenhang einhellig angenommen, dass eine Vergütungsvereinbarung zwischen den Gründungsprüfern und der Gesellschaft unzulässig sei.[73] Im Hinblick auf die Vergleichbarkeit der Sonderprüfung gemäß §§ 142 ff. AktG und der Gründungsprüfung gemäß §§ 33 ff. AktG wird aus diesem Umstand die Schlussfolgerung gezogen, dass eine individuelle Vergütungsvereinbarung zwischen der Gesellschaft und dem gerichtlich bestellten Sonderprüfer gemäß § 142 Abs. 2 Satz 1 AktG ebenfalls nicht zulässig sei.[74]

Diese Argumentation erscheint im Hinblick darauf, dass für den Fall der Bestellung des Sonderprüfers durch die Hauptversammlung gemäß § 142 Abs. 1 Satz 1 AktG, die Gesellschaft ebenfalls unstrittig eine Vergütungsvereinbarung mit diesem abschließt,[75] nicht überzeugend. Im Unterschied zum Gründungsprüfer gemäß §§ 33 ff. AktG, welcher gemäß § 33 Abs. 2 Satz 2 AktG stets vom Gericht bestellt wird, sofern der beurkundende Notar die externe Gründungsprüfung nicht übernimmt, erfolgt die Bestellung des Sonderprüfers gemäß § 142 Abs. 1 Satz 1 AktG vorrangig durch die Hauptversammlung und nur subsidiär durch das Gericht. Es erscheint merkwürdig, die Handlungsfreiheit der Gesellschaft im subsidiären Fall stärker zu beschränken als im Regelfall. In diesem Zusammenhang erscheint ebenfalls unklar, inwiefern sich das Bestechungsrisiko erhöht, wenn ein Organ der Gesellschaft eine Vergütungsvereinbarung mit einem Sonderprüfer, der gemäß § 142 Abs. 2 Satz 1 AktG durch das Gericht bestellt wurde, anstelle eines Sonderprüfers der gemäß

---

72 *Bezzenberg*, in: GroßKomm-AktG, 4. Auflage 2008, § 142 Rn. 91; *Spindler*, in: K. Schmidt/Lutter, AktG, 3. Auflage 2015, § 142 Rn. 71.

73 *Lohse*, in: Bürgers/Körber, 4. Auflage 2017, § 35 Rn. 4; *Pentz*, in: MünchKomm-AktG, 4. Auflage 2016, § 35 Rn. 26; *Wardenbach*, in: Henssler/Strohn, GesR, 3. Auflage 2016, § 35 AktG Rn. 4; *Gerber*, in: Spindler/Stilz, AktG, 3. Auflage 2015, § 35 Rn. 10; *Bayer*, in: K.Schmidt/Lutter, AktG, 3. Auflage 2015, § 35 Rn. 9; *Röhricht/Schall*, in: GroßKomm-AktG, 5. Auflage 2015, § 35 Rn. 22; *Vedder*, in: Grigoleit, AktG, 2013, § 35 Rn. 8; *Arnold*, in: KölnKomm-AktG, 3. Auflage 2011, § 33 Rn. 19..

74 *Koch*, in: Hüffer/Koch, AktG, 13. Auflage 2018, § 142 Rn. 33; *Spindler*, in: K. Schmidt/Lutter, AktG, 3. Auflage 2015, § 142 Rn. 71.

75 *Mock*, in: Spindler/Stilz, AktG, 4. Auflage 2019, § 142 Rn. 240; *Arnold*, in: MünchKomm-AktG, 4. Auflage 2018, § 142 Rn. 126; *Koch*, in: Hüffer/Koch, AktG, 13. Auflage 2018, § 142 Rn. 33; *Hirschmann*, in: Hölters, AktG, 3. Auflage 2017, § 142 Rn. 30; *Herrler*, in: Grigoleit, AktG, 2013, § 142 Rn. 39.

§ 142 Abs. 1 Satz 1 AktG durch die Hauptversammlung bestellt wurde, abschließt.[76] Die Bedenken, die gegen die Zulässigkeit des Abschlusses eines Prüfungsvertrags zwischen der Gesellschaft und dem bestellten Sonderprüfer gemäß § 142 Abs. 2 Satz 1 AktG ins Feld geführt werden, tragen somit nicht. Dementsprechend ist der Abschluss eines Prüfungsvertrags, welcher eine Vergütungsvereinbarung enthält, zwischen der Gesellschaft und dem gerichtlich bestellten Sonderprüfer gemäß § 142 Abs. 2 Satz 1 AktG als zulässig anzuerkennen.[77] Gleichwohl erweist sich der Abschluss eines solchen Prüfungsvertrags nicht als zwingend.

d) Zwischenergebnis

Mit der Bestellung des Sonderprüfers durch das Gericht gemäß § 142 Abs. 2 Satz 1 AktG und der Annahme der Bestellung durch den Sonderprüfer kommt zwischen der Gesellschaft und dem gerichtlich bestellten Sonderprüfer ein vertragsähnliches Rechtsverhältnis zustande. Aus diesem vertragsähnlichen Rechtsverhältnis ergeben sich keine Leistungspflichten, sondern lediglich Schutzpflichten gemäß § 241 Abs. 2 BGB. Diese verpflichten die Parteien jeweils zur Rücksichtnahme auf die Rechte, Rechtsgüter und Interessen der anderen Partei. Darüber hinaus statuiert das vertragsähnliche Rechtsverhältnis, welches zwischen der Gesellschaft und dem gerichtlich bestellten Sonderprüfer besteht, schuldrechtliche Treuepflichten gemäß § 241 Abs. 2 BGB i.V.m. § 242 BGB. Diese halten sowohl die Gesellschaft als auch den gerichtlich bestellten Sonderprüfer dazu an, den Vertragszweck, welcher in der Durchführung der Sonderprüfung liegt, zu fördern und diesen hindernden Maßnahmen zu unterlassen. Auch wenn mit der wirksamen gerichtlichen Bestellung des Sonderprüfers kein Prüfungsvertrag zwischen der Gesellschaft und dem gerichtlich bestellten Sonderprüfer zustande kommt, bleibt es ihnen unbenommen, einen solchen Prüfungsvertrag (überobligatorisch) miteinander abzuschließen.

2) Organstellung

Zwar entspricht es dem allgemeinen Konsens, dass mit der Annahme des Bestellungsbeschlusses des Gerichts das Mandat des Sonderprüfers zustande kommt.[78]

---

76 *Holzborn/Jähnig*, in: Bürger/Körbers, AktG, 2017, § 142 Rn. 25; *Rieckers/Vetter*, in: KölnKomm-AktG, 3. Auflage 2015, § 142 Rn. 382.

77 *Arnold*, in: MünchKomm-AktG, 4. Auflage 2018, § 142 Rn. 112, 126; *Holzborn/Jähnig*, in: Bürger/Körbers, AktG, 2017, § 142 Rn. 25; *Rieckers/Vetter*, in: KölnKomm-AktG, 3. Auflage 2015, § 142 Rn. 382; *Herrler*, in: Grigoleit, AktG, 2013, § 142 Rn. 39; *Slavik*, WM 2017, 1684, 1693.

78 *Mock*, in: Spindler/Stilz, AktG, 4. Auflage 2019, § 142 Rn. 180; *Arnold*, in: MünchKomm-AktG, 4. Auflage 2018, § 142 Rn. 111; *Rieckers/Vetter*, in: KölnKomm-AktG, 3. Auflage 2015, § 142 Rn. 321; *Wilsing/von der Linden*, in: Heidel, Aktienrecht und Kapitalmarktrecht, 4. Auflage 2014, § 142 AktG Rn. 21; *Bezzenberg*, in: GroßKomm-AktG, 4. Auflage 2008, § 142 Rn. 67.

Fraglich ist jedoch, welche Stellung ihm die Annahme des ihm angetragenen Mandats innerhalb der Gesellschaft verleiht.

a) *Allgemeines*

Denkbar wäre es, eine Organstellung des gerichtlich bestellten Sonderprüfers anzunehmen. Eine solche Organstellung würde organschaftliche Treuepflichten begründen. Der gerichtlich bestellte Sonderprüfer müsste sein Verhalten im Rahmen der Durchführung der Sonderprüfung gemäß §§ 142 ff. AktG an dem Interesse der Gesellschaft ausrichten. Die Konsequenz wäre, dass das Gesellschaftswohl der anzulegende Maßstab im Hinblick auf die Begrenzung der Reichweite seiner Rechten und Pflichten darstellt.

Vorab ist zu überlegen, ob sich die Stellung des gerichtlich bestellten Sonderprüfers gemäß § 142 Abs. 2 Satz 1 AktG innerhalb der Gesellschaft von derjenigen des durch die Hauptversammlung bestellten Sonderprüfers gemäß § 142 Abs. 1 Satz 1 AktG unterscheidet. Dabei gilt es zu bedenken, dass der Bestellvorgang des Sonderprüfers nur darüber Auskunft gibt, wem die Kompetenz zur Bestellung des Sonderprüfers zukommt und welche Anforderungen an das jeweilige Verfahren zu stellen sind. Die Durchführung der Sonderprüfung an sich sowie die dahinterstehende Intention bleiben von der Art und Weise der Bestellung unberührt. Dementsprechend ergibt sich für die Stellung des Sonderprüfers keinen Unterschied daraus, ob dieser gemäß § 142 Abs. 1 Satz 1 AktG von der Hauptversammlung oder gemäß § 142 Abs. 2 Satz 1 AktG von dem Gericht bestellt worden ist. Folglich besteht im Rahmen der im Folgenden angestellten Überlegungen kein Bedürfnis, zwischen diesen Bestellungsarten zu unterscheiden. Vielmehr ist die Stellung des Sonderprüfers gemäß §§ 142 ff. AktG unabhängig von dem Bestellvorgang einheitlich zu bestimmen.

Um die Stellung des Sonderprüfers gemäß §§ 142 ff. AktG im Verhältnis zu der Gesellschaft zu untersuchen, wird im Folgenden ein systematischer Vergleich zu der Stellung anderer Prüfer, die Prüfungen in der Gesellschaft durchführen, angestellt. Im Rahmen dessen wird in einem ersten Schritt untersucht, ob und inwiefern eine Vergleichbarkeit der jeweiligen Prüfung mit der Sonderprüfung gemäß §§ 142 ff. AktG besteht. Eine solche Vergleichbarkeit könnte sich aus einem ähnlichen Bestellungsverfahren, einem ähnlichen Gegenstand der Prüfung oder aus einem ähnlichen Schutzzweck der jeweiligen Prüfung und der Sonderprüfung gemäß §§ 142 ff. AktG ergeben. In einem zweiten Schritt gilt es dann zu evaluieren, welche Rückschlüsse die Stellung des jeweiligen Prüfers auf die Stellung des Sonderprüfers gemäß §§ 142 ff. AktG zulässt.

Fraglich erscheint, auf welche abstrakten Kriterien im Rahmen dieser Evaluation abzustellen ist:

Denkbar wäre es, Rückschlüsse aus dem Vorgang der Bestellung des jeweiligen Prüfers zu ziehen. Dabei könnte vorrangig auf die Frage, wem die Kompetenz zur Bestellung des jeweiligen Prüfers obliegt, einzugehen sein. Letztlich bestimmt der Bestellvorgang jedoch nur die Frage, wie der jeweilige Prüfer sein Mandat erlangt.

Die Bestellungskompetenz weist dem jeweiligen Adressaten das Recht zu, den jeweiligen Prüfer zu bestellen. Zwar wird man annehmen können, dass ein außenstehender Dritter, der nicht Organ der Gesellschaft ist, keine Kompetenz innehat, einen Prüfer zu bestellen, der eine Organfunktion innerhalb der Gesellschaft wahrnimmt. Jedoch drängt sich nicht die Annahme des Umkehrschlusses auf, dass die Bestellung eines Prüfers durch ein Organ zwingend dessen Eintritt in die Stellung eines Organs zur Folge hat. Ansonsten würde jede Bestellung durch ein Organ der Gesellschaft in der Schaffung eines weiteren Organs münden. Dies stünde jedoch im Widerspruch zu der Struktur der Aktiengesellschaft, die als (Haupt-) Organe zwingend lediglich die Hauptversammlung, den Vorstand und den Aufsichtsrat vorsieht.[79] Diese These findet ihre Bestätigung unter anderem am Beispiel des Abschlussprüfers, welcher gemäß § 119 Abs. 1 Nr. 4 AktG von der Hauptversammlung bestellt wird, allerdings nach einhelliger Meinung kein Organ der Gesellschaft ist (vgl. Ziffer A) III) 2) b) (ii)). Dementsprechend lassen sich aus der jeweiligen Identität des Adressaten der Bestellungskompetenz keine Rückschlüsse auf die Stellung des Sonderprüfers gemäß §§ 142 ff. AktG in der Gesellschaft ziehen.

Dieselbe Überlegung lässt sich auch auf die Abberufung des Sonderprüfers übertragen. Die Frage, wem die Kompetenz zur Abberufung des bestellten Sonderprüfers zukommt und welche Anforderungen an das Verfahren zu stellen sind, beschreibt letztlich ebenfalls nur das „wie" der Abberufung. Zwar wird wiederum anzunehmen sein, dass ein Organ der Gesellschaft grundsätzlich nicht durch einen außenstehenden Dritten abberufen werden kann. Gleichzeitig ergibt sich daraus jedoch nicht die Schlussfolgerung, dass der Abberufene stets eine Organstellung innegehabt hat, sofern die Abberufung durch ein Organ erfolgt ist. Folglich bietet der Abberufungsvorgang bzw. die Abberufungskompetenz bezüglich des Sonderprüfers gemäß §§ 142 ff. AktG ebenfalls keine Anhaltspunkte für die Bestimmung der Stellung des Sonderprüfers gemäß §§ 142 ff. AktG.

Basierend auf der Tatsache, dass die Grundstruktur der Aktiengesellschaft ein Organgefüge bestehend aus Hauptversammlung, Vorstand und Aufsichtsrat vorsieht, könnte sich eine Organstellung des jeweiligen Prüfers dann ergeben, wenn dieser in die Stellung eines der (Haupt-)Organe einrückt. Es wird folglich zu untersuchen sein, inwieweit der jeweilige Prüfer bzw. Sonderprüfer in die Struktur der Gesellschaft eingegliedert ist.

Darüber hinaus könnte der Umstand, inwiefern der jeweilige Prüfer im Rahmen der Durchführung der jeweiligen Prüfung eine für die Gesellschaft verbindliche Rechtsfolge setzt, bei der Frage, ob dem jeweiligen Prüfer bzw. dem Sonderprüfer eine Organstellung zukommt, zu berücksichtigen sein. Dieser Gedanke ergibt sich daraus, dass die Willenserklärungen der drei (Haupt-)Organe der Gesellschaft jeweils der Gesellschaft zugerechnet werden bzw. als Wille der Gesellschaft selbst

---

79 *Wiesner*, in: MünchHdB GesR Band 4, 4. Auflage 2015, § 19 Rn. 1; *Koch*, Gesellschaftsrecht, 10. Auflage 2017, § 30 Rn. 1.

gelten: So ist der Vorstand gemäß § 76 Abs. 1 AktG zur Geschäftsführung der Gesellschaft berufen und vertritt die Gesellschaft gemäß § 78 Abs. 1 Satz 1 AktG gerichtlich und außergerichtlich. Der Aufsichtsrat ist gemäß § 111 Abs. 1 AktG für die Überwachung der Geschäftsführung verantwortlich. Jedoch obliegt ihm gemäß § 112 Satz 1 AktG ebenfalls die gerichtliche und außergerichtliche Vertretung der Gesellschaft gegenüber den Vorstandsmitgliedern. Sowohl dem Vorstand als auch dem Aufsichtsrat kommt mithin eine organschaftliche Vertretungsmacht zu, die es ihnen erlaubt, durch ihre Willenserklärungen die Gesellschaft im Außenverhältnis gegenüber Dritten rechtlich zu binden. Die Hauptversammlung ist demgegenüber grundsätzlich[80] weder zur organschaftlichen noch zur rechtsgeschäftlichen Vertretung der Gesellschaft gegenüber Dritten berufen.[81] In Anbetracht der Zusammensetzung der Hauptversammlung aus sämtlichen Aktionären der Gesellschaft, welche sich laufend ändern kann, erscheint eine rechtsgeschäftliche Vertretung der Gesellschaft in der Praxis auch ungeeignet. Vielmehr stellt die Hauptversammlung das interne Willensbildungsorgan der Gesellschaft dar.[82] Die Willensbildung erfolgt durch Beschlussfassung,[83] welche für bestimmte Angelegenheiten im Aktiengesetz zwingend vorgesehen ist.[84] Der durch die Hauptversammlung gefasste Beschluss gilt kraft organschaftlicher Zurechnung als Wille der Gesellschaft selbst.[85] Zwar

---

80 Zum Teil wird in der Literatur angenommen, dass die Hauptversammlung zur rechtsgeschäftlichen Vertretung der Gesellschaft im Hinblick auf die Bestellung des Sonderprüfers gemäß § 142 Abs. 1 Satz 1 AktG berufen ist, vgl. etwa: *Kubis*, in: MünchKomm-AktG, 4. Auflage 2018, § 118 Rn. 19; *Koch*, in: Hüffer/Koch, AktG, 13. Auflage 2018, § 118 Rn. 12; *Bezzenberg*, in: GroßKomm-AktG, 4. Auflage 2008, § 142 Rn. 39; *Leuering*, in: Semler/Vollhard/Reichert, Hdb-HV, 4. Auflage 2018, § 18 Rn. 85.

81 *Kubis*, in: MünchKomm-AktG, 4. Auflage 2018, § 118 Rn. 9; *Drinhausen*, in: Hölters, AktG, 3. Auflage 2017, § 118 Rn. 5; *Mülbert*, in: GroßKomm-AktG, 5. Auflage 2017, Vor §§ 118 Rn. 21; *Spindler*, in: K. Schmidt/Lutter, AktG, 3. Auflage 2015, § 118 Rn. 13.

82 *Kubis*, in: MünchKomm-AktG, 4. Auflage 2018, § 118 Rn. 9; *Koch*, in: Hüffer/Koch, AktG, 13. Auflage 2018, § 118 Rn. 2; *Mülbert*, in: GroßKomm-AktG, 5. Auflage 2017, Vor §§ 118 Rn. 19; *Liebscher*, in: Henssler/Strohn, GesR, 3. Auflage 2016, § 118 Rn. 2; *Hoffmann*, in: Spindler/Stilz, AktG, 3. Auflage 2015, § 118 Rn. 5; *Spindler*, in: K. Schmidt/Lutter, AktG, 3. Auflage 2015, § 118 Rn. 12; *Herrler*, in: Grigoleit, AktG, 2013, § 118Rn. 1.

83 *Kubis*, in: MünchKomm-AktG, 4. Auflage 2018, § 118 Rn. 9; *Koch*, in: Hüffer/Koch, AktG, 13. Auflage 2018, § 118 Rn. 3; *Mülbert*, in: GroßKomm-AktG, 5. Auflage 2017, Vor §§ 118 Rn. 29; *Herrler*, in: Grigoleit, AktG, 2013, § 118Rn. 1.

84 vgl. §§ 119 Abs. 1, 52, 68 Abs. 2, 93 Abs. 4 Satz 3, 111 Abs. 4. 71 Abs. 1 Nr. 8 AktG.

85 *Koch*, in: Hüffer/Koch, AktG, 13. Auflage 2018, § 118 Rn. 3; *Kubis*, in: MünchKomm-AktG, 4. Auflage 2018, § 118 Rn. 9; *Drinhausen*, in: Hölters, AktG, 3. Auflage 2017, § 118 Rn. 5; *Mülbert*, in: GroßKomm-AktG, 5. Auflage 2017, Vor §§ 118 Rn. 19; *Liebscher*, in: Henssler/Strohn, GesR, 3. Auflage 2016, § 118 Rn. 2; *Spindler*, in: K. Schmidt/Lutter, AktG, 3. Auflage 2015, § 118 Rn. 12; *Herrler*, in: Grigoleit, AktG, 2013, § 118 Rn. 1; *Hüffer*, in: FS 100 Jahre GmbHG, 1992, 521, 529.

obliegt es in den meisten Situationen dem Vorstand bzw. dem Aufsichtsrat, den von der Hauptversammlung gefassten Beschluss umzusetzen.[86] Dieser Umstand vermag jedoch nicht die Tatsache zu ändern, dass der von der Hauptversammlung gefasste Beschluss als Wille der Gesellschaft aufzufassen ist und mithin verbindlich gilt. Dies wird insbesondere im Hinblick auf diejenigen Beschlussfassungen deutlich, bei denen es keiner Umsetzung durch den Vorstand bzw. den Aufsichtsrat bedarf. Zu denken ist in diesem Zusammenhang beispielsweise an die Bestellung von Aufsichtsratsmitgliedern gemäß § 119 Abs. 1 Nr. 1 AktG oder die Entlastung der Mitglieder des Vorstands und des Aufsichtsrats gemäß § 119 Abs. 1 Nr. 3 AktG.

Somit wird im Rahmen des Vergleichs der Stellungen der jeweiligen Prüfer in der Gesellschaft mit derjenigen des Sonderprüfers auch darauf zu achten sein, inwiefern sie mit der Durchführung ihrer jeweiligen Prüfung eine für die Gesellschaft verbindliche Rechtsfolge setzen (können).

b) Vergleich mit anderen Prüfern

Vorliegend wird der Vergleich in Bezug auf den besonderen Vertreter gemäß § 147 Abs. 2 AktG, den Abschlussprüfer gemäß §§ 316 ff. HGB, den bilanziellen Sonderprüfer gemäß §§ 258 ff. AktG sowie den externen Gründungsprüfer gemäß §§ 33 ff. AktG angestellt.

(i) Besonderer Vertreter gemäß § 147 Abs. 2 AktG

Gemäß § 147 Abs. 1 Satz 1 AktG kann die Hauptversammlung die Geltendmachung von Ersatzansprüchen der Gesellschaft aus der Gründung gegen die nach §§ 46 bis 48, 53 AktG verpflichteten Personen oder aus der Geschäftsführung gegen Mitglieder des Vorstands oder des Aufsichtsrats oder aus § 117 AktG verbindlich beschließen. Dabei kann die Hauptversammlung zur Geltendmachung dieser Ersatzansprüche der Gesellschaft gemäß § 147 Abs. 2 Satz 1 AktG einen besonderen Vertreter bestellen. Die Bestellung eines besonderen Vertreters kann jedoch gemäß § 147 Abs. 2 Satz 2 AktG auch auf Antrag einer Aktionärsminderheit durch das Gericht erfolgen, wenn ihm dies für eine ordnungsgemäße Geltendmachung zweckmäßig erscheint.

Genauso wie bei dem besonderen Vertreter kann die Bestellung des Sonderprüfers gemäß § 142 Abs. 1 Satz 1 AktG durch die Hauptversammlung oder gemäß § 142 Abs. 2 Satz 1 AktG durch das Gericht erfolgen. Ein Unterschied besteht jedoch insofern, als dass eine Bestellung des besonderen Vertreters durch das Gericht gemäß § 147 Abs. 2 Satz 2 AktG unabhängig von einem vorangegangenen ablehnenden Beschluss der Hauptversammlung hinsichtlich einer Bestellung des

---

86 *Koch*, in: Hüffer/Koch, AktG, 13. Auflage 2018, § 118 Rn. 3; *Mülbert*, in: GroßKomm-AktG, 5. Auflage 2017, Vor §§ 118 Rn. 37; *Hoffmann*, in: Spindler/Stilz, AktG, 3. Auflage 2015, § 118 Rn. 5; *Spindler*, in: K. Schmidt/Lutter, AktG, 3. Auflage 2015, § 118 Rn. 12.

besonderen Vertreters gemäß § 147 Abs. 2 Satz 1 AktG möglich ist.[87] Allerdings muss ein Beschluss der Hauptversammlung zur Geltendmachung der in Frage stehenden Ersatzansprüche an sich gemäß § 147 Abs. 1 AktG vorliegen.[88] Im Gegensatz dazu ist eine Bestellung des Sonderprüfers durch das Gericht gemäß § 142 Abs. 2 Satz 1 AktG nur dann zulässig, wenn die Hauptversammlung eine solche Bestellung gemäß § 142 Abs. 1 Satz 1 AktG im Voraus durch Beschluss abgelehnt hat. Gleichwohl liegt die Kompetenz zur Bestellung des besonderen Vertreters gemäß § 147 Abs. 2 AktG und des Sonderprüfers gemäß §§ 142 ff. AktG jeweils bei demselben Organ (d.h. der Hauptversammlung) bzw. unter bestimmten Umständen bei dem Gericht.

Die Aufgabe des besonderen Vertreters gemäß § 147 Abs. 2 AktG liegt in der (außer-)prozessualen Durchsetzung von Ersatzansprüchen der Gesellschaft gegen Mitglieder des Vorstands oder des Aufsichtsrats.[89] Ersatzansprüche der Gesellschaft, einschließlich solcher, die gegenüber (ehemaligen) Aufsichtsratsmitgliedern bestehen, werden grundsätzlich vom Vorstand im Rahmen seiner Geschäftsführungstätigkeit gemäß § 76 Abs. 1 AktG geltend gemacht.[90] Die Geltendmachung von Ersatzansprüchen der Gesellschaft gegen (ehemalige) Mitglieder des Vorstands fällt dahingegen gemäß § 112 Satz 1 AktG grundsätzlich in den Verantwortungsbereich des Aufsichtsrats.[91] Die Möglichkeit, einen besonderen Vertreter gemäß § 147 Abs. 2 AktG zur Geltendmachung dieser Ersatzansprüche zu bestellen, kommt in Konstellationen zum Tragen, in denen eine effektive Geltendmachung der Ersatzansprüche der Gesellschaft durch das originär zuständige Gesellschaftsorgan (d.h. Vorstand oder Aufsichtsrat) – meist aufgrund von vorherrschenden Interessenkonflikten – nicht gewährleistet bzw. zu erwarten ist.[92]

---

87 *Mock*, in: Spindler/Stilz, AktG, 4. Auflage 2019, § 147 Rn. 79.

88 *Mock*, in: Spindler/Stilz, AktG, 4. Auflage 2019, § 147 Rn. 70; *Spindler*, in: K. Schmidt/Lutter, AktG, 3. Auflage 2015, § 147 Rn. 15; *Lochner*, in: Heidel, AktR, 4. Auflage 2014, § 147 AktG Rn. 19; *Herrler*, in: Grigoleit, AktG, 2013, § 147 Rn. 10; *Binder*, ZHR 176 2012, 380, 385; *Hüffer*, ZHR 174 2010, 642, 652f. *Kling*, ZGR 2009, 190, 194.

89 *Mock*, in: Spindler/Stilz, AktG, 4. Auflage 2019, § 147 Rn. 113ff. *Arnold*, in: MünchKomm-AktG, 4. Auflage 2018, § 147 Rn. 61; *Koch*, in: Hüffer/Koch, AktG, 13. Auflage 2018, § 147 Rn. 1; *Hirschmann*, in: Hölters, AktG, 3. Auflage 2017, § 147 Rn. 1; *Holzborn/Jähnig*, in: Bürgers/Körber, AktG, 4. Auflage 2017, § 147 Rn. 1; *Liebscher*, in: Henssler/Strohn, GesR, 3. Auflage 2016, § 147 Rn. 1.

90 *Mock*, in: Spindler/Stilz, AktG, 4. Auflage 2019, § 147 Rn. 1; *Arnold*, in: MünchKomm-AktG, 4. Auflage 2018, § 147 Rn. 16; *Koch*, in: Hüffer/Koch, AktG, 13. Auflage 2018, § 147 Rn. 1; *Hirschmann*, in: Hölters, AktG, 3. Auflage 2017, § 147 Rn. 1; *Bezzenberg*, in: GroßKomm-AktG, 4. Auflage 2008, § 147 Rn. 7.

91 *Mock*, in: Spindler/Stilz, AktG, 4. Auflage 2019, § 147 Rn. 1; *Arnold*, in: MünchKomm-AktG, 4. Auflage 2018, § 147 Rn. 16; *Koch*, in: Hüffer/Koch, AktG, 13. Auflage 2018, § 147 Rn. 1; *Hirschmann*, in: Hölters, AktG, 3. Auflage 2017, § 147 Rn. 1; *Bezzenberg*, in: GroßKomm-AktG, 4. Auflage 2008, § 147 Rn. 7.

92 *Mock*, in: Spindler/Stilz, AktG, 4. Auflage 2019, § 147 Rn. 64; *Arnold*, in: MünchKomm-AktG, 4. Auflage 2018, § 147 Rn. 16; *Koch*, in: Hüffer/Koch, AktG, 13. Auflage 2018,

Die Aufgabe des Sonderprüfers im Rahmen einer Sonderprüfung gemäß §§ 142 ff. AktG besteht in der Prüfung von Vorgängen bei der Gründung oder der Geschäftsführung. Die im Rahmen der Durchführung der Sonderprüfung gemäß §§ 142 ff. AktG festgestellten Erkenntnisse sollen der Vorbereitung von Ersatzansprüchen der Gesellschaft dienen (vgl. Ziffer A) II) 2)). Die Sonderprüfung gemäß §§ 142 ff. AktG stellt somit einen zeitlich vorgelagerten Schritt zur Bestellung eines besonderen Vertreters gemäß § 147 Abs. 2 AktG dar. Während die Sonderprüfung gemäß §§ 142 ff. AktG zu der Aufklärung von Tatsachen, auf deren Basis die Geltendmachung von Ersatzansprüchen vorgenommen werden soll, beiträgt, gewährleistet die Bestellung eines besonderen Vertreters gemäß § 147 Abs. 2 AktG die Durchsetzung dieses vermeintlich bestehenden Ersatzanspruchs der Gesellschaft.

Jedoch muss eine Sonderprüfung gemäß §§ 142 ff. AktG nicht zwingend im Vorfeld der Bestellung eines besonderen Vertreters gemäß § 147 Abs. 2 AktG durchgeführt werden.[93] Ebenso folgt auf die Sonderprüfung gemäß §§ 142 ff. AktG nicht in jedem Fall die Bestellung eines besonderen Vertreters gemäß § 147 Abs. 2 AktG.[94] Allerdings ist sowohl die Durchführung einer Sonderprüfung gemäß §§ 142 ff. AktG als auch die Bestellung eines besonderen Vertreters gemäß § 147 Abs. 2 AktG auf die Unterstützung der Geltendmachung von Ersatzansprüchen der Gesellschaft ausgelegt. Beide Instrumente dienen somit dem Schutz des Vermögens der Gesellschaft und mithin dem Gesellschaftswohl.[95]

---

§ 147 Rn. 1; *Hirschmann*, in: Hölters, AktG, 3. Auflage 2017, § 147 Rn. 1; *Holzborn/Jähnig*, in: Bürgers/Körber, AktG, 4. Auflage 2017, § 147 Rn. 1; *Liebscher*, in: Henssler/Strohn, GesR, 3. Auflage 2016, § 147 Rn. 1; *Spindler*, in: K. Schmidt/Lutter, AktG, 3. Auflage 2015, § 147 Rn. 1; *Herrler*, in: Grigoleit, AktG, 2013, § 147 Rn. 1; *Bezzenberg*, in: GroßKomm-AktG, 4. Auflage 2008, § 147 Rn. 9.

93 *Mock*, in: Spindler/Stilz, AktG, 4. Auflage 2019, § 147 Rn. 16; *Holzborn/Jähnig*, in: Bürgers/Körber, AktG, 4. Auflage 2017, § 147 Rn. 2; *Mock*, EWiR 2013, 701, 702; *Nietsch*, ZGR 2011, 589, 616; *Hüffer*, ZHR 174 2010, 642, 666; *Kling*, ZGR 2009, 190, 216; *Verhoeven*, ZIP 2008, 245, 247; *Spindler*, NZG 2005, 865, 866; *Humrich*, Der besondere Vertreter im Aktienrecht, 2013, S. 171ff. *Wirth*, in: FS Hüffer, 2010, 1129, 1146; *Fabricius*, in: FS Gruson, 2009, 133, 146 f. *Mock*, DB 2008, 393, 394; *Wirth/Pospiech*, DB 2008, 2471, 2474f.; aA: LG Duisburg, Urteil vom 16. April 2013, Az.: 22 O 12/13 = ZIP 2013, 1379, 1379 – sofern der besondere Vertreter zur Geltendmachung der Ersatzansprüche die Aufklärung von Tatsachen erfordert.

94 *Nietsch*, ZGR 2011, 589,616.

95 In Bezug auf die Sonderprüfung gemäß §§ 142 ff. AktG vgl. Ziffer A) II) 4); in Bezug auf die Geltendmachung von Ersatzansprüchen durch den besonderen Vertreter gemäß § 147 AktG: *Mock*, in: Spindler/Stilz, AktG, 4. Auflage 2019, § 147 Rn. 3; *Arnold*, in: MünchKomm-AktG, 4. Auflage 2018, § 147 Rn. 16; *Koch*, in: Hüffer/Koch, AktG, 13. Auflage 2018, § 147 Rn. 1; *Hirschmann*, in: Hölters, AktG, 3. Auflage 2017, § 147 Rn. 1; *Spindler*, in: K. Schmidt/Lutter, AktG, 3. Auflage 2015, § 147 Rn. 1; *Herrler*, in: Grigoleit, AktG, 2013, § 147 Rn. 1; *Bezzenberg*, in: GroßKomm-AktG, 4. Auflage 2008, § 147 Rn. 9.

Im Hinblick auf den gleich gelagerten Bestellvorgang bzw. Adressaten der Bestellungskompetenz bezüglich des besonderen Vertreters gemäß § 147 Abs. 2 AktG sowie des Sonderprüfers gemäß § 142 Abs. 2 Satz 1 AktG, der Tatsache, dass beide Institute einen möglichen Teilabschnitt in dem umfangreichen Prozess der Geltendmachung von Ersatzansprüchen der Gesellschaft repräsentieren sowie deren gleich gelagerten Schutzzweck, ergibt sich eine Vergleichbarkeit der Stellung des Sonderprüfers gemäß §§ 142 ff. AktG mit derjenigen des gesetzlichen Vertreters gemäß § 147 Abs. 2 AktG.

Somit ist im Folgenden zu überlegen, welche Rückschlüsse aus der Stellung des besonderen Vertreters gemäß § 147 Abs. 2 AktG auf die Stellung des Sonderprüfers gemäß §§ 142 ff. AktG innerhalb der Gesellschaft gezogen werden können.

Der besondere Vertreter gemäß § 147 Abs. 2 AktG hat nach allgemeiner Ansicht eine Organstellung inne.[96] Die Bestellung des besonderen Vertreters kann gemäß § 147 Abs. 2 Satz 1 AktG im Rahmen eines korporationsrechtlichen Aktes durch die Hauptversammlung beschlossen werden oder auf Initiative einer Aktionärsminderheit gemäß § 147 Abs. 2 Satz 2 AktG durch das Gericht vorgenommen werden. Unabhängig davon, wer die Bestellung des besonderen Vertreters bewirkt hat, wird dieser durch seine Bestellung dazu berufen, Ersatzansprüche der Gesellschaft gegen Mitglieder des Vorstands bzw. des Aufsichtsrats geltend zu machen. Durch die Bestellung des besonderen Vertreters gemäß § 147 Abs. 2 AktG wird die Kompetenz zur Geltendmachung dieser Ersatzansprüche abschließend von dem Vorstand bzw. Aufsichtsrat auf den besonderen Vertreter verlagert. Der besondere Vertreter verdrängt somit die Zuständigkeit des Vorstands bzw. des Aufsichtsrats und tritt vollumfänglich in diese ein.[97]

---

96 BGH, Urteil vom 18. Juni 2013, Az.: II ZA 4/12 = AG 2013, 634 Rn. 3; BGH, Beschluss vom 27. September 2011, Az.: II ZR 225/08 = NZG 2011, 1383, 1384; BGH, Urteil vom 18. Dezember 1980, Az.: II ZR 140/79 = ZIP 1981, 178, 179; OLG Schleswig, Urteil vom 6. Juni 2012, Az.: 9 U 2/11 = BeckRS 2013, 12315; OLG München, Urteil vom 27. August 2008, Az.: 7 U 5678/07 = WM 2008, 1971, 1975; LG Heidelberg, Urteil vom 4. Dezember 2015, Az.: 11 O 37/15 = AG 2016, 182, 183; LG Duisburg, Urteil vom 9. Juni 2016, Az.: 22 O 50/16 = AG 2016, 795, 796; LG München I, Urteil vom 27. August 2009, 5HK O 21656/08 = AG 2009, 796, 797; LG München, Urteil vom 6. September 2007, Az.: 5HK O 12570/07 = AG 2007, 756, 756; *Arnold*, in: MünchKomm-AktG, 4. Auflage 2018, § 147 Rn. 67; *Rieckers/Vetter*, in: KölnKomm-AktG, 3. Auflage 2015, § 147 Rn. 515; *Lochner*, in: Heidel, AktR, 4. Auflage 2014, § 147 AktG Rn. 24; *Bezzenberg*, in: GroßKomm-AktG, 4. Auflage 2008, § 147 Rn. 52; *Schneider*, ZIP 2013, 1985, 1987; *Hüffer*, ZHR 174 2010, 642, 648; *Kling*, ZGR 2009, 190, 212 - nimmt eine organähnliche Stellung an; *Wirth/Pospiech*, DB 2008, 2471, 2474; *Mock*, AG 2008, 839, 840; a.A. *Wirth*, in: FS Hüffer, 2010, 1129, 1144 ff.

97 BGH, Urteil vom 18. Dezember 1980, Az.: II ZR 140/79 = NJW 1981, 1097, 1098; OLG München, Urteil vom 27. August 2008, Az.: 7 U 5678/07 = AG 2008, 864, 868; LG München, Urteil vom 6. September 2007, Az.: 5 HK O 12570/07 = ZIP 2007, 1809, 1815; *Mock*, in: Spindler/Stilz, AktG, 4. Auflage 2019, § 147 Rn. 121; *Arnold*, in: MünchKomm-AktG, 4. Auflage 2018, § 147 Rn. 59; *Spindler*, in: K. Schmidt/Lutter,

Zwar übernimmt der Sonderprüfer gemäß §§ 142 ff. AktG mit der Aufklärung von Tatsachen ebenso wie der besondere Vertreter eine Aufgabe, die grundsätzlich dem Aufsichtsrat zugewiesen ist. Im Unterschied zum besonderen Vertreter verdrängt der gerichtlich bestellte Sonderprüfer dasjenige Organ, dessen Aufgabe er ausführt, jedoch nicht. Es bleibt dem Aufsichtsrat unbenommen, eigene Maßnahmen zur Aufklärung der fraglichen Umstände vorzunehmen. Unter Umständen könnte sich sogar eine Pflicht des Aufsichtsrats zur parallelen Untersuchung aus seiner Überwachungspflicht gemäß § 111 Abs. 1 AktG ergeben (vgl. Ziffer C) II) 6) c) (ii) (3)). Die Zuständigkeit des Sonderprüfers gemäß §§ 142 ff. AktG steht folglich neben derjenigen des Aufsichtsrats.

Mit dem Eintritt in die Stellung des entsprechenden Organs geht das Recht des besonderen Vertreters einher, die Gesellschaft im Außenverhältnis bindend zu vertreten.[98] Diese Vertretungsmacht des besonderen Vertreters ist gegenständlich auf die Geltendmachung von Ersatzansprüchen der Gesellschaft beschränkt, wobei sie innerhalb dieses Gegenstandes an sich unbeschränkt gilt.[99] Dabei hat der besondere Vertreter sein Handeln ausschließlich nach den Interessen der Gesellschaft auszurichten.[100]

Die Durchführung der Sonderprüfung gemäß §§ 142 ff. AktG entfaltet keine verbindlichen Rechtsfolgen.[101] Vielmehr wird dem Vorstand der Gesellschaft mit Abschluss der Durchführung der Sonderprüfung gemäß § 145 Abs. 6 Satz 3 AktG lediglich ein Sonderprüfungsbericht zur Verfügung gestellt, welchen dieser gemäß § 145 Abs. 6 Satz 5 AktG wiederum dem Aufsichtsrat vorzulegen hat.

AktG, 3. Auflage 2015, § 147 Rn. 23; *Rieckers/Vetter*, in: KölnKomm-AktG, 3. Auflage 2015, § 147 Rn. 517, 551; *Lochner*, in: Heidel, AktR, 4. Auflage 2014, § 147 AktG Rn. 24; *Bezzenberg*, in: GroßKomm-AktG, 4. Auflage 2008, § 147 Rn. 52; *Schneider*, ZIP 2013, 1985, 1987; *Binder*, ZHR 176 2012, 380, 386; *Hüffer*, ZHR 174 2010, 642, 664; *Kling*, ZGR 2009, 190,212.

98 BGH, Urteil vom 18. Dezember 1980, Az.: II ZR 140/79 = NJW 1981, 1097, 1098; LG München, Urteil vom 6. September 2007, Az.: 5HK O 12570/07 = AG 2007, 756,757; *Mock*, in: Spindler/Stilz, AktG, 4. Auflage 2019, § 147 Rn. 121; *Arnold*, in: MünchKomm-AktG, 4. Auflage 2018, § 147 Rn. 67; *Spindler*, in: K. Schmidt/Lutter, AktG, 3. Auflage 2015, § 147 Rn. 23; *Bezzenberg*, in: GroßKomm-AktG, 4. Auflage 2008, § 147 Rn. 52.

99 LG München I, Urteil vom 6. September 2007, Az.: 5HK O 12570/07 = NZG 2016, 916, 916; *Mock*, in: Spindler/Stilz, AktG, 4. Auflage 2019, § 147 Rn. 134; *Bezzenberg*, in: GroßKomm-AktG, 4. Auflage 2008, § 147 Rn. 52; *Koch*, in: Hüffer/Koch, AktG, 13. Auflage 2018, § 147 Rn. 13; *Spindler*, in: K. Schmidt/Lutter, AktG, 3. Auflage 2015, § 147 Rn. 23; *Schneider*, ZIP 2013, 1985, 1988; *Nietsch*, ZGR 2011, 589,626.

100 OLG München, Urteil vom 3. März 2010, Az.: 7 U 4744/09 = AG 2010, 673, 675; *Arnold*, in: MünchKomm-AktG, 4. Auflage 2018, § 147 Rn. 63; *Spindler*, in: K. Schmidt/Lutter, AktG, 3. Auflage 2015, § 147 Rn. 23; *Rieckers/Vetter*, in: KölnKomm-AktG, 3. Auflage 2015, § 147 Rn. 280; *Schneider*, ZIP 2013, 1985, 1987; *Hüffer*, ZHR 174 2010, 642, 676; *Westermann*, AG 2009, 237,241.

101 *Mock*, in: Spindler/Stilz, AktG, 4. Auflage 2019, § 142 Rn. 198.

Der Sonderprüfungsbericht beinhaltet alle Erkenntnisse, die der Sonderprüfer im Rahmen seiner Tätigkeit gewonnen hat. Im Anschluss daran obliegt es dann dem jeweils zuständigen Organ der Gesellschaft (d.h. Vorstand oder Aufsichtsrat), die gewonnenen Informationen zu bewerten und diesbezüglich weitere Schritte zu unternehmen.[102] Mithin kann der Sonderprüfer keine Erklärungen im Namen der Gesellschaft abgeben, die diese im Außenverhältnis gegenüber Dritten binden würde.[103] Ihm kommt folglich keine Vertretungsmacht zu.

Aus den vorangestellten Vergleichen ergibt sich folgende Überlegung: Der besondere Vertreter gemäß § 147 Abs. 2 AktG rückt mit seiner Bestellung in die Stellung des Vorstands bzw. des Aufsichtsrats in Bezug auf die Geltendmachung von Ersatzansprüchen ein und verdrängt insoweit diese vollumfänglich aus ihrer Kompetenz. Aus der Organstellung, in der sich der besondere Vertreter gemäß § 147 Abs. 2 AktG befindet, leitet er eine rechtsgeschäftliche Vertretungsmacht ab, die es ihm erlaubt, die besagten Ersatzansprüche der Gesellschaft verbindlich in deren Namen im Außenverhältnis geltend zu machen. Die Bestellung des Sonderprüfers bewirkt dagegen gerade keine Verdrängung des Vorstands bzw. Aufsichtsrats aus deren Organstellung. Es findet keine Kompetenzverlagerung auf den Sonderprüfer gemäß §§ 142 ff. AktG statt. Vielmehr wird er zusätzlich zum Vorstand bzw. Aufsichtsrat neben diesem tätig. Darüber hinaus hat der Sonderprüfer gemäß §§ 142 ff. AktG keine Vertretungsmacht, sodass er im Rahmen der Durchführung der Sonderprüfung keine für die Gesellschaft im Außenverhältnis verbindliche Rechtsfolgen setzen kann.

Ein Vergleich der Stellung des besonderen Vertreters gemäß § 147 Abs. 2 AktG, der nach allgemeiner Ansicht als Organ der Gesellschaft zu bewerten ist,[104] deutet mithin darauf hin, dass dem Sonderprüfer gemäß §§ 142 ff. AktG mangels

---

102 *Mock*, in: Spindler/Stilz, AktG, 4. Auflage 2019, § 142 Rn. 188; *Arnold*, in: MünchKomm-AktG, 4. Auflage 2018, § 145 Rn. 55.

103 *Mock*, in: Spindler/Stilz, AktG, 4. Auflage 2019, § 142 Rn. 44.

104 BGH, Urteil vom 18. Juni 2013, Az.: II ZA 4/12 = AG 2013, 634 Rn. 3; BGH, Beschluss vom 27. September 2011, Az.: II ZR 225/08 = NZG 2011, 1383, 1384; BGH, Urteil vom 18. Dezember 1980, Az.: II ZR 140/79 = ZIP 1981, 178, 179; OLG Schleswig, Urteil vom 6. Juni 2012, Az.: 9 U 2/11 = BeckRS 2013, 12315; OLG München, Urteil vom 27. August 2008, Az.: 7 U 5678/07 = WM 2008, 1971, 1975; LG Heidelberg, Urteil vom 4. Dezember 2015, Az.: 11 O 37/15 = AG 2016, 182, 183; LG Duisburg, Urteil vom 9. Juni 2016, Az.: 22 O 50/16 = AG 2016, 795, 796; LG München I, Urteil vom 27. August 2009, 5HK O 21656/08 = AG 2009, 796, 797; LG München, Urteil vom 6. September 2007, Az.: 5HK O 12570/07 = AG 2007, 756, 756; *Arnold*, in: MünchKomm-AktG, 4. Auflage 2018, § 147 Rn. 67; *Rieckers/Vetter*, in: KölnKomm-AktG, 3. Auflage 2015, § 147 Rn. 515; *Lochner*, in: Heidel, AktR, 4. Auflage 2014, § 147 AktG Rn. 24; *Bezzenberg*, in: GroßKomm-AktG, 4. Auflage 2008, § 147 Rn. 52; *Schneider*, ZIP 2013, 1985, 1987; *Hüffer*, ZHR 174 2010, 642, 648; *Kling*, ZGR 2009, 190, 212 - nimmt eine organähnliche Stellung an; *Mock*, AG 2008, 839, 840; *Wirth/Pospiech*, DB 2008, 2471, 2474; a.A. *Wirth*, in: FS Hüffer, 2010, 1129, 1144 ff.

Eingliederung in das Organisationsgefüge der Gesellschaft sowie fehlender Befugnis, verbindliche Rechtsfolgen für die Gesellschaft zu setzen, keine Organstellung innerhalb der Gesellschaft zukommt.

(ii) Abschlussprüfung gemäß §§ 316 ff. HGB

Gemäß § 316 Abs. 1 Satz 1 HGB sind der Jahresabschluss und der Lagebericht von Kapitalgesellschaften, die nicht kleine im Sinne des § 267 Abs. 1 HGB sind, durch einen Abschlussprüfer zu prüfen. Die Prüfung durch den Abschlussprüfer ist gemäß § 316 Abs. 1 Satz 2 HGB eine unabdingbare Voraussetzung für die Feststellung des Jahresabschlusses. Für den Konzernabschluss bzw. Konzernlagebericht ergibt sich die Notwendigkeit der Prüfung aus der Vorschrift des § 316 Abs. 2 Satz 1 und 2 HGB. Ohne die Feststellung des (Konzern-)Jahresabschlusses kann gemäß § 174 Abs. 1 Satz 2 AktG die Hauptversammlung keinen Beschluss über den Bilanzgewinn fassen. Diese erfolgt gemäß § 172 Satz 1 Hs. 1 AktG grundsätzlich durch den Vorstand und den Aufsichtsrat. Etwas Abweichendes gilt nur, sofern Vorstand und Aufsichtsrat gemäß § 172 Satz 1 Hs. 2 AktG beschließen, die Feststellung des Jahresabschlusses der Hauptversammlung zu überlassen.

Der Abschlussprüfer des Jahresabschlusses wird gemäß § 318 Abs. 1 Satz 1 Hs. 1 HGB i.V.m. § 119 Abs. 1 Nr. 4 AktG von der Hauptversammlung[105] und mithin durch einen korporativen Akt bestellt. Nimmt er den ihm angetragenen Prüfungsauftrag an, erhält er ein wirksames Mandat zur Abschlussprüfung.[106] Von diesem korporationsrechtlichen Akt ist der den Prüfungsauftrag näher bestimmende schuldrechtliche Prüfungsvertrag, der zwischen dem Abschlussprüfer und der Gesellschaft abgeschlossen wird, zu unterscheiden.[107] Im Hinblick darauf, dass eine Abschlussprüfung gemäß § 316 Abs. 1 Satz 2 HGB bzw. § 316 Abs. 2 Satz 2 HGB zwingend durchgeführt werden muss, besteht kein Bedürfnis dafür, Minderheitsaktionären die Möglichkeit zur Initiativergreifung in Form eines Antragsrechts auf gerichtliche Bestellung eines Abschlussprüfers zuzusprechen. Eine Bestellung des Abschlussprüfers durch das Gericht kommt gemäß § 318 Abs. 4 Satz 1 HGB nur in Betracht, sofern der Abschlussprüfer bis zum Ablauf des Geschäftsjahres

---

105 Der Abschlussprüfer des Konzernjahresabschlusses wird gemäß § 318 Abs. 1 Hs. 2 HGB von den Gesellschaftern der Muttergesellschaft gewählt.

106 *Merkt*, in: Baumbach/Hopt, HGB, 38. Auflage 2018, § 318 Rn. 2; *Schüppen*, in: Heidel/Schall, HGB, 2. Auflage 2015, § 318 Rn. 3; *Morck*, in: Koller/Kindler/Roth, HGB, 8. Auflage 2015, § 318 Rn. 1; *Böcking/Gros/Rabenhorst*, in: E/B/J/S, 3. Auflage 2014, § 318 Rn. 1; *Bormann*, in: MünchKomm-BilR, 2013, § 316 HGB Rn. 10.

107 *Merkt*, in: Baumbach/Hopt, HGB, 38. Auflage 2018, § 318 Rn. 3; *Schorse/Morfeld*, in: Beck-OK HGB, 20. Edition 2018, § 318 Rn. 3; *Schüppen*, in: Heidel/Schall, HGB, 2. Auflage 2015, § 318 Rn. 1; *Morck*, in: Koller/Kindler/Roth, HGB, 8. Auflage 2015, § 318 Rn. 3; *Böcking/Gros/Rabenhorst*, in: E/B/J/S, 3. Auflage 2014, § 318 Rn. 11; *Ebke*, in: MünchKomm-HGB, 3. Auflage 2013, § 320 Rn. 21; *Bormann*, in: MünchKomm-BilR, 2013, § 316 HGB Rn. 11.

nicht gewählt worden ist bzw. gemäß § 318 Abs. 4 Satz 2 HGB, falls ein gewählter Abschlussprüfer die Annahme des Prüfungsauftrags abgelehnt hat, weggefallen oder am rechtzeitigen Abschluss der Prüfung verhindert und ein anderer Abschlussprüfer nicht gewählt worden ist. Folglich wird der Abschlussprüfer gemäß §§ 316 ff. HGB ebenso wie der Sonderprüfer gemäß §§ 142 ff. AktG vorrangig von der Hauptversammlung und subsidiär unter bestimmten Umständen von dem Gericht bestellt. Das aus der Bestellung resultierende Mandat des Sonderprüfers gemäß §§ 142 ff. AktG ist dabei ebenfalls von dem schuldrechtlichen Verhältnis, welches zwischen der Gesellschaft und dem Sonderprüfer im Nachgang zu der Bestellung des Sonderprüfers entsteht (vgl. Ziffer A) III) 1)), zu differenzieren. Es lässt sich somit festhalten, dass der Bestellungsvorgang sowie die Adressaten der Bestellungskompetenz bezüglich des Abschlussprüfers gemäß §§ 316 ff. HGB und den Sonderprüfer gemäß §§ 142 ff. AktG sich derart ähneln, dass eine Vergleichbarkeit der beiden Institutionen zunächst gegeben scheint.

Ein Unterschied besteht jedoch hinsichtlich einer Verpflichtung zu der Bestellung des Abschlussprüfers gemäß §§ 316 ff. HGB bzw. des Sonderprüfers gemäß §§ 142 ff. AktG. Während die Durchführung einer Abschlussprüfung gemäß § 316 Abs. 1 Satz 2 HGB zwingend vorgeschrieben ist, wird die Durchführung einer Sonderprüfung gemäß §§ 142 ff. AktG freiwillig von der Hauptversammlung bzw. einer Aktionärsminderheit angestrengt. Diese Abweichung bringt zum Ausdruck, dass die Durchführung einer Abschlussprüfung gemäß §§ 316 ff. HGB stets vorzunehmen ist und somit keine Kritik an der Überwachungstätigkeit des Aufsichtsrats darstellt. Dahingegen spiegelt die Bestellung eines Sonderprüfers durch die Hauptversammlung gemäß § 142 Abs. 1 Satz 1 AktG deren Misstrauen im Hinblick auf die Ordnungsgemäßheit der Überwachung der Vorstandstätigkeiten durch den Aufsichtsrat wider. Die Annahme, dass der Auslöser für eine gerichtliche Bestellung eines Sonderprüfers meist auf Zweifeln einer Aktionärsminderheit an einer effektiven Überwachung der Tätigkeiten des Vorstands durch den Aufsichtsrat gründet, findet seine Bestätigung in dem Wortlaut der Vorschrift des § 142 Abs. 2 Satz 1 AktG selbst. Diese legt fest, dass die gerichtliche Bestellung eines Sonderprüfers unter anderem das Vorliegen von Tatsachen voraussetzt, die den Verdacht rechtfertigen, dass es bei dem fraglichen Vorgang zu Unredlichkeiten oder groben Verletzungen des Gesetzes gekommen ist. Der Anreiz für die Bestellung des jeweiligen Prüfers bezieht sich jedoch ausschließlich auf den Bestellvorgangs und kann sich mithin nicht auf die Stellung des jeweiligen Prüfers in der Gesellschaft auswirken. Wenn schon der Bestellvorgang bzw. die Bestellungskompetenz an sich keine Konsequenzen für die Stellung des bestellten Prüfers bereithält, kann der Intention der Bestellung erst recht kein Einfluss auf die Stellung des jeweiligen Prüfers in der Gesellschaft zugeschrieben werden. Die unterschiedlichen Beweggründe für die Bestellung des Abschlussprüfers gemäß §§ 316 ff. HGB bzw. des Sonderprüfers gemäß §§ 142 ff. AktG tun der Vergleichbarkeit der beiden Institute im Hinblick auf die Stellung des jeweiligen Prüfers mithin keinen Abbruch.

Der Abschlussprüfer prüft gemäß § 317 Abs. 1 Satz 1 und 2 HGB den Jahresabschluss sowie unter Umständen den Konzernabschluss und gemäß § 317 Abs. 2

Satz 1 HGB den Lagebericht sowie gegebenenfalls den Konzernlagebericht. Sein Ergebnis hat der Abschlussprüfer gemäß § 321 HGB in einem Prüfungsbericht zu berichten. Darin hat der Abschlussprüfer gemäß § 321 Abs. 1 Satz 1 HGB darzulegen, inwiefern die Aufstellung der Buchführung und der weiteren geprüften Unterlagen, des Jahresabschlusses, des Lageberichts, des Konzernabschlusses und des Konzernlageberichts den gesetzlichen Vorschriften und den ergänzenden Bestimmungen des Gesellschaftsvertrags oder der Satzung entsprechen. Darüber hinaus hat er sein Ergebnis gemäß § 322 HGB schriftlich in einem Bestätigungsvermerk zusammenzufassen. Auf Grundlage des Prüfungsberichts gemäß § 321 HGB kann der Aufsichtsrat zum einen die Ordnungsgemäßheit der Buchführung der Gesellschaft durch den gemäß § 91 Abs. 1 AktG dafür zuständigen Vorstand evaluieren.[108] Zum anderen erlaubt der Prüfungsbericht dem Aufsichtsrat sich unabhängig von den Berichten des Vorstands ein Bild über die (finanzielle) Situation der Gesellschaft zu machen.[109]

Die Durchführung der Sonderprüfung gemäß §§ 142 ff. AktG wird ebenfalls gemäß § 145 Abs. 6 Satz 3 AktG mit der Einreichung eines Prüfungsberichts an den Vorstand beendet.[110] Der Vorstand hat diesen gemäß § 145 Abs. 6 Satz 5 AktG wiederum dem Aufsichtsrat vorzulegen. Der Sonderprüfungsbericht beinhaltet die Ergebnisse, zu denen der Sonderprüfer im Rahmen der Durchführung der Sonderprüfung gelangt ist. Es liegt im Verantwortungsbereich des Vorstands bzw. des Aufsichtsrats die im Rahmen des Sonderprüfungsberichts dargestellten Erkenntnisse zu bewerten und Konsequenzen daraus zu ziehen. Die Durchführung der Sonderprüfung dient somit ebenso wie die Durchführung der Abschlussprüfung der Information des Aufsichtsrats über vorangegangene Aktivitäten des Vorstands.

Die Abschlussprüfung gemäß §§ 316 ff. HGB ist sachlich jedoch auf die Überprüfung des vom Vorstand aufgestellten Jahresabschlusses bzw. Konzernabschlusses beschränkt, während die Sonderprüfung gemäß §§ 142 ff. AktG sämtliche Vorgänge bei der Gründung oder bei der Geschäftsführung zum Gegenstand haben kann. Dennoch besteht insoweit eine Vergleichbarkeit zwischen den beiden Instrumenten, als dass sie der Überprüfung von Maßnahmen des Vorstands bzw. des Aufsichtsrats dienen.

Der Prüfung des Jahresabschlusses kommt eine Kontroll-, Informations- und Beglaubigungsfunktion zu.[111] Durch die Prüfung des Jahresabschlusses soll gemäß

---

108 *Böcking/Gros/Rabenhorst*, in: E/B/J/S, 3. Auflage 2014, § 321 Rn. 2; A/D/S, 6. Auflage 1996, § 321 HGB Rn. 32 ff.

109 *Ebke*, in: MünchKomm-HGB, 3. Auflage 2013, § 321 Rn. 3; *Schorse/Morfeld*, in: Beck-OK HGB, 20. Edition 2018, § 321 Rn. 3; *Scheffler*, in: FS Havermann, 1995, 653, 667; *Velte*, DB 2011, 1173, 1175.

110 *Mock*, in: Spindler/Stilz, AktG, 4. Auflage 2019, § 142 Rn. 198; *Bungert*, in: Krieger/Schneider, Hdb. Managerhaftung, 3. Auflage 2017, § 16 Rn. 58.

111 *Schorse/Morfeld*, in: BeckOK-HGB, 20. Edition 2018, § 316 Rn. 1; *Ebke*, in: MünchKomm-HGB, 3. Auflage 2013, § 316 Rn. 25 ff. *Böcking/Gros/Rabenhorst*, in: E/B/J/S, 3. Auflage 2014, § 316 Rn. 4 ff. *Scheffler*, in: FS Havermann, 1995, 653, 666

§ 317 Abs. 1 Satz 2 HGB die Einhaltung der gesetzlichen Bestimmungen sowie der ergänzenden Bestimmungen des Gesellschaftsvertrags oder der Satzung kontrolliert werden. Dies spiegelt die Kontrollfunktion der Abschlussprüfung gemäß §§ 316 ff. HGB wider. Die Informationsfunktion wird dahingegen vorranging durch die Erstellung des Prüfungsberichts durch den Abschlussprüfer gemäß § 321 HGB erfüllt.[112] Demgegenüber manifestiert sich die Beglaubigungsfunktion der Abschlussprüfung in der Erteilung des Bestätigungsvermerks des Abschlussprüfers, welcher gemäß § 322 Abs. 1 Satz 1 HGB eine schriftliche Zusammenfassung der Ergebnisse der Prüfung darstellt.[113]

Wie bereits ausgeführt, kommt der Sonderprüfung gemäß §§ 142 ff. AktG ebenso wie der Abschlussprüfung gemäß §§ 316 ff. HGB eine Kontrollfunktion hinsichtlich der Einhaltung der einschlägigen Gesetze und der Satzung zu. Dementsprechend weist der Zweck der Abschlussprüfung gemäß §§ 316 ff. HGB eine Vergleichbarkeit mit der Intention der Sonderprüfung gemäß §§ 142 ff. AktG auf.

Aufgrund des ähnlichen Bestellvorgangs und des Adressaten der Bestellungskompetenz bezüglich des Abschlussprüfers gemäß §§ 316 ff. HGB bzw. des Sonderprüfers gemäß §§ 142 ff. AktG sowie des oberflächlich betrachtet, ähnlichen Prüfungsgegenstandes und des gleich gelagerten Zwecks der beiden Prüfungen, weisen die beiden Instrumente eine hinreichende Vergleichbarkeit auf, um Rückschlüsse auf die Stellung des Sonderprüfers gemäß §§ 142 ff. AktG ziehen zu können.

Welche Stellung dem Abschlussprüfer innerhalb der Gesellschaft zukommt, ist in Rechtsprechung und Literatur nicht abschließend geklärt. Nach einer vorwiegend in der Literatur vertretenen Ansicht ist der Abschlussprüfer ein gesellschaftsexterner, unabhängiger und sachverständiger Vertragspartner der prüfungspflichtigen Gesellschaft mit gesetzlich umrissenen Kontroll-, Informations- und Beglaubigungsaufgaben.[114] Eine weitere Auffassung, die sowohl von Teilen der Rechtsprechung als auch in der Literatur vertreten wird, spricht sich dagegen für eine Stellung des Abschlussprüfers als außenstehende Kontrollinstanz mit öffentlicher Funktion aus.[115] Einigkeit besteht

---

112 *Ebke*, in: MünchKomm-HGB, 3. Auflage 2013, § 316 Rn. 26; *Böcking/Gros/Rabenhorst*, in: E/B/J/S, 3. Auflage 2014, § 316 Rn. 5; *Schorse/Morfeld*, in: Beck-OK HGB, 20. Edition 2018, § 321 Rn. 3; *Scheffler*, in: FS Havermann, 1995, 653, 666; *Velte*, NZG 2011, 771, 772

113 *Schorse/Morfeld*, in: BeckOK-HGB, 20. Edition 2018, § 316 Rn. 1; *Böcking/Gros/Rabenhorst*, in: E/B/J/S, 3. Auflage 2014, § 316 Rn. 6; *Ebke*, in: MünchKomm-HGB, 3. Auflage 2013, § 316 Rn. 28; *Müller*, in: KölnKomm-HGB, 2011, § 316 HGB Rn. 10; *Scheffler*, in: FS Havermann, 1995, 653, 666.

114 *Ebke*, in: MünchKomm-HGB, 3. Auflage 2013, § 316 Rn. 39; *Müller*, in: KölnKomm-HGB, 2011, § 316 HGB Rn. 4; *Lutter*, ZSR 2005, 415, 445; *Ebke*, Wirtschaftsprüfer und Dritthaftung, 1983 S. 14.

115 OLG Brandenburg, Urteil vom 10. Juli 2001, Az.: 11 U 37/00 = GmbHR 2001, 865, 866; BayObLG, Beschluss vom 17. September 1987, Az.: 3 Z 76/87 = BayObLGZ 1987,

jedoch insoweit, dass der Abschlussprüfer nicht als Organ der Gesellschaft anzusehen ist.[116]

Der Abschlussprüfer gemäß §§ 316 ff. HGB unterstützt den Aufsichtsrat bei seiner Überwachungstätigkeit, indem er nach der Durchführung der Abschlussprüfung einen zusammenfassenden Prüfungsbericht erstellt, den er dem Aufsichtsrat zur Verfügung stellt, sodass dieser den vom Vorstand aufgestellten Jahresabschluss nachvollziehen und überprüfen kann.[117]

Der Sonderprüfer gemäß §§ 142 ff. AktG stellt dem Vorstand gemäß § 145 Abs. 6 Satz 3 AktG einen Sonderprüfungsbericht, den er auf Basis der durch die Durchführung der Sonderprüfung erlangten Erkenntnisse verfasst hat, zur Verfügung. Diesen hat der Vorstand gemäß § 145 Abs. 6 Satz 5 AktG dem Aufsichtsrat vorzulegen. Somit erlangt der Aufsichtsrat durch die Sonderprüfung gemäß §§ 142 ff. AktG ebenfalls Informationen, die es diesem ermöglichen, die Handlungen des Vorstands im Nachhinein zu überprüfen. Im Rahmen dieser informierenden Tätigkeit tritt jedoch weder der Abschlussprüfer noch der Sonderprüfer in die Stellung des Aufsichtsrats ein und verdrängt diesen aus seiner Verantwortlichkeit. Beide Prüfer nehmen ihre Aufgabe zusätzlich – und gerade nicht alternativ zum Aufsichtsrat – zum Aufsichtsrat wahr. Ebenso wie der Abschlussprüfer ist der Sonderprüfer somit nicht fest in die Organstruktur der Gesellschaft eingegliedert.

Voraussetzung für die Feststellbarkeit des Jahresabschlusses gemäß § 316 Abs. 1 Satz 2 HGB ist nur die Durchführung einer Abschlussprüfung an sich. Ein positives Ergebnis der Prüfung (insbesondere die Erteilung eines uneingeschränkten Bestätigungsvermerks gemäß § 322 Abs. 2 Satz 1 Nr. 1 HGB) ist nicht erforderlich.[118] Vielmehr stellt die Abschlussprüfung gemäß §§ 316 ff. HGB nur einen notwendigen internen Zwischenschritt im Rahmen der Feststellung des Jahresabschlusses dar. Die Abschlussprüfung an sich, welche mit der Erstellung des Prüfungsberichts gemäß § 321 HGB und der Erteilung des Bestätigungsvermerks gemäß § 322 HGB abgeschlossen wird, bewirkt keine unmittelbaren Rechtsfolgen.

297, 308; *Bormann*, in: MünchKomm-BilR, 2013, § 316 HGB Rn. 12; *Merkt*, in: Baumbach/Hopt, HGB, 38. Auflage 2018, § 318 Rn. 2; *Reyhn/Rübenstahl*, CCZ 2011, 161; *Hellwig*, ZIP 1999, 2117, 2123 - „öffentlicher Garant"; *Hopt*, ZHR 141 1977, 389, 403f. *Schulze-Osterloh*, ZGR 1976, 411, 419.

116 BayObLG, Beschluss vom 17. September 1987, Az.: 3 Z 76/87 = BayObLGZ 1987, 297, 308; OLG Düsseldorf, Beschluss vom 24. Mai 2006, Az.: 26 W 9/06 = NZG 2006, 758, 759; *Ebke*, in: MünchKomm-HGB, 3. Auflage 2013, § 316 Rn. 32; *Merkt*, in: Baumbach/Hopt, HGB, 38. Auflage 2018, § 318 Rn. 2; *Ebke*, (o. Fn. 114), S. 14; *Hönle*, BB 1981, 466, 469; aA: BGH, Urteil vom 15. Dezember 1954, Az.: II ZR 322/53 = NJW 1955, 499, 500.

117 BT-Drucks. 13/9712, Seite 16; *Böcking/Gros/Rabenhorst*, in: E/B/J/S, 3. Auflage 2014, § 318 Rn. 2.

118 *Merkt*, in: Baumbach/Hopt, HGB, 38. Auflage 2018, § 322 Rn. 1; *Ebke*, in: MünchKomm-HGB, 3. Auflage 2013, § 322 Rn. 3; *Müller*, in: KölnKomm-HGB, 2011, § 322 HGB Rn. 10.

Wie bereits erörtert kommt der Sonderprüfung gemäß §§ 142 ff. AktG ebenso keine Rechtsbindungswirkung zu (vgl. Ziffer A) III) 2) b) (i)). Die Verantwortung, Konsequenzen aus den durch die Durchführung der Sonderprüfung gemäß §§ 142 ff. AktG gewonnen Erkenntnisse zu ziehen, liegt allein bei dem Vorstand bzw. dem Aufsichtsrat. Dementsprechend gehen weder aus der Abschlussprüfung gemäß §§ 316 ff. HGB noch aus der Sonderprüfung gemäß §§ 142 ff. AktG unmittelbare Rechtsfolgen hervor.

Darüber hinaus ist der Abschlussprüfer zur Objektivität verpflichtet.[119] Während § 323 Abs. 1 Satz 1 Hs. 1 HGB die Unparteilichkeit des Abschlussprüfers bei der Durchführung der Abschlussprüfung fordert, stellen die §§ 319 Abs. 2 bis 5, 319a, 319b HGB die Unbefangenheit und (finanzielle) Unabhängigkeit als Voraussetzungen für die Wählbarkeit einer Person zum Abschlussprüfer auf. Daraus ergibt sich, dass der Abschlussprüfer sich bei der Durchführung der Prüfung nicht von Eigeninteressen leiten lassen darf.[120] Vielmehr hat er einen objektiven Blickwinkel einzunehmen. Er operiert dementsprechend nicht als Teil der Gesellschaft von innen heraus, sondern bewertet den Jahresabschluss bzw. Konzernabschluss in der Rolle eines unabhängigen, unbefangenen Dritten von außen.

Die Pflicht, die Sonderprüfung gewissenhaft und unparteiisch durchzuführen, trifft den Sonderprüfer gemäß § 144 AktG, der auf die Vorschrift des § 323 HGB verweist, ebenfalls. Darüber hinaus finden die Ausschlussgründe der §§ 319 Abs. 2 und 3, 319a Abs. 1, 319b HGB, aus denen sich das Erfordernis der Unbefangenheit und der (finanziellen) Unabhängigkeit ergibt, über den Verweis in § 143 Abs. 2 Satz 1 AktG ebenfalls im Hinblick auf die notwendigen Qualifikationen des Sonderprüfers Anwendung. Somit sind beide Prüfer jeweils dazu verpflichtet, eigene Interessen im Rahmen ihrer Tätigkeit unberücksichtigt zu lassen.

Zusammenfassend lässt sich feststellen, dass weder der Abschlussprüfer gemäß §§ 316 ff. HGB noch der Sonderprüfer gemäß §§ 142 ff. AktG in die Organstruktur der Gesellschaft eingebunden ist. Keiner der beiden Prüfer verdrängt das ursprünglich zuständige Organ aus seiner Kompetenz. Darüber hinaus fehlt sowohl dem Abschlussprüfer gemäß §§ 316 ff. HGB als auch dem Sonderprüfer gemäß §§ 142 ff. AktG die Befähigung, durch seine jeweilige Prüfung für die Gesellschaft verbindliche Rechtsfolgen zu setzen.

Dementsprechend fehlen beiden Prüfern Merkmale, die wesentlich für die Begründung einer Organstellung sind. Mit Blick auf die fehlende Organstellung des Abschlussprüfers lässt sich somit annehmen, dass die Stellung des Sonderprüfers ebenfalls keine Organqualität aufweist.

---

119 *Ebke*, in: MünchKomm-HGB, 3. Auflage 2013, § 316 Rn. 33.

120 Vgl. §§ 29, 32 der Satzung der Wirtschaftsprüferkammer über die Rechte und Pflichten bei der Ausübung der Berufe des Wirtschaftsprüfers und des vereidigten Buchprüfers vom 23. September 2016; *Bormann/Greulich*, in: MünchKomm-BilR, 2013, § 323 HGB Rn. 43; *Ebke*, in: MünchKomm-HGB, 3. Auflage 2013, § 323 Rn. 46.

(iii) Bilanzielle Sonderprüfung gemäß § 258 AktG

Gemäß § 258 Abs. 1 Satz 1 AktG hat das Gericht auf Antrag einen bilanziellen Sonderprüfer zu bestellen, sofern Anlass für die Annahme besteht, dass in einem festgestellten Jahresabschluss bestimmte Posten nicht unwesentlich unterbewertet sind (§ 256 Abs. 5 Satz 3 AktG) (Nr. 1) oder der Anhang die vorgeschriebenen Angaben nicht oder nicht vollständig enthält und der Vorstand in der Hauptversammlung die fehlenden Angaben, obwohl nach ihnen gefragt worden ist, nicht gemacht hat und die Aufnahme der Frage in die Niederschrift verlangt worden ist (Nr. 2).

Gemäß § 258 Abs. 2 Satz 3 AktG kann der Antrag auf Bestellung eines bilanziellen Sonderprüfers durch das Gericht nur von Aktionären gestellt werden, deren Anteile zusammen den Schwellenwert des § 142 Abs. 2 AktG erreichen. Eine Bestellung des bilanziellen Sonderprüfers durch die Hauptversammlung ist dahingegen nicht vorgesehen. Dies ergibt sich daraus, dass die Hauptversammlung gemäß § 174 Abs. 1 Satz 2 AktG an den grundsätzlich gemäß § 172 Abs. 1 AktG durch den Vorstand und den Aufsichtsrat festgestellten Jahresabschluss gebunden ist. Der Zweck dieser Regelung liegt in der Abgrenzung der Kompetenzen des Vorstands und des Aufsichtsrats, welche gemäß § 172 Satz 1 AktG grundsätzlich in der Feststellung des Jahresabschlusses besteht, von der Zuständigkeit der Hauptversammlung, welche gemäß § 174 Abs. 1 AktG über die Verwendung des Bilanzgewinns im Anschluss unter Zugrundelegung des festgestellten Jahresabschlusses entscheidet.[121] Die Hauptversammlung ist also gerade nicht in die Feststellung des Jahresabschlusses involviert, sodass ihr kein Antragsrecht zusteht.

Der Verweis des § 258 Abs. 2 Satz 3 AktG auf § 142 Abs. 2 AktG, der einen Gleichlauf im Hinblick auf die Berechtigung zur Antragsstellung auf gerichtliche Bestellung des bilanziellen Sonderprüfers gemäß §§ 258 ff. AktG mit derjenigen des Sonderprüfers gemäß §§ 142 ff. AktG hervorruft, begründet eine hinreichende Vergleichbarkeit des Bestellungsvorgangs der jeweiligen Prüfer.

Dem steht auch der Umstand, dass der Hauptversammlung keine Kompetenz zur Bestellung des bilanziellen Sonderprüfers gemäß §§ 258 AktG zukommt, nicht entgegen. Zwar ist die Beschlussfassung der Hauptversammlung über die Bestellung des Sonderprüfers gemäß §§ 142 ff. AktG unabdingbare Voraussetzung sowohl für die Bestellung des Sonderprüfers durch die Hauptversammlung gemäß § 142 Abs. 1 Satz 1 AktG als auch für die Bestellung des Sonderprüfers durch das Gericht gemäß § 142 Abs. 2 Satz 1 AktG. Wie oben bereits dargestellt, verstieße eine Kompetenz der Hauptversammlung zur Bestellung eines bilanziellen Sonderprüfers gemäß §§ 258 ff. AktG jedoch gegen die gesetzlich festgelegte Kompetenzverteilung zwischen den Organen der Gesellschaft. Somit kann das Fehlen dieser nicht mit dem Gesetz zu vereinbarenden Kompetenz keine negativen Auswirkungen auf

---

121 *Hennrichs/Pöschke*, in: MünchKomm-AktG, 4. Auflage 2018, § 174 Rn. 8; *Drygala*, in: K. Schmidt/Lutter, AktG, 3. Auflage 2015, § 174 Rn. 4.

die Vergleichbarkeit des Bestellvorgangs bzw. der Bestellungskompetenz bezüglich des bilanziellen Sonderprüfers gemäß §§ 258 ff. AktG und des Sonderprüfers gemäß §§ 142 ff. AktG haben.

Sofern der Verdacht besteht, dass bestimmte Posten im festgestellten Jahresabschluss wesentlich unterbewertet wurden, ist der bilanzielle Sonderprüfer gemäß § 258 Abs. 1 Satz 2 AktG berufen, die bemängelten Posten auf ihre korrekte Bewertung hin zu überprüfen. Besteht Grund zur Annahme, dass der Anhang des festgestellten Jahresabschlusses Unvollständigkeiten aufweist, fällt es ebenso in den Verantwortungsbereich des bilanziellen Sonderprüfers gemäß § 258 Abs. 1 Satz 3 AktG den Anhang auf seine Vollständigkeit hin zu untersuchen. Gemäß § 259 Abs. 1 Satz 1 AktG hat der bilanzielle Sonderprüfer schriftlich nach den Vorgaben der § 259 Abs. 2 und 3 AktG über das Ergebnis der Prüfung zu berichten. Der Prüfungsbericht ist gemäß § 259 Abs. 1 Satz 3 i.V.m. § 145 Abs. 6 Satz 3 AktG dem Vorstand sowie zum Handelsregister einzureichen. Der Vorstand ist gemäß § 259 Abs. 1 Satz 3 i.V.m. § 145 Abs. 6 Satz 5 AktG wiederum verpflichtet, den Prüfungsbericht dem Aufsichtsrat vorzulegen.

Die Gesellschaft sowie eine Aktionärsminderheit haben die Möglichkeit, gegen die abschließenden Feststellungen des bilanziellen Sonderprüfers im Prüfungsbericht gemäß § 260 Abs. 1 AktG einen Antrag auf Feststellung des Betrags durch Entscheidung des Gerichts zu stellen. Hat der bilanzielle Sonderprüfer in seiner abschließenden Feststellung erklärt, dass Posten unterbewertet sind, und ist gegen diese Feststellung nicht innerhalb der in § 260 Abs. 1 AktG bestimmten Frist der Antrag auf gerichtliche Entscheidung gestellt worden, so sind gemäß § 261 Abs. 1 Satz 1 AktG die Posten in dem ersten Jahresabschluss, der nach Ablauf dieser Frist aufgestellt wird, mit den von dem bilanziellen Sonderprüfer festgestellten Werten oder Beträgen anzusetzen. Sofern der bilanzielle Sonderprüfer zu der Erkenntnis gelangt, dass der Anhang des Jahresabschlusses unvollständig ist, hat er diesen gemäß § 259 Abs. 4 Satz 1, 2 AktG zu ergänzen. Die Vervollständigung des Anhangs durch den bilanziellen Sonderprüfer kann – anders als die Feststellung der Unterbewertung – nicht mit Rechtsmitteln angefochten werden.[122]

Die bilanzielle Sonderprüfung gemäß §§ 258 ff. AktG ist ebenso wie die Sonderprüfung gemäß §§ 142 ff. AktG auf die Aufklärung von Tatsachen gerichtet. Dabei ist der sachliche Anwendungsbereich der bilanziellen Sonderprüfung gemäß §§ 258 ff. AktG ausdrücklich auf die nicht unwesentliche Unterbewertung von Bilanzposten und die Vollständigkeit des Anhangs des Jahresabschlusses beschränkt. Der Anwendungsbereich der Sonderprüfung gemäß §§ 142 ff. AktG umfasst dagegen sämtliche Vorgänge der Geschäftsführung und der Gründung. Er ist insofern weiter gefasst. Im Hinblick auf die Überschneidung der jeweiligen Anwendungsbereiche statuiert die Vorschrift des § 142 Abs. 3 AktG die Subsidiarität der Sonderprüfung gemäß §§ 142 ff. AktG gegenüber der bilanziellen Sonderprüfung gemäß §§ 258 ff. AktG. Demnach ist eine Sonderprüfung gemäß §§ 142 ff.

122 *Koch*, in: MünchKomm-AktG, 4. Auflage 2016, § 258 Rn. 62.

AktG nicht zulässig, soweit der in Frage stehende Prüfungsgegenstand im Rahmen einer bilanziellen Sonderprüfung gemäß §§ 258 ff. AktG erfasst werden könnte.[123]

Der sich überlappende sachliche Anwendungsbereich der beiden Prüfungen, aus dem sich die gesetzlich angeordnete Subsidiarität der Sonderprüfung gemäß §§ 142 ff. AktG gegenüber der bilanziellen Sonderprüfung gemäß §§ 258 ff. AktG herleitet, spricht für eine Vergleichbarkeit der bilanziellen Sonderprüfung gemäß §§ 258 ff. AktG und der Sonderprüfung gemäß §§ 142 ff. AktG.

Der Zweck der bilanziellen Sonderprüfung gemäß §§ 258 ff. AktG liegt in der Aufdeckung von unzulässigen Unterbewertungen und somit der Durchsetzung der entsprechenden Bewertungsvorschriften.[124] Dadurch soll die Bildung von stillen Reserven durch Unterbewertung vermieden werden,[125] wodurch der ausgewiesene, erwirtschaftete Gewinn der Gesellschaft rechnerisch geschmälert werden kann. Die Vorschriften des §§ 258 ff. AktG dienen somit auch der Sicherung der Zuständigkeit der Hauptversammlung, die gemäß §§ 119 Abs. 1 Nr. 2, 174 Abs. 1 Satz 1 AktG über die Gewinnverteilung und mithin gemäß § 174 Abs. 2 Nr. 2 AktG über die Dividende entscheidet.[126] Schließlich dient

---

123 LG Frankfurt am Main, Beschluss vom 23. Februar 2016, Az.: 3 16 O 2/15 = NZG 2016, 830, 831; *Mock*, in: Spindler/Stilz, AktG, 4. Auflage 2019, § 142 Rn. 26; *Koch*, in: Hüffer/Koch, AktG, 13. Auflage 2018, § 258 Rn. 2; *Arnold*, in: KölnKomm-AktG, 3. Auflage 2018, § 258 Rn. 12; *Holzborn/Jähnig*, in: Bürgers/Körber, AktG, 4. Auflage 2017, § 258 Rn. 4; *Koch*, in: MünchKomm-AktG, 4. Auflage 2016, § 258 Rn. 66; *Euler/Sabel*, in: Spindler/Stilz, AktG, 3. Auflage 2015, § 258 Rn. 5; *Spindler*, in: K. Schmidt/Lutter, AktG, 3. Auflage 2015, § 142 Rn. 21; *Wilsing/von der Linden*, in: Heidel, Aktienrecht und Kapitalmarktrecht, 4. Auflage 2014, § 142 AktG Rn. 36; *Herrler*, in: Grigoleit, AktG, 2013, § 142 Rn. 31; *Bezzenberg*, in: GroßKomm-AktG, 4. Auflage 2008, § 142 Rn. 18; *Kirschner*, Die Sonderprüfung der Geschäftsführung in der Praxis, 2008 S. 40.

124 *Koch*, in: Hüffer/Koch, AktG, 13. Auflage 2018, § 258 Rn. 1; *Arnold*, in: KölnKomm-AktG, 3. Auflage 2018, § 258 Rn. 7; *Koch*, in: MünchKomm-AktG, 4. Auflage 2016, § 258 Rn. 2; *Euler/Sabel*, in: Spindler/Stilz, AktG, 3. Auflage 2015, § 258 Rn. 2; *Rieckers/Vetter*, in: KölnKomm-AktG, 3. Auflage 2015, § 142 Rn. 65; *Bezzenberg*, in: GroßKomm-AktG, 4. Auflage 2013, § 258 Rn. 2; *Jänig*, (o. Fn. 39), S. 226; *Claussen*, in: FS Barz, 1974, 317, 320; *Wilsing/Neumann*, DB 2006, 31, 31.

125 *Koch*, in: MünchKomm-AktG, 4. Auflage 2016, § 258 Rn. 3; *Rieckers/Vetter*, in: KölnKomm-AktG, 3. Auflage 2015, § 142 Rn. 65; *Hoffmann-Becking*, in: MünchHdb GesR, 4. Auflage 2015, § 48 Rn. 13; *Jänig*, (o. Fn. 39), S. 226.

126 *Koch*, in: Hüffer/Koch, AktG, 13. Auflage 2018, § 258 Rn. 1; *Waclawik*, in: Hölters, AktG, 3. Auflage 2017, § 258 Rn. 2; *Koch*, in: MünchKomm-AktG, 4. Auflage 2016, § 258 Rn. 2, 3; *Euler/Sabel*, in: Spindler/Stilz, AktG, 3. Auflage 2015, § 258 Rn. 3; *Rieckers/Vetter*, in: KölnKomm-AktG, 3. Auflage 2015, § 142 Rn. 65; *Wilsing/von der Linden*, in: Heidel, Aktienrecht und Kapitalmarktrecht, 4. Auflage 2014, § 142 AktG Rn. 36; *Bezzenberg*, in: GroßKomm-AktG, 4. Auflage 2013, § 258 Rn. 2; *Hoffmann-Becking*, in: MünchHdb GesR, 4. Auflage 2015, § 48 Rn. 3; *Ehmann*, in: Grigoleit, AktG, 2013, § 258 Rn. 1.

die Sonderprüfung gemäß §§ 258 ff. AktG dem Schutz der Vollständigkeit der Berichterstattung.[127]

Die Sonderprüfung gemäß §§ 142 ff. AktG zielt auf die Aufklärung von Vorgängen bei der Gründung oder der Geschäftsführung ab. Die dabei gewonnenen Erkenntnisse dienen der Geltendmachung von potentiell bestehenden Ersatzansprüchen der Gesellschaft gegen (ehemalige) Mitglieder des Vorstands bzw. Aufsichtsrats. Dementsprechend verfolgt die Sonderprüfung gemäß §§ 142 ff. AktG den Schutz des Vermögens der Gesellschaft (vgl. Ziffer A) II) 4)).

Während die bilanzielle Sonderprüfung gemäß §§ 258 ff. AktG sich auf die Sicherstellung der Einhaltung der die Finanzen der Gesellschaft betreffenden Vorschriften und der sich darauf stützenden Rechte der Hauptversammlung konzentriert, intendiert die Sonderprüfung gemäß §§ 142 ff. AktG den Schutz des Vermögens der Gesellschaft an sich. Mithin weisen die beiden Instrumente unterschiedliche Schutzrichtungen auf.

Allerdings schafft der ähnlich gelagerte Bestellungsvorgang sowie insbesondere die gleich ausgestaltete Antragsberechtigung zur gerichtlichen Bestellung des jeweiligen Sonderprüfers, welche sich aus dem Verweis des § 258 Abs. 2 Satz 3 AktG auf § 142 Abs. 2 AktG ergibt, eine hinreichende Vergleichbarkeit zwischen der bilanziellen Sonderprüfung gemäß §§ 258 ff. AktG und der Sonderprüfung gemäß §§ 142 ff. AktG. Diese Annahme wird ebenfalls durch ihre sich sachlich überschneidenden Anwendungsbereiche unterstützt.

Nach allgemeiner Ansicht handelt der bilanzielle Sonderprüfer gemäß §§ 258 ff. AktG als Organ der Gesellschaft.[128]

Die Organstellung des bilanziellen Sonderprüfers leitet sich maßgeblich daraus ab, dass der bilanzielle Sonderprüfer den Inhalt des Jahresabschluss gestaltend mitbestimmt.[129] Sofern er eine Unterbewertung feststellt, führt dies gemäß § 261 Abs. 1 Satz 1 AktG dazu, dass die von der Unterbewertung betroffenen Posten mit den von dem bilanziellen Sonderprüfer festgestellten Werte und Beträge in

---

127 *Koch*, in: Hüffer/Koch, AktG, 13. Auflage 2018, § 258 Rn. 1; *Waclawik*, in: Hölters, AktG, 3. Auflage 2017, § 258 Rn. 3; *Koch*, in: MünchKomm-AktG, 4. Auflage 2016, § 258 Rn. 4; *Euler/Sabel*, in: Spindler/Stilz, AktG, 3. Auflage 2015, § 258 Rn. 1; *Rieckers/Vetter*, in: KölnKomm-AktG, 3. Auflage 2015, § 142 Rn. 65; *Ehmann*, in: Grigoleit, AktG, 2013, § 258 Rn. 1; *Bezzenberg*, in: GroßKomm-AktG, 4. Auflage 2013, § 258 Rn. 2.

128 *Koch*, in: Hüffer/Koch, AktG, 13. Auflage 2018, § 258 Rn. 27; *Arnold*, in: KölnKomm-AktG, 3. Auflage 2018, § 258 Rn. 77; *Drescher*, in: Henssler/Strohn, GesR, 3. Auflage 2016, § 258 Rn. 15; *Koch*, in: MünchKomm-AktG, 4. Auflage 2016, § 258 Rn. 62; *Kleindiek*, in: K. Schmidt/Lutter, AktG, 3. Auflage 2015, § 258 Rn. 26; *Ehmann*, in: Grigoleit, AktG, 2013, § 258 Rn. 11; *Poll*, in: Küting/Weber, HdB Rechnungslegung, 17. Ergänzungslieferung 2013, § 258 AktG Rn. 107.

129 *Bezzenberg*, in: GroßKomm-AktG, 4. Auflage 2013, § 258 Rn. 111 - differenzierend, gestaltende Wirkung nur im Hinblick auf die Berichtigung unrichtiger Angaben im Anhang des Jahresabschlusses.

den ersten Jahresabschluss, nachdem diese Feststellungen unangreifbar geworden sind, aufgenommen werden müssen.[130] Der Bewertungsfehler des Vorstands wird dadurch sanktioniert, dass die Kompetenz des Vorstands, den Jahresabschluss gemäß § 91 Abs. 1 AktG aufzustellen, insoweit auf den bilanziellen Sonderprüfer übertragen wird.[131] Sofern der bilanzielle Sonderprüfer im Rahmen der Durchführung seiner Prüfung eine unvollständige Berichterstattung aufdeckt, wird diese bereits durch die Veröffentlichung der abschließenden Feststellung des Sonderprüfers, in welcher gemäß § 259 Abs. 4 Satz 1 AktG die fehlenden Informationen darzustellen sind, im Handelsregister korrigiert und sanktioniert.[132] Er tritt insoweit in die Stellung des Vorstands ein und verdrängt diesen aus seiner ihm gemäß § 91 Abs. 1 AktG verliehenen Kompetenz zur Buchführung.[133]

Der Sonderprüfer verdrängt im Rahmen der Durchführung der Sonderprüfung gemäß §§ 142 ff. AktG, die auf die Aufklärung von Vorgängen bei der Gründung oder der Geschäftsführung gerichtet ist, den Aufsichtsrat, der im Rahmen seiner Überwachungspflicht gemäß § 111 Abs. 1 AktG ebenfalls zur Untersuchung von Vorgängen der Geschäftsführung gehalten ist, dagegen nicht aus seiner Stellung. Der Sonderprüfer gemäß § 142 ff. AktG und der Aufsichtsrat agieren nebeneinander.

Indem die Ansetzung der von dem bilanziellen Sonderprüfer festgestellten Werte und Beträge im zeitlich darauffolgenden Jahresabschluss gemäß § 261 Abs. 1 Satz 1 AktG zwingend ist, löst der bilanzielle Sonderprüfer mit dem Abschluss der Durchführung der bilanziellen Sonderprüfung gemäß §§ 258 ff. AktG eine verbindliche Rechtsfolge für die Gesellschaft aus.[134] Darüber hinaus ist auch die Veröffentlichung der berichtigten Angaben im Rahmen des Prüfungsberichts gemäß § 259 Abs. 4 Satz 1 AktG zwingend vorzunehmen. Auch insofern bedingt der bilanzielle Sonderprüfer durch die Durchführung der bilanziellen Sonderprüfung gemäß §§ 258 ff. AktG eine unmittelbare Rechtsfolge für die Gesellschaft.[135]

---

130 *Koch*, in: Hüffer/Koch, AktG, 13. Auflage 2018, § 258 Rn. 27; *Koch*, in: MünchKomm-AktG, 4. Auflage 2016, § 258 Rn. 62; *Kleindiek*, in: K. Schmidt/Lutter, AktG, 3. Auflage 2015, § 258 Rn. 26.

131 *Koch*, in: MünchKomm-AktG, 4. Auflage 2016, § 261 Rn. 2; *Euler/Sabel*, in: Spindler/Stilz, AktG, 3. Auflage 2015, § 261 Rn. 2.

132 *Koch*, in: MünchKomm-AktG, 4. Auflage 2016, § 261 Rn. 2; *Euler/Sabel*, in: Spindler/Stilz, AktG, 3. Auflage 2015, § 261 Rn. 2.

133 *Bezzenberg*, in: GroßKomm-AktG, 4. Auflage 2013, § 258 Rn. 111.

134 *Koch*, in: Hüffer/Koch, AktG, 13. Auflage 2018, § 258 Rn. 27; *Koch*, in: MünchKomm-AktG, 4. Auflage 2016, § 258 Rn. 62; *Kleindiek*, in: K. Schmidt/Lutter, AktG, 3. Auflage 2015, § 258 Rn. 26; *Arnold*, in: KölnKomm-AktG, 3. Auflage 2018, § 258 Rn. 37; *Poll*, in: Küting/Weber, HdB Rechnungslegung, 17. Ergänzungslieferung 2013, § 258 AktG Rn. 107.

135 *Koch*, in: MünchKomm-AktG, 4. Auflage 2016, § 258 Rn. 62; *Wilsing/von der Linden*, in: Heidel, Aktienrecht und Kapitalmarktrecht, 4. Auflage 2014, § 258 AktG Rn. 20.

Wie bereits festgestellt, ergeben sich aus der Durchführung der Sonderprüfung bzw. der Veröffentlichung des Sonderprüfungsberichts im Handelsregister gemäß § 145 Abs. 6 Satz 3 AktG keine unmittelbaren Rechtsfolgen für die Gesellschaft (vgl. Ziffer A) III) 2) b) (i)). In dieser Hinsicht weichen die aus der bilanziellen Sonderprüfung gemäß §§ 258 ff. AktG und der Sonderprüfung gemäß §§ 142 ff. AktG resultierenden Folgen voneinander ab.

Weiterhin ist der bilanzielle Sonderprüfer zur Objektivität verpflichtet. Dies ergibt sich zum einen aus dem Verweis der Vorschrift des § 258 Abs. 4 Satz 2 AktG auf §§ 319 Abs. 2 bis 4, 319a Abs. 1 und 319b Abs. 1 HGB. Danach ist als bilanzieller Sonderprüfer nur wählbar, wer eine Unbefangenheit und (finanzielle) Unabhängigkeit von der zu prüfenden Gesellschaft aufweist. Zum anderen statuiert der Verweis der Vorschrift des § 258 Abs. 5 Satz 1 AktG, dass die Regelung des § 323 HGB, die die Unparteilichkeit des Abschlussprüfers im Zuge der Durchführung der Abschlussprüfung vorschreibt, sinngemäß auf die bilanzielle Sonderprüfung zu übertragen ist. Der bilanzielle Sonderprüfer darf sein Verhalten während der bilanziellen Sonderprüfung gemäß §§ 258 ff. AktG mithin nicht von eigenen oder fremden Interessen leiten lassen, sondern hat die Bewertung unbeeinflusst von äußeren Einflüssen objektiv vorzunehmen. Die Verpflichtung zu einem objektiven Handeln widerspricht somit nicht der Stellung eines Organs, welches an organschaftliche Treuepflichten gebunden ist[136].

Wie bereits erörtert, finden die Vorschriften der §§ 319 Abs. 2 und 3, 319a Abs. 1 und 319b HGB gemäß § 143 Abs. 2 AktG auf die Auswahl des Sonderprüfers gemäß §§ 142 ff. AktG Anwendung. Darüber hinaus stellt § 323 HGB über den Verweis in § 144 AktG ebenfalls einen Maßstab für die Verantwortlichkeit des Sonderprüfers gemäß §§ 142 ff. AktG dar. Der Sonderprüfer gemäß §§ 142 ff. AktG ist somit – ebenso wie der bilanzielle Sonderprüfer – dazu gehalten, sich im Rahmen der Durchführung der Sonderprüfung nicht von seinen eigenen Interessen leiten zu lassen (vgl. Ziffer A) IV) 2) a)).

Entscheidender Unterschied zwischen Tätigkeit des bilanziellen Sonderprüfers gemäß §§ 258 ff. AktG und des Sonderprüfers gemäß §§ 142 ff. AktG ist der Umstand, dass der bilanzielle Sonderprüfer an die Stelle des Vorstands tritt und somit fest in die Organstruktur der Gesellschaft eingegliedert ist. Diese Notwendigkeit ist darin begründet, dass sich aus der Feststellung der Unterbewertung

---

136 BGH, Urteil vom 20. Oktober 1954, Az.: II ZR 280/53 = NJW 1954, 1841, 1842; BGH, Urteil vom 9. November 1967, Az.: II ZR 64/67 = NJW 1968, 396, 396; *Koch*, in: Hüffer/Koch, AktG, 13. Auflage 2018, § 93 Rn. 28; *Hölters*, in: Hölters, AktG, 3. Auflage 2017, § 93 Rn. 114; *Dauner-Lieb*, in: GesR, 3. Auflage 2016, § 93 AktG Rn. 8; *Fleischer*, in: Spindler/Stilz, AktG, 3. Auflage 2015, § 93 Rn. 117; *Krieger/Sailer-Coceani*, in: K. Schmidt/Lutter, AktG, 3. Auflage 2015, § 93 Rn. 21; *U. Schmidt*, in: Heidel, Aktienrecht und Kapitalmarktrecht, 4. Auflage 2014, § 93 AktG Rn. 31f. *Spindler*, in: Münch-Komm-AktG, 5. Auflage 2019, § 93 Rn. 108; *Mertens/Cahn*, in: KölnKomm-AktG, 3. Auflage 2010, § 91 Rn. 95; *Wiedemann*, in: FS Heinsius, 1991, 949, 951.

bzw. Unvollständigkeit der Berichterstattung zwingende Rechtsfolgen für die Gesellschaft ergeben, deren Setzung grundsätzlich gemäß § 91 Abs. 1 AktG in den Kompetenzbereich des Vorstands fällt. Auf Basis eines rein schuldrechtlichen Verhältnisses ist eine derartige Kompetenzverlagerung nicht erklärbar. Der Sonderprüfer gemäß § 142 ff. AktG tritt dahingegen neben den Aufsichtsrat; er vermag diesen jedoch nicht aus seiner Stellung zu verdrängen. Dies ist mangels Rechtsbindungswirkung der Durchführung der Sonderprüfung gemäß §§ 142 ff. AktG für die Gesellschaft auch nicht angezeigt.

Im Hinblick auf die fehlende Eingliederung des Sonderprüfers gemäß §§ 142 ff. AktG in die Organstruktur der Gesellschaft, die mit einer fehlenden Rechtsbindungswirkung der Durchführung der Sonderprüfung gemäß §§ 142 ff. AktG einhergeht, deutet ein Vergleich mit der Stellung des bilanziellen Sonderprüfers gemäß §§ 258 ff. AktG, dessen Organstellung sich maßgeblich aus den zwei vorgenannten Faktoren ableitet, darauf hin, dass der Stellung des Sonderprüfers gemäß §§ 142 ff. AktG keine Organqualität zukommt.

(iv) Externe Gründungsprüfung gemäß § 33 Abs. 2 AktG

Die Vorschrift des § 33 Abs. 1 AktG sieht vor, dass die Mitglieder des Vorstands und des Aufsichtsrats den Hergang der Gründung der Gesellschaft zu prüfen haben. Darüber hinaus hat unter den in § 33 Abs. 2 AktG genannten Umständen eine zusätzliche Prüfung durch (mindestens) einen externen Gründungsprüfer zu erfolgen.

Die Frage, wem die Kompetenz zur Bestellung des externen Gründungsprüfers zukommt, beurteilt sich nach dem Auslöser der Verpflichtung zur Durchführung einer externen Gründungsprüfung. Sofern der Grund sich entweder gemäß § 33 Abs. 2 Nr. 1 AktG darin findet, dass ein Mitglied des Vorstands oder des Aufsichtsrats zu den Gründern gehört oder sich gemäß § 33 Abs. 2 Nr. 2 AktG daraus ergibt, dass bei der Gründung für Rechnung eines Mitglieds des Vorstands oder des Aufsichtsrats Aktien übernommen worden sind, haben die Gründer die Möglichkeit, den gemäß § 23 Abs. 1 Satz 1 AktG die Satzung beurkundenden Notar mit der externen Prüfung der Gründung zu beauftragen. Dem Notar steht es jedoch frei den ihm angetragenen Abschluss eines Prüfungsauftrags abzulehnen.[137] Falls der Notar den ihm angetragenen Prüfungsantrag ablehnt sowie in dem Fall des § 33 Abs. 2 Nr. 3 AktG, in dem die Notwendigkeit einer externen Gründungsprüfung dadurch entsteht, dass ein Mitglied des Vorstands oder des Aufsichtsrats sich einen besonderen Vorteil oder für die Gründung oder ihre Vorbereitung eine Entschädigung oder Belohnung ausbedungen hat, und in der Situation des § 33 Abs. 2 Nr. 4 AktG, wonach eine externe Gründungsprüfung erforderlich ist, sofern eine Gründung mit Sacheinlagen oder Sachübernahme vorliegt, wird der externe

---

137 *Gerber*, in: Spindler/Stilz, AktG, 3. Auflage 2015, § 33 Rn. 13; *Heckschen*, NotBZ 2005, 429, 431; *Papmehl*, MitBayNot 2003, 187, 190.

Gründungsprüfer gemäß § 33 Abs. 3 Satz 2 AktG stets vom Gericht bestellt. Die Antragsberechtigung zur Bestellung des externen Gründungsprüfers liegt zum einen bei sämtlichen Gründern[138], wobei umstritten ist, ob jedem einzelnen Gründer oder der Gesamtheit der Gründer die Antragsbefugnis zukommt. Zum anderen kann der Antrag auf gerichtliche Bestellung des externen Gründungsprüfers auch vom Vorstand der (Vor-)Gesellschaft gestellt werden.[139] Die Bestellungskompetenz bezüglich des externen Gründungsprüfers gemäß § 33 Abs. 2 AktG liegt somit stets bei dem Gericht, sofern die externe Gründungsprüfung nicht durch den beurkundenden Notar durchgeführt wird. Eine Bestellung durch die Hauptversammlung ist im Hinblick darauf, dass die externe Gründungsprüfung stets vor Eintragung der Gesellschaft in das Handelsregister, die gemäß § 41 Abs. 1 Satz 1 AktG erst das rechtliche Bestehen der Gesellschaft konstituiert, stattfinden muss, von vorneherein nicht denkbar.

Der Sonderprüfer gemäß §§ 142 ff. AktG kann gemäß § 142 Abs. 1 Satz 1 AktG grundsätzlich von der Hauptversammlung und gemäß § 142 Abs. 2 Satz 1 AktG subsidiär durch das Gericht bestellt werden. Der externe Gründungsprüfer wird dagegen entweder durch die Gründer oder ebenfalls durch das Gericht bestellt. Im Unterschied zur gerichtlichen Bestellung des externen Gründungsprüfers, der auf Antrag des Vorstands der (Vor-)Gesellschaft oder der Gründer bestellt werden kann, ist eine gerichtliche Bestellung des Sonderprüfers gemäß § 142 Abs. 2 Satz 1 AktG nur auf Antrag einer Aktionärsminderheit möglich. Mithin weicht der Bestellvorgang des externen Gründungsprüfers gemäß § 33 Abs. 2 AktG maßgeblich von dem Bestellvorgang des Sonderprüfers gemäß §§ 142 ff. AktG ab. Dies wird insbesondere an den unterschiedlichen Adressaten der Bestellungskompetenz bezüglich der jeweiligen Prüfer deutlich.

Dieser Umstand lässt sich jedoch auf die Tatsache zurückführen, dass die Durchführung einer externen Gründungsprüfung unter den Umständen des § 33 Abs. 2 AktG gemäß § 37 Abs. 4 Nr. 4 AktG zwingende Voraussetzung für die Eintragung der Gesellschaft in das Handelsregister ist. Die Gründer sowie der Vorstand der (Vor-)Gesellschaft haben somit ein hinreichendes Interesse an der gerichtlichen Bestellung des externen Gründungsprüfers, um die Voraussetzungen für die Eintragung der Gesellschaft in das Handelsregister zu schaffen. Die Bestellung eines

---

138 BayObLG, Beschluss vom 14. August 1973, Az.: 3 Z 121/72 = AG 1974, 22, 24; *Koch*, in: Hüffer/Koch, AktG, 13. Auflage 2018, § 33 Rn. 7; *Röhricht/Schall*, in: GroßKomm-AktG, 5. Auflage 2016, § 33 Rn. 36; *Pentz*, in: MünchKomm-AktG, 4. Auflage 2016, § 33 Rn. 30; *Gerber*, in: Spindler/Stilz, AktG, 3. Auflage 2015, § 33 Rn. 16; *Bayer*, in: K. Schmidt/Lutter, AktG, 3. Auflage 2015, § 33 Rn. 10; *Arnold*, in: KölnKomm-AktG, 3. Auflage 2011, § 33 Rn. 22.

139 *Koch*, in: Hüffer/Koch, AktG, 13. Auflage 2018, § 33 Rn. 7; *Röhricht/Schall*, in: Groß-Komm-AktG, 5. Auflage 2016, § 33 Rn. 36; *Pentz*, in: MünchKomm-AktG, 4. Auflage 2016, § 33 Rn. 30; *Gerber*, in: Spindler/Stilz, AktG, 3. Auflage 2015, § 33 Rn. 16; *Bayer*, in: K. Schmidt/Lutter, AktG, 3. Auflage 2015, § 33 Rn. 10; *Arnold*, in: Köln-Komm-AktG, 3. Auflage 2011, § 33 Rn. 22.

Sonderprüfers gemäß §§ 142 ff. AktG ist hingegen freiwilliger Natur. Im Hinblick darauf, dass die Sonderprüfung gemäß §§ 142 ff. AktG unter anderem auf die Überprüfung der Vorgänge der Geschäftsführung abzielt, dürfte der Vorstand der Gesellschaft grundsätzlich kein Interesse an der Initiierung der Bestellung eines Sonderprüfers haben. Darüber hinaus hat der Vorstand der Gesellschaft im Rahmen seiner Geschäftsführungstätigkeit gemäß § 76 Abs. 1 AktG die Möglichkeit, eine Untersuchung von bestimmten Vorgängen eigenständig zu veranlassen (vgl. Ziffer C) II) 6) c) (i) (2) 1). Mithin bedarf es keines Antragsrechts des Vorstands zur Bestellung eines Sonderprüfers. Eine Bestellung des externen Gründungsprüfers gemäß §§ 33 ff. AktG durch die Hauptversammlung ist mangels rechtlichen Bestehens der Gesellschaft zum Zeitpunkt der externen Gründungsprüfung nicht denkbar. Die unterschiedliche Ausgestaltung des Bestellvorgangs bzw. der Bestellungskompetenz bezüglich des externen Gründungsprüfers gemäß §§ 33 ff. AktG und des Sonderprüfers gemäß §§ 142 ff. AktG findet ihre Begründung folglich in dem abweichenden zeitlichen Anwendungsbereich sowie der divergierenden Notwendigkeit. Mithin stehen sie der Annahme einer Vergleichbarkeit der externen Gründungsprüfung gemäß §§ 33 ff. AktG und der Sonderprüfung gemäß §§ 142 ff. AktG nicht entgegen.

Gemäß § 34 AktG hat sich die Prüfung durch den externen Gründungsprüfer auf alle tatsächlichen und rechtlichen Vorgänge, die im Zusammenhang mit der Gründung stehen, zu erstrecken.[140] Dabei hat der externe Gründungsprüfer insbesondere gemäß § 34 Abs. 1 Nr. 1 AktG zu überprüfen, ob die Angaben der Gründer bezogen auf die Übernahme der Aktien, die Einlagen auf das Grundkapital und die Festsetzungen nach §§ 26 und 27 AktG richtig und vollständig sind. Weiterhin muss die Gründungsprüfung gemäß § 34 Abs. 1 Nr. 2 AktG der Frage nachgehen, ob der Wert der Sacheinlage oder Sachübernahme den geringsten Ausgabebetrag der dafür zu gewährenden Aktien oder den Wert der dafür zu gewährenden Leistungen erreicht. Der externe Gründungsprüfer hat gemäß § 34 Abs. 2 AktG einen schriftlichen Prüfungsbericht anzufertigen, der die Erkenntnisse der Gründungsprüfung zusammenfasst. Der Bericht des externen Gründungsprüfers ist gemäß § 34 Abs. 3 Satz 1 AktG dem Gericht und dem Vorstand einzureichen.

Während der Gegenstand der Gründungsprüfung gemäß § 33 ff. AktG alle tatsächlichen und rechtlichen Vorgänge, die im Zusammenhang mit der Gründung stehen[141], umfasst, erstreckt sich die Sonderprüfung gemäß § 142 Abs. 1 Satz 1 AktG

---

140 *Koch*, in: Hüffer/Koch, AktG, 13. Auflage 2018, § 34 Rn. 2; *Lohse*, in: Bürgers/Körbers, AktG, 4. Auflage 2017, §34 Rn. 2; *Pentz*, in: MünchKomm-AktG, 4. Auflage 2016, § 34 Rn. 9; *Gerber*, in: Spindler/Stilz, AktG, 3. Auflage 2015, § 34 Rn. 3; *Vedder*, in: Grigoleit, AktG, 2013, § 33 Rn. 10.

141 *Koch*, in: Hüffer/Koch, AktG, 13. Auflage 2018, § 34 Rn. 2; *Lohse*, in: Bürgers/Körbers, AktG, 4. Auflage 2017, §34 Rn. 2; *Pentz*, in: MünchKomm-AktG, 4. Auflage 2016, § 34 Rn. 9; *Gerber*, in: Spindler/Stilz, AktG, 3. Auflage 2015, § 34 Rn. 3; *Vedder*, in: Grigoleit, AktG, 2013, § 33 Rn. 10.

auf die Prüfung von Vorgängen bei der Gründung oder bei der Geschäftsführung. Beide Prüfungen weisen mit der Prüfung von Gründungsvorgängen einen identischen Prüfungsgegenstand auf, wobei der Prüfungsgegenstand der Sonderprüfung gemäß §§ 142 ff. AktG weiter gefasst ist. Allerdings kann nicht die gesamte Gründung an sich Gegenstand einer Sonderprüfung gemäß §§ 142 ff. AktG sein, da die Regelungen des §§ 33 ff. AktG insoweit vorrangig sind.[142] Die Sonderprüfung gemäß §§ 142 ff. AktG ist diesbezüglich subsidiär zu der Gründungsprüfung gemäß § 33 ff. AktG.

Die beiden Prüfungen unterscheiden sich jedoch in ihrem zeitlichen Anwendungsbereich. Während die Gründungsprüfung gemäß §§ 33 ff. AktG vor der Eintragung der Gesellschaft in das Handelsregister stattfindet, erfolgt die Sonderprüfung gemäß §§ 142 ff. AktG zwingend stets nachdem die Gesellschaft in das Handelsregister eingetragen worden ist. Dies ergibt sich daraus, dass ein Beschluss der Hauptversammlung eine unabdingbare Voraussetzung für die Bestellung eines Sonderprüfers darstellt. Dies gilt unabhängig davon, ob der Sonderprüfer bei Vorliegen eines zustimmenden Beschlusses gemäß § 142 Abs. 1 Satz 1 AktG durch die Hauptversammlung oder im Falle eines ablehnenden Beschlusses im Anschluss gemäß § 142 Abs. 2 Satz 1 AktG auf Antrag einer Aktionärsminderheit durch das Gericht bestellt wird. Eine Hauptversammlung kann jedoch stets erst nachdem die Gesellschaft an sich Rechtsfähigkeit erlangt hat, d.h. nach Eintragung in das Handelsregister, einberufen werden.

Während sich der sachliche Anwendungsbereich der Gründungsprüfung gemäß §§ 33 ff. AktG in dem sachlichen Anwendungsbereich der Sonderprüfung gemäß §§ 142 ff. AktG wiederfindet, ist der zeitliche Anwendungsbereich somit unterschiedlich ausgestaltet. Gerade die Überschneidung ihrer sachlichen Anwendungsbereiche deutet jedoch auf eine hinreichende Vergleichbarkeit der externen Gründungsprüfung gemäß §§ 33 ff. AktG und der Sonderprüfung gemäß § 142 ff. AktG hin.

Die externe Gründungsprüfung gemäß §§ 33 ff. AktG soll zunächst die ordnungsgemäße Errichtung der Gesellschaft gewährleisten.[143] Aus dem Umstand, dass der Gründungsprüfungsbericht des externen Gründungsprüfers gemäß § 33 Abs. 3 Satz 2 AktG von jedermann bei Gericht eingesehen werden kann, ergibt sich darüber hinaus, dass die externe Gründungsprüfung gemäß §§ 33 ff. AktG

---

142 *Mock*, in: Spindler/Stilz, AktG, 4. Auflage 2019, § 142 Rn. 28, 54; *Liebscher*, in: Henssler/Strohn, GesR, 3. Auflage 2016, § 142 Rn. 3; *Spindler*, in: K. Schmidt/Lutter, AktG, 3. Auflage 2015, § 142 Rn. 12.

143 *Koch*, in: Hüffer/Koch, AktG, 13. Auflage 2018, § 33 Rn. 1; *Lohse*, in: Bürgers/Körbers, AktG, 4. Auflage 2017, § 33 Rn. 1; *Solveen*, in: Hölters, AktG, 3. Auflage 2017, § 33 Rn. 2; *Pentz*, in: MünchKomm-AktG, 4. Auflage 2016, § 33 Rn. 4; *Bayer*, in: K. Schmidt/Lutter, AktG, 3. Auflage 2015, § 33 Rn. 1; *Gerber*, in: Spindler/Stilz, AktG, 3. Auflage 2015, § 33 Rn. 1; *Vedder*, in: Grigoleit, AktG, 2013, § 33 Rn. 2.

ebenfalls der Information der Öffentlichkeit über die Gründungsverhältnisse der Gesellschaft dienen soll.[144]

Die Sonderprüfung gemäß §§ 142 ff. AktG dient der Unterstützung der Geltendmachung von möglichen Ersatzansprüchen der Gesellschaft und mithin dem Schutz des Vermögens der Gesellschaft (vgl. Ziffer A) II) 4)). Zwar wird der abschließende Sonderprüfungsbericht ebenfalls für jedermann einsehbar im zuständigen Handelsregister veröffentlicht. Gleichwohl findet die Sonderprüfung gemäß §§ 142 ff. AktG ausschließlich im Interesse der Gesellschaft statt und dient gerade nicht der Information der Öffentlichkeit (vgl. Ziffer A) II) 3)). Dementsprechend weisen die externe Gründungsprüfung gemäß §§ 33 ff. AktG und die Sonderprüfung gemäß §§ 142 ff. AktG einen unterschiedlichen Schutzzweck auf. Diese Divergenz ergibt sich jedoch zwingend aus dem jeweiligen sachlichen und zeitlichen Anwendungsbereich. Bei der erstmaligen Ausgabe von Aktien bildet deren Gegenwert das Grundkapital, auf das sich die Haftung der Gesellschaft beschränkt. Es besteht somit ein allgemeines Interesse daran, den ordnungsgemäßen Ablauf dieses Vorgangs sicherzustellen. Bei der Sonderprüfung geht es jedoch um den Schutz des Vermögens der Gesellschaft, welches diese über das Grundkapital hinaus aufgebaut hat. Dementsprechend geht es nicht um die grundlegende Frage der bestehenden Haftungsmasse der Gesellschaft, sodass das öffentliche Interesse insoweit nicht tangiert wird.

Trotz dieser nachvollziehbaren Unterschiede überschneidet sich der sachliche Anwendungsbereich der externen Gründungsprüfung gemäß §§ 33 ff. AktG mit demjenigen der Sonderprüfung gemäß §§ 142 ff. AktG, wobei letzterer weitergehend ist. Es besteht mithin die Möglichkeit, dass der externe Gründungsprüfer gemäß §§ 33 ff. AktG und der Sonderprüfer gemäß §§ 142 ff. AktG zu unterschiedlichen Zeitpunkten die gleiche Aufgabe ausführen. Dieser Umstand bietet eine angemessene Vergleichbarkeit zwischen den beiden Prüfungen, um sinnvolle Rückschlüsse aus der Stellung des externen Gründungsprüfers gemäß §§ 33 ff. AktG auf die Stellung des Sonderprüfers gemäß §§ 142 ff. AktG ziehen zu können.

Nach allgemeiner Ansicht ist der externe Gründungsprüfer kein Organ der Gesellschaft.[145] Vielmehr übt der externe Gründungsprüfer ein ihm vom Gericht übertragenes Amt aus, das mit demjenigen eines Insolvenzverwalters vergleichbar ist.[146]

---

144 *Koch*, in: Hüffer/Koch, AktG, 13. Auflage 2018, § 33 Rn. 1; *Lohse*, in: Bürgers/Körbers, AktG, 4. Auflage 2017, § 33 Rn. 1; *Solveen*, in: Hölters, AktG, 3. Auflage 2017, § 33 Rn. 2; *Pentz*, in: MünchKomm-AktG, 4. Auflage 2016, § 33 Rn. 4; *Bayer*, in: K. Schmidt/Lutter, AktG, 3. Auflage 2015, § 33 Rn. 1; *Gerber*, in: Spindler/Stilz, AktG, 3. Auflage 2015, § 33 Rn. 1; *Vedder*, in: Grigoleit, AktG, 2013, § 33 Rn. 2.

145 *Koch*, in: Hüffer/Koch, AktG, 13. Auflage 2018, § 33 Rn. 3; *Vedder*, in: Grigoleit, AktG, 2013, § 33 Rn. 16; *Pentz*, in: MünchKomm-AktG, 4. Auflage 2016, § 33 Rn. 61.

146 BayOblG, Beschluss vom 14. August 1973, Az.: 3 Z 121/72 = BayOblGZ 1973, 235, 240; *Koch*, in: Hüffer/Koch, AktG, 13. Auflage 2018, § 33 Rn. 3; *Röhricht/Schall*, in: GroßKomm-AktG, 5. Auflage 2016, § 33 Rn. 39; *Pentz*, in: MünchKomm-AktG,

Aus dem Wortlaut „Außerdem" der Vorschrift des § 33 Abs. 2 AktG geht eindeutig hervor, dass eine Gründungsprüfung durch einen externen Gründungsprüfer unter den in der Vorschrift abschließend beschriebenen Voraussetzungen[147] zusätzlich[148] zu der Gründungsprüfung durch die Mitglieder des Vorstands und des Aufsichtsrats zu erfolgen hat. Dementsprechend verdrängt der externe Gründungsprüfer die Mitglieder des Vorstands und des Aufsichtsrats gerade nicht.

Ebenso tritt der Sonderprüfer gemäß §§ 142 ff. AktG nicht in die Stellung des Aufsichtsrats ein, sondern wird im Rahmen der Durchführung der Sonderprüfung neben dem Aufsichtsrat tätig (vgl. Ziffer A) III) 2) b)(i)).

Der Prüfungsbericht, den der externe Gründungsprüfer zum Abschluss der Durchführung der externen Gründungsprüfung gemäß § 34 Abs. 2 AktG anzufertigen hat, ist gemäß § 37 Abs. 4 Nr. 4 AktG der Anmeldung der Gesellschaft zum Handelsregister, welche gemäß § 36 Abs. 1 AktG zwingend zu erfolgen hat, beizufügen. Die fehlende Einreichung des Prüfungsberichts des externen Gründungsprüfers im Zuge der Anmeldung konstituiert ein Eintragungshindernis, das gemäß § 38 Abs. 1 Satz 2 AktG in der Ablehnung der Eintragung durch das Handelsregister resultiert.[149] Aus der Durchführung der externen Gründungsprüfung an sich ergeben sich somit keine unmittelbaren Rechtsfolgen. Eine externe Gründungsprüfung gemäß §§ 33 ff. AktG stellt mithin nur eine notwendige interne Maßnahme dar, die es den Gründern, dem Vorstand und dem Aufsichtsrat erlaubt, die Eintragung der Gesellschaft zum Handelsregister gemäß § 36 Abs. 1 AktG anzumelden.

Die Sonderprüfung gemäß §§ 142 ff. AktG setzt ebenfalls keine unmittelbare Rechtsfolge für die Gesellschaft (vgl. Ziffer A) III) 2) b) (i)). Vielmehr erhalten der Vorstand und der Aufsichtsrat mit der Beendigung der Durchführung der Sonderprüfung einen Sonderprüfungsbericht, auf deren Basis sie eigenständig das Vornehmen weiterer Schritte evaluieren können. Beide Prüfungen versetzen den Vorstand bzw. den Aufsichtsrat somit in die Lage, weitere Maßnahmen vorzunehmen. Allerdings verdrängt weder der Sonderprüfer gemäß §§ 142 ff. AktG noch der externe Gründungsprüfer den Vorstand bzw. Aufsichtsrat aus ihrer Organstellung. Sie sind mithin nicht in die Struktur der Gesellschaft fest eingebunden. Mangels Setzens einer verbindlichen Rechtsfolge im Außenverhältnis besteht auch jeweils

---

4. Auflage 2016, § 33 Rn. 61; *Vedder*, in: Grigoleit, AktG, 2013, § 33 Rn. 16; *Pentz*, in: MünchHdB GesR, Band 7, 5. Auflage 2016, § 25 Rn. 178 - der von einem „ihm im öffentlichen Interesse übertragenen Amt" spricht.

147 *Koch*, in: Hüffer/Koch, AktG, 13. Auflage 2018, § 33 Rn. 4; *Solveen*, in: Hölters, AktG, 3. Auflage 2017, § 33 Rn. 6; *Pentz*, in: MünchKomm-AktG, 4. Auflage 2016, § 33 Rn. 13; *Röhricht/Schall*, in: GroßKomm-AktG, 5. Auflage 2016, § 33 Rn. 9ff. *Bayer*, in: K. Schmidt/Lutter, AktG, 3. Auflage 2015, § 33 Rn. 4; *Gerber*, in: Spindler/Stilz, AktG, 3. Auflage 2015, § 33 Rn. 7; *Wardenbach*, in: Henssler/Strohn, GesR, 3. Auflage 2016, § 33 AktG Rn. 3; *Vedder*, in: Grigoleit, AktG, 2013, § 33 Rn. 3.

148 *Röhricht/Schall*, in: GroßKomm-AktG, 5. Auflage 2016, § 33 Rn. 8.

149 *Lohse*, in: Bürgers/Körbers, AktG, 4. Auflage 2017, § 33 Rn. 7; *Röhricht/Schall*, in: GroßKomm-AktG, 5. Auflage 2016, § 33 Rn. 8.

kein Bedürfnis, den externen Gründungsprüfer gemäß §§ 33 ff. AktG oder den Sonderprüfer gemäß §§ 142 ff. AktG mit einer Vertretungsmacht der Gesellschaft auszustatten. Somit liegt die Annahme nahe, dass der Sonderprüfer gemäß §§ 142 ff. AktG ebenso wie der externe Gründungsprüfer gemäß §§ 33 ff. AktG kein Organ der Gesellschaft ist.

(v) Stellungnahme

Aus dem vorangestellten Vergleich ergibt sich folgendes Bild: Während der besondere Vertreter gemäß § 147 Abs. 2 AktG und der bilanzielle Sonderprüfer gemäß §§ 258 ff. AktG als Organe der Gesellschaft angesehen werden, wird dem Abschlussprüfer gemäß §§ 316 ff. HGB und dem Gründungsprüfer gemäß §§ 33 ff. AktG keine Organstellung innerhalb der Gesellschaft zugesprochen.

Dem besonderen Vertreter gemäß § 147 Abs. 2 AktG und dem bilanziellen Sonderprüfer gemäß §§ 258 ff. AktG, die beide eine Organstellung innerhalb der Gesellschaft einnehmen, ist gemein, dass sich aus der Durchführung ihrer jeweiligen Aufgabe jedes Mal verbindliche Rechtsfolgen für die Gesellschaft ergeben. Sie haben jeweils die erforderliche Vertretungsmacht, um die Gesellschaft im Außenverhältnis gegenüber Dritten rechtsgeschäftlich zu binden. Dabei geht die Erlangung der Vertretungsmacht mit dem Verlust der Vertretungsmacht des originär zuständigen Organs (d.h. Vorstand oder Aufsichtsrat) in diesem Zusammenhang einher. Der besondere Vertreter gemäß § 147 Abs. 2 AktG und der bilanzielle Sonderprüfer gemäß §§ 258 ff. AktG verdrängen somit beide jeweils das originär zuständige Organ, indem sie in dessen Stellung eintreten. Mithin sind sie fest in die Organstruktur der Gesellschaft eingegliedert.

Im Gegensatz dazu weisen der Abschlussprüfer gemäß §§ 316 ff. HGB und der externe Gründungsprüfer gemäß §§ 33 ff. AktG keine Organstellung innerhalb der Gesellschaft auf. Dies erklärt sich dadurch, dass weder die Abschlussprüfung gemäß §§ 316 ff. HGB noch die externe Gründungsprüfung gemäß §§ 33 ff. AktG eine Rechtsbindungswirkung im Außenverhältnis für die Gesellschaft entfaltet. Folglich bedürfen der Abschlussprüfer gemäß §§ 316 ff. HGB und der Gründungsprüfer gemäß §§ 33 ff. AktG keiner Vertretungsmacht bezüglich der Gesellschaft, welche sie auch nicht innehaben. Es findet gerade keine Verdrängung eines originär zuständigen Organs (d.h. Vorstand oder Aufsichtsrat) statt. Der Abschlussprüfer gemäß §§ 316 ff. HGB und der Gründungsprüfer gemäß §§ 33 ff. AktG treten nicht in eine Organstellung ein, sondern werden neben dem jeweils originär zuständigen Organ (unterstützend) tätig.

Zur Beantwortung der Frage, welche Stellung der Sonderprüfer gemäß §§ 142 ff. AktG innerhalb der Gesellschaft einnimmt, ist mithin entscheidend, zu welcher Konstellation die Sonderprüfung gemäß §§ 142 ff. AktG eine größere Nähe aufweist.

Im Rahmen der Durchführung der Sonderprüfung gemäß §§ 142 ff. AktG untersucht der Sonderprüfer Vorgänge bei der Gründung oder bei der Geschäftsführung. Die Sonderprüfung gemäß §§ 142 ff. AktG dient somit maßgeblich der

Kontrolle der Handlungen des Vorstands.[150] Dies entspricht letztlich der Überwachungsaufgabe des Aufsichtsrats gemäß § 111 Abs. 1 AktG. Aus der Durchführung der Sonderprüfung gemäß §§ 142 ff. AktG ergeben sich jedoch keine verbindlichen Rechtsfolgen für die Gesellschaft.[151] Folglich hat der Sonderprüfer gemäß §§ 142 ff. AktG keine Stellung inne, die es ihm erlaubt, die Gesellschaft unter Verdrängung der originär zuständigen Organe (d.h. Vorstand oder Aufsichtsrat) zu vertreten. Er tritt somit nicht in die Stellung des originär zuständigen Organs ein. Diese Stellung entspricht derjenigen des Abschlussprüfers gemäß §§ 316 ff. HGB und des externen Gründungsprüfers gemäß §§ 33 ff. AktG. Dementsprechend hält der Sonderprüfer gemäß §§ 142 ff. AktG keine Organstellung innerhalb der Gesellschaft.[152]

3) Sachwalter / organähnliche Stellung

Im Hinblick darauf, dass der gerichtlich bestellte Sonderprüfer gemäß § 142 Abs. 2 Satz 1 AktG kein Organ der Gesellschaft ist (vgl. Ziffer A) III) 2) b) (v)), bleibt die Frage, ob sich seine Beziehung zu der Gesellschaft in einem rechtsgeschäftsähnlichen Verhältnis erschöpft (vgl. Ziffer A) III) 1) b)).

Zweifel daran drängen sich insoweit auf, als dem gerichtlich bestellten Sonderprüfer gemäß § 142 Abs. 2 Satz 1 AktG weitreichende Einsichts- und Auskunftsrechte zustehen. Gemäß § 145 Abs. 1 AktG hat der Vorstand dem Sonderprüfer zu gestatten, die Bücher und Schriften der Gesellschaft sowie die Vermögensgegenstände, namentlich die Gesellschaftskassen und die Bestände an Wertpapieren und Waren, zu prüfen. Darüber hinaus kann der Sonderprüfer gemäß § 145 Abs. 2 AktG von den Mitgliedern des Vorstands und des Aufsichtsrats alle Aufklärungen und Nachweise verlangen, welche für eine sorgfältige Prüfung der Vorgänge notwendig sind. Diese Einsichts- und Auskunftsrechte sollen gewährleisten, dass der Sonderprüfer zur Aufklärung des Sonderprüfungsgegenstands Zugang zu allen für die Durchführung der Prüfung relevanten Informationen erhält.[153] Sie ergeben

---

150 Die Handlungen des Aufsichtsrats werden insoweit nur indirekt überprüft, als dass mit einem Verstoß gegen das Gesetz bzw. die Satzung durch den Verstoß gleichzeitig eine nicht ausreichende Überwachung des Aufsichtsrats hinsichtlich dieses Verhaltens des Vorstands einhergehen kann.

151 *Mock*, in: Spindler/Stilz, AktG, 4. Auflage 2019, § 142 Rn. 198.

152 *Mock*, in: Spindler/Stilz, AktG, 3. Auflage 2015, § 142 Rn. 39; *Spindler*, in: K. Schmidt/Lutter, AktG, 3. Auflage 2015, § 142 Rn. 37; *Rieckers/Vetter*, in: KölnKomm-AktG, 3. Auflage 2015, § 142 Rn. 201; *Herrler*, in: Grigoleit, AktG, 2013, § 142 Rn. 17; *Bezzenberg*, in: GroßKomm-AktG, 4. Auflage 2008, § 142 Rn. 41; *Mock*, ZHR 181 2017, 688, 710; *Hüffer*, ZHR 174 2010, 642, 677

153 *Mock*, in: Spindler/Stilz, AktG, 4. Auflage 2019, § 145 Rn. 1; *Arnold*, in: MünchKomm-AktG, 4. Auflage 2018, § 145 Rn. 1; *Koch*, in: Hüffer/Koch, AktG, 13. Auflage 2018, § 145 Rn. 1; *Hirschmann*, in: Hölters, AktG, 3. Auflage 2017, § 145 Rn. 1; *Holzborn/Jähnig*, in: Bürger/Körbers, AktG, 2017, § 142 Rn. 1; *Liebscher*, in: Henssler/Strohn, GesR, 3. Auflage 2017, § 145 AktG Rn. 1; *Spindler*, in: K. Schmidt/Lutter, AktG,

sich also gerade nicht aus dem vertragsähnlichen Rechtsverhältnis, welches zwischen der Gesellschaft und dem gerichtlich bestellten Sonderprüfer gemäß § 142 Abs. 2 Satz 1 AktG besteht, sondern sind gesetzlich angeordnet. Dieser Umstand unterstützt die Annahme, dass die Stellung des gerichtlich bestellten Sonderprüfers gemäß § 142 Abs. 2 Satz 1 AktG nicht nur von den Pflichten bestimmt sein kann, die sich aus dem rechtsgeschäftsähnlichen Verhältnis zwischen ihm und der Gesellschaft ergeben.

Darüber hinaus kann das vertragsähnliche Rechtsverhältnis des gerichtlich bestellten Sonderprüfers nicht einseitig von der Gesellschaft, vertreten durch das zuständige Organ, aufgehoben werden.[154] Zwar steht es dem Vorstand der Gesellschaft offen, gegen den gerichtlichen Beschluss zur Bestellung eines Sonderprüfers gemäß § 142 Abs. 2 Satz 1 AktG sofortige Beschwerde einzulegen.[155] Jedoch ist es dem Vorstand der Gesellschaft nicht möglich, eine wirksam erfolgte gerichtliche Bestellung des Sonderprüfers aufzuheben.[156]. Auch diese schwerlich aufzulösende Verbundenheit spricht dafür, dass die Beziehung des gerichtlich bestellten Sonderprüfers gemäß § 142 Abs. 2 Satz 1 AktG zu der Gesellschaft nicht auf ein rechtsgeschäftsähnliches Verhältnis beschränkt ist.

Vielmehr scheint es denkbar, dass dem gerichtlich bestellten Sonderprüfer gemäß § 142 Abs. 2 Satz 1 AktG eine Stellung sui generis, auf die sowohl korporationsrechtliche Vorschriften als auch das allgemeine Vertragsrecht anwendbar ist[157], oder eine organähnliche Stellung zu zuschreiben ist.

Als Konsequenz unterläge der gerichtlich bestellte Sonderprüfer gemäß § 142 Abs. 2 Satz 1 AktG organschaftlichen Treuepflichten. Diese würden ihn dazu verpflichten, sein Verhalten ausschließlich am Wohl der Gesellschaft zu orientieren.[158]

---

3. Auflage 2015, § 142 Rn. 1; *Herrler*, in: Grigoleit, AktG, 2013, § 145 Rn. 1; *Humrich*, NZG 2014, 441, 444; *Bungert/Rothfuchs*, DB 2011, 1677, 1678 ff.

154 *Mock*, in: Spindler/Stilz, AktG, 4. Auflage 2019, § 142 Rn. 45.

155 *Mock*, in: Spindler/Stilz, AktG, 4. Auflage 2019, § 142 Rn. 184; *Mock*, in: Spindler/Stilz, AktG, 3. Auflage 2015, § 142 Rn. 184; *Arnold*, in: MünchKomm-AktG, 4. Auflage 2018, § 142 Rn. 110; *Holzborn/Jähnig*, in: Bürger/Körbers, AktG, 2017, § 142 Rn. 19; *Liebscher*, in: Henssler/Strohn, GesR, 3. Auflage 2016, § 142 Rn. 18.

156 *Mock*, in: Spindler/Stilz, AktG, 4. Auflage 2019, § 142 Rn. 183; *Hirschmann*, in: Hölters, AktG, 3. Auflage 2017, § 142 Rn. 59.

157 *Mock*, in: Spindler/Stilz, AktG, 4. Auflage 2019, § 142 Rn. 44.

158 BGH, Urteil vom 12. Juni 1989, Az.: II ZR 334/87 = WM 1989, 1365, 1339; BGH, Urteil vom 21. Februar 1983, Az.: II ZR 183/82 = WM 1983, 498, 499; BGH, Urteil vom 10. Februar 1977, Az.: II ZR 79/75 = WM 1977, 361, 362; BGH, Urteil vom 8. Mai 1967, Az. II ZR 126/65 = WM 1967, 679, 679; *Hölters*, in: Hölters, AktG, 3. Auflage 2017, § 93 Rn. 114; *Bürgers*, in: Bürgers/Körber, AktG, 4. Auflage 2017, § 93 Rn. 6; *Dauner-Lieb*, in: GesR, 3. Auflage 2016, § 93 AktG Rn. 8; *Fleischer*, in: Spindler/Stilz, AktG, 3. Auflage 2015, § 93 Rn. 114; *Krieger/Sailer-Coceani*, in: K.Schmidt/Lutter, AktG, 3. Auflage 2015, § 93 Rn. 21; *Hopt/Roth*, in: GroßKomm-AktG, 5. Auflage 2015, § 93 Rn. 229f. *U. Schmidt*, in: Heidel, Aktienrecht und Kapitalmarktrecht, 4. Auflage 2014, § 93 AktG Rn. 31; *Wiesner*, in: MünchHdB GesR Band 4, 4. Auflage 2015, § 25 Rn. 41;

Nach der von *Zöllner*[159] begründete Lehre von der Einwirkungsmacht stellen organschaftliche Treuepflichten das Korrelat zu weitreichenden Befugnissen, dem Informationsvorsprung und der faktischen Einwirkungsmöglichkeit dar.[160] Die gesetzlich in § 145 AktG festgeschriebenen Rechte des gerichtlich bestellten Sonderprüfers sowie das Erfordernis der Einreichung eines Sonderprüfungsberichts zum Handelsregister gemäß § 145 Abs. 6 Satz 3 AktG stellen weitreichende Befugnisse dar und verleihen dem gerichtlich bestellten Sonderprüfer eine faktische Einwirkungsmöglichkeit. Dementsprechend bedürfen diese eines Gegengewichts in Form von Treuepflichten.

Zwar statuiert § 144 AktG i.V.m. § 323 Abs. 1 Satz 1 und 2 HGB bereits gewisse Pflichten des gerichtlich bestellten Sonderprüfers (vgl. Ziffer A)IV)2)A) IV) 2)), deren Verletzung in der Begründung eines Schadensersatzanspruches der Gesellschaft gemäß § 144 AktG i.V.m. § 323 Abs. 1 Satz 3 HGB gegen diesen münden kann. Gleichwohl sind bestimmte Fallkonstellationen denkbar, in denen diese Pflichten des gerichtlich bestellten Sonderprüfers das Gesellschaftswohl nicht ausreichend zu schützen vermögen (vgl. Ziffer B) III)). Das Verhältnis des gerichtlich bestellten Sonderprüfers gemäß § 142 Abs. 2 Satz 1 AktG zu der Gesellschaft muss jedoch derart ausgestaltet sein muss, dass es in jeder Fallkonstellation einen Pflichtenkanon des gerichtlich bestellten Sonderprüfers vorsieht, der den weitreichenden Einsichts- und Auskunftsrechten des gerichtlich bestellten Sonderprüfers gemäß § 145 Abs. 1 und 2 AktG im Hinblick auf den Schutzzweck der Sonderprüfung hinreichend Rechnung trägt.

Denkbar wäre, dass sich dieses Gegenstück bereits aus den schuldrechtlichen Treuepflichten, welche sich aus dem vertragsähnlichen Rechtsverhältnis, das zwischen der Gesellschaft und dem gerichtlich bestellten Sonderprüfer zustande kommt, (vgl. Ziffer A) III) 1) b)) ergeben. Gleichwohl verpflichten schuldrechtliche Treuepflichten gemäß § 241 Abs. 2 BGB i.V.m. § 242 BGB nur zur Förderung bzw. zum Unterlassen der Behinderung des Vertragszwecks.[161] Dieser liegt vorliegend in der erfolgreichen Durchführung der Sonderprüfung gemäß §§ 142 ff. AktG. Mithin erstrecken sich die schuldrechtlichen Treuepflichten des gerichtlich bestellten Sonderprüfers nur darauf, dass dieser die Durchführung der Sonderprüfung gemäß §§ 142 ff. AktG aktiv zu fördern bzw. nicht zu behindern hat. Sie

---

Möllers, in: HdB Corporate Governance, 2. Auflage 2009, 423, 431; *Fleischer*, in: Fleischer, Vorstandsrecht HdB, 2006, § 9 Rn. 2.

159 *Zöllner*, Die Schranken mitgliedschaftlicher Stimmrechtsmacht bei den privatrechtlichen Personenverbänden, 1963, 342 f.

160 *Altmeppen*, in: Roth/Altmeppen, GmbHG, 9. Auflage 2019, § 43 Rn. 26; *Noack/Zöllner*, in: Baumbach/Hueck, GmbHG, 35. Auflage 2017, § 35 Rn. 39; *Wiesner*, in: MünchHdB GesR Band 4, 4. Auflage 2015, § 25 Rn. 11; *Schmolke*, RIW 2008, 365, 371; *Hopt*, ZGR 2004, 1, 18ff. *Fleischer*, WM 2003, 1045, 1046

161 BGH, Urteil vom 30. März 1995, Az.: IX ZR 182/94 = NJW 1995, 1954,1955; *Weller*, in: FS Liber amicorum für Martin Winter, 2011, 755, 762.

verpflichten den gerichtlich bestellten Sonderprüfer jedoch gerade nicht dazu, bei der Ausübung der ihm zugestandenen weitreichenden Befugnissen gemäß § 145 Abs. 1 und 2 AktG, die Interessen der Gesellschaft zu berücksichtigen. Somit stellen schuldrechtliche Treuepflichten kein ausreichendes Korrelat zu den weitreichenden Einwirkungsmöglichkeiten des gerichtlich bestellten Sonderprüfers dar.

Ein hinreichendes Gegenwicht zu den Einwirkungsmöglichkeiten des gerichtlich bestellten Sonderprüfers könnte sich jedoch in organschaftlichen Treuepflichten finden. Organschaftliche Treuepflichten stellen im Vergleich zu schuldrechtlichen Treuepflichten strengere Anforderungen an das Verhalten der betroffenen Person.[162] Zwar kann von der bloßen Notwendigkeit nicht auf die Existenz geschlossen werden. Gleichwohl deutet die Verschwiegenheitspflicht, der der gerichtlich bestellte Sonderprüfer gemäß § 144 AktG i.V.m. § 323 Abs. 1 Satz 1 Hs. 1 HGB unterliegt, auf das Bestehen solcher organschaftlichen Treuepflichten hin. Dies ergibt sich daraus, dass eine gesetzlich vorgeschriebene Verschwiegenheitspflicht allgemein als Element einer organschaftlichen Treuepflicht verstanden wird.[163] Dementsprechend ist der gerichtlich bestellte Sonderprüfer gemäß § 142 Abs. 2 Satz 1 AktG von Gesetzes wegen bereits teilweise organschaftlichen Treuepflichten unterworfen.

Bestätigung findet dieser Ansatz weiterhin in einer Entscheidung des BGH, in welcher dieser statuiert, dass der Abschlussprüfer der Gesellschaft, welcher eine dem Sonderprüfer vergleichbare Stellung innerhalb der Gesellschaft einnimmt (vgl. Ziffer A) III) 2) b) (ii)), *„eine Stellung wie ein Gesellschaftsorgan"* hat.[164] Dagegen wird vereinzelt in der heutigen Literatur vorgebracht, dass eine derartige Einordnung des Abschlussprüfers vornehmlich dazu diente, organschaftsähnliche Treuepflichten des Abschlussprüfers zu begründen.[165] Eine derartige Herleitung bedürfe es jedoch nicht mehr, da nach heutiger Ansicht der Abschlussprüfer eine Kontrollinstanz mit öffentlicher Funktion sei, aus welcher sich bereits hinreichende Treuepflichten ableiten ließen.[166] Anders als der Abschlussprüfer wird der gerichtlich bestellte Sonderprüfer jedoch nicht als Kontrollinstanz mit öffentlicher Funktion

---

162 OLG Frankfurt, Urteil vom 18. November 2011, Az: 5 U 110/08 = AG 2011, 462, 463; *Koch*, in: Hüffer/Koch, AktG, 13. Auflage 2018, § 93 Rn. 28; *Hopt/Roth*, in: GroßKomm-AktG, 5. Auflage 2015, § 93 Rn. 52; *Fleischer*, WM 2003, 1045, 1046; *Wiesner*, in: MünchHdB GesR Band 4, 4. Auflage 2015, § 25 Rn. 41.

163 *Koch*, in: Hüffer/Koch, AktG, 13. Auflage 2018, § 84 Rn. 10; *Noack/Zöllner*, in: Baumbach/Hueck, GmbHG, 35. Auflage 2017, § 35 Rn. 40; *Fleischer*, in: Spindler/Stilz, AktG, 3. Auflage 2015, § 93 Rn. 113; *Hölters*, in: Hölters, AktG, 3. Auflage 2017, § 93 Rn. 133; *Bürgers*, in: Bürgers/Körber, AktG, 4. Auflage 2017, § 93 Rn. 47; *Hopt/Roth*, in: GroßKomm-AktG, 5. Auflage 2015, § 93 Rn. 279; *Spindler*, in: MünchKomm-AktG, 5. Auflage 2019, § 93 Rn. 108; *Grigoleit/Tomasic*, in: 2013, § 93 Rn. 50; *Fleischer*, WM 2003, 1045, 1045.

164 BGH, Urteil vom 24. März 1980, Az.: II ZR 88/79 = NJW 1980, 1689, 1690.

165 *Bormann*, in: MünchKomm-BilR, 2013, § 316 HGB Rn. 12.

166 *Bormann*, in: MünchKomm-BilR, 2013, § 316 HGB Rn. 12.

angesehen. Unabhängig davon, wie man die Begründung der organschaftlichen Treuepflichten im Hinblick auf den Abschlussprüfer beurteilt, ist die in Bezug auf dessen Stellung angestellten Überlegung mithin immer noch vollumfänglich zutreffend auf die Stellung des gerichtlich bestellten Sonderprüfers übertragbar.

Gegen die Annahme, dass der Sonderprüfer gemäß §§ 142 ff. AktG organschaftlichen Treuepflichten unterliegt, könnte jedoch der Umstand sprechen, dass der Sonderprüfer gemäß § 144 AktG i.V.m. § 323 HGB zu einer objektiven Durchführung der Sonderprüfung verpflichtet ist. Das Erfordernis eines objektiven Verhaltens des Sonderprüfers scheint mit der Auferlegung von organschaftlichen Treuepflichten nicht vereinbar zu sein. Gleichwohl gewährleistet die Vorschrift des § 323 HGB, die über den Verweis des § 144 AktG auf die Durchführung der Sonderprüfung gemäß §§ 142 ff. AktG Anwendung findet, die Effektivität der Durchführung der Sonderprüfung, indem sie eine unvoreingenommene Aufklärung des Prüfungsgegenstandes durch den Sonderprüfer sicherstellt. Einzig eine objektive Aufklärung des Prüfungsgegenstandes ermöglicht es der Gesellschaft jedoch zu evaluieren, ob potentielle Ersatzansprüche gegen (ehemalige) Mitglieder der Geschäftsführung bestehen. Die Durchsetzung dieser Ersatzansprüche liegt dabei grundsätzlich im Interesse der Gesellschaft, da sie dem Schutz des Vermögens der Gesellschaft dient. Dementsprechend ist „objektiv" in diesem Zusammenhang nicht im Sinne von „außenstehend" zu verstehen, sondern so zu lesen, dass der gerichtlich bestellte Sonderprüfer sich nicht von persönlichen, subjektiven Interessen bei der Durchführung der Sonderprüfung gemäß §§ 142 ff. AktG leiten lassen darf. Die Verpflichtung des Sonderprüfers zur Objektivität im Rahmen der Durchführung der Sonderprüfung gemäß § 144 AktG i.V.m. § 323 HGB und die organschaftlichen Treuepflichten, die sich aus einer organähnlichen Stellung des Sonderprüfers ergeben würden, stellen somit keine unvereinbaren Gegensätze dar. Vielmehr dient die Vorschrift des § 323 HGB ebenfalls – wenn auch nicht ausschließlich – dem Schutz des Gesellschaftswohls.[167] Die Tatsache, dass das Erfordernis eines objektiven Verhaltens einer organähnlichen Stellung des Sonderprüfers gemäß §§ 142 ff. AktG nicht entgegenstehen kann, ergibt sich weiterhin daraus, dass auch auf den bilanziellen Sonderprüfer die Vorschrift des § 323 HGB über den Verweis des § 258 Abs. 5 Satz 2 AktG Anwendung findet. Dem bilanziellen Sonderprüfer gemäß §§ 258 ff. AktG kommt dabei nach allgemeiner Ansicht eine Organstellung zu.[168] Also kann die Verpflichtung zur objektiven Durchführung

---

167 *Böcking/Gros/Rabenhorst*, in: E/B/J/S, 3. Auflage 2014, § 323 Rn. 7; *Bormann/Greulich*, in: MünchKomm-BilR, 2013, § 323 HGB Rn. 51; *Habersack/Schürnbrand*, in: Staub, HGB, 5. Auflage 2011, § 323 Rn. 1.

168 *Arnold*, in: KölnKomm-AktG, 3. Auflage 2018, § 258 Rn. 37; *Drescher*, in: Henssler/Strohn, GesR, 3. Auflage 2016, § 258 Rn. 15; *Koch*, in: MünchKomm-AktG, 4. Auflage 2016, § 258 Rn. 62; *Kleindiek*, in: K. Schmidt/Lutter, AktG, 3. Auflage 2015, § 258 Rn. 26; *Poll*, in: Küting/Weber, HdB Rechnungslegung, 17. Ergänzungslieferung 2013, § 258 AktG Rn. 107.

einer Prüfung erst recht keine negativen Auswirkungen auf das Bestehen einer organähnlichen Stellung haben.

Mithin kommt dem gerichtlich bestellten Sonderprüfer gemäß § 142 Abs. 2 Satz 1 AktG eine organähnliche Stellung zu. Aus dieser ergeben sich organschaftliche Treuepflichten. Folglich ist der gerichtlich bestellte Sonderprüfer im besonderen Maße dazu verpflichtet, sein Verhalten an den Interessen der Gesellschaft auszurichten. Diese Stellung steht im Einklang mit dem Schutzzweck der Sonderprüfung gemäß §§ 142 ff. AktG, welcher ausschließlich in der Verfolgung der Interessen der Gesellschaft liegt (vgl. Ziffer A) II) 4)). Indem der gerichtlich bestellte Sonderprüfer im Rahmen der Durchführung sein Verhalten an dem Wohl der Gesellschaft auszurichten hat, wird der Schutzzweck bestätigt und verstärkt.

4) Zwischenergebnis

Bei der Bestimmung der Stellung des gerichtlich bestellten Sonderprüfers gemäß §§ 142 ff. AktG ist zwischen dem schuldrechtlichen und dem organschaftlichen Verhältnis des Sonderprüfers zu der Gesellschaft zu differenzieren.

Auf schuldrechtlicher Ebene entsteht mit der Bestellung des Sonderprüfers durch das Gericht gemäß § 142 Abs. 2 AktG kein Vertragsverhältnis zwischen dem Sonderprüfer und der Gesellschaft. Dies ergibt sich zum einen daraus, dass diese Annahme auf die Fiktion einer Willenserklärung der Gesellschaft durch das Gericht hinausliefe. Weiterhin ergibt sich aus der Vorschrift des § 142 Abs. 6 Satz 1 AktG, die einen Vergütungsanspruch des gerichtlich bestellten Sonderprüfers statuiert, dass der Gesetzgeber gerade nicht davon ausging, dass ein solches Vertragsverhältnis im Rahmen der gerichtlichen Bestellung des Sonderprüfers gemäß § 142 Abs. 2 Satz 1 AktG zustande kommen würde (vgl. Ziffer A) III) 1) a)).

Aus dem Umstand, dass die Durchführung der Sonderprüfung einen schwerwiegenden Eingriff in das Organgefüge der Gesellschaft darstellt, sowie aus den weitreichenden Einsichts- und Auskunftsrechten des gerichtlich bestellten Sonderprüfers gemäß § 145 Abs. 1 und 2 AktG ergibt sich jedoch ein Bedürfnis für das Bestehen eines vertragsähnlichen Rechtsverhältnisses zwischen dem gerichtlich bestellten Sonderprüfer und der Gesellschaft (vgl. Ziffer A) III) 1) b)). Aus diesem vertragsähnlichen Rechtsverhältnis ergeben sich Schutzpflichten gemäß § 241 BGB sowie schuldrechtliche Treuepflichten gemäß § 241 BGB i.V.m. § 242 BGB, welche das Gegengewicht zu der Schwere des Eingriffs der Durchführung der Sonderprüfung und den umfassenden Rechten des gerichtlich bestellten Sonderprüfers darstellen. Leistungspflichten ergeben sich aus diesem vertragsähnlichen Rechtsverhältnis jedoch mangels ausdrücklicher Willenserklärung der Gesellschaft nicht (vgl. Ziffer A) III) 1) b) (ii)).

Ungeachtet dieses vertragsähnlichen Rechtsverhältnisses steht der Gesellschaft jedoch die Möglichkeit offen, einen Prüfungsvertrag mit dem gerichtlich bestellten Sonderprüfer abzuschließen. Dies ergibt sich maßgeblich daraus, dass dies letztlich nur zu einem Gleichlauf zwischen der Bestellung des Sonderprüfers durch die Hauptversammlung gemäß § 142 Abs. 1 Satz 1 AktG, im Rahmen dessen die Gesellschaft stets einen Prüfungsvertrag mit dem bestellten Sonderprüfer abschließt, und der subsidiären Bestellung des Sonderprüfers durch das Gericht gemäß § 142 Abs. 2 Satz 1 AktG führt (vgl. Ziffer A) III) 1) c)).

In Hinblick auf die Stellung des gerichtlich bestellten Sonderprüfers innerhalb der Gesellschaft ist festzuhalten, dass diesem keine Organstellung zukommt. Dies ergibt sich aus einem Vergleich mit der Stellung des besonderen Vertreters gemäß § 147 Abs. 2 AktG, dem Abschlussprüfer gemäß §§ 316 ff. HGB, dem bilanziellen Sonderprüfer gemäß §§ 258 ff. AktG und dem Gründungsprüfer gemäß §§ 33 ff. AktG. Entscheidendes Kriterium für die Ablehnung der Organstellung des gerichtlich bestellten Sonderprüfers ist dabei seine fehlende, feste Eingliederung in die Gesellschaftsstruktur. Indem der gerichtlich bestellte Sonderprüfer im Rahmen der Durchführung der Sonderprüfung den Aufsichtsrat nicht verdrängt, sondern vielmehr zusätzlich zum Aufsichtsrat tätig wird, fehlt ihm die Vertretungsmacht, mit der er die Gesellschaft im Außenverhältnis gegenüber Dritten rechtlich binden könnte. Konsequenterweise ergeben sich aus der Durchführung der Sonderprüfung gemäß §§ 142 ff. AktG keine Rechtsfolgen für die Gesellschaft. Dieser Faktoren bedarf es jedoch gerade, um eine Organstellung zu begründen, wie sich aus dem Vergleich mit den oben genannten Prüfern ergibt (vgl. Ziffer A) III) 2) a)).

Die weitreichenden Einsichts- und Aufsichtsrechte des gerichtlich bestellten Sonderprüfers gemäß § 145 Abs. 1 und 2 AktG sowie der Umstand, dass die Gesellschaft die wirksame Bestellung des gerichtlich bestellten Sonderprüfers nicht einseitig aufheben kann, lassen jedoch darauf schließen, dass die Stellung des gerichtlich bestellten Sonderprüfer sich nicht in der eines Vertragspartners erschöpft. Wie in dem Umstand, dass der gerichtlich bestellte Sonderprüfer gemäß § 144 AktG i.V.m. § 323 Abs. 1 Satz 2 HGB einer Verschwiegenheitspflicht unterliegt, anklingt und durch die Rechtsprechung des BGH unterstützt wird, unterliegt der gerichtlich bestellte Sonderprüfer vielmehr organschaftlichen Treuepflichten, welche sich aus seiner organähnlichen Stellung im Verhältnis zur Gesellschaft (vgl. Ziffer A) III) 3)) ergeben.

IV) Rechte und Pflichten des gerichtlich bestellten Sonderprüfers

Die Rechte und Pflichten des gerichtlich bestellten Sonderprüfers ergeben sich aus §§ 144 f. AktG. Gemäß § 145 Abs. 1 AktG steht dem gerichtlich bestellten Sonderprüfer ein umfassendes Einsichts- und Prüfungsrecht zu. Dieses wird durch ein Aufklärungs- und Nachfragerecht gemäß § 145 Abs. 2 AktG flankiert. Dem gerichtlich bestellten Sonderprüfer ist mithin Zugang zu sämtlichen Informationen der Gesellschaft zu gewähren.[169] Diesen weitreichenden Rechten des gerichtlich

169 *Mock*, in: Spindler/Stilz, AktG, 4. Auflage 2019, § 145 Rn. 1, 10; *Arnold*, in: MünchKomm-AktG, 4. Auflage 2018, § 145 Rn. 3; *Hirschmann*, in: Hölters, AktG, 3. Auflage 2017, § 145 Rn. 1; *Liebscher*, in: Henssler/Strohn, GesR, 3. Auflage 2017, § 145

bestellten Sonderprüfers wird Rechnung getragen, indem diesem als Korrelat gemäß § 144 AktG i.V.m. § 323 Abs. 1 Satz 1 und 2 HGB eine Verschwiegenheitspflicht sowie ein Verwertungsverbot auferlegt wird. Darüber hinaus besteht die Pflicht des gerichtlich bestellten Sonderprüfers, die Sonderprüfung gemäß § 144 AktG i.V.m. § 323 Abs. 1 Satz 1 HGB gewissenhaft, unparteiisch und eigenverantwortlich[170] durchzuführen.

Die Rechte und Pflichten des gerichtlich bestellten Sonderprüfers stellen somit jeweils das Gegengewicht zu den mit ihnen einhergehen Konsequenzen dar. Sie balancieren sich gegenseitig aus. Darüber hinaus werden dem gerichtlich bestellten Sonderprüfer weitere Pflichten im Hinblick auf die Durchführung der Sonderprüfung auferlegt, die zusätzlich die Erreichung des Ziels der Sonderprüfung gemäß §§ 142 ff. AktG, d.h. die umfassende Aufklärung von Tatsachen, sicherstellen sollen.

Die Aufklärung von Tatsachen im Rahmen der Durchführung einer Sonderprüfung gemäß §§ 142 ff. AktG dient ausschließlich dem Schutz des Gesellschaftswohls (vgl. Ziffer A) II) 4)). Die Rechte und Pflichten des gerichtlich bestellten Sonderprüfers dienen wiederum der Sicherstellung einer umfassenden Aufklärung der zu prüfenden Vorgänge. Dementsprechend stellt sich die Frage, ob die Ausübung der Rechte des gerichtlich bestellten Sonderprüfers ebenfalls dem Gesellschaftswohl dienen muss. Dann wären die Rechte des gerichtlich bestellten Sonderprüfers insoweit zu modifizieren, als ihre Ausübung nicht mit dem Schutz des Gesellschaftswohl vereinbar wäre.

Im Folgenden werden zunächst die bestehenden Rechte und Pflichten des Sonderprüfers dargestellt. Anschließend wird untersucht, ob und inwieweit die Rechte des gerichtlich bestellten Sonderprüfers zu modifizieren sein könnten. Weiterhin wird der Frage nachgegangen, auf welcher Grundlage sich eine derartige Modifizierung der Rechte des gerichtlich bestellten Sonderprüfers ergeben könnte.

1) Rechte

Die Rechte des gerichtlich bestellten Sonderprüfers ergeben sich – ebenso wie diejenigen des durch die Hauptversammlung gemäß § 142 Abs. 1 Satz 1 AktG bestellten Sonderprüfers – aus der Vorschrift des § 145 Abs. 1 und 2 AktG. Danach steht

---

AktG Rn. 1; *Koch*, in: Hüffer/Koch, AktG, 13. Auflage 2018, § 145 Rn. 1; *Spindler*, in: K. Schmidt/Lutter, AktG, 3. Auflage 2015, § 142 Rn. 1; *Herrler*, in: Grigoleit, AktG, 2013, § 145 Rn. 2; *Humrich*, NZG 2014, 441, 444.

170 *Mock*, in: Spindler/Stilz, AktG, 4. Auflage 2019, § 144 Rn. 18; *Arnold*, in: MünchKomm-AktG, 4. Auflage 2018, § 144 Rn. 12; *Holzborn/Jähnig*, in: Bürger/Körbers, AktG, 2017, § 144 Rn. 4; *Spindler*, in: K. Schmidt/Lutter, AktG, 3. Auflage 2015, § 144 Rn. 14 f. *Rieckers/Vetter*, in: KölnKomm-AktG, 3. Auflage 2015, § 144 Rn. 56; *Wilsing/von der Linden*, in: Heidel, Aktienrecht und Kapitalmarktrecht, 4. Auflage 2014, § 145 AktG Rn. 2; *Bezzenberg*, in: GroßKomm-AktG, 4. Auflage 2008, § 144 Rn. 13; *Jänig*, (o. Fn. 39), S. 381.

dem gerichtlich bestellten Sonderprüfer sowohl ein Einsichts- und Prüfungsrecht als auch ein Aufklärungs- und Nachweisrecht zu.

a) Einsichts- und Prüfungsrecht

Gemäß § 145 Abs. 1 AktG hat der Vorstand dem gerichtlich bestellten Sonderprüfer zu gestatten, die Bücher und Schriften der Gesellschaft sowie die Vermögensgegenstände, namentlich die Gesellschaftskasse und die Bestände an Wertpapieren und Waren, zu prüfen. Um eine Prüfung vornehmen zu können, ist dem Sonderprüfer denklogisch ebenfalls die Einsichtnahme in die jeweiligen Dokumente zu gewähren.

Der Sonderprüfer hat sein Einsichts- und Prüfungsrecht gegenüber dem Vorstand geltend zu machen. Dieser hat die Einsicht in die betroffenen Dokumente sowie deren Prüfung nicht nur zu dulden, sondern ebenfalls aktiv zu unterstützen, indem er beispielsweise die dafür erforderlichen Ressourcen zur Verfügung stellt.[171] Insbesondere muss es dem Sonderprüfer ermöglicht werden, Kopien von den eingesehenen Unterlagen anzufertigen.[172]

Unter „Bücher" sind sämtliche Handelsbücher i.S.v. §§ 238 ff. HGB zu verstehen.[173] Der Begriff „Schriften", welcher weit auszulegen ist, bezieht sich dagegen auf alle Aufzeichnungen, die unmittelbar oder mittelbar für die Geschäftsführung

---

171 BayObLG, Beschluss vom 26. Januar 2000, Az.: 3Z BR 410–99 = NZG 2000, 424, 425; *Mock*, in: Spindler/Stilz, AktG, 4. Auflage 2019, § 145 Rn. 13; *Arnold*, in: MünchKomm-AktG, 4. Auflage 2018, § 145 Rn. 13; *Koch*, in: Hüffer/Koch, AktG, 13. Auflage 2018, § 145 Rn. 2; *Holzborn/Jähnig*, in: Bürger/Körbers, AktG, 2017, § 145 Rn. 4; *Hirschmann*, in: Hölters, AktG, 3. Auflage 2017, § 145 Rn. 3; *Liebscher*, in: Henssler/Strohn, GesR, 3. Auflage 2017, § 145 AktG Rn. 2; *Spindler*, in: K. Schmidt/Lutter, AktG, 3. Auflage 2015, § 142 Rn. 8; *Rieckers/Vetter*, in: KölnKomm-AktG, 3. Auflage 2015, § 145 Rn. 47; *Wilsing/von der Linden*, in: Heidel, Aktienrecht und Kapitalmarktrecht, 4. Auflage 2014, § 145 AktG Rn. 3; *Bezzenberg*, in: GroßKomm-AktG, 4. Auflage 2008, § 145 Rn. 9; *Binder*, ZHR 176 2012, 380, 394; *Hüffer*, ZHR 174 2010, 642, 669.

172 *Mock*, in: Spindler/Stilz, AktG, 4. Auflage 2019, § 145 Rn. 11; *Arnold*, in: MünchKomm-AktG, 4. Auflage 2018, § 145 Rn. 13; *Rieckers/Vetter*, in: KölnKomm-AktG, 3. Auflage 2015, § 145 Rn. 48; *Spindler*, in: K. Schmidt/Lutter, AktG, 3. Auflage 2015, § 142 Rn. 7; *Wilsing/von der Linden*, in: Heidel, Aktienrecht und Kapitalmarktrecht, 4. Auflage 2014, § 145 AktG Rn. 4a; *Bezzenberg*, in: GroßKomm-AktG, 4. Auflage 2008, § 145 Rn. 15; *Slavik*, WM 2017, 1684, 1691.

173 *Mock*, in: Spindler/Stilz, AktG, 4. Auflage 2019, § 145 Rn. 11; *Arnold*, in: MünchKomm-AktG, 4. Auflage 2018, § 145 Rn. 14; *Spindler*, in: K. Schmidt/Lutter, AktG, 3. Auflage 2015, § 142 Rn. 7; *Rieckers/Vetter*, in: KölnKomm-AktG, 3. Auflage 2015, § 145 Rn. 38; *Wilsing/von der Linden*, in: Heidel, Aktienrecht und Kapitalmarktrecht, 4. Auflage 2014, § 145 AktG Rn. 4; *Bezzenberg*, in: GroßKomm-AktG, 4. Auflage 2008, § 145 Rn. 12; *Jänig*, (o. Fn. 39), S. 358; *Bungert/Rothfuchs*, DB 2011, 1677, 1680.

der Gesellschaft von Bedeutung sind.[174] Dementsprechend fallen persönliche Aufzeichnungen der Vorstandsmitglieder nicht darunter.[175] Irrelevant für das Bestehen des Einsichtsrechts gemäß § 145 Abs. 1 AktG ist die Form bzw. Art der Aufzeichnung der entsprechenden Erklärungen.[176] Darüber hinaus kann der Vorstand die Einsicht und Prüfung von Unterlagen nicht per se unter Hinweis auf die Vertraulichkeit des Inhalts der Dokumente verweigern.[177] Weiterhin ist es dem Sonderprüfer zu gestatten, Einsicht in sämtliche Vermögensgegenstände zu nehmen und diese zu prüfen. In diesem Zusammenhang führt die Vorschrift des § 145 Abs. 1 AktG als Beispiele die Gesellschaftskasse und die Bestände an Wertpapieren und Waren auf. Abschließend ist diese Aufzählung jedoch nicht.[178]

Wie sich aus dem identischen Wortlaut der Vorschriften des § 145 Abs. 1 AktG und des § 111 Abs. 2 AktG entnehmen lässt, ist das Einsichts- und Prüfungsrecht an dasjenige des Aufsichtsrats gemäß § 111 Abs. 2 AktG angelehnt. Mithin kommt dem Sonderprüfer grundsätzlich ein umfassendes Einsichts- und Prüfungsrecht zu, welches er nach pflichtgemäßen Ermessen auszuüben hat.[179] Es ist weder zeitlich noch gegenständlich auf die zu prüfenden Vorgänge beschränkt.[180] Dies ergibt sich

---

174 *Mock*, in: Spindler/Stilz, AktG, 4. Auflage 2019, § 145 Rn. 11; *Schmidt/Feldmüller*, in: Beck-BilanzKomm, 11. Auflage 2018, § 323 HGB Rn. 6; *Holzborn/Jähnig*, in: Bürger/Körbers, AktG, 2017, § 145 Rn. 3; *Rieckers/Vetter*, in: KölnKomm-AktG, 3. Auflage 2015, § 145 Rn. 39; *Spindler*, in: K. Schmidt/Lutter, AktG, 3. Auflage 2015, § 142 Rn. 7; *Wilsing/von der Linden*, in: Heidel, Aktienrecht und Kapitalmarktrecht, 4. Auflage 2014, § 145 AktG Rn. 3; *Bezzenberg*, in: GroßKomm-AktG, 4. Auflage 2008, § 145 Rn. 12; *Bungert/Rothfuchs*, DB 2011, 1677, 1678; *Jänig*, (o. Fn. 39), S. 358; *Schedlbauer*, Sonderprüfungen, 1984, S. 149.

175 *Arnold*, in: MünchKomm-AktG, 4. Auflage 2018, § 145 Rn. 14; *Spindler*, in: K. Schmidt/Lutter, AktG, 3. Auflage 2015, § 142 Rn. 7.

176 *Spindler*, in: K. Schmidt/Lutter, AktG, 3. Auflage 2015, § 142 Rn. 7; *Rieckers/Vetter*, in: KölnKomm-AktG, 3. Auflage 2015, § 145 Rn. 42; *Wilsing/von der Linden*, in: Heidel, Aktienrecht und Kapitalmarktrecht, 4. Auflage 2014, § 145 AktG Rn. 2; *Jänig*, (o. Fn. 39), S. 358.

177 *Mock*, in: Spindler/Stilz, AktG, 4. Auflage 2019, § 145 Rn. 11; *Arnold*, in: MünchKomm-AktG, 4. Auflage 2018, § 145 Rn. 14; *Koch*, in: Hüffer/Koch, AktG, 13. Auflage 2018, § 145 Rn. 2; *Holzborn/Jähnig*, in: Bürger/Körbers, AktG, 2017, § 145 Rn. 3; *Spindler*, in: K. Schmidt/Lutter, AktG, 3. Auflage 2015, § 142 Rn. 7; *Rieckers/Vetter*, in: KölnKomm-AktG, 3. Auflage 2015, § 145 Rn. 40; *Wilsing/von der Linden*, in: Heidel, Aktienrecht und Kapitalmarktrecht, 4. Auflage 2014, § 145 AktG Rn. 4; *Ebke*, in: MünchKomm-HGB, 3. Auflage 2013, § 320 Rn. 10; *Jänig*, (o. Fn. 39), S. 358.

178 *Arnold*, in: MünchKomm-AktG, 4. Auflage 2018, § 145 Rn. 15; *Holzborn/Jähnig*, in: Bürger/Körbers, AktG, 2017, § 145 Rn. 3; *Spindler*, in: K. Schmidt/Lutter, AktG, 3. Auflage 2015, § 142 Rn. 7; *Herrler*, in: Grigoleit, AktG, 2013, § 145 Rn. 2; *Bezzenberg*, in: GroßKomm-AktG, 4. Auflage 2008, § 145 Rn. 12; *Hüffer*, ZHR 174 2010, 642, 668.

179 *Mock*, in: Spindler/Stilz, AktG, 4. Auflage 2019, § 145 Rn. 12; *Holzborn/Jähnig*, in: Bürger/Körbers, AktG, 2017, § 145 Rn. 3.

180 *Mock*, in: Spindler/Stilz, AktG, 4. Auflage 2019, § 145 Rn. 12; *Arnold*, in: MünchKomm-AktG, 4. Auflage 2018, § 145 Rn. 16; *Koch*, in: Hüffer/Koch, AktG, 13. Auflage 2018, § 145 Rn. 2; *Holzborn/Jähnig*, in: Bürger/Körbers, AktG, 2017, § 145 Rn. 3;

zum einen aus einem Umkehrschluss zu § 145 Abs. 2 AktG, welcher das Aufklärungs- und Nachweisrecht auf solche Informationen begrenzt, die zur sorgfältigen Prüfung der Vorgänge notwendig sind.[181] Zum anderen fördert die Gewährleistung einer uneingeschränkten Prüfungsmöglichkeit den Zweck des § 145 Abs. 1 AktG, eine umfassende Aufklärung der zu prüfenden Vorgänge sicherzustellen.[182] Denn es dürfte dem Sonderprüfer unmöglich sein, im Voraus darzulegen, warum er die Einsicht und Prüfung in das jeweilige Dokument für notwendig erachtet, ohne deren Inhalt vorher zur Kenntnis genommen haben zu können.[183]

Seine Grenze findet das Einsichts- und Prüfungsrecht in dem Verbot rechtsmissbräuchlichen Verhaltens.[184] Dies ist dann anzunehmen, wenn kein Zusammenhang zwischen den entsprechenden Unterlagen und dem Prüfungsgegenstand der Sonderprüfung ersichtlich ist.[185] Im Falle des Rechtsmissbrauchs kann der Vorstand die Herausgabe der angeforderten Unterlagen verweigern.[186] Gleichzeitig trifft ihn diesbezüglich jedoch die Beweislast.[187]

Hirschmann, in: Hölters, AktG, 3. Auflage 2017, § 145 Rn. 3; *Liebscher*, in: Henssler/Strohn, GesR, 3. Auflage 2017, § 145 AktG Rn. 2; *Spindler*, in: K. Schmidt/Lutter, AktG, 3. Auflage 2015, § 142 Rn. 9; *Rieckers/Vetter*, in: KölnKomm-AktG, 3. Auflage 2015, § 145 Rn. 49; *Herrler*, in: Grigoleit, AktG, 2013, § 145 Rn. 2; *Bezzenberg*, in: GroßKomm-AktG, 4. Auflage 2008, § 145 Rn. 16; *Slavik*, WM 2017, 1684, 1691.

181 *Arnold*, in: MünchKomm-AktG, 4. Auflage 2018, § 145 Rn. 16; *Koch*, in: Hüffer/Koch, AktG, 13. Auflage 2018, § 145 Rn. 2; *Holzborn/Jähnig*, in: Bürger/Körbers, AktG, 2017, § 145 Rn. 3; *Rieckers/Vetter*, in: KölnKomm-AktG, 3. Auflage 2015, § 145 Rn. 49; *Herrler*, in: Grigoleit, AktG, 2013, § 145 Rn. 2; *Bezzenberg*, in: GroßKomm-AktG, 4. Auflage 2008, § 145 Rn. 16.

182 *Arnold*, in: MünchKomm-AktG, 4. Auflage 2018, § 145 Rn. 16.

183 *Arnold*, in: MünchKomm-AktG, 4. Auflage 2018, § 145 Rn. 16.

184 *Mock*, in: Spindler/Stilz, AktG, 4. Auflage 2019, § 145 Rn. 12; *Arnold*, in: MünchKomm-AktG, 4. Auflage 2018, § 145 Rn. 17; *Koch*, in: Hüffer/Koch, AktG, 13. Auflage 2018, § 145 Rn. 2; *Hirschmann*, in: Hölters, AktG, 3. Auflage 2017, § 145 Rn. 4; *Liebscher*, in: Henssler/Strohn, GesR, 3. Auflage 2017, § 145 AktG Rn. 2; *Herrler*, in: Grigoleit, AktG, 2013, § 145 Rn. 2; *Spindler*, in: K. Schmidt/Lutter, AktG, 3. Auflage 2015, § 142 Rn. 9; *Rieckers/Vetter*, in: KölnKomm-AktG, 3. Auflage 2015, § 145 Rn. 50; *Bezzenberg*, in: GroßKomm-AktG, 4. Auflage 2008, § 145 Rn. 16; *Jänig*, (o. Fn. 39), S. 358; *Bungert*, in: Krieger/Schneider, Hdb. Managerhaftung, 3. Auflage 2017, § 16 Rn. 44; *Slavik*, WM 2017, 1684, 1691; *Hüffer*, ZHR 174 2010, 642, 669.

185 *Mock*, in: Spindler/Stilz, AktG, 4. Auflage 2019, § 145 Rn. 12; *Koch*, in: Hüffer/Koch, AktG, 13. Auflage 2018, § 145 Rn. 2; *Liebscher*, in: Henssler/Strohn, GesR, 3. Auflage 2017, § 145 AktG Rn. 2; *Spindler*, in: K. Schmidt/Lutter, AktG, 3. Auflage 2015, § 142 Rn. 9; *Herrler*, in: Grigoleit, AktG, 2013, § 145 Rn. 2; *Bezzenberg*, in: GroßKomm-AktG, 4. Auflage 2008, § 145 Rn. 16; *Jänig*, (o. Fn. 39), S. 359; *Hüffer*, ZHR 174 2010, 642, 669.

186 *Koch*, in: Hüffer/Koch, AktG, 13. Auflage 2018, § 145 Rn. 2; *Hirschmann*, in: Hölters, AktG, 3. Auflage 2017, § 145 Rn. 4; *Spindler*, in: K. Schmidt/Lutter, AktG, 3. Auflage 2015, § 142 Rn. 9; *Herrler*, in: Grigoleit, AktG, 2013, § 145 Rn. 2.

187 *Arnold*, in: MünchKomm-AktG, 4. Auflage 2018, § 145 Rn. 17; *Hirschmann*, in: Hölters, AktG, 3. Auflage 2017, § 145 Rn. 4; *Liebscher*, in: Henssler/Strohn, GesR,

b) *Aufklärungs- und Nachweisrecht*

Ergänzt wird das Einsichts- und Prüfungsrecht des Sonderprüfers gemäß § 145 Abs. 1 AktG um das Aufklärungs- und Nachweisrecht gemäß § 145 Abs. 2 AktG. Die Vorschrift des § 145 Abs. 2 AktG spricht dem Sonderprüfer das Recht zu, von den Mitgliedern des Vorstands und des Aufsichtsrats alle Aufklärungen und Nachweise verlangen zu können, welche die sorgfältige Prüfung der Vorgänge notwendig macht.

Der Sonderprüfer kann sein Aufklärungs- und Nachweisrecht gegenüber jedem einzelnen Mitglied des Vorstands und des Aufsichtsrats geltend machen. Er kann sein Recht jedoch nicht gegenüber ausgeschiedenen Organmitgliedern ausüben.[188] Eine Auskunftspflicht von ehemaligen Organmitgliedern könnte sich zwar aus einer nachwirkenden organschaftlichen Treuepflicht ergeben.[189] Allerdings würde dieser Auskunftsanspruch insoweit dann der Gesellschaft – und nicht dem Sonderprüfer – zustehen.[190] Weiterhin kann der Sonderprüfer keine Auskünfte von Dritten, beispielsweise Mitarbeitern, Abschlussprüfern,

---

3. Auflage 2017, § 145 AktG Rn. 2; *Spindler*, in: K. Schmidt/Lutter, AktG, 3. Auflage 2015, § 142 Rn. 9; *Rieckers/Vetter*, in: KölnKomm-AktG, 3. Auflage 2015, § 145 Rn. 50; *Herrler*, in: Grigoleit, AktG, 2013, § 145 Rn. 2; *Slavik*, WM 2017, 1684, 1691; *Bungert/Rothfuchs*, DB 2011, 1677, 1681.

188 *Mock*, in: Spindler/Stilz, AktG, 4. Auflage 2019, § 145 Rn. 15; *Arnold*, in: MünchKomm-AktG, 4. Auflage 2018, § 145 Rn. 21; *Koch*, in: Hüffer/Koch, AktG, 13. Auflage 2018, § 145 Rn. 3; *Hirschmann*, in: Hölters, AktG, 3. Auflage 2017, § 145 Rn. 5; *Liebscher*, in: Henssler/Strohn, GesR, 3. Auflage 2017, § 145 AktG Rn. 3; *Holzborn/Jähnig*, in: Bürger/Körbers, AktG, 2017, § 145 Rn. 5; *Spindler*, in: K. Schmidt/Lutter, AktG, 3. Auflage 2015, § 142 Rn. 11; *Rieckers/Vetter*, in: KölnKomm-AktG, 3. Auflage 2015, § 145 Rn. 57; *Wilsing/von der Linden*, in: Heidel, Aktienrecht und Kapitalmarktrecht, 4. Auflage 2014, § 145 AktG Rn. 5; *Herrler*, in: Grigoleit, AktG, 2013, § 145 Rn. 3; *Bezzenberg*, in: GroßKomm-AktG, 4. Auflage 2008, § 145 Rn. 18; *Slavik*, WM 2017, 1684, 1691.

189 *Mock*, in: Spindler/Stilz, AktG, 4. Auflage 2019, § 145 Rn. 15; *Arnold*, in: MünchKomm-AktG, 4. Auflage 2018, § 145 Rn. 21; *Koch*, in: Hüffer/Koch, AktG, 13. Auflage 2018, § 145 Rn. 3; *Hirschmann*, in: Hölters, AktG, 3. Auflage 2017, § 145 Rn. 5; *Liebscher*, in: Henssler/Strohn, GesR, 3. Auflage 2017, § 145 AktG Rn. 3; *Rieckers/Vetter*, in: KölnKomm-AktG, 3. Auflage 2015, § 145 Rn. 58; *Spindler*, in: K. Schmidt/Lutter, AktG, 3. Auflage 2015, § 142 Rn. 11; *Rieckers/Vetter*, in: KölnKomm-AktG, 3. Auflage 2015, § 145 Rn. 58; *Wilsing/von der Linden*, in: Heidel, Aktienrecht und Kapitalmarktrecht, 4. Auflage 2014, § 145 AktG Rn. 5; *Herrler*, in: Grigoleit, AktG, 2013, § 145 Rn. 3; *Bezzenberg*, in: GroßKomm-AktG, 4. Auflage 2008, § 145 Rn. 18; *Slavik*, WM 2017, 1684, 1691.

190 *Arnold*, in: MünchKomm-AktG, 4. Auflage 2018, § 145 Rn. 21; *Hirschmann*, in: Hölters, AktG, 3. Auflage 2017, § 145 Rn. 8 - auf Wunsch der Gesellschaft; *Rieckers/Vetter*, in: KölnKomm-AktG, 3. Auflage 2015, § 145 Rn. 58; *Wilsing/von der Linden*, in: Heidel, Aktienrecht und Kapitalmarktrecht, 4. Auflage 2014, § 145 AktG Rn. 5; *Herrler*, in: Grigoleit, AktG, 2013, § 145 Rn. 3; *Bungert*, in: Krieger/Schneider,

Rechtsanwälten etc., verlangen.[191] Sofern die Auskunft Dritter unerlässlich für die erfolgreiche Durchführung der Sonderprüfung ist, kann der Vorstand im Rahmen seiner Unterstützungspflicht verpflichtet sein, die entsprechende Auskunft von dem Dritten einzuholen[192] und insbesondere Mitarbeiter zur Auskunftserteilung[193] anzuweisen.

Unter Aufklärungen versteht man Auskünfte sowie sämtliche Erläuterungen, welche in schriftlicher oder mündlicher Form erteilt werden können.[194] Sofern der Sonderprüfer Nachweise für eine behauptete Tatsache fordert, sind ihm diese in Form von Angaben oder Unterlagen zur Verfügung zu stellen, sodass es ihm möglich ist, deren Richtigkeit zu überprüfen.[195]

Um die umfassende Aufklärung des Sachverhalts zu gewährleisten, müssen sich die gegebenen Auskünfte und Erläuterungen auf alle Tatsachen erstrecken, die zur Aufklärung des Sachverhalts sachdienlich erscheinen; die einzelnen Organmitglieder dürfen sich nicht auf die Beantwortung der Frage an sich beschränken.[196]

Hdb. Managerhaftung, 3. Auflage 2017, § 16 Rn. 53; *Bungert/Rothfuchs*, DB 2011, 1677, 1678.

191 *Mock*, in: Spindler/Stilz, AktG, 4. Auflage 2019, § 145 Rn. 15; *Arnold*, in: MünchKomm-AktG, 4. Auflage 2018, § 145 Rn. 22; *Koch*, in: Hüffer/Koch, AktG, 13. Auflage 2018, § 145 Rn. 3; *Holzborn/Jähnig*, in: Bürger/Körbers, AktG, 2017, § 145 Rn. 5; *Rieckers/Vetter*, in: KölnKomm-AktG, 3. Auflage 2015, § 145 Rn. 59 f. *Wilsing/von der Linden*, in: Heidel, Aktienrecht und Kapitalmarktrecht, 4. Auflage 2014, § 145 AktG Rn. 5; *Herrler*, in: Grigoleit, AktG, 2013, § 145 Rn. 3; *Slavik*, WM 2017, 1684, 1692.

192 *Rieckers/Vetter*, in: KölnKomm-AktG, 3. Auflage 2015, § 145 Rn. 60; *Herrler*, in: Grigoleit, AktG, 2013, § 145 Rn. 3.

193 *Mock*, in: Spindler/Stilz, AktG, 4. Auflage 2019, § 145 Rn. 15; *Arnold*, in: MünchKomm-AktG, 4. Auflage 2018, § 145 Rn. 22; *Koch*, in: Hüffer/Koch, AktG, 13. Auflage 2018, § 145 Rn. 3; *Hirschmann*, in: Hölters, AktG, 3. Auflage 2017, § 145 Rn. 5; *Liebscher*, in: Henssler/Strohn, GesR, 3. Auflage 2017, § 145 AktG Rn. 3; *Spindler*, in: K. Schmidt/Lutter, AktG, 3. Auflage 2015, § 142 Rn. 11; *Rieckers/Vetter*, in: KölnKomm-AktG, 3. Auflage 2015, § 145 Rn. 59; *Wilsing/von der Linden*, in: Heidel, Aktienrecht und Kapitalmarktrecht, 4. Auflage 2014, § 145 AktG Rn. 5; *Herrler*, in: Grigoleit, AktG, 2013, § 145 Rn. 3; *Bezzenberg*, in: GroßKomm-AktG, 4. Auflage 2008, § 145 Rn. 18; *Slavik*, WM 2017, 1684, 1692.

194 *Mock*, in: Spindler/Stilz, AktG, 4. Auflage 2019, § 145 Rn. 14; *Hirschmann*, in: Hölters, AktG, 3. Auflage 2017, § 145 Rn. 6; *Spindler*, in: K. Schmidt/Lutter, AktG, 3. Auflage 2015, § 142 Rn. 10; *Bezzenberg*, in: GroßKomm-AktG, 4. Auflage 2008, § 145 Rn. 17; *Kirschner*, (o. Fn. 2), S. 231 ff. *Jänig*, (o. Fn. 39), S. 359; *Slavik*, WM 2017, 1684, 1691.

195 *Hirschmann*, in: Hölters, AktG, 3. Auflage 2017, § 145 Rn. 6; *Spindler*, in: K. Schmidt/Lutter, AktG, 3. Auflage 2015, § 142 Rn. 10; *Bezzenberg*, in: GroßKomm-AktG, 4. Auflage 2008, § 145 Rn. 17.

196 *Mock*, in: Spindler/Stilz, AktG, 4. Auflage 2019, § 145 Rn. 14; *Koch*, in: Hüffer/Koch, AktG, 13. Auflage 2018, § 145 Rn. 4; *Holzborn/Jähnig*, in: Bürger/Körbers, AktG, 2017, § 145 Rn. 5; *Spindler*, in: K. Schmidt/Lutter, AktG, 3. Auflage 2015, § 142 Rn. 10;

Weiterhin steht den einzelnen Organmitgliedern kein Auskunftsverweigerungsrecht in Anlehnung an § 131 Abs. 3 Satz 1 Nr. 1 AktG oder unter Verweis auf das Geheimhaltungsinteresse der Gesellschaft zu.[197] Lediglich vereinzelt wird in der Literatur ein persönliches Auskunftsverweigerungsrecht der einzelnen Organmitglieder nach § 131 Abs. 3 Satz 1 Nr. 5 AktG für den Fall angenommen, dass die Erteilung der Auskunft eine Straftat begründen würde.[198]

Gleichzeitig kann der Sonderprüfer nur solche Aufklärungen und Nachweise verlangen, welche die sorgfältige Prüfung der Vorgänge notwendig macht. Dabei obliegt es dem Sonderprüfer die entsprechende Notwendigkeit plausibel darzulegen; eine vollständige Beweispflicht trifft den Sonderprüfer hingegen nicht.[199] Das Aufklärungs- und Nachprüfungsrecht gemäß § 145 Abs. 2 AktG gibt dem Sonderprüfer somit die Möglichkeit, Nachfragen im Hinblick auf Erkenntnisse, die er im Rahmen der Einsichtnahme und Prüfung der Unterlagen der Gesellschaft gemäß § 145 Abs. 1 AktG gewonnen hat, zu stellen. Die Beschränkung des Auskunfts- und Nachfragerechts erscheint zur Vermeidung einer übermäßigen Belastung des Geschäftsbetriebs bzw. Inanspruchnahme des Vorstands sinnvoll. Ebenso wie das Einsichts- und Prüfungsrecht des Sonderprüfers gemäß § 145 Abs. 1 AktG darf

---

Rieckers/Vetter, in: KölnKomm-AktG, 3. Auflage 2015, § 145 Rn. 54; *Bezzenberg*, in: GroßKomm-AktG, 4. Auflage 2008, § 145 Rn. 17; *Butzke*, Die Hauptversammlung der Aktiengesellschaft, 5. Auflage 2011 Rn. M.27; *Jänig*, (o. Fn. 39), S. 359; *König*, Der Umfang der Berichtserstattung über die aktienrechtliche Sonderprüfung, 1970, S. 35.

197 *Mock*, in: Spindler/Stilz, AktG, 4. Auflage 2019, § 145 Rn. 17; *Arnold*, in: MünchKomm-AktG, 4. Auflage 2018, § 145 Rn. 25 f. *Holzborn/Jähnig*, in: Bürger/Körbers, AktG, 2017, § 145 Rn. 6; *Hirschmann*, in: Hölters, AktG, 3. Auflage 2017, § 145 Rn. 8; *Spindler*, in: K. Schmidt/Lutter, AktG, 3. Auflage 2015, § 142 Rn. 13; *Rieckers/Vetter*, in: KölnKomm-AktG, 3. Auflage 2015, § 145 Rn. 62; *Herrler*, in: Grigoleit, AktG, 2013, § 145 Rn. 3; *Bezzenberg*, in: GroßKomm-AktG, 4. Auflage 2008, § 145 Rn. 20.

198 *Mock*, in: Spindler/Stilz, AktG, 4. Auflage 2019, § 145 Rn. 17; *Arnold*, in: MünchKomm-AktG, 4. Auflage 2018, § 145 Rn. 26; *Liebscher*, in: Henssler/Strohn, GesR, 3. Auflage 2017, § 145 AktG Rn. 3; *Holzborn/Jähnig*, in: Bürger/Körbers, AktG, 2017, § 145 Rn. 6; *Spindler*, in: K. Schmidt/Lutter, AktG, 3. Auflage 2015, § 142 Rn. 14; *Herrler*, in: Grigoleit, AktG, 2013, § 145 Rn. 3; *Bezzenberg*, in: GroßKomm-AktG, 4. Auflage 2008, § 145 Rn. 20; *Bungert/Rothfuchs*, DB 2011, 1677, 1681 a.A. *Rieckers/Vetter*, in: KölnKomm-AktG, 3. Auflage 2015, § 145 Rn. 65; *Jänig*, (o. Fn. 39), S. 365.

199 *Mock*, in: Spindler/Stilz, AktG, 4. Auflage 2019, § 145 Rn. 16; *Arnold*, in: MünchKomm-AktG, 4. Auflage 2018, § 145 Rn. 24; *Hirschmann*, in: Hölters, AktG, 3. Auflage 2017, § 145 Rn. 7; *Holzborn/Jähnig*, in: Bürger/Körbers, AktG, 2017, § 145 Rn. 6; *Spindler*, in: K. Schmidt/Lutter, AktG, 3. Auflage 2015, § 142 Rn. 12; *Rieckers/Vetter*, in: KölnKomm-AktG, 3. Auflage 2015, § 145 Rn. 61; *Herrler*, in: Grigoleit, AktG, 2013, § 145 Rn. 3; *Bezzenberg*, in: GroßKomm-AktG, 4. Auflage 2008, § 145 Rn. 19; *Slavik*, WM 2017, 1684, 1691; *Hüffer*, ZHR 174 2010, 642, 670.

das Aufklärungs- und Nachweisrecht gemäß § 145 Abs. 2 AktG nicht rechtsmissbräuchlich ausgeübt werden.[200] Sofern die Fragen des Sonderprüfers offensichtlich unsachgemäß sind, dürfen die einzelnen Organmitglieder die Auskunfts- bzw. Nachweiserteilung insoweit verweigern.[201]

2) Pflichten

Die Pflichten des gerichtlich bestellten Sonderprüfers ergeben sich – ebenso wie diejenigen des durch die Hauptversammlung bestellten Sonderprüfers gemäß § 142 Abs. 1 Satz 1 AktG – aus den Verweis des § 144 AktG auf § 323 HGB, der den Pflichtenkatalog des Abschlussprüfers statuiert. Sie bilden das Gegengewicht zu den weitreichenden Rechten des Sonderprüfers gemäß § 145 Abs. 1 und 2 AktG (vgl. Ziffer A) IV) 1)).

a) Gewissenhafte und unparteiische Prüfung

Gemäß § 144 AktG i.V.m. § 323 Abs. 1 Satz 1 HGB ist der Sonderprüfer zur gewissenhaften und unparteiischen Prüfung sowie zur Verschwiegenheit verpflichtet. Aus der Vorschrift des § 144 AktG i.V.m. § 323 Abs. 1 Satz 2 HGB ergibt sich darüber hinaus, dass der Sonderprüfer Geschäfts- und Betriebsgeheimnisse, die er bei seiner Tätigkeit erfahren hat, nicht unbefugt verwerten darf.

Diesen Pflichten unterliegt der Sonderprüfer im Hinblick auf sein gesamtes Verhalten, das im Zusammenhang mit der Durchführung der Sonderprüfung gemäß §§ 142 ff. AktG steht.[202] Vor Annahme des Bestellungsbeschlusses des Gerichts durch den gerichtlich bestellten Sonderprüfer finden diese Pflichten jedoch noch keine Anwendung auf diesen.[203] Sie greifen erst ab dem Zeitpunkt, ab dem das Mandat des gerichtlich bestellten Sonderprüfers wirksam zustande gekommen ist, d.h. mit Annahme der gerichtlichen Bestellung durch den designierten Sonderprüfer.

200 *Mock*, in: Spindler/Stilz, AktG, 4. Auflage 2019, § 145 Rn. 16; *Spindler*, in: K. Schmidt/Lutter, AktG, 3. Auflage 2015, § 142 Rn. 12; *Bezzenberg*, in: GroßKomm-AktG, 4. Auflage 2008, § 145 Rn. 19.

201 *Mock*, in: Spindler/Stilz, AktG, 4. Auflage 2019, § 145 Rn. 16; *Spindler*, in: K. Schmidt/Lutter, AktG, 3. Auflage 2015, § 142 Rn. 12; *Bezzenberg*, in: GroßKomm-AktG, 4. Auflage 2008, § 145 Rn. 19.

202 *Mock*, in: Spindler/Stilz, AktG, 4. Auflage 2019, § 144 Rn. 5; *Arnold*, in: MünchKomm-AktG, 4. Auflage 2018, § 144 Rn. 7; *Holzborn/Jähnig*, in: Bürger/Körbers, AktG, 2017, § 144 Rn. 3; *Spindler*, in: K. Schmidt/Lutter, AktG, 3. Auflage 2015, § 144 Rn. 6; *Herrler*, in: Grigoleit, AktG, 2013, § 144 Rn. 2; *Bezzenberg*, in: GroßKomm-AktG, 4. Auflage 2008, § 144 Rn. 10.

203 *Mock*, in: Spindler/Stilz, AktG, 4. Auflage 2019, § 144 Rn. 5.

Zunächst einmal hat der Sonderprüfer bei der Durchführung der Sonderprüfung einen objektiven Blickwinkel einzunehmen. Dies ergibt sich daraus, dass er gemäß § 144 AktG i.V.m. § 323 Abs. 1 Satz 1 HGB sowohl zu einer gewissenhaften als auch zu einer unparteiischen Prüfung verpflichtet ist. Eine gewissenhafte Prüfung ist dann gegeben, wenn der Sonderprüfer die gesetzlichen und fachlichen Regelungen beachtet und sein Verhalten am Grundsatz einer getreuen und sorgfältigen Rechenschaftslegung orientiert.[204] Dadurch soll eine umfassende Aufklärung des Sachverhalts erreicht werden. Das Gegengewicht zu der Pflicht zur Gewissenhaftigkeit bildet die Pflicht zur Rücksichtnahme.[205] Sie trägt dem Umstand Rechnung, dass die Durchführung einer Sonderprüfung stets mit einer Störung des Geschäftsbetriebs einhergeht, welche in einem übermäßigen Maße zu vermeiden ist.[206]

Weiterhin hat der Sonderprüfer sich gemäß § 144 AktG i.V.m. § 323 Abs. 1 Satz 1 HGB unparteiisch zu verhalten. Das bedeutet, dass er sich weder von eigenen noch von Interessen Dritter bei der Durchführung der Sonderprüfung leiten lassen darf.[207] Vielmehr hat er nur die Interessen der Gesellschaft zu berücksichtigen.[208]

Eng verbunden mit den Erfordernissen der Gewissenhaftigkeit und der Unparteilichkeit ist die Anforderung der Eigenverantwortlichkeit. Der Sonderprüfer hat

---

204 *Mock*, in: Spindler/Stilz, AktG, 4. Auflage 2019, § 144 Rn. 6; *Arnold*, in: MünchKomm-AktG, 4. Auflage 2018, § 144 Rn. 8; *Holzborn/Jähnig*, in: Bürger/Körbers, AktG, 2017, § 144 Rn. 4; *Hirschmann*, in: Hölters, AktG, 3. Auflage 2017, § 144 Rn. 4; *Spindler*, in: K. Schmidt/Lutter, AktG, 3. Auflage 2015, § 144 Rn. 7; *Kuhner/Päßler*, in: Küting/Weber, HdB Rechnungslegung, 16. Ergänzungslieferung 2013, § 323 HGB Rn. 4ff. *Müller*, in: KölnKomm-HGB, 2011, § 323 HGB Rn. 26; *Bezzenberg*, in: GroßKomm-AktG, 4. Auflage 2008, § 144 Rn. 11; *Hirte*, Berufshaftung, 1996, S. 59f. *Poll*, DZWir 1995, 95, 96.

205 *Mock*, in: Spindler/Stilz, AktG, 4. Auflage 2019, § 144 Rn. 9; *Arnold*, in: MünchKomm-AktG, 4. Auflage 2018, § 144 Rn. 8.

206 *Mock*, in: Spindler/Stilz, AktG, 4. Auflage 2019, § 144 Rn. 9; *Arnold*, in: MünchKomm-AktG, 4. Auflage 2018, § 144 Rn. 8; *Spindler*, in: K. Schmidt/Lutter, AktG, 3. Auflage 2015, § 144 Rn. 7.

207 *Mock*, in: Spindler/Stilz, AktG, 4. Auflage 2019, § 144 Rn. 10; *Arnold*, in: MünchKomm-AktG, 4. Auflage 2018, § 144 Rn. 9; *Schmidt/Feldmüller*, in: Beck-BilanzKomm, 11. Auflage 2018, § 323 HGB Rn. 25; *Hirschmann*, in: Hölters, AktG, 3. Auflage 2017, § 144 Rn. 4; *Holzborn/Jähnig*, in: Bürger/Körbers, AktG, 2017, § 144 Rn. 4; *Spindler*, in: K. Schmidt/Lutter, AktG, 3. Auflage 2015, § 144 Rn. 8; *Kuhner/Päßler*, in: Küting/Weber, HdB Rechnungslegung, 16. Ergänzungslieferung 2013, § 323 HGB Rn. 12; *Müller*, in: KölnKomm-HGB, 2011, § 323 HGB Rn. 32; *Bezzenberg*, in: GroßKomm-AktG, 4. Auflage 2008, § 144 Rn. 12; *Poll*, DZWir 1995, 95, 96.

208 *Mock*, in: Spindler/Stilz, AktG, 4. Auflage 2019, § 144 Rn. 10; *Arnold*, in: MünchKomm-AktG, 4. Auflage 2018, § 144 Rn. 9; *Hirschmann*, in: Hölters, AktG, 3. Auflage 2017, § 144 Rn. 4; *Bezzenberg*, in: GroßKomm-AktG, 4. Auflage 2008, § 144 Rn. 12; *Poll*, DZWir 1995, 95, 96.

die Sonderprüfung eigenverantwortlich durchzuführen, d.h. er darf sich weder Weisungen von Dritten erteilen lassen noch diese befolgen.[209]

b) Verschwiegenheitspflicht

Die Vorschrift des § 144 AktG i.V.m. § 323 Abs. 1 Satz 1 HGB verpflichtet den Sonderprüfer weiterhin zur Verschwiegenheit. Dabei bezieht sich die Verschwiegenheitspflicht auf alle vertraulichen, nicht öffentlich bekannten Tatsachen, die der Sonderprüfer im Rahmen der Durchführung der Sonderprüfung gemäß §§ 142 ff. AktG erlangt.[210] Die Verschwiegenheitspflicht gemäß § 144 AktG i.V.m. § 323 Abs. 1 Satz 1 HGB findet mit Beginn der Durchführung der Sonderprüfung Anwendung und gilt auch über die Beendigung der Sonderprüfung hinaus fort.[211] Sie besteht gegenüber sämtlichen Dritten[212], wobei dies nicht die Mitglieder des Vorstands der Gesellschaft, deren Vorgänge geprüft werden, mit einbezieht.[213]

Durchbrochen wird die Verschwiegenheitspflicht jedoch durch die Pflicht des Sonderprüfers, über seine Ergebnisse gemäß § 145 Abs. 6 Satz 1 AktG schriftlich

---

209 *Mock*, in: Spindler/Stilz, AktG, 4. Auflage 2019, § 144 Rn. 18; *Arnold*, in: MünchKomm-AktG, 4. Auflage 2018, § 144 Rn. 12; *Holzborn/Jähnig*, in: Bürger/Körbers, AktG, 2017, § 144 Rn. 4; *Rieckers/Vetter*, in: KölnKomm-AktG, 3. Auflage 2015, § 144 Rn. 56; *Spindler*, in: K. Schmidt/Lutter, AktG, 3. Auflage 2015, § 144 Rn. 14 f. *Bezzenberg*, in: GroßKomm-AktG, 4. Auflage 2008, § 144 Rn. 13; *Jänig*, (o. Fn. 39), S. 381 ff.

210 *Mock*, in: Spindler/Stilz, AktG, 4. Auflage 2019, § 144 Rn. 11; *Arnold*, in: MünchKomm-AktG, 4. Auflage 2018, § 144 Rn. 10; *Schmidt/Feldmüller*, in: Beck-BilanzKomm, 11. Auflage 2018, § 323 HGB Rn. 31; *Holzborn/Jähnig*, in: Bürger/Körbers, AktG, 2017, § 144 Rn. 4; *Spindler*, in: K. Schmidt/Lutter, AktG, 3. Auflage 2015, § 144 Rn. 9; *Bezzenberg*, in: GroßKomm-AktG, 4. Auflage 2008, § 144 Rn. 14.

211 *Mock*, in: Spindler/Stilz, AktG, 4. Auflage 2019, § 144 Rn. 13; *Arnold*, in: MünchKomm-AktG, 4. Auflage 2018, § 144 Rn. 10; *Schmidt/Feldmüller*, in: Beck-BilanzKomm, 11. Auflage 2018, § 323 HGB Rn. 31; *Holzborn/Jähnig*, in: Bürger/Körbers, AktG, 2017, § 144 Rn. 4; *Hirschmann*, in: Hölters, AktG, 3. Auflage 2017, § 144 Rn. 4; *Rieckers/Vetter*, in: KölnKomm-AktG, 3. Auflage 2015, § 144 Rn. 38; *Spindler*, in: K. Schmidt/Lutter, AktG, 3. Auflage 2015, § 144 Rn. 9; *Herrler*, in: Grigoleit, AktG, 2013, § 144 Rn. 2; *Bezzenberg*, in: GroßKomm-AktG, 4. Auflage 2008, § 144 Rn. 14; *Merkt*, in: Baumbach/Hopt, HGB, 38. Auflage 2018, § 323 Rn. 2.

212 *Mock*, in: Spindler/Stilz, AktG, 4. Auflage 2019, § 144 Rn. 11; *Arnold*, in: MünchKomm-AktG, 4. Auflage 2018, § 144 Rn. 10; *Rieckers/Vetter*, in: KölnKomm-AktG, 3. Auflage 2015, § 144 Rn. 43; vgl. auch *Schmidt/Feldmüller*, in: Beck-BilanzKomm, 11. Auflage 2018, § 323 HGB Rn. 35f. - bzgl. der Personengruppen, gegenüber denen keine Verschwiegenheitspflicht besteht.

213 *Mock*, in: Spindler/Stilz, AktG, 4. Auflage 2019, § 144 Rn. 11; *Arnold*, in: MünchKomm-AktG, 4. Auflage 2018, § 144 Rn. 10; *Spindler*, in: K. Schmidt/Lutter, AktG, 3. Auflage 2015, § 144 Rn. 10; *Bezzenberg*, in: GroßKomm-AktG, 4. Auflage 2008, § 144 Rn. 14.

zu berichten.[214] Dabei sind gemäß § 145 Abs. 6 Satz 2 AktG auch solche Tatsachen in den Sonderprüfungsbericht aufzunehmen, deren Bekanntwerden geeignet ist, der Gesellschaft oder einem verbundenen Unternehmen einen nicht unerheblichen Nachteil zuzufügen. Der Berichtspflicht des Sonderprüfers gemäß § 145 Abs. 6 AktG wird somit der Vorrang gegenüber der Verschwiegenheitspflicht gemäß § 144 Abs. 1 AktG i.V.m. § 323 Abs. 1 Satz 1 HGB zugesprochen.

c) Verwertungsverbot

Begleitet wird die Verschwiegenheitspflicht gemäß § 144 Abs. 1 AktG i.V.m. § 323 Abs. 1 Satz 1 HGB durch ein Verwertungsverbot von Geschäfts- und Betriebsgeheimnissen, welches sich aus § 144 Abs. 1 AktG i.V.m. § 323 Abs. 1 Satz 2 HGB ergibt. Der Begriff der Geschäfts- und Betriebsgeheimnisse ist weit zu verstehen und umfasst sämtliche Tatsachen, die der Sonderprüfer im Rahmen der Durchführung der Sonderprüfung bei der Gesellschaft erlangt hat.[215] Das Verwertungsverbot besteht ebenso wie die Verschwiegenheitspflicht über die Beendigung der Durchführung der Sonderprüfung hinaus fort.[216]

3) Modifizierung / Beschränkung

Die Rechte des gerichtlich bestellten Sonderprüfers könnten jedoch in bestimmten Konstellationen zu modifizieren sein.

Das Einsichts- und Prüfungsrecht des gerichtlich bestellten Sonderprüfers gemäß § 145 Abs. 1 AktG ist sachlich und zeitlich unbegrenzt.[217] Dies beruht auf

214 *Mock*, in: Spindler/Stilz, AktG, 4. Auflage 2019, § 144 Rn. 14; *Arnold*, in: MünchKomm-AktG, 4. Auflage 2018, § 144 Rn. 10; *Holzborn/Jähnig*, in: Bürger/Körbers, AktG, 2017, § 144 Rn. 4; *Spindler*, in: K. Schmidt/Lutter, AktG, 3. Auflage 2015, § 144 Rn. 11; *Herrler*, in: Grigoleit, AktG, 2013, § 144 Rn. 2; *Bezzenberg*, in: GroßKomm-AktG, 4. Auflage 2008, § 144 Rn. 14; *Jänig*, (o. Fn. 39), S. 380.

215 *Mock*, in: Spindler/Stilz, AktG, 4. Auflage 2019, § 144 Rn. 16; *Arnold*, in: MünchKomm-AktG, 4. Auflage 2018, § 144 Rn. 11; *Hirschmann*, in: Hölters, AktG, 3. Auflage 2017, § 144 Rn. 4; *Spindler*, in: K. Schmidt/Lutter, AktG, 3. Auflage 2015, § 144 Rn. 13; *Rieckers/Vetter*, in: KölnKomm-AktG, 3. Auflage 2015, § 144 Rn. 52.

216 *Mock*, in: Spindler/Stilz, AktG, 4. Auflage 2019, § 144 Rn. 16; *Holzborn/Jähnig*, in: Bürger/Körbers, AktG, 2017, § 144 Rn. 4; *Spindler*, in: K. Schmidt/Lutter, AktG, 3. Auflage 2015, § 144 Rn. 13; *Herrler*, in: Grigoleit, AktG, 2013, § 144Rn. 2.

217 *Mock*, in: Spindler/Stilz, AktG, 4. Auflage 2019, § 145 Rn. 12; *Arnold*, in: MünchKomm-AktG, 4. Auflage 2018, § 145 Rn. 16; *Koch*, in: Hüffer/Koch, AktG, 13. Auflage 2018, § 145 Rn. 2; *Holzborn/Jähnig*, in: Bürger/Körbers, AktG, 2017, § 145 Rn. 3; *Hirschmann*, in: Hölters, AktG, 3. Auflage 2017, § 145 Rn. 3; *Liebscher*, in: Henssler/Strohn, GesR, 3. Auflage 2017, § 145 AktG Rn. 2; *Spindler*, in: K. Schmidt/Lutter, AktG, 3. Auflage 2015, § 142 Rn. 9; *Rieckers/Vetter*, in: KölnKomm-AktG, 3. Auflage 2015, § 144 Rn. 51; *Herrler*, in: Grigoleit, AktG, 2013, § 145 Rn. 2; *Bezzenberg*, in: GroßKomm-AktG, 4. Auflage 2008, § 145 Rn. 16.

dem Gedanken, dass eine Aufklärung des zu prüfenden Vorgangs nur dann erfolgreich sein kann, wenn dem gerichtlich bestellten Sonderprüfer alle notwendigen Informationen zur Verfügung gestellt werden.[218] Die Reichweite des Einsichts- und Prüfungsrechts gemäß § 145 Abs. 1 AktG soll mithin die Effizienz der Durchführung der Sonderprüfung gemäß §§ 142 ff. AktG gewährleisten. Das Auskunfts- und Nachprüfungsrecht gemäß § 145 Abs. 2 AktG ist dem Einsichts- und Prüfungsrecht gemäß § 145 Abs. 1 AktG nachgelagert und sachlich auf Aufklärungen und Nachweise beschränkt, welche die sorgfältige Prüfung der Vorgänge notwendig macht. Sein sachlicher Anwendungsbereich ist mithin enger als der des Einsichts- und Prüfungsrechts gemäß § 145 Abs. 1 AktG. Gleichwohl dient es ebenfalls dem Zweck der umfassenden Aufklärung des zu prüfenden Vorgangs.[219]

Die Aufklärung der zu prüfenden Vorgänge dient jedoch ausschließlich dem Wohl der Gesellschaft (vgl. Ziffer A) II) 4)). Somit stellen sowohl das Einsichts- und Prüfungsrecht gemäß § 145 Abs. 1 AktG als auch das Auskunfts- und Nachweisrecht gemäß § 145 Abs. 2 AktG ein Instrument dar, das der Einhaltung des Schutzzwecks der Sonderprüfung dienen soll. Daraus ergibt sich die Konsequenz, dass der Sonderprüfer seine Rechte gemäß § 145 Abs. 1 und 2 AktG im Einklang mit dem Wohl der Gesellschaft auszuüben hat. Dementsprechend hat eine Ausübung seiner Rechte gemäß § 145 Abs. 1 und 2 AktG in einer Art und Weise, die konträr zu dem Wohl der Gesellschaft wäre, zu unterbleiben.

In dieser Konstellation ist die Reichweite bzw. Ausübung des Einsichts- und Prüfungsrecht gemäß § 145 Abs. 1 AktG so zu modifizieren, dass es dem Schutzzweck der §§ 142 ff. AktG entspricht. Ein Bedürfnis für eine eigenständige, von § 145 Abs. 1 AktG unabhängige Modifizierung der Reichweite bzw. Ausübung des Auskunfts- und Nachweisrechts gemäß § 145 Abs. 2 AktG dürfte grundsätzlich nicht bestehen, da es dem Einsichts- und Prüfungsrecht gemäß § 145 Abs. 1 AktG nachgelagert ist. Dementsprechend kann der sachliche Anwendungsbereich des Auskunfts- und Nachweisrechts gemäß § 145 Abs. 2 AktG denjenigen des Einsichts- und Prüfungsrechts gemäß § 145 Abs. 1 AktG nicht übertreffen. Mithin wird anzunehmen sein, dass der Sonderprüfer Informationen, die ihm unter Umständen nicht im Rahmen seines Einsichts- und Prüfungsrechts gemäß § 145 Abs. 1 AktG

218 *Mock*, in: Spindler/Stilz, AktG, 4. Auflage 2019, § 145 Rn. 1; *Arnold*, in: MünchKomm-AktG, 4. Auflage 2018, § 145 Rn. 3; *Hirschmann*, in: Hölters, AktG, 3. Auflage 2017, § 145 Rn. 1; *Liebscher*, in: Henssler/Strohn, GesR, 3. Auflage 2017, § 145 AktG Rn. 1; *Koch*, in: Hüffer/Koch, AktG, 13. Auflage 2018, § 145 Rn. 1; *Spindler*, in: K. Schmidt/Lutter, AktG, 3. Auflage 2015, § 142 Rn. 1; *Herrler*, in: Grigoleit, AktG, 2013, § 145 Rn. 2; *Humrich*, NZG 2014, 441, 444.

219 *Mock*, in: Spindler/Stilz, AktG, 4. Auflage 2019, § 145 Rn. 1; *Arnold*, in: MünchKomm-AktG, 4. Auflage 2018, § 145 Rn. 3; *Hirschmann*, in: Hölters, AktG, 3. Auflage 2017, § 145 Rn. 1; *Liebscher*, in: Henssler/Strohn, GesR, 3. Auflage 2017, § 145 AktG Rn. 1; *Koch*, in: Hüffer/Koch, AktG, 13. Auflage 2018, § 145 Rn. 1; *Spindler*, in: K. Schmidt/Lutter, AktG, 3. Auflage 2015, § 142 Rn. 1; *Herrler*, in: Grigoleit, AktG, 2013, § 145 Rn. 2; *Humrich*, NZG 2014, 441, 444.

zugänglich gemacht werden, nicht im Wege der Ausübung seines Auskunfts- und Nachweisrechts gemäß § 145 Abs. 2 AktG erlangen kann. Das Tatbestandsmerkmal der Notwendigkeit zur sorgfältigen Prüfung ist mithin im Einklang mit den Wertungen im Hinblick auf das zeitlich vorgelagerte Einsichts- und Prüfungsrecht gemäß § 145 Abs. 1 AktG auszulegen.

a) Bestehende Modifizierungsmechanismen

Fraglich ist jedoch, ob die bestehende Gesetzeslage bereits hinreichende Mechanismen vorhält, die das Aufklärungsinteresse der Gesellschaft mit dem Geheimhaltungsinteresse der Gesellschaft so in einen Einklang bringt, dass die Art und Weise der Durchführung der Sonderprüfung (insbesondere die Ausübung der Rechte des gerichtlich bestellten Sonderprüfers) ausschließlich das Gesellschaftswohl fördert.

(i) Einwendung des rechtsmissbräuchlichen Verhaltens

Sowohl das Einsichts- und Prüfungsrecht gemäß § 145 Abs. 1 AktG als auch das Auskunfts- und Nachprüfungsrecht des gerichtlich bestellten Sonderprüfers gemäß § 145 Abs. 2 AktG unterliegen der Schranke des Rechtsmissbrauchs (vgl. Ziffer A) IV) 1)). Sofern sich das Informationsbegehren des gerichtlich bestellten Sonderprüfers als rechtsmissbräuchlich darstellt, kann ihm der Zugang zu der gewünschten Information verweigert werden. Die Beweislast trifft dabei jedoch den jeweils Auskunftspflichtigen (vgl. Ziffer A) IV) 1)). Die Erbringung dieses Beweises dürfte sich in der Praxis schwierig gestalten. Zum einen ist der sachliche Anwendungsbereich des Einsichts- und Prüfungsrechts gemäß § 145 Abs. 1 AktG gerade nicht beschränkt, sodass ein rechtsmissbräuchliches Verhalten nur dann anzunehmen ist, wenn die verlangte Information objektiv überhaupt keinen Zusammenhang zum Prüfungsgegenstand aufweist.[220]. Zum anderen ist allgemein anerkannt, dass zur angemessenen Beurteilung der zu prüfenden Vorgänge auch Umfeldwissen über die Gesellschaft erforderlich ist.[221] Der Anwendungsbereich der Einwendung des rechtsmissbräuchlichen Verhaltens ist somit sehr eng. Darüber hinaus dürfte es eine Herausforderung darstellen für den Fall, dass ein rechtsmissbräuchliches Verhalten objektiv tatsächlich vorliegt, die diesbezüglich notwendigen Beweise zu erbringen.

---

220 *Mock*, in: Spindler/Stilz, AktG, 4. Auflage 2019, § 145 Rn. 12; *Koch*, in: Hüffer/Koch, AktG, 13. Auflage 2018, § 145 Rn. 2; *Liebscher*, in: Henssler/Strohn, GesR, 3. Auflage 2017, § 145 AktG Rn. 2; *Spindler*, in: K. Schmidt/Lutter, AktG, 3. Auflage 2015, § 142 Rn. 9; *Herrler*, in: Grigoleit, AktG, 2013, § 145 Rn. 2; *Bezzenberg*, in: Groß-Komm-AktG, 4. Auflage 2008, § 145 Rn. 16; *Jänig*, (o. Fn. 39), S. 359; *Hüffer*, ZHR 174 2010, 642, 669.

221 OLG Düsseldorf, Urteil vom 25. März 2011, Az.: 22 U 162/10 = BeckRS 2011, 11600; *Arnold*, in: MünchKomm-AktG, 4. Auflage 2018, § 145 Rn. 17; *Koch*, in: Hüffer/Koch, AktG, 13. Auflage 2018, § 145 Rn. 2.

Nicht jede Ausübung des Einsichts- und Prüfungsrechts gemäß § 145 Abs. 1 AktG, welche nicht dem Gesellschaftswohl dient, gestaltet sich jedoch notwendigerweise als rechtsmissbräuchlich. Dementsprechend stellt die bestehende Schranke des Rechtsmissbrauchs keinen hinreichenden Schutzmechanismus für die Gewährleistung der Ausübung des Einsichts- und Prüfungsrechts gemäß § 145 Abs. 1 AktG im Einklang mit dem Gesellschaftswohl dar.

(ii) Beschränkung des Sonderprüfungsberichts gemäß § 145 Abs. 4 AktG

Weiterhin könnte ein ausreichender Schutzmechanismus darin liegen, dass der Vorstand gemäß § 145 Abs. 4 AktG die Möglichkeit hat, einen Antrag auf Beschränkung des Sonderprüfungsberichts, welchen der gerichtlich bestellte Sonderprüfer gemäß § 145 Abs. 6 Satz 1 und 2 AktG anzufertigen hat, zu stellen. Dagegen lässt sich jedoch anführen, dass diese Beschränkung nicht das Einsichts- und Prüfungsrecht des gerichtlich bestellten Sonderprüfers gemäß § 145 Abs. 1 AktG oder das Auskunfts- und Nachweisrecht gemäß § 145 Abs. 2 AktG betrifft, sondern vielmehr erst auf der nachgelagerten Stufe der Verwertung der durch die Einsichtnahme bzw. Auskünfte erlangten Informationen greift. Es sind jedoch Konstellationen denkbar, in denen das Gesellschaftswohl bereits durch die Erlangung der Information, d.h. die Ausübung der Rechte des gerichtlich bestellten Sonderprüfers gemäß § 145 Abs. 1 und 2 AktG beeinträchtigt wird (vgl. Ziffer B) III)). Mithin bietet auch die gerichtliche Beantragung einer Nichtaufnahme der Information in den Sonderprüfungsbericht gemäß § 145 Abs. 4 AktG keinen hinreichenden Schutzmechanismus.

(iii) Zwischenergebnis

Das geltende Recht weist keinen Schutzmechanismus auf, der geeignet ist, die Ausübung der Rechte des gerichtlich bestellten Sonderprüfers gemäß § 145 Abs. 1 und 2 AktG dergestalt zu modifizieren, dass diese stets im Einklang mit dem Gesellschaftswohl (insbesondere dem Geheimhaltungsinteresse der Gesellschaft) erfolgt. Es gilt somit, einen tauglichen Schutzmechanismus, der – falls notwendig – die Ausübung der Rechte des gerichtlich bestellten Sonderprüfers gemäß § 145 Abs. 1 und 2 AktG, modifiziert, zu entwickeln.

b) Denkbarer Modifizierungsmechanismus

(i) Anknüpfungspunkt

Sofern der Schutzmechanismus an die Ausübung der Rechte des gerichtlich bestellten Sonderprüfers gemäß § 145 Abs. 1 AktG an sich anknüpft (d.h. das „Ob“ der Möglichkeit zur Ausübung des Rechts), liegt rechtlich gesehen eine Beschränkung der Rechte des gerichtlich bestellten Sonderprüfers vor. Greift der Schutzmechanismus jedoch lediglich hinsichtlich des Vorgangs der Ausübung der Rechte (d.h.

das „Wie" der Ausübung der Rechte), stellt der Schutzmechanismus nur eine Modifizierung bzw. eine Konkretisierung der Rechte dar.

Im Hinblick darauf, dass das Aufklärungs- und Nachweisrecht gemäß § 145 Abs. 2 AktG dem Einsichts- und Prüfungsrecht gemäß § 145 Abs. 1 AktG nachgelagert ist und einen sachlich engeren Anwendungsbereich aufweist, ist die Schranke vorrangig auf das Einsichts- und Prüfungsrecht gemäß § 145 Abs. 1 AktG anzuwenden. Da der gerichtlich bestellte Sonderprüfer nur Auskünfte und Nachweise bezüglich Informationen, von denen er durch die Einsichtnahme und Prüfung von Unterlagen der Gesellschaft Kenntnis erlangt hat, verlangen kann, dürfte eine separate Anwendung der zu entwickelnden Schranke auf das Auskunfts- und Nachweisrecht gemäß § 145 Abs. 2 AktG nicht erforderlich sein.

(ii) Beschränkung auf das Gesellschaftswohl

Denkbar wäre es, das Einsichts- und Prüfungsrecht gemäß § 145 Abs. 1 AktG auf solche Informationen, deren Offenlegung nicht dem Gesellschaftswohl widerspricht, zu beschränken. Dagegen lässt sich jedoch anführen, dass die umfassende Aufklärung des zu prüfenden Vorgangs im Hinblick auf die Vorbereitung möglicher Ersatzansprüche der Gesellschaft grundsätzlich gerade auch dem Wohl der Gesellschaft entspricht (vgl. Ziffer A) II) 4)). Dementsprechend darf die Aufklärung des zu prüfenden Vorgangs nicht stets dadurch beschränkt werden, dass dem gerichtlich bestellten Sonderprüfer sämtliche Informationen, die er für die effiziente Durchführung der Sonderprüfung benötigen würde, vorenthalten werden. Im Hinblick darauf, dass sowohl das Aufklärungsinteresse der Gesellschaft als auch das Geheimhaltungsinteresse der Gesellschaft auf den Schutz des Gesellschaftswohls angelegt sind, ist es vielmehr erforderlich, diese beiden Interessen im Einzelfall in einen gerechten Einklang miteinander zu bringen.

(iii) Verhältnismäßigkeitsprüfung

Um den Schutz des Gesellschaftswohls gerecht zu werden, könnte das Einsichts- und Prüfungsrecht des gerichtlich bestellten Sonderprüfers gemäß § 145 Abs. 1 AktG einer Verhältnismäßigkeitsprüfung unterworfen werden. Im Rahmen derer wären das Interesse an der umfassenden Ausübung des Einsichts- und Prüfungsrechts des gerichtlich bestellten Sonderprüfers gemäß § 145 Abs. 1 AktG und mithin das Aufklärungsinteresse der Gesellschaft gegen das Geheimhaltungsinteresse der Gesellschaft abzuwägen.

(1) Dogmatische Herleitung

Fraglich ist jedoch, worin die rechtliche Grundlage einer solchen Verhältnismäßigkeitsprüfung zu sehen sein könnte.

Diese könnte sich aus der organähnlichen Stellung des gerichtlich bestellten Sonderprüfers (vgl. Ziffer A) III) 3)) ergeben. Aufgrund seiner organähnlichen Stellung unterliegt der gerichtlich bestellte Sonderprüfer organschaftlichen Treuepflichten.

Dementsprechend hat er sein Verhalten am Interesse der Gesellschaft auszurichten und sie vor Nachteilen zu schützen.[222] Er hat Handlungen zu unterlassen, die dem Gesellschaftswohl schaden würden. Folglich kann der gerichtlich bestellte Sonderprüfer sein Einsichts- und Prüfungsrecht gemäß § 145 Abs. 1 AktG nur insoweit geltend machen, als dass es nicht dem Gesellschaftswohl zuwiderläuft. Sofern das Geheimhaltungsinteresse der Gesellschaft das Aufklärungsinteresse der Gesellschaft überwiegt, hat der gerichtlich bestellte Sonderprüfer die Einsichtnahme zu unterlassen.

Die Vorschrift des § 145 Abs. 1 AktG bestimmt den Vorstand als Adressat des Einsichts- und Prüfungsrechts, wobei diesem kein allgemeines Recht zur Verweigerung der Offenlegung der Unterlagen eingeräumt wird (vgl. Ziffer A) IV) 1) a)). Gleichzeitig verstößt der Vorstand mit der Herausgabe bestimmter Unterlagen, deren Einsichtnahme durch den gerichtlich bestellten Sonderprüfer nach Kenntnis des Vorstands geeignet ist, der Gesellschaft mehr Schaden als Nutzen zuzufügen, gegen die ihm auferlegte organschaftliche Treuepflicht. Im Hinblick darauf, dass sowohl das Aufklärungsinteresse als auch das Geheimhaltungsinteresse jeweils auf den Schutz des Gesellschaftswohls ausgerichtet sind, muss eine Abwägung im Einzelfall vorgenommen werden. Sofern das Aufklärungsinteresse der Gesellschaft das Geheimhaltungsinteresse der Gesellschaft überwiegt, kann die Offenlegung der entsprechenden Unterlagen keine Verletzung der Treuepflicht darstellen. Dementsprechend ergibt sich das Erfordernis einer Verhältnismäßigkeitsprüfung als Begrenzung der Reichweite der Einsichts- und Prüfungsrechte des gerichtlich bestellten Sonderprüfers gemäß § 145 Abs. 1 AktG aus der organähnlichen Stellung des Sonderprüfers bzw. der Organstellung des Vorstands als Adressat dieses Rechts und der sich daraus ergebenden organschaftlichen Treuepflichten.

Schließlich findet diese dogmatische Herleitung auch eine Stütze im Gesetz. Gemäß § 144 AktG i.V.m. § 323 Abs. 1 Satz 1 HGB ist der gerichtlich bestellte Sonderprüfer zu einem unparteiischen Verhalten im Zusammenhang mit der Durchführung der Sonderprüfung verpflichtet. Unparteiisch bedeutet in diesem Kontext, dass der gerichtlich bestellte Sonderprüfer sich ausschließlich von den Interessen

---

222 BGH, Urteil vom 12. Juni 1989, Az.: II ZR 334/87 = WM 1989, 1365, 1339; BGH, Urteil vom 21. Februar 1983, Az.: II ZR 183/82 = WM 1983, 498, 499; BGH, Urteil vom 10. Februar 1977, Az.: II ZR 79/75 = WM 1977, 361, 362; BGH, Urteil vom 8. Mai 1967, Az. II ZR 126/65 = WM 1967, 679, 679; *Hölters*, in: Hölters, AktG, 3. Auflage 2017, § 93 Rn. 114; *Bürgers*, in: Bürgers/Körber, AktG, 4. Auflage 2017, § 93 Rn. 6; *Dauner-Lieb*, in: GesR, 3. Auflage 2016, § 93 AktG Rn. 8; *Fleischer*, in: Spindler/Stilz, AktG, 3. Auflage 2015, § 93 Rn. 114; *Krieger/Sailer-Coceani*, in: K.Schmidt/Lutter, AktG, 3. Auflage 2015, § 93 Rn. 21; *Hopt/Roth*, in: GroßKomm-AktG, 5. Auflage 2015, § 93 Rn. 229f. *U. Schmidt*, in: Heidel, Aktienrecht und Kapitalmarktrecht, 4. Auflage 2014, § 93 AktG Rn. 31; *Wiesner*, in: MünchHdB GesR Band 4, 4. Auflage 2015, § 25 Rn. 41; *Möllers*, in: HdB Corporate Governance, 2. Auflage 2009, 423, 431; *Fleischer*, in: Fleischer, Vorstandsrecht HdB, 2006, § 9 Rn. 2.

der Gesellschaft leiten lassen darf.[223] Dementsprechend hat der gerichtlich bestellte Sonderprüfer sich bereits im Rahmen der Frage, ob er Einsicht in eine bestimmte Unterlage nimmt, ausschließlich am Interesse der Gesellschaft zu orientieren. Dies erfordert jedoch zuerst die Feststellung des Gesellschaftsinteresses, welches im Rahmen einer Abwägung zwischen dem Aufklärungsinteresse der Gesellschaft und dem Geheimhaltungsinteresse der Gesellschaft zu bestimmen ist.

(2) Inhalt

Im Rahmen der Verhältnismäßigkeitsprüfung ist eine Abwägung zwischen dem Aufklärungsinteresse der Gesellschaft und dem Geheimhaltungsinteresse der Gesellschaft bezogen auf den Einzelfall vorzunehmen, um festzustellen, welches Interesse das Gesellschaftswohl im vorliegenden Fall besser zu schützen vermag.

Die Verhältnismäßigkeitsprüfung zielt auf den Schutz des Gesellschaftswohls ab (*Stufe des legitimen* Zwecks). Dabei ist davon auszugehen, dass die Einschränkung bzw. Modifizierung des Einsichts- und Prüfungsrechts des gerichtlich bestellten Sonderprüfers gemäß § 145 Abs. 1 AktG den Schutz des Geheimhaltungsinteresses der Gesellschaft und mithin das Gesellschaftswohl fördert (*Stufe der Geeignetheit*). Darauf aufbauend wäre zunächst zu untersuchen, ob das Geheimhaltungssinteresse ebenso effizient geschützt werden könnte, sofern die Information durch andere Unterlagen dem gerichtlich bestellten Sonderprüfer zur Verfügung gestellt wird (*Stufe der Erforderlichkeit*). Sofern dies unmöglich erscheint, ist in einem weiteren Schritt abzuwägen, ob das Aufklärungsinteresse oder das Geheimhaltungsinteresse das Gesellschaftswohl im Einzelfall stärker zu schützen vermag und somit das jeweils andere Interesse überwiegt (*Stufe der Angemessenheit*).

Sofern das Einsichts- und Prüfungsrecht des gerichtlich bestellten Sonderprüfers gemäß § 145 Abs. 1 AktG hinsichtlich eines bestimmten Dokuments mangels Erforderlichkeit abgelehnt wird, bedeutet dies gleichzeitig, dass der gerichtlich bestellte Sonderprüfer Zugang zu einem das Aufklärungsinteresse in gleichwertiger Weise unterstützenden Dokument erhalten hat. Die Versagung der Einsichtnahme in das ursprünglich begehrte Dokument betrifft letztlich nur den Vorgang der Erlangung der spezifischen Information (d.h. das „Wie" der Ausübung des Rechts). Es liegt mithin nur eine Modifizierung des Einsichts- und Prüfungsrecht des § 145 Abs. 1 AktG vor. Stellt sich jedoch heraus, dass es kein weiteres, zur Erlangung der spezifischen Information gleich geeignetes Dokument gibt, ist im Rahmen der Stufe der Angemessenheit eine Abwägung zwischen dem Aufklärungsinteresse und dem Geheimhaltungsinteresse der Gesellschaft vorzunehmen.

---

223 *Mock*, in: Spindler/Stilz, AktG, 4. Auflage 2019, § 144 Rn. 10; *Arnold*, in: MünchKomm-AktG, 4. Auflage 2018, § 144 Rn. 9; *Schmidt/Feldmüller*, in: Beck-BilanzKomm, 11. Auflage 2018, § 323 HGB Rn. 25; *Hirschmann*, in: Hölters, AktG, 3. Auflage 2017, § 144 Rn. 4; *Kuhner/Päßler*, in: Küting/Weber, HdB Rechnungslegung, 16. Ergänzungslieferung 2013, § 323 HGB Rn. 12; *Bezzenberg*, in: GroßKomm-AktG, 4. Auflage 2008, § 144 Rn. 12.

Kommt die Abwägung zu dem Ergebnis, dass das Geheimhaltungsinteresse das Aufklärungsinteresse überwiegt, bedeutet dies, dass der gerichtlich bestellte Sonderprüfer, keinen Zugang zu der spezifischen Information erhalten wird. In dieser Konstellation ist somit die Ausübung des Einsichts- und Prüfungsrecht gemäß § 145 Abs. 1 AktG an sich (d.h. das „Ob" der Ausübung des Rechts) betroffen. Dies dürfte eine Beschränkung dieses Rechts darstellen. Unabhängig davon ist die Frage zu beleuchten, unter welchen Voraussetzungen das Geheimhaltungsinteresse das Aufklärungsinteresse überwiegt.

Inwiefern sich diese Vorgehensweise mit den geltenden gesetzlichen Regelungen vereinbaren lässt und wie eine genaue Ausgestaltung (insbesondere der im Rahmen der Stufe der Angemessenheit anzulegende Maßstab) in der Praxis aussehen könnte, wird im Folgenden anhand des Beispiels der Legal (Professional) Privileges erörtert (vgl. Ziffer B)).

4) Zwischenergebnis

Die Rechte und Pflichten des gerichtlich bestellten Sonderprüfers bilden ein in sich stimmiges Konzept. Es ist darauf ausgelegt, ein Gleichgewicht zwischen den mit der Ausübung der Rechten und Pflichten jeweils einhergehenden Konsequenzen herzustellen. Dieses Gleichgewicht wird jedoch gestört, sofern die Ausübung der Rechte durch den gerichtlich bestellten Sonderprüfer vom Gesetzgeber nicht vorhergesehene Auswirkungen hat, denen die Pflichten des gerichtlich bestellten Sonderprüfers nicht hinreichend begegnen können. Ein derartiger Umstand findet sich in den (möglichen) Folgen der Ausübung des Einsichtnahme- und Prüfungsrechts gemäß § 145 Abs. 1 AktG für das Bestehen von Legal (Professional) Privileges im angloamerikanischen Rechtsraum.

Zur Gewährleistung der Aufrechterhaltung des Schutzzweckes der Sonderprüfung gemäß §§ 142 ff. AktG, die ausschließlich dem Gesellschaftswohl dient (vgl. Ziffer A) II) 4)), ist es jedoch unerlässlich, dass dieses Gleichgewicht wiederhergestellt wird. Im Hinblick darauf, dass die Sonderprüfung gemäß §§ 142 ff AktG den Schutz des Gesellschaftswohls verfolgt, müssen sich die Maßnahmen, die zur Durchführung der Sonderprüfung ergriffen werden (d.h. Ausübung des Einsichtnahme- und Prüfungsrechts gemäß § 145 Abs. 1 AktG), ebenfalls diesem Zweck unterordnen. Dementsprechend ist die Ausübung des Einsichtnahme- und Prüfungsrechts gemäß § 145 Abs. 1 AktG zu modifizieren. Dazu muss eine Abwägung des Aufklärungsinteresses und des Geheimhaltungsinteresses der Gesellschaft, welche beide dem Gesellschaftswohl zu dienen bestimmt sind, im Einzelfall vorgenommen werden, um jeweils festzustellen, welches Interesse das Gesellschaftswohl in der konkreten Situation „besser" zu schützen vermag (Verhältnismäßigkeitsprüfung).

B) Legal (Professional) Privileges

Legal (Professional) Privileges begründen das Recht, bestimmte vertrauliche Materialien nicht im Zuge einer Disclosure/Discovery im Rahmen eines gerichtlichen Prozesses gegenüber der anderen Partei offenlegen zu müssen.[224] Sie bilden eine Beschränkung der Reichweite der Disclosure/Discovery. Das System der Disclosure/Discovery beruht auf dem Gedanken, dass ein Verfahren keinen Wettstreit darstellt, sondern vielmehr darauf ausgerichtet ist, eine gerechte Lösung der Rechtsstreitigkeit herbeizuführen. Um diesem Anspruch gerecht werden zu können, müssen dem Gericht jedoch sämtliche relevanten Informationen zur Verfügung stehen.[225]

Legal (Professional) Privileges sind nicht in allen Jurisdiktionen anerkannt. Vielmehr beschränkt sich das Konzept der Legal (Professional) Privileges auf den angelsächsischen Rechtsraum. Dies ist auf den Umstand zurückzuführen, dass eine Disclosure/Discovery nur im angelsächsischen Rechtsraum Teil des Beweiserhebungsverfahrens ist.[226] Innerhalb der einzelnen Jurisdiktionen im angelsächsischen Rechtsraum ist der Anwendungsbereich und die Reichweite der Legal (Professional) Privileges jedoch unterschiedlich ausgestaltet. Dagegen beruht das Beweiserhebungsverfahren für Zivilprozesse im deutschen Rechtsraum auf dem Beibringungsgrundsatz.[227] Eine Notwendigkeit für das Bestehen von Legal (Professional) Privileges besteht in diesen Jurisdiktionen somit nicht.

Sofern der gerichtlich bestellte Sonderprüfer Einsicht in Materialien nimmt, die durch die Legal (Professional) Privileges als vertraulich geschützt werden, könnte dies in einen Verlust des Vertraulichkeitsstatus münden (vgl. Ziffer B) III)). Dies würde wiederum dazu führen, dass diese Materialien im Rahmen einer Disclosure/Discovery offenzulegen wären. Das würde für die Gesellschaft signifikante Nachteile im Hinblick auf ihre Chancen, den Ausgang des jeweiligen gerichtlichen Prozesses in ihrem Sinne entscheiden zu können, begründen (vgl. Ziffer B) IV)). Gerade in Anbetracht der Tatsache, dass das Einsichts- und Prüfungsrecht des gerichtlich bestellten Sonderprüfers gemäß § 145 Abs. 1 AktG umfassend ausgestaltet ist (vgl. Ziffer A) IV) 1)), ergibt sich somit ein dringendes Bedürfnis, dem möglichen Verlust der Privilegierung der Materialien als Folgen der Einsichtnahme durch den gerichtlich bestellten Sonderprüfer oder der Veröffentlichung des Sonderprüfungsberichts, welcher Informationen aus privilegierten Materialien enthält, im Voraus zu begegnen.

---

224 *R. v Derby Magistrates Court Ex parte B.* [1996] A.C. Ch. 487, 488; *W. v Egdell* [1990] Ch. 359, 395 f.

225 *Davies v Eli Lilly & Co.* [1987] 1 W.L.R. 428, 430.

226 *Wirth*, SchiedsVZ 2003, 9, 10.

227 *Rauscher*, in: MünchKomm-ZPO, 5. Auflage 2016, Einleitung Rn. 329.

Es gilt, den bestehenden Konflikt zwischen dem deutschen Aktienrecht und dem angelsächsischen Prozessrecht sinnvoll aufzulösen. Dazu ist in einem ersten Schritt der Kreis der betroffenen Jurisdiktionen sowie der jeweilige Anwendungsbereich der Legal (Professional) Privileges festzustellen. In einem nächsten Schritt wird dargestellt, unter welchen Umständen der Schutz des jeweiligen Legal (Professional) Privileges entfällt und welche Konsequenzen für die Gesellschaft mit deren Verlust einhergehen. Daran anschließend ist zu untersuchen, wie sich die Ausübung des Einsichts- und Prüfungsrechts des gerichtlich bestellten Sonderprüfers gemäß § 145 Abs. 1 AktG auf den Status des Legal (Professional) Privileges auswirkt und insbesondere welche Folgen bzw. Schäden daraus für die Gesellschaft resultieren (können). Sodann wird erörtert, inwieweit das deutsche Recht hinreichende Schutzmechanismen zur Vermeidung/Abmilderung dieser Konsequenzen bereithält. Sofern das Ergebnis erlangt wird, dass das deutsche Recht keine ausreichenden Schutzmechanismen aufweist, gilt es diese unter Berücksichtigung der prozessualen Besonderheiten im angelsächsischen Rechtsraum zu entwickeln.[228]

I) Jurisdiktionen

Im Folgenden werden die rechtlichen Grundlagen der Disclosure/Discovery in den jeweiligen Jurisdiktionen erläutert. Im Anschluss daran werden die bestehenden Legal (Professional) Privileges sowie deren sachlicher und persönlicher Anwendungsbereich dargestellt. Dabei liegt der Fokus auf dem Vereinigten Königreich (UK) sowie den Vereinigten Staaten von Amerika (USA).

---

228 Die einfachste Lösung läge sicher darin, dass die Gerichte im angelsächsischen Rechtsraum anerkennen, dass der gerichtliche bestellte Sonderprüfer nicht so außerhalb der Gesellschaft steht, dass ein Verlust der Legal (Professional) Privilegs allein durch seine Einsichtnahme in privilegierte Dokumente nicht angezeigt ist. Im Hinblick auf die weitreichenden Konsequenzen, die mit einem Verlust des Legal (Professional) Privileges einhergehen (vgl. Ziffer B) IV)), erscheint es jedoch fragwürdig, ob eine Gesellschaft sich im Nachgang der Durchführung der Sonderprüfung auf die Kooperations- und Verständnisbereitschaft der Gerichte im angelsächsischen Rechtsraum verlassen möchte. Selbst wenn die Gerichte im angelsächsischen Rechtsraum die besondere Stellung des gerichtlich bestellten Sonderprüfers im deutschen Aktienrecht anerkennen würden, beugt dies nicht dem Umstand vor, dass die in den von dem gerichtlich bestellten Sonderprüfer eingesehenen Dokumenten enthaltenen Informationen möglicherweise in dem Sonderprüfungsbericht publiziert werden. Diese Veröffentlichung würde mit an Sicherheit grenzender Wahrscheinlichkeit in einem Verlust der diesbezüglich bestehenden Legal (Professional) Privileges resultieren. Dementsprechend bietet auch eine „verständnisvolle Einstellung“ der angelsächsischen Gerichte keinen ausreichenden Schutz vor dem möglichen Verlust der Legal (Professional) Privileges.

1) Vereinigtes Königreich

Das Beweiserhebungsverfahren im englischen Recht beruht auf dem Instrument der Disclosure. Deren Umfang wird durch bestehende Legal Professional Privileges beschränkt, welche den jeweiligen Materialien, auf die sie Anwendung finden, einen Vertraulichkeitsstatus verleihen, sodass diese von dem Anwendungsbereich der Disclosure ausgenommen sind. Die Legal Professional Privileges gliedern sich vorrangig in das Legal Advice Privilege und das Litigation Privilege.[229] Die Anwendbarkeit der Regelungen der Legal Professional Privileges bestimmt sich nach dem Grundsatz des lex fori, d.h. dem an dem Ort des zuständigen Gerichts geltenden Recht.[230] Sie ist somit vollkommen unabhängig davon, wo die betroffenen Materialien erstellt wurden oder welche Nationalität die an ihrer Erstellung beteiligten Personen haben. Die Beweislast bezüglich der Anwendbarkeit der Legal Professional Privileges obliegt stets der Partei, die sich darauf beruft.[231]

a) Disclosure

Die Standard Disclosure („**Disclosure**") ist vorrangig in Part 31 der Civil Procedure Rules 1998/3132 („**CPR**")[232] geregelt, welche auf den Civil Procedure Act 1997 zurückgehen. Dieser wird durch die „Practice Direction 31A, 31B und 31C"[233] sowie diverse „Court Guides"[234] ergänzt. Unterschieden wird zwischen Verfahren, die im Wege des „Small Claims Track", des „Fast Track" oder des „Multi Track" verhandelt werden. Während gemäß Rule 27.4(3) CPR die Parteien in einem Verfahren des Small Claim Tracks nur solche Dokumente offenlegen müssen, auf die sie ihre eigene Argumentation stützen, sind Parteien in einem Verfahren des Fast Tracks oder des Multi Tracks zu einer Standard Disclosure gemäß Rule 31.6 CPR verpflichtet. Die Vorschrift des Rule 31.6 CPR legt fest, welche Dokumente im Rahmen einer Disclosure offengelegt werden müssen:

---

229 *R (n the application of Prudential plc and another) v Special Commissioner of Income Tax and another* [2013] UKSC 1, para. 18.

230 *Lawrence v Campbell* [1859] 4 Drewy 485, 488.

231 *Director of the Serious Fraud Office v Eurasian Natural Resources Corpn Ltd* [2017] 1 W.L.R. 4205, 4214; *Starbev GP Ltd v Interbrew Central European Holding BV* [2013] EWHC 4038 (Comm), Para. 11; *Westminster International BV & Ors v Dornoch Ltd & Ors* [2009] EWCY Civ 1323, Para. 36; *West London Pipeline and Storage Ltd & Anor v Total UK Ltd & Ors* [2008] EWHC 1729 (Comm), para. 50, 86.

232 Einsehbar unter: https://www.justice.gov.uk/courts/procedure-rules/civil/rules/part31.

233 Einsehbar unter: https://www.justice.gov.uk/courts/procedure-rules/civil/rules.

234 Beispielsweise: Queen's Bench Guide, Admiralty, Commercial and Mercantile Courts Guide, Chancery Division Guide, Technology and Construction Court Guide oder Patents Court Guide.

"*Standard disclosure requires a party to disclose only –*
(a) the documents on which he relies; and
(b) the documents which -
(i) adversely affect his own case;
(ii) adversely affect another party's case;
(iii) support another party's case; and
(c) the documents which he is required to disclose by a relevant practice direction."

Die Disclosure erfolgt in zwei Schritten. Gemäß Rules31.2, 31.10 CPR haben die Parteien zunächst zu erklären, ob die relevanten Dokumente existieren oder existiert haben und eine Liste der existierenden Dokumente anzufertigen. In einem weiteren Schritt ist der jeweils anderen Partei das jeweilige relevante Dokument gemäß Rule 31.5 CPR zugänglich zu machen. Dokumente, die in den Anwendungsbereich des Rule 31.6 CPR fallen, gleichzeitig jedoch aufgrund von Legal Professional Privileges als vertraulich geschützt sind, müssen gemäß Rule 31.3(1)(b) CPR nicht im Rahmen der Disclosure offengelegt werden.

Im Zusammenhang mit der Durchführung einer Sonderprüfung gemäß §§ 142 ff. AktG sind nur solche Verfahren von Bedeutung, die entweder auf dem Fast Track oder dem Multi Track verhandelt werden. Denn nur bei diesen Verfahrensarten findet eine Disclosure gemäß Rule 31.6 CPR statt, welche die jeweilige Partei dazu verpflichtet, Dokumente offenzulegen, die geeignet sind, ihre eigenen Erfolgsaussichten negativ zu beeinflussen. In dieser Konstellation ergibt sich die Frage, ob die ursprünglich durch die Legal Professional Privilege geschützten Dokumente durch die Einsichtnahme des gerichtlich bestellten Sonderprüfers bzw. die Veröffentlichung des Sonderprüfungsberichts ihren Vertraulichkeitsstatus verlieren und mithin im Rahmen der Standard Disclosure offengelegt werden müssen.

b) Legal Advice Privilege

Damit das Legal Advice Privilege Anwendung findet, müssen die folgenden Voraussetzungen kumulativ erfüllt sein: Es muss sich um eine „*confidential communication made between a lawyer and their client in connection with the giving or receiving of legal advice*"[235] handeln. Das Legal Advice Privilege schützt somit die Vertraulichkeit von vertraulich behandelter Korrespondenz, die zwischen dem Rechtsberater und seinem Mandanten im Rahmen der Erteilung oder des Empfangs von Rechtsberatung stattgefunden hat. Zweck dieses Privilegs ist der Schutz der offenen Korrespondenz zwischen Rechtsberater und Mandant, die als

235 *Director of the Serious Fraud Office v Eurasian Natural Resources Corpn Ltd* [2017] 1 W.L.R. 4205, 4220; *National Westminister Bank Plc v Rabobank* Nederland [2006] EWHC 2332 (Comm), para. 18; *Three Rivers DC v Bank of England* [2005] A.C. 610, 642; *Balabel and Another v Air India* [1988] Ch. 317, 317; *Passmore*, in: Sweet/Maxwell, Privilege, 3. Edition 2013 Para. 2-003.

grundlegende Voraussetzung für die Erteilung eines umfassenden Rechtsrats und mithin eines effizienten Rechtssystems angesehen wird.[236]

Der Begriff der Korrespondenz bezieht sich auf sämtlichen Austausch von Informationen, wobei die Art und Weise, auf der sich der Austausch an sich vollzieht, unerheblich ist. Von dem Legal Advice Privilege wird sowohl schriftliche als auch mündliche Korrespondenz erfasst.[237] Um einen umfassenden Schutz der Vertraulichkeit der Korrespondenz zu gewährleisten, werden auch solche Unterlagen in den Anwendungsbereich miteinbezogen, die sich inhaltlich auf die entsprechende Korrespondenz beziehen, ohne dass sie selbst Teil des Informationsaustauschs gewesen sein müssen.[238]

Weiterhin muss die Korrespondenz im Zusammenhang mit der Erteilung oder dem Empfang von Rechtsberatung erfolgt sein. Eine trennscharfe Definition dieses Merkmal besteht nicht. Die bloße Darstellung der rechtlichen Situation stellt jedoch keine Rechtsberatung im Sinne des englischen Rechts dar.[239] Erforderlich ist vielmehr das Aussprechen einer Empfehlung hinsichtlich eines ordentlichen und rechtmäßigen Verhaltens in der gegebenen Situation.[240] Kernfrage zur Bestimmung des Vorliegens einer Rechtsberatung ist somit, ob der Mandant an den Rechtsberater gerade aufgrund von dessen Fähigkeiten herangetreten ist.[241] Im Umkehrschluss ergibt sich daraus ebenfalls, dass die Rechtsberatung nicht unbedingt im Zusammenhang mit einem gerichtlichen Prozess erfolgt sein muss.[242]

Weitere Voraussetzung für die Anwendbarkeit des Legal Advice Privileges ist, dass die Korrespondenz vertraulich behandelt worden ist.[243] Sofern eine

---

236 *Director of the Serious Fraud Office v Eurasian Natural Resources Corpn Ltd* [2017] 1 W.L.R. 4205, 4220 et. seq.; *R v Derby Magistrates Court Ex parte B.* [1996] A.C. 487, 512; *Balabel and Another v Air India* [1988] Ch. 317, 330; *Anderson v Bank of British Columbia* [1876] 2 Ch. D. 644, 649; *Greenough v Gaskell* [1833] 1 Mylne & Keen 98, 103.

237 *Passmore,* in: Sweet/Maxwell, Privilege, 3. Edition 2013 Para. 2-007.

238 *Astex Therapeutics Ltd v AstraZeneca AB* [2016] EWHC 2759 Ch., para. 47 et seqq.; *Property Alliance Group v Royal Bank of Scotland plc* [2016] 1 W.L.R. 992, 1000; *Three Rivers District Council and Others v Governor and Company of the Bank of England (No 6)* [2005] 1 A.C. 610, 632; *Balabel and Another v Air India* [1988] Ch. 317, 330; *Malek,* in: Sweet/Maxwell, Phipson on Evidence, 19. Edition 2017 Para. 23–18; *Passmore,* in: Sweet/Maxwell, Privilege, 3. Edition 2013 Para. 2-086.

239 *Three Rivers District Council and Others v Governor and Company of the Bank of England (No 6)* [2005] 1 A.C. 610, 613, 632.

240 *Balabel and Another v Air India* [1988] Ch. 317, 330.

241 *Three Rivers District Council and Others v Governor and Company of the Bank of England (No 6)* [2005] 1 A.C. 610, 613.

242 *Director of the Serious Fraud Office v Eurasian Natural Resources Corpn Ltd* [2017] 1 W.L.R. 4205, 4221; *Three Rivers District Council and Others v Governor and Company of the Bank of England (No 6)* [2005] 1 A.C. 610, 613; *Balabel and Another v Air India* [1988] Ch. 317, 330.

243 *Malek,* in: Sweet/Maxwell, Phipson on Evidence, 19. Edition 2017 Para. 23–17.

Korrespondenz öffentlich bekannt ist, kann sie keinen Vertraulichkeitsstatus genießen.

Um von dem persönlichen Anwendungsbereich des Legal Advice Privileges erfasst zu werden, muss die Korrespondenz zwischen einem „*Lawyer*“ und seinem „*Client*“ stattgefunden haben. Die Definition des Lawyers umfasst dabei sämtliche Personen, die einem Rechtsberuf nachgehen.[244] Erfasst werden somit alle zugelassenen Anwälte, unabhängig vom Ort ihrer Zulassung.[245] Darüber hinaus sind auch sämtliche Angestellte, die unter Anleitung und Aufsicht des jeweiligen zugelassenen Rechtsberaters arbeiten (beispielsweise Paralegals, Trainees, Sekretärinnen etc.), in den persönlichen Anwendungsbereich des Legal Advice Privileges miteinbezogen.[246] Im Hinblick auf den Begriff Client ist danach zu unterscheiden, ob es sich bei dem Mandanten um eine natürliche oder eine juristische Person handelt. Sofern eine natürliche Person den Rechtsberater beauftragt, tritt diese unproblematisch in die Position des Client ein.[247] Mandatiert jedoch eine juristische Person (z.B. eine Gesellschaft) den Rechtsberater, ist eine differenziertere Betrachtung vorzunehmen: Zunächst einmal wird die individuelle Person, die den Rechtsberater beauftragt hat, von der Stellung als Client umfasst.[248] Darüber hinaus werden jedoch auch „*employees who are authorised to instruct and receive advice from lawyers*” miteinbezogen.[249] Insoweit ist jedoch erforderlich, dass der Angestellte dazu berechtigt ist, dem Rechtsberater Aufträge/Anweisungen zu erteilen und den korrespondierenden Rechtsrat zu empfangen. Die bloße Berechtigung, Informationen weiterzugeben, konstituiert nicht den Status eines *Clients*.[250]

---

244 *Regina (Prudential plc and another) v Special Commissioner of Income Tax and another (Institute of Chartered Accountants in England and Wales and others intervening)* [2011] 2 W.L.R. 50, 72; *New Victoria Hospital v Ryan* [1993] I.C.R. 201, 204; *Wilden Pump Engineering Co. v Fusfeld and Others* [1985] F.S.R. 159, 166; *Malek*, in: Sweet/Maxwell, Phipson on Evidence, 19. Edition 2017 Para. 23–33; *Passmore*, in: Sweet/Maxwell, Privilege, 3. Edition 2013 Para. 2-027.

245 *R (n the application of Prudential plc and another) v Special Commissioner of Income Tax and another* [2013] UKSC 1, para.29.

246 *Malek*, in: Sweet/Maxwell, Phipson on Evidence, 19. Edition 2017 Para. 23–38; *Passmore*, in: Sweet/Maxwell, Privilege, 3. Edition 2013 Para. 2-027.

247 *Director of the Serious Fraud Office v Eurasian Natural Resources Corp Ltd* [2017] 1 W.L.R. 4205, 4220.

248 *Director of the Serious Fraud Office v Eurasian Natural Resources Corp Ltd* [2017] 1 W.L.R. 4205, 4222; *Three Rivers DC v Bank of England* [2005] A.C. 610, 624.

249 *Director of the Serious Fraud Office v Eurasian Natural Resources Corp Ltd* [2017] 1 W.L.R. 4205, 4222; *In re RBS Rights Issue Litigation* [2017] 1 W.L.R. 1991, 2003; *Three Rivers DC v Bank of England* [2005] A.C. 610, 624; *Passmore*, in: Sweet/Maxwell, Privilege, 3. Edition 2013 Para. 2-032.

250 *Director of the Serious Fraud Office v Eurasian Natural Resources Corpn Ltd* [2017] 1 W.L.R. 4205, 4206; *Astex Therapeutics Ltd v AstraZeneca AB* [2016] EWHC 2759 Ch., para. 50.

c) *Litigation Privilege*

Das Litigation Privilege findet Anwendung, sofern die folgenden Voraussetzungen kumulativ erfüllt sind. Es muss sich um „*a confidential communication between a lawyer and their client or lawyer/client and third party for the dominant purpose of litigation which has been actually or reasonably contemplated*" handeln.[251] Das Litigation Privilege schützt somit die Vertraulichkeit von Korrespondenz, die sich zwischen einem Rechtsberater und seinem Mandanten bzw. dem Rechtsberater, seinem Mandanten und einem Dritten vorrangig zum Zweck der Vorbereitung eines anhängigen oder vernünftigerweise zu erwartenden gerichtlichen Prozesses ereignet. Die Notwendigkeit der Existenz des Litigation Privileges liegt darin, dass eine Partei im Rahmen der Prozessvorbereitung seine Rechercheergebnisse oder Strategien im Rahmen der Disclosure nicht gegenüber der anderen Partei offenlegen müssen soll.[252]

Der sachliche Anwendungsbereich des Litigation Privileges verlangt wiederum das Vorliegen einer Korrespondenz, wobei diese ebenfalls sowohl schriftlich als auch mündlich erfolgt sein kann.[253] Darüber hinaus muss die Korrespondenz im Zusammenhang mit einem gerichtlichen Prozess stattgefunden haben. Der Begriff „gerichtlicher Prozess" bezieht sich dabei ausschließlich auf kontradiktorische Verfahren; Ermittlungen oder Untersuchungen werden nicht erfasst.[254] Weiterhin muss die Korrespondenz vorwiegend zu dem Zweck stattgefunden haben, diese Rechtsstreitigkeit vorzubereiten oder zu unterstützen.[255] Das bedeutet, dass die Korrespondenz gleichzeitig auch einem anderen Zweck zu dienen bestimmt gewesen sein kann, wobei dieser jedoch nicht überwiegen darf.[256] Dabei ist unerheblich,

---

251 *Three Rivers District Council and Others v Governor and Company of the Bank of England (No 6)* [2005] 1 A.C. 610, 675; *Waugh Appellant v British Railways Board Respondents* [1980] A.C. 521, 527; *Malek*, in: Sweet/Maxwell, Phipson on Evidence, 19. Edition 2017 Para. 23–85; *Passmore*, in: Sweet/Maxwell, Privilege, 3. Edition 2013 Para. 3-005.

252 *Ventouris v Mountain* [1991] 1 W.L.R. 607, 611; *Lee v South West Thames Regional Health Authority* [1985] 1 W.L.R. 845, 850; *Waugh Appellant v British Railways Board Respondents* [1980] A.C. 521, 526; *David Lyell v John Lawson Kennedy (No. 2.)* [1883] 9 App. Cas. 81, 90; *Passmore*, in: Sweet/Maxwell, Privilege, 3. Edition 2013 Para. 3-009.

253 *Passmore*, in: Sweet/Maxwell, Privilege, 3. Edition 2013 Para. 3-005.

254 *Three Rivers District Council and Others v Governor and Company of the Bank of England (No 6)* [2005] 1 A.C. 610, 616; *In re L. (A Minor) (Police Investigation: Privilege)* [1996] A.C. 16, 16 et. seq.; *Malek*, in: Sweet/Maxwell, Phipson on Evidence, 19. Edition 2017 Para. 23–94; *Passmore*, in: Sweet/Maxwell, Privilege, 3. Edition 2013 Para. 3-087.

255 *Starbev GP Ltd v Interbrew Central European Holding BV* [2013] EWHC 4038 (Comm), para. 11; *Waugh Appellant v British Railways Board Respondents* [1980] A.C. 521, 522; *Grant v Downs* [1976] 135 C.L.R. 674, 677; *Malek*, in: Sweet/Maxwell, Phipson on Evidence, 19. Edition 2017 Para. 23–85, 23–86.

256 *Bilta (UK) Ltd (in Liquidation) v Royal Bank of Scotland* [2018] WLR(D) 33 Para. 50, 57 ("dual purpose").

ob die Rechtsstreitigkeit bereits anhängig ist oder nur vernünftigerweise erwartet werden kann.[257] Schließlich ist Voraussetzung für die Anwendbarkeit des Litigation Privileges, dass die Korrespondenz vertraulich ist.[258] Sofern eine Korrespondenz öffentlich bekannt ist, kann sie keinen Vertraulichkeitsstatus genießen.

Der persönliche Anwendungsbereich des Litigation Privileges gestaltet sich weitergehend als der des Legal Advice Privileges. Anders als das Legal Advice Privilege findet das Litigation Privilege auch auf solche Korrespondenz Anwendung, die nicht ausschließlich zwischen dem Rechtsberater und seinem Mandanten stattgefunden hat, sondern zwischen dem Rechtsberater und einem Dritten im Zusammenhang mit der Vorbereitung des gerichtlichen Prozesses erfolgt ist.[259]

2) Vereinigte Staaten von Amerika

Das Beweiserhebungsverfahren in den Vereinigten Staaten von Amerika beruht auf dem Instrument der Discovery. Dieses wird durch in der Rechtsprechung entwickelte Legal Privileges beschränkt. Die Legal Privileges unterteilen sich in das Attorney Client Privilege sowie das Work Product Privilege. Die Frage, ob die im US-Recht entwickelten Grundsätze zu den Legal Privileges anwendbar sind, beantwortet sich nach dem sogenannten „*Touching Base*"-Test, welcher durch Überlegungen zum „*Predominant Interest*" komplettiert wird. Danach findet US-Recht und mithin die Legal Privileges auf solche Korrespondenz Anwendung, in denen sich die Rechtsberatung auf in den Vereinigten Staaten von Amerika anhängige Verfahren oder US-Recht bezieht („touch base").[260] Zur Beantwortung dieser Frage

---

257 *Starbev GP Ltd v Interbrew Central European Holding BV* [2013] EWHC 4038 (Comm), para. 11; *Westminster International BV & Ors v Dornoch Ltd & Ors* [2009] EWCA Civ 1323, para. 19 et seq.; *Three Rivers District Council and Others v Governor and Company of the Bank of England (No 6)* [2005] 1 A.C. 610, 662; *United States of America v Philip Morris Inc (British American Tobacco (Investments) Ltd intervening)* [2004] 1 C.L.C. 811, 856; *Waugh Appellant v British Railways Board Respondents* [1980] A.C. 521, 536; *Birmingham and Midland Motor Omnibus Company, Limited v London and North Western Railway Company* [1913] 3 K.B. 850, 851; *Passmore*, in: Sweet/Maxwell, Privilege, 3. Edition 2013 Para. 3-104.

258 *Malek*, in: Sweet/Maxwell, Phipson on Evidence, 19. Edition 2017 Para. 23–17.

259 *Waugh Appellant v British Railways Board Respondents* [1980] A.C. 521, 527; *Wheeler v Le Marchant* [1881] 17 Ch. D. 675, 681; *Passmore*, in: Sweet/Maxwell, Privilege, 3. Edition 2013 Para. 3-011.

260 *In re Ex Parte Application of Financialright GmbH*, 2017 WL 2879696, at 4 (S.D.N.Y. 2017); *Veleron Holding B.V. v. BNP Paribas SA*, 2014 WL 4184806, at 4 (S.D.N.Y. 2014); *Wultz v. Bank of China Limited*, 979 F. Supp. 2d 479, 486 (S.D.N.Y. 2013); *Anwar v. Fairfield Greenwich Limited*, 982 F. Supp. 2d 260, 264 (S.D.N.Y. 2013); *Gucci America, Inc. v. Guess?*, 271 F.R.D. 58, 64 (S.D.N.Y. 2010); *Astra Aktiebolag v Andrex Pharmaceuticals, Inc.*, 208 F.R.D. 92, 99 (S.D.N.Y. 2002); *Bayer AG and Miles, Inc. v. Barr Laboratories, Inc.*, 1994 WL 705331, at 4 (S.D.N.Y. Dec. 16, 1994); *Golden Trade v. Lee Apparel Company*, 143 F.R.D. 514, 522 (S.D.N.Y. 1992).

ist die Erwägung anzustellen, welche Jurisdiktion ein vornehmliches Interesse („predominant interest") daran hat, dass die jeweilige Korrespondenz einen Vertraulichkeitsstandard genießt.[261] Dementsprechend können Legal Privileges nach US-Recht auch auf solche Korrespondenz Anwendung finden, die außerhalb der Vereinigten Staaten von Amerika stattgefunden hat und/oder mit solchen Rechtsberatern, die nicht in den Vereinigten Staaten von Amerika zugelassen bzw. ansässig sind, geführt worden ist. Die Beweislast für die Anwendbarkeit der Legal Privileges obliegt der Partei, die sich auf diese beruft.[262]

a) Discovery

Die Discovery ist vorrangig in Titel V der Federal Rules of Civil Procedure ("**FRCP**") geregelt. Die Vorschrift des § 26(a)(1)(A) FRCP sieht vor, dass:

> *"Except as exempted by Rule 26(a)(1)(B) or as otherwise stipulated or ordered by the court, a party must, without awaiting a discovery request, provide to the other parties:*
>
> (i) *the name and, if known, the address and telephone number of each individual likely to have discoverable information—along with the subjects of that information—that the disclosing party may use to support its claims or defences, unless the use would be solely for impeachment;*
>
> (ii) *a copy—or a description by category and location—of all documents, electronically stored information, and tangible things that the disclosing party has in its possession, custody, or control and may use to support its claims or defences, unless the use would be solely for impeachment;*
>
> (iii) *a computation of each category of damages claimed by the disclosing party—who must also make available for inspection and copying as under Rule 34 the documents or other evidentiary material, unless privileged or protected from disclosure, on which each computation is based, including materials bearing on the nature and extent of injuries suffered; and*

---

261 *In re Ex Parte Application of Financialright GmbH*, 2017 WL 2879696, at 3 (S.D.N.Y. 2017); *Veleron Holding B.V. v. BNP Paribas SA* 2014 WL 4184806, at 4 (S.D.N.Y. 2014); *Anwar v. Fairfield Greenwich Limited* 982 F. Supp. 2d 260, 264 (S.D.N.Y. 2013); *Astra Aktiebolag v Andrex Pharmaceuticals, Inc.* 208 F.R.D. 92, 98 (S.D.N.Y. 2002); *Wultz v. Bank of China Limited* 979 F. Supp. 2d 479, 486; *Golden Trade v. Lee Apparel Company* 143 F.R.D. 514, 522 (S.D.N.Y. 1992).

262 *Younes v. 7-Eleven, Inc.*, 2015 WL 12843884, at 2 (D.N.J. 2015); *Gloucester Tp. Housing Authority v. Franklin Square Associates* 38 F. Supp. 3d 492, 497 (D.N.J. 2014); *U.S. v. Hassan-Goude* 2013 WL 1187087, at 7 (D.N.J. 2013); *LaBarre v. Bristol-Myers Squibb Company* 2012 WL 13034009, at 2 (D.N.J. 2012); *In re Grand Jury 705* F.3d 133, 160 (3d Cir. 2012); *Astrazeneca LP v. Breath Limited* 2010 WL 11428457 at 3 (D.N.J. 2010); *Delco Wire & Cable, Inc. v. Weinberger*, 109 F.R.D. 680, 687 (E.D. Pa. 1986); *United States v. Landof*, 591 F.2d 36, 38 (9th Cir. 1978); *In re Grand Jury Empanelled February 14 1978*, 603 F.2d 469, 474 (3d Cir.1979).

(iv) *for inspection and copying as under Rule 34, any insurance agreement under which an insurance business may be liable to satisfy all or part of a possible judgment in the action or to indemnify or reimburse for payments made to satisfy the judgment."* (Hervorhebungen hinzugefügt).

Dementsprechend hat eine Partei, ohne dass es dazu einer gerichtlichen Anordnung oder eines Antrags der Gegenseite bedarf, sämtliche Daten von möglichen Zeugen, Kopien von Unterlagen, auf deren Inhalt sie sich zu stützen gedenkt, eine Aufrechnung der geforderten Schadenssumme sowie mögliche Versicherungsverträge vor Eröffnung der Hauptverhandlung offenzulegen.

Während § 26(a)(1)(A) FRCP die vier Arten der Informationen, die grundsätzlich im Rahmen einer Discovery offenzulegen sind, beschreibt, stellt die Vorschrift des § 26(b)(1) FRCP dar, welche Dokumente innerhalb dieser vier Kategorien Gegenstand der Discovery sind:

> "*Unless otherwise limited by court order, the scope of discovery is as follows: Parties may obtain discovery regarding any nonprivileged matter that is relevant to any party's claim or defense and proportional to the needs of the case, considering the importance of the issues at stake in the action, the amount in controversy, the parties' relative access to relevant information, the parties' resources, the importance of the discovery in resolving the issues, and whether the burden or expense of the proposed discovery outweighs its likely benefit. Information within this scope of discovery need not be admissible in evidence to be discoverable.*" (Hervorhebungen hinzugefügt).

Daraus ergibt sich, dass die Offenlegungspflicht sich auf sämtliche in § 26(a)(1)(A) FRCP genannte Dokumente bezieht, die keinen Vertraulichkeitsstatus aufweisen und für das Vorbringen einer der Parteien zu dem Verfahren relevant sind. Es spielt dabei keine Rolle, ob die in dem betroffenen Dokument enthaltene Information geeignet ist, das eigene Vorbringen oder das der Gegenpartei zu unterstützen. Darüber hinaus muss der Aufwand der Beschaffung des Dokuments in einem angemessenen Verhältnis zu der Erforderlichkeit der Beweiserhebung – insbesondere im Hinblick auf das Ausmaß der vorliegenden Rechtsstreitigkeit, die Streitsumme und den Zugang der Partei zu dem Dokument – stehen.

b) *Attorney Client Privilege*

Das Attorney Client Privilege bezieht sich auf „*communication between client and counsel, which was intended to be and was in fact kept confidential and made for the purpose of obtaining or providing legal advice.*"[263] Dementsprechend schützt das Attorney Client Privilege sämtliche vertrauliche Korrespondenz, die im Zusammenhang mit einer rechtlichen Beratung zwischen dem Rechtsberater und seinem

---

263 In re *Kellogg Brown & Root, Inc.*, 756 F.3d 754, 757 (D.C. Cir. 2014). *In re City of Erie*, 473 F.3d 413, 419 (2d Cir. 2007); *United States of America v Construction Products Research, Inc.*, 73 F.3d 464, 473 (2d Cir.1996).

Mandanten stattfindet. Es stellt insoweit eine Beschränkung der umfassenden Reichweite der Discovery dar.[264] Hintergrund des Attorney Client Privileges ist, dass es dem Mandanten möglich sein muss, sich vollständig seinem Rechtsberater anvertrauen zu können, ohne befürchten zu müssen, dass die preisgegebenen Informationen von der gegnerischen Partei zu seinen eigenen Lasten verwendet werden.[265]

Der sachliche Anwendungsbereich des Attorney Client Privilege umfasst sämtliche schriftliche oder mündliche Korrespondenz; die Form der Korrespondenz ist insoweit unerheblich.[266] Weiterhin muss die Korrespondenz bereits zum Zeitpunkt, in dem sie sich ereignet hat, als vertraulich behandelt worden sein und auch nach Abschluss der entsprechenden Korrespondenz weiterhin als vertraulich behandelt werden.[267] Der Faktor der Vertraulichkeit setzt sich dabei aus zwei verschiedenen Komponenten zusammen: Zum einen muss der Mandant subjektiv die Absicht aufweisen, die Korrespondenz zwischen ihm und seinem Rechtsberater als vertraulich zu behandeln.[268] Zum anderen muss es sich um eine Korrespondenz handeln, bei der der Mandant objektiv erwarten kann, dass sie als vertraulich behandelt wird.[269] Im Unterschied zum Legal Advice Privilege nach englischem Recht (vgl. Ziffer B) I)

---

264 *Fisher v. United States*, 425 U.S. 391, 403 (1976); *Diversified Indus, Inc. v. Meredith*, 572 F.2d 596, 604 (8th Cir. 1978); *National Labor Relations Bd. v. Harvey*, 349 F.2d 900, 907 (4th Cir. 1965),

265 *Judicial Watch, Inc.v. U.S. Department of Homeland Sec.*, 736 F.Supp.2d 202, 209 (D.D.C. 2010); *Mohawk Industries, Inc. v. Carpenter*, 130 S.Ct. 599, 606 (U.S. 2009); *Upjohn Company v. United States*, 101 S.Ct. 677, 686 (U.S. 1981); *United States v. Solomon Fisher*, 96 S.Ct. 1569, 1577 (U.S. 1976); *Doe v. Baylor Univ.*, 6:16-CV-173-RP, at *3 (W.D. Tex. Aug. 11, 2017); *A.V. v. Panama-Buena Vista Union School District*, 2016 WL 3418446, at 2 (E.D. Cal. 2016); *Las Vegas Sands v. Eighth Jud. Dist. Ct.* 331 P 3d 905, 913 (D. Nev. 2014); *U.S. v. Saccoccia*, 898 F. Supp. 53, 57 (D.R.I. 1995); *Coastal States Gas Corp. v. Department of Energy*, 617 F.2d 854, 862 (D.C. Cir. 1980); *In re I. Kelly v. Ford Motor Company* 110 F.3d 954, 963 (3d Cir. 1997).

266 *Davine v. Golub Corporation*, 2017 WL 517749, at 7 (D. Mass. 2017); *Cambs v. American Express Company, Inc.*, 2016 WL 4735022, at 3 (E.D. Pa. 2016); *State ex rel. Dudek v. Circuit Court for Milwaukee County* 34 Wis.2d 559, 580 (Wis. 1967); *Rice/Barnett/Gershon/Janssen/Shea/Teslicko*, Attorney-Client Privilege in the United States, 2017, § 5.17; *Epstein*, The Attorney-client Privilege and the Work-product Doctrine, 4. Auflage 2001, Seite 47.]

267 *Upjohn Company v. United States* 101 S.Ct. 677, 685 (U.S. 1981); *Rice/Barnett/Gershon/Janssen/Shea/Teslicko*, (o. Fn. 259), § 6.1.

268 *Dowling v. American Hawaii Cruises, Inc.*, 971 F.2d 423, 426 (9th Cir. 1992); *U.S. v. Moscony*, 927 F.2d 742, 752 (3d Cir. 1991); *U.S. v. Dennis*, 843 F.2d 652, 657 (2d Cir. 1988); *Aronson v. McKesson HBOC, Inc.*, 2005 WL 934331 (N.D. Cal. 2005); *E.E.O.C. v. Johnson & Higgins, Inc.*, 1998 WL 778369 (S.D.N.Y. 1998); *Matz v. U.S.*, 1996 WL 628469 (D. Ariz. 1996).

269 *U.S. v. Gann*, 732 F.2d 714, 723 (9th Cir. 1984); *Bower v. Weisman*, 669 F. Supp. 602, 605 (S.D.N.Y. 1987).

1) b)) schützt das Attorney Client Privilege nicht die Vertraulichkeit der der Korrespondenz zugrundeliegenden Fakten.[270]

Schließlich muss die Korrespondenz dem Zweck der Rechtsberatung dienen.[271] Nicht erforderlich ist, dass die Rechtsberatung den einzigen Zweck der Korrespondenz darstellt. Allerdings muss dieser eine vorrangige – und keine untergeordnete – Rolle spielen.[272]

In Bezug auf den persönlichen Anwendungsbereich ist das Vorliegen einer Korrespondenz zwischen dem Rechtsberater und seinem Mandanten erforderlich. Als Rechtsberater anerkannt werden dabei sowohl zugelassene Anwälte[273] (auch solche mit Zulassung außerhalb der Vereinigten Staaten von Amerika)[274] als auch Angestellte des jeweiligen Rechtsberaters, die unterstützende Tätigkeiten ausführen.[275] Die letztere Personengruppe umfasst sämtliche Personen, die maßgeblich für die rechtliche Beratung durch den Rechtsberater sind (z.B. Übersetzer, Sekretärin etc.).[276] Der Rechtsberater muss dabei gerade in seiner Rolle als Rechtsberater tätig werden. Sofern der Rechtsberater generell beratend tätig wird oder grundsätzliche Empfehlungen ausspricht, agiert er nicht in seiner Rolle als Rechtsberater, sodass das Attorney Client Privilege keine Anwendung findet.[277] Von dem

---

270 *Upjohn Company v. United States*, 101 S.Ct. 677, 686 (U.S. 1981); *Diversified Industries, Inc. v. H. Meredith*, 572 F.2d 596, 611 (8th Cir. 1977); *Doca Company v. Westinghouse Electric Company LLC*, 2011 WL 2182439 (W.D. Pa. 2011) *Philadelphia v. Westinghouse Electric Corp.*, 205 F. Supp. 830, 831 (E.D. Pa. 1962); *State ex rel. Dudek v. Circuit Court for Milwaukee County*, 34 Wis.2d 559, 580 (Wis. 1967).

271 *United States v. Krug*, 868 F.3d 82, 87 (2d Cir. 2017); *McAdam v. State Nat. Ins. Co., Inc.*, 2014 WL 1154274, at 3 (S.D. Cal. 2014); *Leazure v. Apria Healthcare Inc.*, 2010 WL 3895727, at 2 (E.D. Tenn. 2010); *U.S. v. Board of County Com'rs of the County of Dona Ana*, 2009 WL 2426194, at 7 (D.N.M. 2009); *Rice/Barnett/Gershon/Janssen/Shea/Teslicko*, (o. Fn. 259), § 7.1.

272 In re *Kellogg Brown & Root, Inc.*, 756 F.3d 754, 759 (D.C. Cir. 2014).

273 *N. L. R. B. v. Harvey*, 349 F.2d 900, 901 (4th Cir. 1965); *Dabney v. Investment Corp. of America*, 82 F.R.D. 464, 465 (E.D. Pa. 1979); *U.S. v. United Shoe Machinery Corp.*, 89 F. Supp. 357, 358 (D. Mass. 1950); *Perkins v. Gregg County*, Tex., 891 F. Supp. 361, 362 et seq. (E.D. Tex. 1995); *Rice/Barnett/Gershon/Janssen/Shea/Teslicko*, (o. Fn. 259), § 3.2.

274 *Rice/Barnett/Gershon/Janssen/Shea/Teslicko*, (o. Fn. 259), § 3.10.

275 In re *Kellogg Brown & Root, Inc.* 756 F.3d 754, 758 (D.C. Cir. 2014) – für Personen, die auf Anweisung des Anwalts tätig werden; In re *Grand Jury Proceedings*, 786 F.2d 3, 6 n.4 (1st Cir. 1986) – für Paralegals; *United States v. Kovel*, 296 F.2d 918, 921 (2d Cir. 1961) – für sämtliche Angestellte, die auf Anweisung des Anwalts tätig werden; *Dabney v. Investment Corp. of America*, 82 F.R.D. 464, 465 (E.D. Pa. 1979) – für Law Students, Paralegals, Investigator.

276 *U.S. v. Kovel*, 296 F.2d 918, 922 (2d Cir. 1961); *Bousamra v. Excela Health*, 167 A. 3d 728, 737 (Pa. Super. Ct. 2017); *U.S. v. Chevron Texaco Corp.*, 241 F. Supp. 2d 1065, 1072 (N.D. Cal. 2003); *Commonwealth v. DuPont*, 730 A.2d 970, 977 (Pa. Super. Ct. 1999).

277 *Upjohn Company v. United States* 101 S.Ct. 677, 680 (U.S. 1981); *Sandra A.T. v. South Berwyn School District 100*, 600 F.3d 612, 620 (7th Cir. 2009); *McAdam v. State Nat. Ins. Co., Inc.*, 2014 WL 1154274, at 3 (S.D. Cal. 2014); *M. Dewitt v. Walgreen Co.* 2012 WL

Begriff des Clients werden sowohl natürliche als auch juristische Person (z.B. eine Gesellschaft) erfasst.[278] Die genaue Beurteilung, welche für die Gesellschaft tätigen, natürlichen Personen in den Anwendungsbereich des Client fallen, richtet sich auf Bundesebene[279] und in der großen Mehrzahl der einzelnen Staaten[280] nach dem „Subject Matter Test".[281] Dieser wurde auf Basis des „Control-Group Tests" entwickelt, wonach die Kommunikation einer für die Gesellschaft (d.h. der Mandantin) tätigen Person nur dann in den Anwendungsbereich des Client fällt, soweit diese entweder mit der notwendigen Vertretungsmacht ausgestattet ist, die es bedarf, um nach Erhalt der Rechtsberatung für die Gesellschaft diesbezügliche, verbindliche Schritte zu unternehmen oder die erforderliche Vertretungsmacht hat, um einen Rechtsberater zu beauftragen.[282] Dieses enge Verständnis beschränkt die Gruppe der Personen, die von dem Mandantenstatus der Gesellschaft erfasst werden, letztlich auf das obere Management.

Der heute weit überwiegend angewendete „Subject-Matter Test" erweiterte den insoweit als zu eng kritisierten Kreis der in den Mandantenstatus der Gesellschaft einbezogenen Personen. Als ausreichend für die Einbeziehung in den Mandantenstatus der Gesellschaft wird bereits angesehen, dass der Person, die mit dem Rechtsberater kommuniziert hat, bekannt ist, dass ihre Auskünfte dazu dienen, eine Rechtberatung zu ermöglichen,[283] und die Erteilung der Informationen in ihren Aufgabenbereich fällt.[284]

3837764, at 3 (D. Idaho 2012); *Leazure v. Apria Healthcare Inc.*, 2010 WL 3895727, at 2 (E.D. Tenn. 2010); *U.S. v. Board of County Com'rs of the County of Dona Ana*, 2009 WL 2426194, at 7 (D.N.M. 2009); *Marks*, Seattle U. L. Rev. 2006, 155,164.

278 United States v. Louis. Nash. R.R, 236 U.S. 318, 336 (1915); *Upjohn Company v. United States*, 449 U.S. 383, 389 (U.S. 1981); Marriott Corp. v. American Academy of Psychotherapists, Inc., 157 Ga. App. 497, 503 (U.S. 1981).

279 United States v. Louis. Nash. R.R, 236 U.S. 318, 336 (1915); *Upjohn Company v. United States*, 49 U.S. 383, 391 (U.S. 1981).

280 *Wolkowiak*, in: Wolkowiak, The Attorney-client Privilege in Civil Litigation: Protecting and Defending Confidentiality, 2008, Chapter 1, S. 6ff.

281 In Alaska, Hawaii, Illinois, Maine, New Hampshire und Oklohoma erfolgt die Bestimmung der Reichweite des Begriffs *Client* immer noch anhand des „Control-Group Test", vgl. dazu *Wolkowiak*, in: Wolkowiak, The Attorney-client Privilege in Civil Litigation: Protecting and Defending Confidentiality, 2008, Chapter 1, S. 6ff und Fn. 35.

282 *Marriott Corp. v. American Academy of Psychotherapists, Inc.*, 157 Ga. App. 497, 504 (US. 1981); *Zuniga v. Sw. Airlines*, 2013 WL 228460, at 3 (N.D. Ill. Jan. 22, 2013); *Maxtena, Inc. v. Marks*, 2013 WL 1316386, at 5 (D. Md. Mar. 26, 2013; *Totherow v. Rivier College*, No. 05-C-296 at 7–8 (N.H. Super. Feb. 20, 2007).

283 *Upjohn Company v. United States*, 101 S.Ct. 677, 680, 685 (U.S. 1981); *United States v. Chen*, 99 F.3d 1495, 1502 (9th Cir. 1995); *MGA Entertainment, Inc. v. National Products Ltd*, 2012 WL 3150532, at 2 (C.D. Cal. 2012); *Deel v. Bank of America, N.A.* 227 F.R.D. 456, 461 (W.D. Va. 2005).

284 *Upjohn Company v. United States*, 101 S.Ct. 677, 680, 685 (U.S. 1981); *United States v. Chen*, 99 F.3d 1495, 1502 (9th Cir. 1995); *MGA Entertainment, Inc. v. National Products Ltd*, 2012 WL 3150532, at 2 (C.D. Cal. 2012).

c) *Work Product Doctrine*

Die Work Product Doctrine ist in § 26(b)(3) FRCP für Verfahren vor Bundesgerichten kodifiziert. Die Vorschrift des § 26(b)(3)(A) FRCP, welche den Grundsatz der Work Product Doctrine darlegt, sieht vor:

> "*Ordinarily, a party may not discover documents and tangible things that are prepared in anticipation of litigation or for trial by or for another party or its representative (including the other party's attorney, consultant, surety, indemnitor, insurer, or agent).*" (Hervorhebung hinzugefügt).

Dementsprechend schützt die Work Product Doctrine die Vertraulichkeit von Dokumenten und körperlichen Gegenständen, die in der Erwartung eines gerichtlichen Prozesses für bzw. von einer Partei vorbereitet wurden.

Eine Definition von Dokumenten und körperliche Gegenstände findet sich in der Vorschrift des § 26(b)(3)(B) FRCP:

> "*If the court orders discovery of those materials, it must protect against disclosure of the mental impressions, conclusions, opinions, or legal theories of a party's attorney or other representative concerning the litigation.*" (Hervorhebung hinzugefügt).

Die Work Product Doctrine beschränkt insoweit die Reichweite der Discovery. Indem es eine umfassende Vorbereitung im Hinblick auf einen Rechtsstreit zulässt, ohne dass eine Partei Sorge haben muss, dass ihre Vorbereitungen im Rahmen der Discovery offenzulegen sind und letztlich gegen sie verwendet werden können, dient sie dem Schutz des kontradiktorischen Rechtssystems.[285] Im Unterschied zum Attorney Client Privilege (vgl. Ziffer B) I) 2) b)) bietet die Work Product Doctrine keinen absoluten Schutz, sondern stellt lediglich qualifizierte Anforderungen, an die Begründung der Erforderlichkeit der Offenlegung im Rahmen der Discovery.

Der sachliche Anwendungsbereich der Work Product Doctrine umfasst Dokumente und körperliche Gegenstände („*documents and tangible things*"), welche zusammenfassend als Work Product bezeichnet werden. Innerhalb des Begriffs Work Product ist nach ständiger Rechtsprechung zwischen Opinion Work Product und Ordinary Work Product zu differenzieren.[286] Unter Opinion Work Product sind

---

285 *Hickman* v. *Taylor*, 329 U.S. 495, 516 (U.S. 1947); *Westinghouse Elec. Corp.* v. *Republic of Philippines*, 951 F.2d 1414, 1428 (3d Cir. 1991); *In re San Juan Dupont Plaza Hotel Fire Litigation*, 859 F.2d 1007, 1014 (1st Cir. 1988); *Sporck v. K.Peil* 759 F.2d 312, 316 (3d Cir. 1985); *In re W.Murphy*, 560 F.2d 326, 334 (8th Cir. 1977); *In re I. Kelly v. Ford Motor Company*, 110 F.3d 954, 963 (3d Cir. 1997); *Hager v. Bluefield Regional Medical Center, Inc.*, 170 F.R.D. 70, 75 (D.D.C. 1997); *Pacamor Bearings, Inc. v. Minebea Co., Ltd.*, 918 F. Supp. 491, 512 (D.N.H. 1996); *Coastal States Gas Corp. v. Department of Energy*, 617 F.2d 854, 864 (D.C. Cir. 1980).

286 *In re San Juan Dupont Plaza Hotel Fire Litigation* 859 F.2d 1007, 1014 (1st Cir. 1988); *In re W.Murphy* 560 F.2d 326, 336 (8th Cir. 1977); *Pacamor Bearings, Inc. v. Minebea Co., Ltd.* 918 F. Supp. 491, 512 (D.N.H. 1996).

gemäß § 26(b)(3)(B) FRCP sämtliche Materialien zu verstehen, die die gedanklichen Eindrücke, Erkenntnisse, Ansichten oder Strategien des Rechtsberaters widerspiegeln.[287] Der Begriff Ordinary Work Product umfasst sämtliche Materialien, die nicht die eigenen Ansichten des Rechtsberaters widergeben und somit nicht dem Opinion Work Product unterfallen.[288] Diese Unterscheidung ist relevant für die Anforderungen, die an eine mögliche Anordnung zur Offenlegung im Rahmen einer Discovery gestellt werden (vgl. Ziffer B) II) 2) b)).

Entscheidend ist jedoch, dass diese Dokumente und körperlichen Gegenstände in der Erwartung einer Rechtsstreitigkeit angefertigt worden sind. Es ist nicht erforderlich, dass die erwartete Rechtsstreitigkeit bereits anhängig geworden ist, ausreichend ist vielmehr eine nachvollziehbare Wahrscheinlichkeit („*credible probability*") für das zukünftige Eintreten der erwarteten Rechtstreitigkeit.[289] Gleichzeitig sind solche Dokumente und körperlichen Gegenstände von dem sachlichen Anwendungsbereich der Work Product Doctrine ausgenommen, die im Rahmen der allgemeinen Geschäftsführung angefertigt wurden und im Anschluss daran lediglich auch zu der Vorbereitung einer Rechtstreitigkeit herangezogen werden.[290]

Der persönliche Anwendungsbereich der Work Product Doctrine ist weit zu verstehen. Geschützt werden nicht nur die Dokumente und körperlichen Gegenstände, die der Rechtsberater vorbereitet hat, sondern – unabhängig von der

---

287 *In re Cedant Corporation Securities Litigation*, 343 F.3d 658, 663 (3d Cir. 2003); *In re San Juan Dupont Plaza Hotel Fire Litigation* 859 F.2d 1007, 1014 (1st Cir. 1988); *Sporck v. K.Peil* 759 F.2d 312, 316 (3d Cir. 1985); *Duplan Corp. v. Moulinage et Retorderie de Chavanoz*, 509 F.2d 730, 732 (4th Cir. 1974); *Pacamor Bearings, Inc. v. Minebea Co., Ltd.* 918 F. Supp. 491, 512 (D.N.H. 1996); *Thomas Reuter*, Corporate Counsel's Guide to the Attorney-Client, Work-Product and Self-Evaluative Privileges, 2018 Para. 6.13.

288 *In re San Juan Dupont Plaza Hotel Fire Litigation* 859 F.2d 1007, 1014 (1st Cir. 1988); *Pacamor Bearings, Inc. v. Minebea Co., Ltd.* 918 F. Supp. 491, 512 (D.N.H. 1996); In re *Murphy*, 560 F.2d 326, 334 (8th Cir. 1977) *Thomas Reuter*, (o. Fn. 275), Para. 6.13; *Anderson/Cadieux/Hays/Hingerty*, Cornell L. Rev. 1982, 760, 793.

289 *In re Sealed Case* 146 F.3d 881, 884 (D.C. 1998); *Allendale Mut. Ins. Co. v. Bull Data Systems, Inc.* 152 F.R.D. 132, 136 (N.D.Ill. 1993); *Harper v. Auto-Owners Ins. Co* 138 F.R.D. 665, 660 (S.D. Ind. 1991); *Fox v. California Sierra Financial Services*, 120 F.R.D. 520, 524 (N.D. Cal. 1988); *Panter v. Marshall Field & Co.*, 80 F.R.D. 718, 725 ((N.D. Ill. 1978); *Garfinkle v. Arcata National Corporation*, 64 F.R.D. 688, 694 (S.D.N.Y. 1974).

290 *Heriot v. Bryne* 257 F.R.D. 645, 663 (N.D. Ill. 2009); *Equity Residential v. Kendall Risk Management, Inc.* 246 F.R.D. 557, 564 (N.D. Ill. 2007); *Allendale Mut. Ins. Co. v. Bull Data Systems, Inc.* 152 F.R.D. 132, 136 (N.D.Ill. 1993), *Harper v. Auto-Owners Ins. Co* 138 F.R.D. 665, 660 (S.D. Ind. 1991); *Fox v. California Sierra Financial Services*, 120 F.R.D. 520, 524 (N.D. Cal. 1988); *Carey-Canada, Inc. v. California Union Insurance Company* 118 F.R.D. 242, 246 (D.D.C. 1986).

Person des Erstellers – jegliche Materialien, die für die Zwecke des erwarteten Rechtsstreits erstellt worden sind (z.B. Recherchen, Befragungen von Dritten auf Veranlassung des Rechtsberaters etc.).[291] Wie sich bereits aus dem Wortlaut der Vorschrift des § 26(b)(3)(B) FRCP „*of a party's attorney or other representatives concerning the litigation*" ergibt, ist die Beteiligung eines Rechtsberaters nicht zwingend erforderlich.[292]

3) Andere Jurisdiktionen

Neben dem Vereinigten Königreich und den Vereinigten Staaten von Amerika gibt es noch weitere Jurisdiktionen, deren Beweiserhebungsverfahren eine Disclosure/Discovery vorsieht. Dies hat zur Konsequenz, dass in diesen Jurisdiktionen ebenfalls Legal (Professional) Privileges als Schranken der Disclosure/Discovery bestehen und anerkannt sind.

In diesem Zusammenhang zu nennen ist beispielsweise Australien. Ähnlich wie das Legal Advice Privilege in dem Vereinigten Königreich (vgl. Ziffer B) I) 1) b)) sieht der Evidence Act unter australischem Recht das sogenannte Client Legal Privilege vor. Dieses ist inhaltlich weitestgehend dem Legal Advice Privilege angenähert. Darüber hinaus kennt der australische Evidence Act auch ein Litigation Privilege, welches ebenfalls sehr stark dem englischen Litigation Privilege ähnelt.

Weiterhin sieht das Recht in Hong Kong sowohl ein Legal Advice Privilege als auch ein Litigation Privilege vor. Diese beiden Privilegien sind inhaltlich nahezu deckungsgleich mit den entsprechenden Rechten unter UK-Recht. Ein signifikanter Unterschied stellt allerdings die Definition des Mandanten dar, welche unter in Hong Kong geltendem Recht wesentlich weiter verstanden wird als in demjenigen des Vereinigten Königreichs.[293]

Ebenso existiert in Indien ein Legal Privilege für sämtliche Korrespondenz, die ein mandatierter Rechtsberater im Rahmen der Rechtsberatung mit seinem Mandanten austauscht. Dieses Recht ist an das Legal Advice Privilege angelehnt. Ein Äquivalent zum Litigation Privilege besteht in Indien nicht.

Abschließend ist noch das südafrikanische Recht in die Aufzählung aufzunehmen. Nach süd-afrikanischem Recht besteht sowohl ein Legal Advice Privilege (auch Attorney Client Privilege genannt) als auch ein Litigation Privilege.

---

291 *Heriot v. Bryne* 257 F.R.D. 645, 664 (N.D. Ill. 2009); *Allendale Mut. Ins. Co. v. Bull Data Systems, Inc.*, 152 F.R.D. 132, 136, 137 (N.D.Ill. 1993); *Railroad Salvage of Conn., Inc. v. Japan Freight Consolidators (U.S.A.) Inc.*, 97 F.R.D. 37, 41 (E.D.N.Y. 1983); *Home Ins. Co. v. Ballenger Corp.*, 74 F.R.D. 93, 101 (N.D. Ga. 1977); *Bredice v. Doctors Hospital, Inc.*, 50 F.R.D. 249, 251 (D.D.C.1970); *Thomas Reuter*, (o. Fn. 275), Para. 6.10.

292 *United Coal Companies v. Powell Const. Co.*, 839 F.2d 958,966 (3d Cir. 1988).

293 *Citic Pacific Limited v Secretary for Justice Commission of Police* [2015], Civil Appeal No. 7 of 2012, para. 63.

Das Ausmaß der Anzahl der Jurisdiktionen[294], die Legal (Professional) Privileges als Teil ihres Beweiserhebungsverfahrens vorsehen, führt eindrucksvoll vor, welchen Einfluss den die Antwort der Frage, wie sich die Durchführung der Sonderprüfung auf bestehende Legal (Professional) Privileges auswirkt, für sämtliche Unternehmen für sich beansprucht.

II) Verlust der Legal (Professional) Privileges

Im Folgenden wird untersucht, unter welchen Umständen der Verlust der Legal (Professional) Privileges in dem Vereinigten Königreich bzw. den Vereinigten Staaten von Amerika zu erwarten ist.

1) Vereinigtes Königreich

Die Legal Professional Privileges finden keine Anwendung mehr, sofern die Vertraulichkeit der Korrespondenz bzw. der Unterlagen, auf die sie sich beziehen, aufgehoben wurde.[295] Dabei ist irrelevant, ob es sich um das Legal Advice Privilege oder das Litigation Privilege handelt. Die Umstände, die einen Verlust der Legal Professional Privileges herbeiführen, sind in beiden Fällen gleich gelagert.

Die Aufhebung eines Legal Professional Privileges obliegt grundsätzlich dem Mandanten[296] bzw. einem dazu berechtigten Vertreter des Mandanten[297].

Sie kann ausdrücklich („*expressed waiver*")[298] durch Offenlegung der vormals vertraulich zu behandelnden Korrespondenz gegenüber dem Gericht bzw. einem Dritten initiiert werden. Weiterhin ist eine konkludente Aufhebung („*implied waiver*") möglich, sofern das Verhalten der zur Aufhebung berechtigten Person nicht im Einklang mit demjenigen Verhalten, das zu der Aufrechterhaltung des Schutzes der Vertraulichkeit der entsprechenden Korrespondenz erforderlich ist, steht.[299]

---

294 Die unter Ziffer B) I) vorgenommene Aufzählung enthält keinen Anspruch auf Vollständigkeit im Hinblick auf die genannten Jurisdiktionen.

295 *Three Rivers District Council v. Bank of England (No.6)* [2005] A.C. 610, 624; *Oxford Gene Technology Ltd v Affymetrix Inc. (No. 2)* [2001] R.P.C. 18, 318; *Passmore*, in: Sweet/Maxwell, Privilege, 3. Edition 2013 Para. 7-003, 7-036; *Brabyn*, C.J.Q. 2012, 176, 178.

296 *R (n the application of Prudential plc and another) v Special Commissioner of Income Tax and another* [2013] UKSC 1, para. 22; *Quinn Direct Insurance Ltd v. Law Society* [2011] 1 W.L.R. 308, 318; *Gotha City v Sotheby's and Another* [1998] 1 W.L.R. 114, 119; *Regina v. Derby Magistrates' Court, Ex parte B.* [1996] A.C. 487, 504; *Ventouris v. Mountain, The Italian Express* [1991] 1 W.L.R. 607, 611; *Malek*, in: Sweet/Maxwell, Phipson on Evidence, 19. Edition 2017 Para. 26-07; *Passmore*, in: Sweet/Maxwell, Privilege, 3. Edition 2013 Para. 7-014.

297 *Malek*, in: Sweet/Maxwell, Phipson on Evidence, 19. Edition 2017 Para. 26-07.

298 *Passmore*, in: Sweet/Maxwell, Privilege, 3. Edition 2013 Para. 7-003 und Fußnote 5.

299 *Malek*, in: Sweet/Maxwell, Phipson on Evidence, 19. Edition 2017 Para. 26–38; *Passmore*, in: Sweet/Maxwell, Privilege, 3. Edition 2013 Para. 7-015.

Das Vorliegen der Voraussetzungen für die Aufhebung der Legal Professional Privileges bestimmt sich aus einer rein objektiven Perspektive. Es ist mithin unerheblich, ob die objektiv zur Aufhebung berechtigte Person vorsätzlich hinsichtlich der Aufhebung der entsprechenden Legal Professional Privileges handelt.[300]

Darüber hinaus kennt das englische Recht die Institute der selektiven Aufhebung („*selective waiver*") und der Aufhebung für einen begrenzten Zweck („*limited purpose waiver*"). Selektive Aufhebung bedeutet, dass die Vertraulichkeit der Korrespondenz nur gegenüber demjenigen, dem die Korrespondenz gegenüber offengelegt wird, aufgehoben wird. Gegenüber jedem anderen bleibt der Vertraulichkeitsstatus erhalten.[301] Davon abzugrenzen ist eine Aufhebung für einen begrenzten Zweck. Darunter ist die Offenlegung einer Korrespondenz gegenüber einem Dritten zu verstehen, wobei ausdrücklich festgelegt wird, dass diese nur zu einem bestimmten Zweck erfolgt. Das bedeutet, dass der Vertraulichkeitsstatus dieser Korrespondenz grundsätzlich gegenüber allen anderen sowie gegenüber dem Dritten, dem die Korrespondenz zugänglich gemacht wurde, für sämtliche Situationen außerhalb des festgelegten Zwecks erhalten bleibt.[302]

Darüber hinaus gibt es zwei anerkannte Ausnahmen, bei deren Einschlägigkeit die Offenlegung einer Korrespondenz nicht in dem Verlust des Vertraulichkeitsstatus und mithin der Pflicht zur Herausgabe der Korrespondenz im Rahmen einer Disclosure mündet.

Zum einen ist in diesem Zusammenhang die „Common Interest Doctrine" zu nennen. Danach kann eine Partei privilegierte Informationen mit einem Dritten teilen, mit dem sie ein gemeinsames Interesse („*common interest*") aufweist, ohne dass dies zur Aufhebung der Legal Professional Privileges führt.[303] Zweck der Common Interest Doctrine ist, zwei (oder mehr) Parteien den Austausch von

---

300 *Digicel (St. Lucia) Limited v. Cable & Wireless Plc* [2009] EWHC 1437 (Ch), at 31; *Gotha City v Sotheby's and Another* [1998] 1 W.L.R. 114, 120; *Great Atlantic Insurance v. Home Insurance Co.* [1981] 1 W.L.R. 529, 529; *Malek*, in: Sweet/Maxwell, Phipson on Evidence, 19. Edition 2017 Para. 26-03.

301 *USP Strategies v London General Holdings Ltd* [2004] EWHC 373 (Ch.) at 19d; *Brabyn*, C.J.Q. 2012, 176, 177; *Gotha City v Sotheby's and Another* [1998] 1 W.L.R. 114, 120.

302 *B and Others v Auckland District Law Society and Another* [2003] 2 A.C. 736, 742; *Bourns Inc v Raychem Corp.* [1999] C.L.C. 1029, 1037; *Court of Appeal in Goldberg v. Ng* [1994] 33 N.S.W.L.R. 639, 651; *British Coal Corporation v. Dennis Rye Ltd. (No. 2)* [1988] 1 W.L.R. 1113,1120 et seq.; *Downey v. Murray* [1988] 13 N.I.J.B. 84; *Goldman v Hesper* [1988] 1 W.L.R. 1238, 1245; *Goddard v Nationwide Building Society* [1987] QB 670, 683, 684; *Malek*, in: Sweet/Maxwell, Phipson on Evidence, 19. Edition 2017 Para. 26–30; *Brabyn*, C.J.Q. 2012, 176, 180.

303 *Winterthur Swiss Insurance Company, The National Insurance & Guarantee Corporation Limited v AG (Manchester) Limited (In Liquidation)* [2006] EWHC 839 (Comm), at 78; *Buttes Gas and Oil Co. and Another v Hammer and Another (No. 3)* [1981] Q.B. 223, 231; *Malek*, in: Sweet/Maxwell, Phipson on Evidence, 19. Edition 2017 Para. 24-06; *Passmore*, in: Sweet/Maxwell, Privilege, 3. Edition 2013 Para. 6-061.

Informationen zu dem Zweck, sich im Hinblick auf einen anhängigen oder vernünftigerweise zu erwartenden Rechtsstreit gegenseitig über die relevanten Fakten, Umstände oder erhaltenen bzw. gesuchten Rechtsrat in Kenntnis zu setzen, zu ermöglichen.[304] Eine exakte Definition des gemeinsamen Interesses besteht in der Rechtsprechung nicht. Mindestens ist jedoch eine Situation zu verlangen, in der die betroffenen Parteien ein ähnliches Interesse daran haben, dass eine rechtliche Streitigkeit einen bestimmten Ausgang nimmt.[305] Dabei müssen die Ansichten der Parteien jedoch nicht identisch sein.[306]

Unklar ist, in welchem Zeitpunkt das gemeinsame Interesse zwischen den Parteien bestehen muss. Während teilweise angenommen wird, dass der relevante Zeitpunkt die Vorbereitung des Dokuments[307] sei, stellen andere Präzedenzfälle auf den Zeitpunkt der Offenlegung des Dokuments gegenüber der anderen Partei, mit er ein gemeinsames Interesse besteht[308], ab. Einigkeit herrscht jedoch insoweit, als ein Dokument, dessen Offenlegung aufgrund der Anwendbarkeit der Common Interest Doctrine nicht in dem Verlust der Vertraulichkeit resultiert hat, auch nach dem Wegfall des gemeinsamen Interesses der Parteien im Nachhinein weiterhin als vertraulich zu betrachten ist.[309]

Die Konsequenz der Anwendbarkeit der Common Interest Doctrine ist, dass der Vertraulichkeitsstatus der Information, die der anderen Partei gegenüber offengelegt wurde, nicht verloren geht, sondern dieses weiterhin als privilegiert anzusehen ist. Dementsprechend muss die Partei, die die Information empfangen hat, diese nicht im Rahmen einer zukünftigen Discovery in einem anderen Verfahren offenlegen.[310] Beide Parteien können sich somit auf den Vertraulichkeitsstatus des Dokuments berufen. Gleichzeitig entspricht es der wohl herrschenden Ansicht in der Rechtsprechung, dass das Recht, das entsprechende Dokument gegenüber Dritten offenzulegen, ausschließlich bei der Partei, die das Dokument mit der anderen Partei geteilt hat, liegt. Die Partei, die das Dokument erhalten hat, darf folglich

---

304 *Winterthur Swiss Insurance Company, The National Insurance & Guarantee Corporation Limited v AG (Manchester) Limited (In Liquidation)* [2006] EWHC 839 (Comm), at 79; *Buttes Gas and Oil Co. and Another v Hammer and Another (No. 3)* [1981] Q.B. 223, 267.

305 *Passmore*, in: Sweet/Maxwell, Privilege, 3. Edition 2013 Para. 6-005, 6-062.

306 *Leif Hoegh & Co A/S v Petrolsea Inc*; The 'World Era' [1993] 1 Lloyd's Rep. 363.

307 *Formica Ltd v Export Credits Guarantee Department*, [1995] 1 Lloyd's Rep. 692.

308 *Leif Hoegh & Co A/S v Petrolsea Inc*; The 'World Era' [1993] 1 Lloyd's Rep. 363, 366.

309 *Winterthur Swiss Insurance Company, The National Insurance & Guarantee Corporation Limited v AG (Manchester) Limited (In Liquidation)* [2006] EWHC 839 (Comm), at 81; *Commercial Union Assurance Co Plc v Mander*, [1996] 2 Lloyd's Rep. 640, 645; *Leif Hoegh & Co A/S v Petrolsea Inc*; The 'World Era' [1993] 1 Lloyd's Rep. 363; *Malek*, in: Sweet/Maxwell, Phipson on Evidence, 19. Edition 2017 Para. 24-08.

310 *Malek*, in: Sweet/Maxwell, Phipson on Evidence, 19. Edition 2017 Para. 24-06.

keine Handlungen vornehmen, die die Aufhebung dessen Vertraulichkeitsstatus zur Folge hätte.[311]

Zum anderen besteht eine sogenannte „Joint Privilege Doctrine". Diese findet Anwendung, wenn zwei Parteien den gleichen Rechtsberater mit demselben Anliegen mandatiert haben („*joint retainer*").[312] Teilweise wird es bereits als ausreichend erachtet, dass die Parteien ein gemeinsames Interesse („*joint interest*") am Gegenstand der privilegierten Dokumente haben, ohne dass sie zwingend denselben Rechtsberater mandatiert haben müssen.[313] Ein derartiges gemeinsames Interesse liegt dann vor, wenn die Natur der Beziehung der zwei Parteien gegen die Aufrechterhaltung des Vertraulichkeitsstatus des Dokuments gegenüber der jeweils anderen Partei spricht, weil beide Parteien Rechtsberatung in Bezug auf exakt denselben Gegenstand erhalten.[314] Dies ist meistens anzunehmen, wenn die Beziehung der beiden Parteien die eines Treuhänders und Begünstigten, eines Mutter- und Tochterunternehmens, eines Unternehmens und ihrer Aktionäre oder von Eheleuten ist.[315]

Sofern die Offenlegung einer Korrespondenz unter die Joint Privilege Doctrine fällt, steht beiden Parteien das Recht zu, sich auf den Vertraulichkeitsstatus zu

---

311 *Farrow Mortgage Services v Webb* [1996] NSWSC 259; *Malek*, in: Sweet/Maxwell, Phipson on Evidence, 19. Edition 2017 Para. 24-08.

312 *R (Ford) v The Financial Services Authority and Others* [2012] 3 Costs L.O. 319, 327; *Hellenic Mutual War Risks Association (Bermuda) Ltd v Harrison (The Sagheera) Sagheera* [1997] 1 Lloyd's Rep. 160, 165 et seq.; *Re Konigsberg (a bankrupt), Ex p. the Trustee v Konigsberg and Others close* [1989] 1 W.L.R. 1257, 1265; *Passmore*, in: Sweet/Maxwell, Privilege, 3. Edition 2013 Para. 6-008.

313 *R (Ford) v The Financial Services Authority and Others* [2012] 3 Costs L.O. 319, 327; *Saltri III Limited v MD Mezzanine SA SICA (As Mezzanine Facility Agent), JP Morgan Europe Limited (As Security Trustee), MD Mezzanine SA SICAR, Quintus European Mezzanine Fund SARL, ECAS SARL, Lloyds TSB Bank PLC, Contego CLO I BV, Gresham Capital CLO IV BV v Servus Holdco Sarl, Blitz F-10-Acht-Drei-Drei GMBH & Co KG* [2012] EWHC 1270 (Comm), at 77; *W Dennis & Sons v West Norfolk Farmers Mature and Chemical Cooperative Co Ltd* [1943] 1 Ch.D. 220; *Passmore*, in: Sweet/Maxwell, Privilege, 3. Edition 2013 Para. 6-005; *Malek*, in: Sweet/Maxwell, Phipson on Evidence, 19. Edition 2017 Para. 6-013.

314 *Malek*, in: Sweet/Maxwell, Phipson on Evidence, 19. Edition 2017 Para. 24-11.

315 *In re Londonderry's Settlement* [1965] 1 Ch 918, 932 – with respect to trustees and beneficiaries; *O'Rourke Appellant; v Darbishire and Others Respondents* [1920] A.C. 581 at 619 – trustees and beneficiaries; *Talbot v. Marshfield* [1865] 2 Drew & Sm 549 – with respect to trustees and beneficiaries; *Inversiones Frieira SL and another v Colyzeo Investors II LP and another* [2012] Bus. L.R. 1136, 1148 – für Limited Partnership; *BBGP Managing General Partner v Babcock & Brown Global Partners* [2011] Ch. 296, 317 – für eine Limited Partnership; *In re Hydrosan Ltd* [1991] BCLC 418 – für Aktionäre; *Dennis & Sons v West Norfolk Farmers Mature and Chemical Cooperative Co Ltd* [1943] 1 C.G. 220 – für Aktionäre; *Woodhouse & Co Ltd v Woodhouse* [1914] 30 TLR 559 – für Aktionäre,.

berufen. Spiegelbildlich kann dieser auch nur gemeinsam von beiden Parteien aufgegeben werden.[316] Der Vertraulichkeitsstatus des jeweiligen Dokuments bleibt auch dann erhalten, wenn das gemeinsame Interesse der Parteien im Nachhinein wegfällt.[317]

2) Vereinigte Staaten von Amerika

a) Attorney Client Privilege

In dem Zeitpunkt, in dem die Korrespondenz nicht mehr als vertraulich behandelt wird, entfällt das Attorney Client Privilege.[318] Die vormals vertrauliche Korrespondenz sowie sämtliche weitere Korrespondenz, die sich auf denselben Gegenstand bezieht, gelten nicht mehr als vertraulich und sind somit im Rahmen der Discovery herauszugeben.[319]

Da das Attorney Client Privilege dem Schutz des Mandanten dient (vgl. Ziffer B) I) 2) b)), steht es nur dem Mandanten[320] bzw. dem im Rahmen seiner Vertretungsmacht handelnden Vertreter des Mandanten[321] zu, das Attorney Client Privilege aufzuheben. Denkbar ist zum einen eine ausdrückliche Aufhebung („*expressed*

316 *Birdseye v Roythorne & Co* [2015] EWHC 1003 (Ch); *Hellenic Mutual War Risks Association (Bermuda) Ltd v Harrison* [1997] 1 Lloyd's Rep 160, 165 et seq.; *In re Konigsberg* [1989] 1 W.L.R. 1257; *Rochefoucauld v Boustead* [1896] 65 L.J. Ch. 794; *Malek*, in: Sweet/Maxwell, Phipson on Evidence, 19. Edition 2017 Para. 24-02.

317 *R. v Derby Magistrates' Court, Ex p. B* [1996] 1 A.C. 487, 503; *Goldstone v Williams, Deacon & Co* [1899] 1 Ch 47, 52; *Calcraft v Guest* [1898] 1 Q.B. 759; *Pearce v Foster* [1885] 15 Q.B.D. 114; *Bullock & Co v Corry & Co* [1877-78] 3 Q.B.D. 356, 358; *Passmore*, in: Sweet/Maxwell, Privilege, 3. Edition 2013 Para. 6-105.

318 *Doe v. Baylor Univ.*, 6:16-CV-173-RP, at 7 (W.D. Tex. Aug. 11, 2017); *Certain Underwriters at Lloyd's v. National Railroad Passenger Corporation*, 162 F. Supp. 3d 145, 155 (E.D.N.Y. 2016); *National Day Laborer Organizing Network v. U.S. Immigration and Customs Enforcement Agency*, 2011 WL 5056989, at 8 (S.D.N.Y. 2011); *In re Air Crash at Belle Harbor, New York on November 12, 2001*, 241 F.R.D. 202, 203 et seq. (S.D. N.Y. 2007); *Sidari v. Orleans County*, 2000 WL 33407343 at 8 (W.D.N.Y. 2000); *Baltimore Scrap Corp. v. David J. Joseph Co.*, 1996 WL 720785, at 8 (D. Md. 1996); *U.S. v. Kelsey-Hayes Wheel Co.*, 15 F.R.D. 461, 467 (E.D. Mich. 1954); *Rice/Barnett/Gershon/Janssen/Shea/Teslicko*, (o. Fn. 259), Para. 6.1, 6.31.

319 *Williams & Connolly* v. *S.E.C.*, 662 F.3d 1240, 1244 (D.C. Cir. 2011).

320 *Republic Gear Co. v. Borg-Warner Corp.*, 381 F.2d 551, 556 (2d Cir. 1967); *Maloney v. Sisters of Charity Hosp. of Buffalo*, 165 F.R.D. 26, 29 (W.D.N.Y. 1995); *Leucadia, Inc. v. Reliance Ins. Co.*, 101 F.R.D. 674, 680 (S.D.N.Y. 1983).

321 *Gillers/Simon/Perlman*, Regulation of Lawyers: Statutes and Standards, 2018, Restatement (3d) of the Law Governing Lawyers, § 79 – "The attorney-client privilege is waived if the client, the client's lawyer, or another authorized agent of the client voluntarily discloses the communication in a nonprivileged communication."

waiver"), indem die entsprechende Korrespondenz bewusst vom Mandanten bzw. von dessen Vertreter gegenüber Dritten offengelegt und somit absichtlich nicht mehr als vertraulich behandelt wird.[322] Ebenso möglich ist eine konkludente Aufhebung („*implied waiver*") des Attorney Client Privileges. Diese ist dann anzunehmen, wenn das Verhalten des Mandanten dazu führt, dass der Vertraulichkeitsstatus der entsprechenden Korrespondenz nicht aufrecht erhalten bleibt, sodass eine Aufrechterhaltung des Attorney Client Privileges nicht länger gerechtfertigt ist.[323] Für die Konsequenz der Aufhebung des Attorney Client Privileges ist unerheblich, ob der Mandant dies beabsichtigte oder sich dessen bewusst war.[324] Das Vorliegen der Voraussetzungen für die Aufhebung des Attorney Client Privilege bestimmt sich insoweit rein objektiv.

Es gibt zwei anerkannte Fallgruppen, bei deren Vorliegen die Offenlegung von Korrespondenz gegenüber Dritten nicht in dem Verlust des Attorney Client Privileges resultiert. Im Hinblick darauf, dass das Attorney Client Privilege verhindert, dass Materialien im Rahmen einer Discovery herausgegeben werden müssen, was wiederum den Wahrheitsfindungsprozess, der die Basis des kontradiktorischen Prozesses darstellt, erschwert, sind sämtliche Ausnahmen zum Verlust des Attorney Client Privileges eng auszulegen:[325]

---

322 *Commodity Futures Trading Commission v. Weintraub*, 471 U.S. 343, 346, 358 (U.S. 1985); *Shumaker, Loop & Kendrick, LLP v. Zaremba*, 403 B.R. 480, 484 (N.D. Ohio 2009); *McGuire v. Acufex Microsurgical, Inc.*, 175 F.R.D. 149, 152 (D. Mass. 1997); *Piedmont Resolution, L.L.C. v. Johnston, Rivlin & Foley, L.L.P.*, 1997 WL 16071, at 2 (D.D.C. 1997); *U.S. v. Lussier*, 71 F.3d 456, 460 (2d Cir. 1995); *U.S. v. Kingston*, 971 F.2d 481, 490 (10th Cir. 1992); *Catino v. Travelers Ins. Co., Inc.*, 136 F.R.D. 534, 536 (D. Mass. 1991); *P. & B. Marina, Ltd. Partnership v. Logrande*, 136 F.R.D. 50, 54 (E.D.N.Y. 1991); *S.E.C. v. Forma*, 117 F.R.D. 516, 523 (S.D.N.Y. 1987); *Rice/Barnett/Gershon/Janssen/Shea/Teslicko*, (o. Fn. 259), Para. 6.1, 9.24; *Thomas Reuter*, (o. Fn. 275), Para. 1.54.

323 *Niceforo v. UBS Global Asset Management Americas, Inc.*, 20 F. Supp. 3d 428, 437 (S.D.N.Y. 2014); *Harding v. Dana Transport, Inc.*, 914 F. Supp. 1084, 1096 (D.N.J. 1996); *Bieter Co. v. Blomquist*, 156 F.R.D. 173, 176 (D. Minn. 1994); *Bower v. Weisman*, 669 F. Supp. 602, 606 (S.D.N.Y. 1987); *Rice/Barnett/Gershon/Janssen/Shea/Teslicko*, (o. Fn. 259), Para. 6.1, 9.24.

324 *Tennenbaum v. Deloitte & Touche*, 77 F.3d 337, 341 (9th Cir. 1996); *U.S. v. Mendelsohn*, 896 F.2d 1183, 1189 (9th Cir. 1990); *Hollis v. O'Driscoll*, 2013 WL 2896860, at 3 (S.D.N.Y. 2013); *Bowne of New York City, Inc. v. AmBase Corp.*, 150 F.R.D. 465, 480 (S.D.N.Y. 1993); *ICI Americas Inc. v. John Wanamaker of Philadelphia*, 1989 WL 38647, at 2 (E.D. Pa. 1989); *U.S. v. Betinsky*, 1988 WL 97673, at 3 (E.D. Pa. 1988); *Women in City Government United v. City of New York*, 1986 WL 4684, at 2 (S.D.N.Y. 1986); *F.C. Cycles Intern., Inc. v. Fila Sport, S.p.A.*, 184 F.R.D. 64, 73 (D. Md. 1998); *In re Miracle Enterprises, Inc.*, 40 B.R. 503, 506 (Bankr. D. R.I. 1984); *U.S. v. Mierzwicki*, 500 F. Supp. 1331, 1334 (D. Md. 1980).

325 *U.S. v. BDO Seidman*, 492 F.3d 806, 815 (7th Cir. 2007), *In re Grand Jury Proceedings (Thullen)*, 220 F.3d 568, 571 (7th Cir.2000).

Die erste Fallgruppe umfasst die Offenlegung der Korrespondenz gegenüber Personen, die ein gemeinsames rechtliches Interesse („*common legal interest*") mit dem Mandanten teilen.[326] Die Definition der Terminologie „common legal interest" variiert von Bundesstaat zu Bundesstaat. Allgemein ist das Vorliegen eines gemeinsamen rechtlichen Interesses dann anzunehmen, wenn die betroffenen Parteien zur Verfolgung eines gemeinsamen Interesses ihre Ressourcen verbinden und somit gemeinsame Anstrengungen („*joint effort*") unternehmen, um eine effektivere Rechtsberatung zu erlangen.[327] Gleichwohl wird von einigen Bundesstaaten, wie beispielsweise dem Bundesstaat New York, zusätzlich für das Vorliegen eines gemeinsamen rechtlichen Interesses gefordert, dass die Parteien an demselben (vernünftigerweise zu erwartenden) Rechtsstreit beteiligt sind.[328]

Die zweite in der Praxis häufig anzutreffende Fallgruppe adressiert bestimmte Umstände, in denen die Offenlegung der Korrespondenz nicht freiwillig erfolgt, sondern gerichtlich angeordnet wird, wobei diese Anordnung das Attorney Client Privilege unberechtigter Weise unberücksichtigt außen vorlässt.

Seit 2007 ist die Vorgehensweise in solchen Fällen in der Vorschrift der Rule 502(b) Federal Rules of Evidence („**Fed. R. Evid.**") kodifiziert:

> "*When made in a federal proceeding or to a federal office or agency, the disclosure does not operate as a waiver in a federal or state proceeding if:*
>
> *(1) the disclosure is <u>inadvertent</u>;*
>
> *(2) the holder of the privilege or protection took <u>reasonable steps to prevent disclosure</u>; and*

---

326 *U.S. v. BDO Seidman*, 492 F.3d 806, 815 (7th Cir. 2007); *In re Auclair*, 961 F.2d 65, 70 (5th Cir. 1992); *In re Sulfuric Acid Antitrust Litigation*, 235 F.R.D. 407, 429 (N.D. Ill. 2006), supplemented, 432 F. Supp. 2d 794 (N.D. Ill. 2006); *U.S. v. Seidman*, 368 F. Supp. 2d 858, 861 (N.D. Ill. 2005); *Angell Investments, L.L.C. v. Purizer Corp.*, 2002 WL 1400543, at 2 (N.D. Ill. 2002); *United States v. First Midwest Bank*, 1997 U.S. Dist. LEXIS 3871, at 3 et seq. (N.D. Ill. 1997); *Gen-Probe Inc. v. Amoco Corp.*, 1996 WL 264707, at 2 (N.D. Ill. 1996); *In re Grand Jury Subpoenas*, 89-3 and 89-4, John Doe 89-129, 902 F.2d 244, 249 (4th Cir. 1990).

327 *In re Leslie Controls, Inc.*, 437 B.R. 493, 496 (Bankr. D. Del. 2010); *Dura Global, Technologies, Inc. v. Magna Donnelly Corp.*, 2008 WL 2217682, at 3 (E.D. Mich. 2008); *Nidec Corp. v. Victor Co. of Japan*, 249 F.R.D. 575 (N.D. Cal. 2007); *U.S. v. Salvagno*, 306 F. Supp. 2d 258, 271 (N.D.N.Y. 2004); *Johnson Electric North America, Inc. v. Mabuchi North America Corp.*, 1996 WL 191590, at 3 et seq. (S.D.N.Y. 1996); *Heidelberg Harris, Inc. v. Mitsubishi Heavy Industries, Ltd.*, 1996 WL 732522, at 2 (N.D. Ill. 1996); *SCM Corp. v. Xerox Corp.*, 70 F.R.D. 508, 514 (D. Conn. 1976).

328 *Ally Financial, Inc. v. All County Towing and Recovery*, 162 A.D. 3d 569, 569 (N.Y. 2018); *Ambac Assur. Corp.* v. *Countrywide Home Loans, Inc.*, 57 N.E.3d 30, 38 (N.Y. 2016); *ACE Securities Corp. v. DB Structured Products, Inc.*, 55 Misc. 3d 544, 562 (N.Y. 2016); *New York State Joint Com'n on Public Ethics v. Campaign for One New York, Inc.*, 53 Misc. 3d 983, 986 (N.Y. 2016); *U.S. v. BDO Seidman*, 492 F.3d 806, 816 (7th Cir. 2007); *Leslie*, Wis. L. Rev. 2000, 31, 68.

(3) *the holder promptly took reasonable steps to rectify the error, including (if applicable) following Federal Rule of Civil Procedure 26(b)(5)(B).*"

Die Offenlegung von vertraulicher Korrespondenz gegenüber Dritten auf Anordnung eines Gerichts führt grundsätzlich zum Verlust des Vertraulichkeitsstatus und mithin zur Aufhebung der Anwendbarkeit des Attorney Client Privileges – unabhängig davon, ob die Anordnung rechtmäßig war oder ein bestehendes Attorney Client Privilege unrechtmäßigerweise ignoriert wurde.[329] Abweichend von diesem Grundsatz gibt es Fälle in der Rechtsprechung, in denen das Gericht in Anlehnung an Rule 502(b) Fed. R. Evid und basierend auf Fairness-Überlegungen in einem zweiten Schritt angeordnet hat, dass die Offenlegung der ursprünglich vertraulichen Materialien auf Anordnung des Gerichts nicht zu einem Verlust des Attorney Client Privilege geführt haben soll.[330]

Dazu muss die Partei, die einer unrechtmäßigen Anordnung nachgekommen ist und die entsprechende Korrespondenz offengelegt hat, vernünftigerweise zu erwartende Anstrengungen unternehmen, um das Bestehen des Attorney Client Privileges für jede einzelne betroffene Korrespondenz zu verteidigen, um einen Verlust desgleichen zu vermeiden.[331] Diese Anstrengungen können vorrangig darin bestehen, eine Versiegelung der dem Gericht bzw. der Behörde gegenüber offengelegten Korrespondenz als vertraulich zu verlangen bzw. die betroffene, herausgegebene Korrespondenz zurückzuerlangen.[332] Sofern die Partei, die die Korrespondenz offengelegt hat, keine Maßnahmen einleitet, um diese zurückzuerlangen, gilt dies als Anerkenntnis des Verlustes des Attorney Client Privileges.[333]

---

329 *Permian Corp. v. U.S.*, 665 F.2d 1214, 1222 – bzgl. einer durch die SEC angeordneten Offenlegung (D.C. Cir. 1981); *Rice/Barnett/Gershon/Janssen/Shea/Teslicko*, (o. Fn. 259), Para. 9.27.

330 *United States* v. *de la Jara*, 973 F.2d 746, 749 (9th Cir. 1992); *Transamerica Computer* v. *International Business Machines*, 573 F.2d 646, 651 (9th Cir. 1990); *Government Guarantee Fund of Republic of Finland v. Hyatt Corp.*, 182 F.R.D. 182, 187 (D.V.I. 1998); *Leonen v. Johns-Manville*, 135 F.R.D. 94, 99 (D.N.J. 1990); *Laxalt v. McClatchy*, 116 F.R.D. 438, 455 (D. Nev. 1987); *Studiengesellschaft Kohle mbH v. Hovamont Corp.*, 1980 U.S.Dist. LEXIS 15042, at 9 et seq. (S.D.N.Y. 1980); *Rice/Barnett/Gershon/Janssen/Shea/Teslicko*, (o. Fn. 259), Para. 9.27.

331 *Transamerica Computer* v. *International Business Machines*, 573 F.2d 646, 650 (9th Cir. 1990); *United States* v. *Lawless*, 709 F.2d 485, 487 (7th Cir. 1983); *In re Horowitz*, 482 F.2d 72, 82 (2d Cir. 1973); *S.E.C. v. Lavin*, 11 F.3d 921, 929 (D.C. 1997); *Leonen v. Johns-Manville*, 135 F.R.D. 94, 99 (D.N.J. 1990); *Permian Corp. v. United States*, 665 F.2d 1214, 1220 (D.C.Cir.1981).

332 *United States* v. *de la Jara*, 973 F.2d 746, 749 (9th Cir. 1992); *S.E.C. v. Teo*, 2009 WL 1684467, at 53 (D.N.J. 2009); *Vardon Golf Co., Inc. v. Karsten Mfg. Corp.*, 213 F.R.D. 528, 532 et seq. (N.D. Ill. 2003); *Cobell v. Norton*, 213 F.R.D. 69, 75 (D.D.C. 2003); *Rice/Barnett/Gershon/Janssen/Shea/Teslicko*, (o. Fn. 259), Para. 9.27.

333 *United States* v. *de la Jara*, 973 F.2d 746, 749 (9th Cir. 1992); *United States v. Lawless*; 709 F.2d 485, 487 (7th Cir. 1983); *Permian Corp* v. *United States*, 665 F.2d 1214, 1220 (D.C. Cir. 1981).

b) Work Product Doctrine

Die Work Product Doctrine gemäß § 26(b)(3) FRCP bezieht sich auf Materialien, die zur Vorbereitung eines Rechtsstreits erstellt wurden (vgl. Ziffer B) I) 2) c)). Dementsprechend haben sowohl der Mandant als auch der Rechtsberater, der diese Unterlagen vorbereitet hat, ein legitimes Interesse daran, dass deren Vertraulichkeitsstatus unter der Work Product Doctrine aufrechterhalten wird. Folglich können sich sowohl der Rechtsberater als auch der Mandant auf diese berufen.[334] Im Umkehrschluss bedeutet dies jedoch auch, dass gegen die einseitige Aufhebung der Anwendbarkeit der Work Product Doctrine und die sich daraus ergebende Herausgabepflicht der Materialien im Rahmen der Discovery von dem jeweils anderen Teil vorgegangen werden kann.[335]

Im Unterschied zur Aufhebung des Attorney Client Privileges verliert die Work Product Doctrine nicht bereits dann ihre Anwendbarkeit, wenn die in Frage stehenden Materialien einem Dritten zugänglich gemacht werden.[336] Vielmehr tritt der Verlust der Anwendbarkeit der Work Product Doctrine nur dann ein, wenn der Inhalt des Dokuments einer gegnerischen Partei zugänglich gemacht worden ist.[337] Darüber hinaus findet die Work Product Doctrine keine Anwendung mehr, sofern das Verhalten der die Privilegierung des Dokuments fordernden Partei die Wahrscheinlichkeit erhöht, dass die gegnerische Partei die darin enthaltene Information erhalten wird.[338]

---

334 *In re Special September 1978 Grand Jury*, 640 F.2d 49, 62 (7th Cir. 1980); *In re Grand Jury Proceedings*, 604 F.2d 798, 801 (3d Cir. 1979); *Catino* v. *Travelers Ins. Co., Inc.*, 136 F.R.D. 534, 539 (D. Mass. 1991); *In re Sealed Case*, 676 F.2d 793, 809 fn. 56 (D.C. Cir. 1982); *Moody v. Internal Revenue Service*, 654 F.2d 795, 801 (D.C. Cir. 1981); *First Wisconsin Mortgage Trust v. First Wisconsin Corp.*, 86 F.R.D. 160, 165 (E.D. Wis. 1980); *In re Special Sep. 1978 Grand Jury (II)*, 640 F.2d 49, 63 (7th Cir. 1980).

335 *In re Grand Jury Proceedings*, 604 F.2d 798, 801 (3d Cir. 1979); *Catino* v. *Travelers Ins. Co., Inc.*, 136 F.R.D. 534, 539 (D. Mass. 1991).

336 *United States v. Adlman*, 134 F.3d 1194, 1200 No. 4 (2d Cir.1998); *Westinghouse Elec. Corp. v. Republic of the Philippines*, 951 F.2d 1414, 1428 (3d Cir.1991); *Bank of Am., N.A. v. Terra Nova*, 212 F.R.D. 166, 170 (S.D.N.Y. 2002); *In re Pfizer Inc. Sec. Litig.*, 1993 WL 561125 at 6 (S.D.N.Y. 1993); *In re Sealed Case*, 676 F.2d at 809 (D.C. Cir. 1982); *U.S. v. American Tel. and Tel. Co.* 642 F.2d 1285, 1299 (D.C. Cir. 1980).

337 *United States v. Nobles*, 422 U.S. 225, 239 et seq. (U.S. 1975); *In re Steinhardt Partners*, L.P., 9 F.3d 230, 235 (2d Cir.1993); *Westinghouse Elec. Corp. v. Republic of the Philippines*, 951 F.2d 1414, 1428 (3d Cir.1991); *In re John Doe Corp.*, 675 F.2d 482, 489 (2d Cir.1982); *Bank of Am.*, N.A. *v. Terra Nova*, 212 F.R.D. 166, 170 (S.D.N.Y. 2002).

338 *Westinghouse Elec. Corp. v. Republic of the Philippines*, 951 F.2d 1414, 1428 (3d Cir.1991); *Bank of Am.*, N.A. *v. Terra Nova*, 212 F.R.D. 166, 170 (S.D.N.Y. 2002); *In re Pfizer Inc. Sec. Litig.*, 1993 WL 561125, at 6 (S.D.N.Y. 1993); *In re Grand Jury*, 561 F. Supp. 1247, 1257 (E.D.N.Y. 1982); *Grumman Aerospace Corp. v. Titanium Metals Corp.*, 91 F.R.D. 84, 89 (E.D.N.Y. 1981); U.S. *v. American Tel. and Tel. Co.*, 642 F.2d 1285, 1299 (D.C. Cir. 1980); *GAF Corp. v. Eastman Kodak Co.*, 85 F.R.D. 46, 51 (S.D.N.Y. 1979); *American Standard, Inc. v. Bendix Corp.*, 71 F.R.D. 443, 446 (W.D.Mo.1976).

Bei der Beantwortung der Frage, unter welchen Umständen die Anwendbarkeit der Work Product Doctrine aufgehoben wird, ist zwischen dem Vorliegen von Opinion Work und Ordinary Work zu unterscheiden.

Opinion Work Product umfasst sämtliche gedanklichen Eindrücke, Erkenntnisse, Ansichten oder Strategien des Rechtsberaters.[339] Im Hinblick darauf, dass der Schutzzweck der Work Product Doctrine darauf abzielt, diese Auskünfte der gegnerischen Partei gerade vorzuenthalten, wird eine Verpflichtung, diese im Rahmen der Discovery offenzulegen zu müssen, grundsätzlich in der Rechtsprechung abgelehnt.[340]

Die Offenlegung von Ordinary Work Product (z.B. Untersuchungsberichte, die in Erwartung eines Verfahrens von einem Rechtsberater (bzw. auf dessen Anordnung hin) angefertigt wurden[341]; Abschrift einer Befragung (durch den Rechtsberater / die Partei selbst) einer Person, die in einem erwarteten Verfahren als Zeuge auftreten könnte[342]) im Rahmen einer Discovery ist dagegen gemäß § 26(b)(3)(ii) FRCP dann vorzunehmen, wenn die begehrende Partei darlegt, dass

> *„it has substantial need for the materials to prepare its case and cannot, without undue hardship, obtain their substantial equivalent by other means."* (Hervorhebungen hinzugefügt).

Um eine Offenlegung des Ordinary Work Products im Rahmen der Discovery zu erreichen, muss die begehrende Partei folglich das Vorliegen von zwei Voraussetzungen darlegen können. Zum einen muss sie zeigen, dass die entsprechenden Materialien substantiell für ihre Vorbereitung der Rechtsstreitigkeit sind. Zum anderen darf die Partei, die die Herausgabe im Rahmen der Discovery fordert, keine Möglichkeit haben, ebenso geeignete Unterlagen ohne unbillige Härte erlangen zu können. Letzteres wird nach der ständigen Rechtsprechung allgemein unter anderem dann angenommen, wenn kein Zeuge, der Kenntnis von den in den Materialien enthaltenen Informationen hat, zur Verfügung steht[343] oder der Kenntnis

---

339 *In re Cedant Corporation Securities Litigation*, 343 F.3d 658, 663 (3d Cir. 2003); *In re San Juan Dupont Plaza Hotel Fire Litigation*, 859 F.2d 1007, 1014 (1st Cir. 1988); *Sporck v. K.Peil*, 759 F.2d 312, 316 (3d Cir. 1985); *Duplan Corp. v. Moulinage et Retorderie de Chavanoz*, 509 F.2d 730, 732 (4th Cir. 1974); *Pacamor Bearings, Inc. v. Minebea Co., Ltd.* 918 F. Supp. 491, 512 (D.N.H. 1996); *Thomas Reuter*, (o. Fn. 275), Para. 6–13.

340 *Upjohn Company v. United States* 449 U.S. 383, 399 et seq. (U.S. 1981); *Baker v. General Motors Corp.*, 209 F.3d 1051, 1054 (8th Cir. 2000); *Duplan Corp. v. Moulinage et Retorderie de Chavanoz*, 509 F.2d 730, 733 (4th Cir. 1974); *Board of Trustees of Leland Stanford Jr. University v. Coulter Corp.*, 118 F.R.D. 532, 534 (S.D. Fla. 1987); *United States v. Chatham City Corp.*, 72 F.R.D. 640, 642 (S.D.Ga.1976); *Thomas Reuter*, (o. Fn. 275), Para. 6.14.

341 United States v. Nobles, 422 U.S. 225, 238-39 (1975); Sterling Drug Inc. v. Harris, 488 F. Supp. 1019, 1027 (S.D.N.Y. 1980)

342 An*derson/Cadieux/Hays/Hingerty*, Cornell L. Rev. 1982, 760, 793ff.

343 *McDonald v. Prowdley*, 38 F.R.D. 1, 3 (W.D.Mich. 1965); *Upjohn Company v. United States*, 1978 WL 1163 at 13 (U.S. 1981); *Hamilton v. Canal Barge Co.*, 395 F. Supp. 975,

habende Zeuge offensichtlich so feindselig oder zurückhaltend eingestellt ist[344], dass er unter keinen Umständen Fragen in einem Verfahren beantworten wird.[345] Vereinzelt haben Gerichte auch dann eine unbillige Härte angenommen, wenn die Erlangung von alternativen Materialien insgesamt mit erheblichen Kosten einhergeht.[346]

III) Auswirkung der Sonderprüfung auf Legal (Professional) Privileges

Im Folgenden stellt sich die Frage, welchen Einfluss die Durchführung der Sonderprüfung gemäß §§ 142 ff. AktG auf bestehende Legal (Professional) Privileges ausübt. Zur Bestimmung der Auswirkungen der Durchführung einer Sonderprüfung gemäß §§ 142 ff. AktG auf eine im Voraus bestehende Privilegierung der eingesehenen Materialien ist zwischen den Konsequenzen, die sich aus der Einsichtnahme des Sonderprüfers in sämtliche Materialien der Gesellschaft ergeben, und solchen, die aus der Veröffentlichung von in diesen Materialien enthaltenen Informationen im Sonderprüfungsbericht im Handelsregister gemäß § 145 Abs. 6 Satz 3 AktG folgen, zu unterscheiden.

1) Vereinigtes Königreich

Die Legal Professional Privileges sind im UK-Recht in das Legal Advice Privilege und das Litigation Privilege unterteilt. Gleichwohl werden beide Legal Professional Privileges unter denselben Voraussetzungen verloren. Dementsprechend finden die Ausführungen zu den Konsequenzen der Einsichtnahme des gerichtlich bestellten Sonderprüfers in privilegierte Dokumente sowie die Folgen der Veröffentlichung des Sonderprüfungsberichts jeweils sowohl auf das Legal Advice Privilege als auch auf das Litigation Privilege Anwendung.

976, 978 (E.D. La. 1974); *Wilson v. David*, 21 F.R.D. 217, 222 (W.D. Mich. 1957); *Anderson/Cadieux/Hays/Hingerty*, Cornell L. Rev. 1982, 760, 806.

344 § 804(b)(2) Fed. R. Evid. legt fest, dass ein Zeuge als nicht zur Verfügung steht ("*unavailable*") ist, wenn der Zeuge "*refuses to testify about the subject matter despite a court order to do so.*"

345 In re *Grand Jury Subpoena* dated 16 Nov 2007, 510 F.3d 180, 187 (2d Cir. 2007); In re *Grand Jury Subpoena* dated Nov. 9, 1979, 484 F. Supp. 1099, 1104 (S.D.N.Y. 1980); Diamond v. Mohawk Rubber Co., 33 F.R.D. 264, 266 (D. Colo. 1963); Brookshire v. Pennsylvania R.R., 14 F.R.D. 154, 159 (N.D. Ohio 1953).; *Anderson/Cadieux/Hays/Hingerty*, Cornell L. Rev. 1982, 760, 807f.

346 Walker v. UPS, 87 F.R.D. 360, 361 (E.D. Pa. 1980); Chason v. Research-Cottrell, Inc., 29 Fed. R. Serv. 2d (Callaghan) 1459 (S.D. Ala. 1980).; Allen v. Denver-Chicago Trucking Co., 32 F.R.D. 616, 617 (W.D.Mo. 1963); In re *International Systems & Control Corp. Sec. Litig.*, 693 F.2d 1235, 1241 (5th Cir. 1982) – der diesen Faktor lediglich berücksichtigte; *Anderson/Cadieux/Hays/Hingerty*, Cornell L. Rev. 1982, 760, 810.

a) *Einsichtnahme durch den gerichtlich bestellten Sonderprüfer*

Die Legal Professional Privileges verlieren grundsätzlich ihre Anwendbarkeit, wenn die Dokumente, die sie als vertraulich schützen, öffentlich bekannt geworden sind (vgl. Ziffer B) II) 1)). Fraglich ist somit, ob die Einsichtnahme durch den gerichtlich bestellten Sonderprüfer unter UK-Recht als Veröffentlichung angesehen werden muss. Dies wäre dann anzunehmen, wenn der Sonderprüfer ein außenstehender Dritter wäre und nicht als *Lawyer* oder als zu dem Teil der Gesellschaft gehörend angesehen würde, der als *Client* verstanden wird.

Der gerichtlich bestellte Sonderprüfer ist weder ein Organ der Gesellschaft (vgl. Ziffer A) III) 2) b) (v)) noch steht er in einem Anstellungsverhältnis zu der Gesellschaft (vgl. Ziffer A) III) 1)). Er ist nicht berechtigt, die Beziehung zwischen der Gesellschaft und dem Rechtsberater, der das privilegierte Dokument für die Gesellschaft angefertigt hat, in irgendeiner Form mitzugestalten. Seine Rolle ist vielmehr darauf begrenzt, die im Rahmen dieser Beziehung entstandenen, privilegierten Dokumente im Hinblick auf mögliche Anhaltspunkte bezüglich des Prüfungsgegenstandes der Sonderprüfung zu durchleuchten. Dies stellt einen von der Rechtsberatung vollständig unabhängigen Zweck dar. Somit ist nicht davon auszugehen, dass der gerichtlich bestellte Sonderprüfer der Gruppe des Client zugeordnet werden würde. Ob ein UK-Gericht unter Berücksichtigung der besonderen organähnlichen Stellung, die der gerichtlich bestellte Sonderprüfer nach dem deutschen Aktienrecht innerhalb der Gesellschaft genießt (vgl. Ziffer A) III) 3)), zu einem anderen Ergebnis kommen könnte, scheint fragwürdig. Zusätzlich zu der grundsätzlichen Bereitschaft sich mit dem deutschen Recht genauer auseinanderzusetzen, würde dies letztlich auch eine Erweiterung der Definition des Client dahingehend erfordern, dass keine Involvierung in den Vorgang der Rechtsberatung zu fordern wäre. Dies erscheint schwierig.

Gleichzeitig hat ein UK-Gericht in der nahen Vergangenheit die Definition des Begriffs Lawyer, die nur zugelassene Anwälte und ihre Gehilfen umfasst (vgl. Ziffer B) I) 1) b)), ausdrücklich bestätigt und eine Ausweitung eindeutig abgelehnt.[347] Insbesondere wies das Gericht die Argumentation des Klägers zurück, wonach der Begriff Lawyer funktional (d.h. unabhängig vom formalen Status der Person) verstanden werden müsse.[348] Es stellte ausdrücklich fest, dass eine dementsprechende Erweiterung der Terminologie in den Zuständigkeitsbereich des Gesetzgebers falle.[349] In diesem Zusammenhang hat das Gericht ebenfalls ausdrücklich festgestellt, dass ein Steuerberater (tax accountant) nicht in den Schutzbereich

347 *R (n the application of Prudential plc and another) v Special Commissioner of Income Tax and another* [2013] UKSC 1 – in Bezug auf einen Steuerberater, der seinen Mandanten hinsichtlich eines für diesen vorteilhafteren Steuermodells beraten hatte.

348 *R (n the application of Prudential plc and another) v Special Commissioner of Income Tax and another* [2013] UKSC 1, para. 78ff.

349 *R (n the application of Prudential plc and another) v Special Commissioner of Income Tax and another* [2013] UKSC 1, para. 68.

der Legal Professional Privileges einbezogen ist,[350] unabhängig davon, ob die tatsächlich erfolgte Beratung auch durch einen Rechtsberater hätte erfolgen können. Dementsprechend erscheint es unwahrscheinlich, dass ein UK-Gericht von dem geltenden formalen Ansatz zur Bestimmung der Reichweite des Begriffs Lawyers dergestalt abweichen würde, dass der gerichtlich bestellten Sonderprüfer in den Schutzbereich der Legal Professional Privileges miteinbezogen werden würde und somit nicht als außenstehender Dritter zu qualifizieren wäre.

Folglich stellt die Einsichtnahme durch den gerichtlich bestellten Sonderprüfer in privilegierte Materialien grundsätzlich eine Offenlegung dieser Materialien für die Öffentlichkeit dar.

Anders als im US-Recht verlieren privilegierte Dokumente jedoch nicht zwingend mit ihrer Offenlegung gegenüber Dritten ihre Privilegierung. Das UK-Recht kennt in diesem Zusammenhang das Institut der Aufhebung für einen begrenzten Zweck („*limited purpose waiver*") (vgl. Ziffer B) II) 1)). Diese Aufhebung zu einem begrenzten Zweck könnte in der vorliegenden Konstellation dergestalt Anwendung finden, dass die Offenlegung der Dokumente nur zum Zweck der Durchführung der Sonderprüfung gemäß §§ 142 ff. AktG erfolgt. Direkte Konsequenz daraus wäre, dass der Vertraulichkeitsstatus der eingesehenen Materialien nur gegenüber dem gerichtlich bestellten Sonderprüfer und begrenzt auf die Durchführung der Sonderprüfung gemäß §§ 142 ff. AktG verloren ginge. Dahingegen könnte die Gesellschaft die Anwendbarkeit der Legal Professional Privileges weiterhin gegenüber jedem anderen geltend machen. Darüber hinaus stünde es der Gesellschaft ebenfalls offen, sich gegenüber dem gerichtlich bestellten Sonderprüfer selbst auf die Legal Professional Privileges zu berufen, sofern es sich um eine andere Angelegenheit als die Durchführung der Sonderprüfung gemäß §§ 142 ff. AktG handelt.

Die Idee der Aufhebung der Legal Professional Privileges zu einem begrenzten Zweck beruht auf dem Gedanken, dass derjenige, der ein privilegiertes Dokument gegenüber einer Person oder einer Gruppe von Personen offenlegt, die Möglichkeit hat, diese Person oder Gruppe von Personen davon abzuhalten, die in dem privilegierten Dokument enthaltenen Informationen zu ihm unerwünschten Zwecken zu gebrauchen.[351] In diesem Zusammenhang stellt sich jedoch die Frage, wo die Grenze zwischen kontrollierbarem Personenkreis und Öffentlichkeit verläuft. Anders gesagt, ist zu fragen, wie vielen Personen privilegierte Dokumente lediglich zu einem bestimmten Zweck zugänglich gemacht werden können, bevor von einer Offenlegung gegenüber der Öffentlichkeit auszugehen ist. Dazu hat der

---

350 *R (n the application of Prudential plc and another) v Special Commissioner of Income Tax and another* [2013] UKSC 1, paras.76, 77, 92, 93; siehe auch *The Financial Reporting Coucil Ltd v. Sports Direct International plc* [2018] EWHC 2284 (Ch), para. 29 – wonach die Wirtschaftsprüfergesellschaft Deloitte ebenfalls ausdrücklich von dem Schutzbereich der Legal Professional Privileges ausgeschlossen wurde.

351 *USP Strategies Plc v London General Holdings Ltd.*, [2004] EWHC 373 (Ch), at 19d; *Gotha City v Sotheby's and Another* [1998] 1 W.L.R. 114, 119.

Court of Appeal in *Gotha City v Sotheby's and Another* [1998] 1 W.L.R. 114, 119 Folgendes ausgeführt:

> "*But it is important to bear in mind that it is *119 possible for a document to cease to be confidential as between some parties and not others. If A shows a privileged document to his six best friends, he will not be able to assert privilege if one of those friends sues him because the document is not confidential as between him and the friend. But the fact six other people have seen it does not prevent him claiming privilege as against the rest of the world*" (Hervorhebung hinzugefügt).

Aus dieser Rechtsprechung geht hervor, dass die Offenlegung von privilegierten Materialien gegenüber sechs verschiedenen natürlichen Personen noch nicht als Offenlegung dieser Materialien gegenüber der Öffentlichkeit angesehen wird. Der gerichtlich bestellte Sonderprüfer ist nur eine Person. Zwar ist anzunehmen, dass er die Sonderprüfung nicht vollständig alleine, sondern mit Unterstützung von weiteren, ihm unterstellten Personen durchführen wird. Dennoch scheint es plausibel anzunehmen, dass die Aufhebung der Legal Professional Privileges gegenüber dem gerichtlich bestellten Sonderprüfer und seinen Teammitgliedern dann unbedenklich im Hinblick auf die Anzahl der einbezogenen Personen ist, wenn die Gesamtzahl der Personen, die Einsicht in privilegierte Dokumente erhalten, sechs nicht übersteigt. Dies dürfte vermutlich ebenso für jede Gruppe von konkret individualisierbaren Personen gelten, deren Anzahl von Mitgliedern sich in einem überschaubaren Maß bewegt. Dies gilt umso mehr im Hinblick darauf, dass der gerichtlich bestellte Sonderprüfer organschaftlichen Treuepflichten gegenüber der Gesellschaft unterliegt (vgl. Ziffer A) III) 3)), während derartige Pflichten zwischen „best friends" grundsätzlich nicht bestehen. Die Beziehung des gerichtlich bestellten Sonderprüfers zur Gesellschaft ist insoweit enger und von mehr Verpflichtungen geprägt als reine Freundschaft, sodass der hinter dem genannten Beispiel steckende Gedanke erst recht auf diese Beziehung übertragbar sein muss.

Unabhängig von dem Umstand, ob die Voraussetzungen für die Anwendbarkeit einer Aufhebung zu einem begrenzten Zweck vorliegen, gilt es zu bedenken, auf welchem Weg diese vereinbart werden könnte. Unbestritten ist, dass den Parteien die Möglichkeit zusteht, eine Aufhebung der Legal Professional Privileges für einen lediglich begrenzten Zweck ausdrücklich miteinander zu vereinbaren.[352] Folglich ist eine Aufhebung zu dem begrenzten Zweck der Durchführung der Sonderprüfung gemäß §§ 142 ff. AktG in jedem Fall dann anzunehmen, wenn die Gesellschaft mit dem gerichtlich bestellten Sonderprüfer und jeder weiteren Person, die auf Anweisung des gerichtlich bestellten Sonderprüfers privilegierte Dokumente

352 *USP Strategies Plc v London General Holdings Ltd.* [2004] EWHC 373 (Ch), at 29; *B v Auckland District Law Society* [2003] 2 A.C. 736, 763; *Oxford Gene Technology Ltd v Affymetrix Inc (No.2)* [2001] RPC 18, 327, 327 et seq.; *Mann v. Carnell* [1999] H.C.A. 66, No. 32; *Prudential Assurance Co Ltd v Fountain Page Ltd* [1991] 1 W.L.R. 756, 770; *Crescent Farm (Sidcup) Sports Ltd v Sterling Offices Ltd* [1972] 1 Ch 553, 564.

einsieht, ausdrücklich eine dementsprechende Vereinbarung trifft (zur Zulässigkeit einer solchen Vereinbarung vgl. Ziffer B) V) 3) f)(i)).

Fraglich ist, ob eine solche Aufhebung zu einem begrenzten Zweck auch dann anzunehmen ist, wenn eine dementsprechende ausdrückliche Vereinbarung nicht zwischen der Gesellschaft und dem gerichtlich bestellten Sonderprüfer getroffen wurde. In der englischen Rechtsprechung gibt es verschiedene Fälle, in denen eine konkludente Vereinbarung einer Aufhebung zu einem begrenzten Zweck angenommen wurde. In allen Fällen wurden stets sämtliche Umstände des Einzelfalls gegeneinander abgewogen.[353] Danach wird eine konkludente Vereinbarung meistens angenommen, wenn davon auszugehen ist, dass die Parteien sich unter gewöhnlichen Umständen auf eine Aufhebung zu einem begrenzten Zweck geeinigt hätten.[354] Fraglich ist also, ob vernünftigerweise anzunehmen ist, dass die Partei, die die privilegierten Materialien gegenüber der anderen Partei offengelegt hat, konkludent zum Ausdruck gebracht hat, dass die andere Partei diese Materialien nur für den vorliegenden Zweck gebrauchen dürfen soll. Spiegelbildlich ist zu untersuchen, ob die Partei, die die privilegierten Materialien erhalten hat, davon ausgehen musste, dass sie diese nicht zu jedem beliebigen Zweck verwenden dürfte.[355] Faktoren, die in diesem Zusammenhang berücksichtigt wurden, sind unter anderem die Brisanz der betroffenen Dokumente[356] oder die Art der Beziehung der jeweiligen Parteien.[357]

Die Sonderprüfung gemäß §§ 142 ff. AktG dient der Aufklärung von Tatsachen, die zur Vorbereitung von Ersatzansprüchen gegen (ehemalige) Vorstandsmitglieder verwendet werden können. Folglich dient sie dem Schutz des Vermögens der Gesellschaft und mithin ausschließlich dem Wohl der Gesellschaft (vgl. Ziffer A) II) 4)). Die Durchführung der Sonderprüfung gemäß §§ 142 ff. AktG muss sich dementsprechend dergestalt vollziehen, dass sie den Interessen der Gesellschaft nicht widerspricht. Der gerichtlich bestellte Sonderprüfer hat ein umfassendes Einsichts- und Prüfungsrecht gemäß § 145 Abs. 1 AktG (vgl. Ziffer A) IV) 1) a)). Es liegt jedoch nicht im Interesse der Gesellschaft, dass sämtliche privilegierte Materialien, die der gerichtlich bestellte Sonderprüfer einsieht, im Anschluss daran ihre Privilegierung verlieren und mithin im Rahmen einer Disclosure herausgegeben werden müssen. Auch wenn die einzelnen Dokumente für sich genommen

---

353 *Berezovsky v Hine & Ors* [2011] EWCA Civ 1089, at 29; *Winterthur Swiss Insurance Company v AG (Manchester) Ltd (in liquidation)* [2006] EWHC 839 Comm, at 74; *Brown v Guardian Royal Exchange plc* [1994] 2 Lloyd's Rep 325, 328.

354 *Berezovsky v Hine & Ors* [2011] EWCA Civ 1089, at 37; *Gotha City v Sotheby's and Another* [1998] 1 W.L.R. 114, 122; *Passmore*, in: Sweet/Maxwell, Privilege, 3. Edition 2013 Para. 7-060.

355 *Berezovsky v Hine & Ors* [2011] EWCA Civ 1089, at 30; *British Coal Corporation v Dennis Rye Ltd.* [1988] 1 W.L.R. 1113, 1121.

356 *Berezovsky v Hine & Ors* [2011] EWCA Civ 1089, at 36; *British Coal Corporation v Dennis Rye Ltd.* [1988] 1 W.L.R. 1113, 1121 et seq.

357 *Berezovsky v Hine & Ors* [2011] EWCA Civ 1089, at 37.

möglicherweise keine erhöhte Brisanz aufweisen, ergibt sich bereits aus der Masse der Materialien, die der gerichtlich bestellte Sonderprüfer einsieht, ein verstärktes Schutzbedürfnis der Gesellschaft. Gleichzeitig unterliegt der gerichtlich bestellte Sonderprüfer organschaftlichen Treuepflichten. Er ist somit verpflichtet, sein Verhalten im Zusammenhang mit der Durchführung der Sonderprüfung am Interesse der Gesellschaft auszurichten (vgl. Ziffer A) III) 3)). Als Unterfall der organschaftlichen Treuepflicht trifft den gerichtlich bestellten Sonderprüfer gemäß § 144 AktG i.V.m. § 323 Abs. 1 Satz 1 HGB eine Verschwiegenheitspflicht. Diese Verschwiegenheitspflicht würde jedoch in Bezug auf Dokumente, deren Inhalt nicht im Sonderprüfungsbericht veröffentlicht wird, indirekt unterlaufen werden, wenn die Einsichtnahme der Materialien durch den gerichtlich bestellten Sonderprüfer dazu führen würde, dass diese ihre Privilegierung verlören und somit im Rahmen der Disclosure der jeweiligen gegnerischen Partei gegenüber offenzulegen wären. Es kann insoweit keinen Unterschied machen, ob der gerichtlich bestellte Sonderprüfer der gegnerischen Partei die in den privilegierten Materialien enthaltenen Informationen – unter Verstoß gegen seine Verschwiegenheitspflicht gemäß § 144 AktG i.V.m. § 323 Abs. 1 Satz 1 HGB – direkt zugänglich macht oder durch sein Verhalten die Privilegierung entfallen lässt, sodass die gegnerische Partei Zugang zu diesen Materialien im Rahmen der Disclosure erhalten würde. In letzterer Konstellation hätte der gerichtlich bestellte Sonderprüfer zwar nicht direkt gegen seine Verschwiegenheitspflicht gemäß § 144 AktG i.V.m. § 323 Abs. 1 Satz 1 HGB verstoßen. Gleichwohl wäre sein Verhalten die Ursache, warum die gegnerische Partei Zugang zu den privilegierten Materialien erhalten würde. Dies würde die Verschwiegenheitspflicht des gerichtlich bestellten Sonderprüfers zweckwidriger Weise umgehen. Es kann somit vernünftigerweise nicht erwartet werden, dass die Gesellschaft die privilegierten Materialien zu einem anderen Zweck als der Ermöglichung der Durchführung der Sonderprüfung gemäß §§ 142 ff. AktG offenlegen möchte. Weiterhin kann erst recht nicht davon ausgegangen werden, dass der gerichtlich bestellte Sonderprüfer vernünftigerweise annehmen durfte, dass ihm die privilegierten Materialen zur freien Verfügung überlassen werden.

Im Hinblick auf die schiere Masse der betroffenen Materialien sowie das Verhältnis der Gesellschaft zum gerichtlich bestellten Sonderprüfer, welches insbesondere eine Verschwiegenheitspflicht des gerichtlich bestellten Sonderprüfers vorsieht, könnte mithin angenommen werden, dass in Abwesenheit einer ausdrücklichen Vereinbarung eine Begrenzung der Offenlegung der privilegierten Materialien auf den Zweck der Durchführung der Sonderprüfung gemäß §§ 142 ff. AktG konkludent erfolgt. Gleichwohl finden sich in der UK-Rechtsprechung keine Präzedenzfälle, sodass diese Aussage nur eine Einschätzung darstellt. Letztlich ist unklar, wie ein englisches Gericht das Vorliegen einer konkludenten Begrenzung auf den Zweck der Durchführung der Sonderprüfung gemäß §§ 142 ff. AktG beurteilen würde. Die diesbezüglich bestehende Rechtsunsicherheit stellt dabei ein Risiko für die betroffene Gesellschaft dar.

b) Veröffentlichung des Sonderprüfungsberichts

Der gerichtlich bestellte Sonderprüfer hat gemäß § 145 Abs. 6 Satz 1 AktG über das Ergebnis der Prüfung schriftlich zu berichten. Gemäß § 145 Abs. 6 Satz 3 AktG ist der Sonderprüfungsbericht zum Handelsregister des Sitzes der Gesellschaft einzureichen. Das Handelsregister ist gemäß § 9 Abs. 1 Satz 1 HGB von jedermann öffentlich einsehbar. Mithin werden sämtliche Informationen, die der gerichtlich bestellte Sonderprüfer aus Materialien, die durch mindestens eines der Legal Professional Privileges (d.h. Legal Advice Privilege oder Litigation Privilege) als vertraulich geschützt waren, entnommen hat, der Öffentlichkeit zugänglich gemacht. Sofern Dokumente öffentlich bekannt sind, werden sie nicht länger als vertraulich angesehen.[358] Dementsprechend sind sie nicht länger unter den Legal Professional Privileges als privilegiert anzusehen und können im Rahmen einer Disclosure herausgefordert werden.

c) Zwischenergebnis

Die Legal Professional Privileges unter UK-Recht gliedern sich in das Legal Advice Privilege und das Litigation Privilege, wobei die jeweiligen Umstände für den Verlust dieser Privilegien gleich gelagert sind. Bei der Feststellung der Auswirkungen der Durchführung der Sonderprüfung gemäß §§ 142 ff. AktG auf die Legal Professional Privileges unter UK-Recht ist zum einen zwischen der Einsichtnahme des Sonderprüfers in privilegierte Materialien und zum anderen der Veröffentlichung des Sonderprüfungsberichts zum Handelsregister gemäß § 145 Abs. 6 Satz 3 AktG, welcher Informationen, die aus privilegierten Materialien entnommen wurden, zu unterscheiden.

Der gerichtlich bestellte Sonderprüfer stellt aus der Sicht der Regelungen zu den Legal Professional Privileges einen Dritten dar. Mithin resultiert die Einsichtnahme des gerichtlich bestellten Sonderprüfers in privilegierte Materialien grundsätzlich in dem Verlust der Legal Professional Privileges. Eine abweichende Beurteilung könnte sich jedoch ergeben, sofern das Vorliegen einer Aufhebung zu einem begrenzten Zweck („*limited purpose waiver*"), welcher vorliegend in der Durchführung der Sonderprüfung gemäß §§ 142 ff. AktG zu sehen wäre, angenommen werden könnte. Eine solche Aufhebung kann grundsätzlich ausdrücklich zwischen den Parteien vereinbart werden (zur grundsätzlichen Zulässigkeit einer solchen Vereinbarung unter deutschem Recht vgl. Ziffer B) V) 3) f) (i)). Sofern eine ausdrückliche Vereinbarung fehlt, könnte jedoch unter Umständen das Vorliegen einer konkludenten Vereinbarung über die Aufhebung für den begrenzten Zweck

---

358 *Gotha City v Sotheby's and Another* [1998] 1 W.L.R. 114, 118; *Attorney-General v. Guardian Newspapers Ltd. (No. 2)* [1990] 1 A.C. 109, 177; *O. Mustad & Son v. Dosen (Note)* [1964] 1 W.L.R. 109, 111; *Malek*, in: Sweet/Maxwell, Phipson on Evidence, 19. Edition 2017 Para. 23-17; *Passmore*, in: Sweet/Maxwell, Privilege, 3. Edition 2013 Para. 7-042.

der Durchführung der Sonderprüfung gemäß §§ 142 ff. AktG angenommen werden. Dass die Parteien eine derartige Vereinbarung konkludent getroffen haben könnten, drängt sich aufgrund der bestehenden organschaftlichen Treuepflichten des gerichtlich bestellten Sonderprüfers sowie des Umfangs des Einsichts- und Prüfungsrechts des gerichtlich bestellten Sonderprüfers auf. Die Konsequenz einer Aufhebung zu einem bestimmten Zweck ist, dass die Legal Professional Privileges mit der Offenlegung gegenüber dem gerichtlich bestellten Sonderprüfer nur gegenüber diesem und auch nur für die Zwecke der Durchführung der Sonderprüfung gemäß §§ 142 ff. AktG verloren gingen. Ansonsten blieben die Legal Professional Privileges in Bezug auf die betroffenen Materialien umfassend erhalten. Allerdings bleibt aufgrund der fehlenden Präzedenzfälle im UK-Recht unklar, ob ein englisches Gericht diese Auffassung teilen wird.

Mit der Veröffentlichung des Sonderprüfungsberichts im Handelsregister gemäß § 145 Abs. 6 Satz 3 AktG werden sämtliche Informationen, die der gerichtlich bestellte Sonderprüfer aus privilegierten Materialien entnommen hat, gemäß § 9 Abs. 1 Satz 1 HGB der Öffentlichkeit zugänglich gemacht. Diejenigen privilegierten Materialien, die die im Sonderprüfungsbericht veröffentlichten Informationen enthalten, verlieren mithin ihre Privilegierung. Dementsprechend sind sie von dem Zeitpunkt der Veröffentlichung an im Rahmen einer Disclosure herauszugeben.

Die Unterscheidung zwischen der Einsichtnahme des gerichtlich bestellten Sonderprüfers und der Veröffentlichung des Sonderprüfungsberichts gemäß § 145 Abs. 6 Satz 3 AktG ist insoweit entscheidend, als nicht alle Informationen, die der gerichtlich bestellte Sonderprüfer in privilegierten Materialien zur Kenntnis nimmt, notwendigerweise Eingang in den Sonderprüfungsbericht finden müssen.

2) Vereinigte Staaten von Amerika

Das US-Recht differenziert im Rahmen der Legal Privileges zwischen dem Attorney Client Privilege und der Work Product Doctrine. Die Umstände, unter denen das jeweilige Privileg seine Anwendbarkeit verliert, weichen voneinander ab. Dementsprechend sind die Auswirkungen der Einsichtnahme des Sonderprüfers und die Konsequenzen aus der Veröffentlichung des Sonderprüfungsberichts jeweils getrennt in Bezug auf das Attorney Client Privilege und die Work Product Doctrine zu untersuchen.

a) Attorney Client Privilege

(i) Einsichtnahme durch den gerichtlich bestellten Sonderprüfer

Das Attorney Client Privilege verliert grundsätzlich dann seine Anwendbarkeit, wenn die privilegierte Korrespondenz nicht länger als vertraulich behandelt wird. Dies ist grundsätzlich dann anzunehmen, wenn die unter dem Attorney Client Privilege als vertraulich geschützte Korrespondenz, einem Dritten zugänglich gemacht wird (vgl. Ziffer B) II) 2) a)). Dies ist grundsätzlich dann anzunehmen, wenn die betroffene Korrespondenz einer Person zugänglich gemacht wird, die weder dem Kreis des Rechtsberaters noch des Clients zugerechnet werden kann.

Da der gerichtlich bestellte Sonderprüfer offensichtlich nicht dem Lager des Rechtsberaters angehört, verbleibt die Frage, ob er als dem Teil der Gesellschaft zugehörig, der von deren Mandantenstatus erfasst wird, betrachtet werden kann. Der gerichtlich bestellte Sonderprüfer gemäß § 142 Abs. 2 Satz 1 AktG hat keine Organstellung innerhalb der Gesellschaft inne (vgl. Ziffer A) III) 2) b) (v)). Gleichzeitig kommt ihm jedoch eine organähnliche Stellung zu (vgl. Ziffer A) III) 3)). Dieser Umstand vermag im Hinblick auf die Beurteilung der Aufrechterhaltung des Attorney Client Privileges jedoch nicht die Tatsache aufwiegen, dass der gerichtlich bestellte Sonderprüfer in keiner Weise in die Rechtsberatung der Gesellschaft, in deren Zusammenhang die als vertraulich geschützte Korrespondenz erfolgte, involviert ist. Vielmehr überprüft der gerichtlich bestellte Sonderprüfer die Korrespondenz, die im Rahmen der Rechtsberatung stattgefunden hat, im Nachhinein im Hinblick auf Informationen bezüglich des Prüfungsgegenstandes der Sonderprüfung. Demensprechend beschränkt sich seine Rolle insoweit darauf, die Erkenntnisse der Rechtsberatung für die Zwecke der Aufklärung des Prüfungsgegenstandes der Sonderprüfung zu verwerten. Seine Einsichtnahme dient insoweit nicht im Entferntesten der Unterstützung der Rechtsberatung durch den Rechtsberater selbst. Es erscheint daher unwahrscheinlich, dass der gerichtlich bestellte Sonderprüfer als Client zu verstehen wäre.

Dementsprechend könnte er – ebenso wie der Abschlussprüfer der Gesellschaft[359] – im Verhältnis zu der Gesellschaft als Dritter zu qualifizieren sein.

Dahin deutet auch die Rechtsprechung des United States District Courts, S.D. New York im Fall *In re Pfizer Inc. Securities Litigation, 1993 WL 561125 (S.D.N.Y 1993)*. Der Fall beschäftigte sich unter anderem mit der Fragestellung, ob Pfizer durch die Offenlegung von unter dem Attorney Client Privilege als vertraulich geschützter Korrespondenz gegenüber seinem Abschlussprüfer Peat Marwick den Verlust des Attorney Client Privilege herbeigeführt hat. Das Gericht bejahte dies unter Hinweis darauf, dass dieser als außenstehender Dritter zu qualifizieren sei, sodass eine Aufrechterhaltung des Attorney Client Privileges trotz Offenlegung ihm gegenüber nicht in Betracht käme.[360]

Im Hinblick auf die starke Vergleichbarkeit der Stellung des Abschlussprüfers mit derjenigen des gerichtlich bestellten Sonderprüfers (vgl. Ziffer A) III) 2) b) (ii)) liegt die Annahme nahe, dass ein Sonderprüfer im Hinblick auf den Verlust des Attorney Client-Privileges ebenfalls als außenstehender Dritter zu qualifizieren ist.

Die Offenlegung von unter dem Attorney Client Privilege als vertraulich geschützter Korrespondenz ihm gegenüber, würde somit grundsätzlich in dem Verlust des Vertraulichkeitsstatus resultieren. Dies würde wiederum dazu führen,

---

359 *Couch v. United States*, 409 U.S. 322, 335 (U.S. 1973); *In re Pfizer Inc. Sec. Litig.*, 1993 WL 561125, at 6 (S.D.N.Y. 1993).

360 *In re Pfizer Inc. Securities Litigation,* 1993 WL 561125, at 7 (S.D.N.Y 1993).

dass diese Korrespondenz im Rahmen einer Discovery mangels Privilegierung nicht zurückgehalten werden könnte, sondern offengelegt werden müsste (vgl. Ziffer B) I) 2) a)).

Eine abweichende Beurteilung könnte sich jedoch ergeben, sofern der gerichtlich bestellte Sonderprüfer im Rahmen der Sonderprüfung als Hilfsperson eines die Gesellschaft beratenden Rechtsberaters fungiert. Dies würde dazu führen, dass er vom persönlichen Anwendungsbereich des Attorney Client Privileges erfasst wäre, sodass kein Verlust desgleichen zu befürchten wäre. Dann müsste die Durchführung der Sonderprüfung jedoch für die Erteilung des Rechtsrats durch den Rechtsberater unerlässlich sein (vgl. Ziffer B) II) 2) a)).

Die Aufgabe des gerichtlich bestellten Sonderprüfers beschränkt sich auf die Aufklärung von Tatsachen und umfasst gerade nicht die Erteilung von Rechtsrat (vgl. Ziffer C) II) 2) a)). Es erscheint somit bereits fragwürdig, inwieweit das Aufklären von Fakten für die Erteilung von Rechtsrat unerlässlich ist. Weiterhin hat der gerichtlich bestellte Sonderprüfer die Sonderprüfung gemäß § 144 AktG i.V.m. § 323 Abs. 1 Satz 1 HGB unparteiisch durchzuführen. Ein Rechtsberater ist dahingegen zur Vertretung der Interessen seines Mandanten, d.h. der Gesellschaft, verpflichtet. Zwar hat der gerichtlich bestellte Sonderprüfer sein Verhalten aufgrund der ihm obliegenden organschaftlichen Treuepflichten (vgl. Ziffer A) III) 3)) ebenfalls an dem Interesse der Gesellschaft auszurichten. Dieses liegt jedoch grundsätzlich in einer umfassenden Aufklärung der Tatsachen. Der gerichtlich bestellte Sonderprüfer kann allerdings nicht gleichzeitig eine unabhängige Sonderprüfung, mit dem Ziel alle Tatsachen umfassend aufzuklären, durchführen und den im Interesse der Gesellschaft handelnden, diese beratenden Rechtsberater unterstützen. Er kann nicht zur selben Zeit sein eigener Herr und Diener eines Rechtsberaters sein. Mithin ist der gerichtlich bestellte Sonderprüfer nicht als Hilfsperson des die Gesellschaft beratenden Rechtsberaters einzuordnen, dessen Tätigkeit (d.h. die Durchführung der Sonderprüfung) unerlässlich für die Rechtsberatung durch jenen Rechtsberater ist.

Möglich wäre weiterhin, dass die Konstellation der Einsichtnahme durch den gerichtlich bestellten Sonderprüfer in privilegierte Korrespondenz einer der zwei Fallgruppen zuzuordnen ist, bei deren Einschlägigkeit es zu keinem Verlust der Privilegierung kommt.

Weiterhin wäre denkbar, dass der gerichtlich bestellte Sonderprüfer und die Gesellschaft ein gemeinsames rechtliches Interesse („*common legal interest*") verfolgen (vgl. Ziffer B) II) 2) a)).

Dafür scheint zunächst zu sprechen, dass der gerichtlich bestellte Sonderprüfer organschaftlichen Treuepflichten unterliegt, die es ihm auferlegen, sein Verhalten am Interesse der Gesellschaft auszurichten (vgl. Ziffer A) III) 3)). Insofern könnten die Gesellschaft und der gerichtlich bestellte Sonderprüfer oberflächlich betrachtet ein gemeinsames rechtliches Interesse verfolgen.

Gleichzeitig setzt die Annahme des Vorliegens eines gemeinsamen rechtlichen Interesses die Verfolgung gemeinsamer Anstrengungen („*joint efforts*") voraus (vgl. Ziffer B) II) 2) a)). Problematisch erscheint in diesem Zusammenhang, dass der gerichtlich bestellte Sonderprüfer gemäß § 144 AktG i.V.m. § 323 Abs. 1 Satz 1 HGB zur Durchführung einer unparteiischen Sonderprüfung verpflichtet ist. Darüber hinaus kann der Sonderprüfer gemäß § 145 Abs. 2 AktG Auskünfte und Nachweise von den Mitgliedern des Vorstands und des Aufsichtsrats verlangen. Er kann diese jedoch nicht zu einer aktiven Mitwirkung an der Durchführung der Sonderprüfung verpflichten (vgl. Ziffer A) IV) 1)). Das Erfordernis der Unparteilichkeit des gerichtlich bestellten Sonderprüfers im Hinblick auf die Durchführung der Sonderprüfung sowie die fehlende aktive Kooperationspflicht der Vorstands- bzw. Aufsichtsratsmitglieder zeichnen jedoch kein Bild der Bündelung von Ressourcen. Der Umstand, dass das Mitwirken der Mitglieder des Vorstands bzw. des Aufsichtsrats aktiv vom gerichtlich bestellten Sonderprüfer gemäß § 145 Abs. 2 AktG eingefordert werden muss, lässt nicht auf die Unternehmung von gemeinsamen Anstrengungen („*joint efforts*") schließen.

Dementsprechend liegt kein gemeinsames rechtliches Interesse zwischen dem gerichtlich bestellten Sonderprüfer und der Gesellschaft vor, welches eine Aufrechterhaltung der Anwendbarkeit des Attorney Client Privileges trotz Offenlegung der vertraulichen Korrespondenz der Gesellschaft gegenüber dem gerichtlich bestellten Sonderprüfer erlauben würde.

Schließlich ist zu überlegen, ob in der gerichtlichen Bestellung eines Sonderprüfers gemäß § 142 Abs. 2 Satz 1 AktG die gerichtliche Anordnung der Offenlegung sämtlicher dem Attorney Client Privilege unterfallenden Korrespondenz gesehen werden kann. Unter dieser Annahme erschiene es möglich, dass ein US-Gericht im angelsächsischem Rechtsraum die Aufrechterhaltung des Attorney Client Privilege – trotz Offenlegung der vertraulichen Korrespondenz gegenüber dem gerichtlich bestellten Sonderprüfer – anordnet, sofern die Gesellschaft hinreichende Maßnahmen unternimmt, um die Anwendbarkeit des Attorney Client Privileges zu schützen (vgl. Ziffer B) II) 2) a)).

Selbst wenn man den gerichtlich bestellten Sonderprüfer als verlängerten Arm des Gerichts ansähe und die Einsichtnahme des Sonderprüfers in vertrauliche Korrespondenz mit der Anordnung des Gerichts zur Offenlegung der vertraulichen Korrespondenz gleichsetzte, würde die Offenlegung von unter dem Attorney Client Privilege als vertraulich geschützten Materialien gegenüber dem Gericht grundsätzlich in einem Verlust des Vertraulichkeitsstatus resultieren.[361] Um sich auf die Rule 502(b) Fed. R. Evid. erfolgreich berufen zu können, welche diesen Verlust revidieren würde, müsste die Gesellschaft zum einen darlegen können, dass der gerichtlich bestellte Sonderprüfer unrechtmäßigerweise Einsicht in die Korrespondenz genommen hat. Dies scheint im Hinblick darauf, dass die Vorschrift des § 145 Abs. 1 AktG dem gerichtlich bestellten Sonderprüfer ein umfassendes Einsichts- und Prüfungsrecht einräumt (vgl. Ziffer A) IV) 1) a)), schwierig.

---

361 *Permian Corp. v. U.S.*, 665 F.2d 1214, 1222 – bzgl. einer durch die SEC angeordneten Offenlegung (D.C. Cir. 1981).

Zum anderen müsste die Gesellschaft vernünftigerweise erwartbare Schritte vornehmen, um dem endgültigen Verlust des Attorney Client Privileges vorzubeugen. Das deutsche Recht erkennt das Attorney Client Privilege jedoch nicht an (vgl. Ziffer B) V) 2) b)). Dementsprechend bestehen auch keine Mechanismen, die es der Gesellschaft erlauben würden, gegen den Verlust des Attorney Client Privileges vorzugehen. Auch wenn man die Einsichtnahme des gerichtlich bestellten Sonderprüfers mit der Anordnung des Gerichts zur Offenlegung der vertraulichen Korrespondenz gleichsetzen würde, ist mithin nicht davon auszugehen, dass es der Gesellschaft möglich wäre, adäquate Maßnahmen zu unternehmen, die den Verlust des Attorney Client Privileges vermeiden könnten.

Die vorangehenden Überlegungen zeigen, dass keine der Fallgruppen, die eine Aufrechterhaltung des Attorney Client Privileges ermöglichen, auf die Konstellation der Einsichtnahme des gerichtlich bestellten Sonderprüfers im Zuge der Durchführung der Sonderprüfung gemäß §§ 142 ff. AktG in vertrauliche Korrespondenz anwendbar ist. Dementsprechend ist davon auszugehen, dass diese Einsichtnahme des gerichtlich bestellten Sonderprüfers in dem Verlust des Attorney Client Privileges für die eingesehene Korrespondenz münden würde. Dies würde wiederum bedeuten, dass diese Korrespondenz im Rahmen einer Discovery offenzulegen wäre.

(ii) Veröffentlichung des Sonderprüfungsberichts

Gemäß § 145 Abs. 6 Satz 1 AktG hat der Sonderprüfer über das Ergebnis der Prüfung schriftlich zu berichten. Dabei sind gemäß § 145 Abs. 6 Satz 2 AktG ausdrücklich auch solche Tatsachen in den Prüfungsbericht aufzunehmen, deren Bekanntwerden geeignet ist, der Gesellschaft oder einem verbundenen Unternehmen einen nicht unerheblichen Nachteil zuzufügen, sofern ihre Kenntnis zur Beurteilung des zu prüfenden Vorgangs durch die Hauptversammlung erforderlich ist. In dem Spannungsfeld zwischen dem Aufklärungsinteresse und dem Geheimhaltungsinteresse der Gesellschaft hat der Gesetzgeber dem Aufklärungsinteresse somit den Vorrang eingeräumt.[362]

Im Anschluss an die Erstellung des Prüfungsberichts ist dieser gemäß § 145 Abs. 6 Satz 3 AktG zum Handelsregister einzureichen. Diese Vorgehensweise hat zur Folge, dass Informationen, die in Korrespondenzen enthalten sind, die durch das Attorney Client Privilege als privilegiert geschützt sind, der Öffentlichkeit zugänglich gemacht werden. Die Veröffentlichung dieser Informationen zieht als unmittelbare Konsequenz den Verlust des Vertraulichkeitsstatus der betroffenen Korrespondenz nach sich. Dies führt wiederum zu einem Verlust der

362 *Mock*, in: Spindler/Stilz, AktG, 4. Auflage 2019, § 145 Rn. 30; *Arnold*, in: MünchKomm-AktG, 4. Auflage 2018, § 145 Rn. 46; *Spindler*, in: K. Schmidt/Lutter, AktG, 3. Auflage 2015, § 142 Rn. 27; *Wilsing/Neumann*, DB 2006, 31, 34.

Anwendbarkeit des Attorney Client Privileges.[363] Diejenige Korrespondenz, die nicht mehr unter dem Attorney Client Privilege als privilegiert geschützt ist, wäre mithin im Rahmen einer Discovery herauszugeben.

b) Work Product Doctrine

Zur Beantwortung der Frage, wie sich die Einsichtnahme des gerichtlich bestellten Sonderprüfers in unter der Work Product Doctrine als privilegiert geschützte Materialien und die Veröffentlichung des Sonderprüfungsberichts auf die Anwendbarkeit der Work Product Doctrine auswirken, ist festzustellen, ob und inwieweit diese Maßnahme die Wahrscheinlichkeit erhöht, dass eine gegnerische Partei Zugang zu diesen in privilegierten Materialien enthaltenen Informationen erhält.

(i) Einsichtnahme durch den gerichtlich bestellten Sonderprüfer

Im Hinblick darauf, ob die Einsichtnahme des gerichtlich bestellten Sonderprüfers in unter der Work Product Doctrine als vertraulich geschützte Dokumente den Verlust des Vertraulichkeitsstatus mit sich bringt, sind zwei Faktoren zu untersuchen: Zum einen ist zu ergründen, ob der gerichtlich bestellte Sonderprüfer selbst als gegnerische Partei zu qualifizieren ist. Zum anderen ist zu klären, ob sich durch die Einsichtnahme des gerichtlich bestellten Sonderprüfers die Wahrscheinlichkeit erhöht, dass die in den eingesehenen Materialien enthaltenen Informationen an eine gegnerische Partei gelangen.

Aus der organähnlichen Stellung des gerichtlich bestellten Sonderprüfers erwachsen organschaftliche Treuepflichten (vgl. Ziffer A) III) 3)). Mithin hat der gerichtlich bestellte Sonderprüfer sein Verhalten an dem Wohl der Gesellschaft auszurichten. Gleichzeitig liegt der Schutzzweck der Sonderprüfung gemäß §§ 142 ff. AktG in der Förderung des Gesellschaftswohls, indem sie zur Aufklärung von Tatsachen, die die Geltendmachung von möglichen Schadensersatzansprüchen ermöglichen könnten, dient (vgl. Ziffer A) II) 4)). Dementsprechend verfolgt der gerichtlich bestellte Sonderprüfer im Rahmen der Durchführung der Sonderprüfung keine den Interessen der Gesellschaft entgegenstehenden Absichten. Darüber hinaus wird der Abschlussprüfer, welcher eine vergleichbare Stellung wie der gerichtlich bestellte Sonderprüfer innehat (vgl. Ziffer A) III) 2) b) (ii)), im US-Recht

363 *Doe v. Baylor Univ.*, 6:16-CV-173-RP, at 8 et seqq. (W.D. Tex. Aug. 11, 2017) – Baylor University veröffentlichte eine Zusammenfassung der Ergebnisse einer internen Untersuchung bzgl. Verdachtsfällen von sexuellen Belästigungen durch eine außenstehende Rechtsanwaltskanzlei, um seine angeschlagene Reputation wiederherzustellen. Das Gericht sah darin einen Verlust des Attorney Client Privileges in Bezug auf den gesamten Umfang der Untersuchung sowie alle Materialien, Korrespondenzen und Informationen, die die Universität im Laufe der Untersuchung der Rechtsanwaltskanzlei zur Verfügung gestellt hatte.

nach herrschender Ansicht ebenfalls nicht als gegnerische Partei eingestuft.[364] Folglich ist der gerichtlich bestellte Sonderprüfer selbst in diesem Zusammenhang nicht als gegnerische Partei zu qualifizieren. Insoweit resultiert der Verlust der Anwendbarkeit der Work Product Doctrine nicht bereits aus der Einsichtnahme des gerichtlich bestellten Sonderprüfers in privilegierte Dokumente.

Dieser könnte sich jedoch dann ereignen, wenn der gerichtlich bestellte Sonderprüfer durch seine Einsichtnahme die Wahrscheinlichkeit erhöhen würde, dass eine gegnerische Partei Zugang zu den in den eingesehenen privilegierten Materialien enthaltenen Informationen erhält. Der gerichtlich bestellte Sonderprüfer ist gemäß § 144 AktG i.V.m. § 323 Abs. 1 Satz 1, 2 HGB zur Verschwiegenheit über die im Rahmen der Sonderprüfung erlangten Kenntnisse (insbesondere Geschäfts- und Betriebsgeheimnisse) verpflichtet. Darüber hinaus unterliegt er gemäß § 144 AktG i.V.m. § 323 Abs. 1 Satz 2 HGB einem Verwertungsverbot hinsichtlich der Erkenntnisse, die er im Rahmen der Durchführung der Sonderprüfung gemäß §§ 142 ff. AktG erlangt hat. Es besteht somit keine erhöhte Wahrscheinlichkeit dafür, dass der gerichtlich bestellte Sonderprüfer vertrauliche Informationen an eine gegnerische Partei weitergibt. Dementsprechend besteht keine gesteigerte Wahrscheinlichkeit dafür, dass die Einsichtnahme des gerichtlich bestellten Sonderprüfers dazu führt, dass die gegnerische Partei die in den eingesehenen Materialien enthaltenen Informationen erhalten wird, welches zur Unanwendbarkeit der Work Product Doctrine führen würde.

Es ist daher nicht davon auszugehen, dass die Einsichtnahme des gerichtlich bestellten Sonderprüfers in unter der Work Product Doctrine als privilegiert eingestufte Materialien in dem Verlust dieser Privilegierung resultiert.[365]

Allerdings besteht die Problematik, dass die jeweiligen Dokumente unter US-Recht nur gegenüber dem Sonderprüfer offengelegt werden dürfen, sofern der Rechtsberater, auf den die Erstellung dieser Dokumente zurückgeht, seine Zustimmung zur Offenlegung erteilt hat (vgl. Ziffer B) II) 2) b)). Somit könnte die Gesellschaft in den Vereinigten Staaten von Amerika Maßnahmen des jeweiligen

---

364 *U.S. v. Deloitte, LLP, 610 F.3d 129, 139-43 (D.C. Cir. 2010)*; *Am. Steamship Owners Mut. Prot. & Indem. Ass'n v. Alcoa Steamship Co.*, 4309, 2006 WL 278131 (S.D.N.Y. Feb. 2, 2006*)*; *Lawrence E. Jaffe Pension v. Household Intern*, 237 F.R.D. 176, 183 (N.D. Ill. 2006); *Merrill Lynch Co., Inc. v. Allegheny Energy, Inc.*, 229 F.R.D. 441, 448 (S.D.N.Y. 2004); *In re Pfizer Inc. Sec. Litig.*, 1993 WL 561125, at 6 (S.D.N.Y. 1993)

365 Für die Einsichtnahme durch den Abschlussprüfer: *U.S. v. Deloitte, LLP, 610 F.3d 129, 139-43 (D.C. Cir. 2010)*; *Westernbank Puerto Rico v. Kachkar*, 2009 WL 530131, at 7 et seq. (D. Puerto Rico Feb. 9, 2009); *In re Weatherford Int'l Securities Litig.*, 2013 WL 12185082 (S.D.N.Y. Nov. 19, 2013); *SEC v. Berry*, 2011 WL 825742, at 9 (N.D. Cal. 2011); *Lawrence E. Jaffe Pension Plan v. Household Int'l, Inc.*, 237 F.R.D. 176, 183 (N.D. Ill. 2006); *American Steamship Owners v. Alcoa Steamship Co.*, 2006 WL 278131, at 4 (S.D.N.Y. Feb. 2, 2006); *Merrill Lynch Co., Inc. v. Allegheny Energy, Inc.*, 229 F.R.D. 441, 448 (S.D.N.Y. 2004); *In re Pfizer Inc. Sec. Litig.*, 1993 WL 561125, at 6 (S.D.N.Y. 1993).

Rechtsberaters ausgesetzt sein, sofern sie die Dokumente dem gerichtlich bestellten Sonderprüfer ohne dessen Zustimmung zugänglich machen.

(ii) Veröffentlichung des Sonderprüfungsberichts

Wie unter Ziffer B)III)2)a)(ii) dargestellt, hat der Sonderprüfer gemäß § 145 Abs. 6 Satz 1 AktG einen Sonderprüfungsbericht anzufertigen, welcher gemäß § 145 Abs. 6 Satz 3 AktG zum Handelsregister einzureichen ist. Das Handelsregister ist gemäß § 9 Abs. 1 Satz 1 HGB öffentlich einsehbar, sodass die in dem Sonderprüfungsbericht enthaltenen Informationen, die aus unter der Work Product Doctrine privilegierten Materialien entnommen wurden, jedermann zugänglich gemacht werden. Dementsprechend ist anzunehmen, dass die Wahrscheinlichkeit, dass eine gegnerische Partei mit Veröffentlichung des Sonderprüfungsberichts Zugang zu den vertraulichen Informationen erhält, signifikant erhöht ist. Folglich bewirkt die Veröffentlichung des Sonderprüfungsberichts den Verlust der Anwendbarkeit der Work Product Doctrine.

c) Zwischenergebnis

Die Legal Privileges unter US-Recht gliedern sich in das Attorney Client Privilege und die Work Product Doctrine. Bei der Feststellung der Auswirkungen der Durchführung der Sonderprüfung gemäß §§ 142 ff. AktG auf die Legal Privileges unter US-Recht ist zum einen zwischen der Einsichtnahme des Sonderprüfers in privilegierte Materialien und der Veröffentlichung des Sonderprüfungsberichts gemäß § 145 Abs. 6 Satz 3 AktG, welcher Informationen, die aus privilegierten Materialien stammen, enthält, zu unterscheiden.

Die Einsichtnahme des gerichtlich bestellten Sonderprüfers in privilegierte Materialien lässt das Attorney Client Privileg entfallen. Der gerichtlich bestellte Sonderprüfer ist als außenstehender Dritter zu qualifizieren, wobei er weder eine Hilfsperson des die Gesellschaft beratenden Rechtsberaters darstellt noch ein gemeinsames rechtliches Interesse mit der Gesellschaft aufweist. Selbst wenn man den gerichtlich bestellten Sonderprüfer als verlängerten Arm des Gerichts ansähe und dessen Einsichtnahme mit einer gerichtlichen Anordnung zur Offenlegung der unter dem Attorney Client Privilege als vertraulich geschützten Dokumente gleichsetzte, wird es der Gesellschaft nicht möglich sein, den Verlust desselbigen im Einklang mit Rule 502(b) Fed. R. Evid. zu verhindern.

Im Hinblick darauf, dass der gerichtlich bestellte Sonderprüfer, der selbst keine gegnerische Partei der Gesellschaft darstellt, einer Verschwiegenheitspflicht gemäß § 144 AktG i.V.m. § 323 Abs. 1 HGB unterliegt, führt die Einsichtnahme in unter der Work Product Doctrine privilegierte Materialien hingegen nicht zum Verlust deren Vertraulichkeitsstatus. Dies ergibt sich daraus, dass die bloße Einsichtnahme des gerichtlich bestellten Sonderprüfers in die unter der Work Product Doctrine privilegierten Materialien nicht dazu führt, dass eine erhöhte Wahrscheinlichkeit besteht, dass eine gegnerische Partei Zugang zu diesen vertraulichen Materialien erhält.

Die Veröffentlichung des Sonderprüfungsberichts im Handelsregister gemäß § 145 Abs. 6 Satz 3 AktG, wodurch dieser der Öffentlichkeit zugänglich gemacht wird, resultiert dahingegen sowohl im Verlust der Anwendbarkeit des Attorney Client Privilege als auch in der Unanwendbarkeit der Work Product Doctrine.

IV) Möglicher Schaden der Gesellschaft

Die Einsichtnahme des gerichtlich bestellten Sonderprüfers bzw. die Veröffentlichung des Sonderprüfungsberichts gemäß § 145 Abs. 6 Satz 3 AktG hat das Potential, in der weitgehenden Aufhebung der Legal (Professional) Privileges unter UK-Recht bzw. US-Recht zu resultieren. Zwar erscheint es möglich, dass die Einsichtnahme des gerichtlich bestellten Sonderprüfers die Legal Professional Privileges unter UK-Recht bei Annahme einer Aufhebung zu einem begrenzten Zweck („*limited purpose waiver*") nicht vollständig entfallen lässt. Ebenso mündet die Einsichtnahme des gerichtlich bestellten Sonderprüfers in Materialien, die durch die Work Product Doctrine unter US-Recht privilegiert sind, höchstwahrscheinlich noch nicht in einem Verlust derer Anwendbarkeit. Sowohl unter UK-Recht als auch unter US-Recht mündet jedoch die Veröffentlichung des Sonderprüfungsberichts zum Handelsregister gemäß § 145 Abs. 6 Satz 3 AktG mit nahezu an Sicherheit grenzender Wahrscheinlichkeit im Verlust der jeweiligen Legal (Professional) Privileges derjenigen Materialien, deren Inhalte im Sonderprüfungsbericht dargestellt werden.

Unmittelbare Konsequenz aus dem Verlust der Legal (Professional) Privileges ist die Verpflichtung der Gesellschaft, sämtliche ehemals privilegierte Materialien, die der gerichtlich bestellte Sonderprüfer eingesehen hat, gegenüber sämtlichen gegenwärtigen oder potentiellen zukünftigen Klägern im Rahmen von Disclosure-/Discovery-Verfahren offenzulegen. Dies führt zu einer signifikanten Schwächung der Verteidigungsmöglichkeiten der Gesellschaft in Verfahren im angloamerikanischen Rechtsraum. Zwar lässt sich der genaue Schaden im Vorhinein nicht exakt beziffern. Insbesondere der unter US-Recht zulässige Strafschadensersatz („*punitive damages*") lässt keine genaue Berechnung des Schadens zu. Gleichwohl gilt es zu bedenken, dass der gegnerischen Partei sämtliche Materialien – insbesondere auch solche, die sich auf die Strategie der Verteidigung beziehen – bei einem Verlust der Legal Privileges zugänglich gemacht werden müssen. Dies resultiert in einem erheblichen Informationsvorsprung der gegnerischen Partei und erlaubt dieser eine umfassende Vorbereitung auf sämtliche vorzutragende Argumente der Gesellschaft vor Beginn der (Haupt-)Verhandlung.

Dies hat zur Folge, dass die Grundsätze des angloamerikanischen Prozessrechts konterkariert werden. Als Gegengewicht zu dem umfassend angelegten Disclosure-/Discovery-Verfahren sollen die Legal (Professional) Privileges dafür sorgen, dass der Mandant sich seinem Rechtsberater anvertrauen kann, ohne befürchten zu müssen, dass die unter dem Mantel der Vertraulichkeit ausgetauschten

Informationen in einem späteren Verfahren gegen ihn verwendet werden.[366] Gleichzeitig soll sichergestellt werden, dass jeder Rechtsberater eine Strategie zur bestmöglichen Verteidigung seines Mandanten ausarbeiten kann, ohne dass er diese gegenüber der gegnerischen Partei im Rahmen eines Disclosure-/Discovery-Verfahrens offenzulegen hat.[367] Nur wenn diese beiden Komponenten gewährleistet sind, ist davon auszugehen, dass ein Mandant sich seinem Rechtsberater vollständig anvertraut. Dieser Umstand ist unerlässlich für eine hinreichende Verteidigung des Mandanten und letztlich ein funktionierendes Rechtssystem im angloamerikanischen Rechtsraum.

Betroffen sind dementsprechend vorrangig Verfahren, die im angloamerikanischen Rechtsraum geführt werden. Im Hinblick darauf, dass sich die Anwendbarkeit der Regeln über die Legal (Professional) Privileges in dem Vereinigten Königreich nach dem dort geltenden Recht und in den Vereinigten Staaten von Amerika nach dem „touch-base"-Test in Verbindung mit einer Abwägung des vorwiegenden Interesses („*predominant interest*") bestimmt wird, beschränkt sich die Anwendbarkeit der Legal (Professional) Privileges jedoch gerade nicht auf die Korrespondenz und Materialien, die ihren Ursprung in dem angloamerikanischen Raum haben. Vielmehr können auch solche Korrespondenzen und Materialien betroffen sein, die außerhalb des angloamerikanischen Raums vorbereitet wurden.

Darüber hinaus ist es unter US-Recht unter bestimmten Umständen ebenfalls möglich, dass im Rahmen eines Discovery-Verfahrens zugänglich gemachte Materialien Klägern zu Beweiserhebungszwecken im Rahmen von außerhalb der Vereinigten Staaten von Amerika anhängigen Verfahren zur Verfügung gestellt werden. So sieht Titel 28 United States Code in § 1728(a) vor:

> "*The district court of the district in which a person resides or is found may order him to give his testimony or statement or to produce a document or other thing* *for use in a proceeding in a foreign or international tribunal,* *including criminal investigations conducted before formal accusation. [...]*" (Hervorhebung hinzugefügt).

366 *Judicial Watch, Inc.v. U.S. Department of Homeland Sec.*, 736 F.Supp.2d 202, 209 (D.D.C. 2010); *Mohawk Industries, Inc. v. Carpenter,* 130 S.Ct. 599, 606 (U.S. 2009); *Upjohn Company v. United States,* 101 S.Ct. 677, 686 (U.S. 1981); *United States v. Solomon Fisher,* 96 S.Ct. 1569, 1577 (U.S. 1976); *Doe v. Baylor Univ.*, 6:16-CV-173-RP, at *3 (W.D. Tex. Aug. 11, 2017); *A.V. v. Panama-Buena Vista Union School District,* 2016 WL 3418446, at 2 (E.D. Cal. 2016); *Las Vegas Sands v. Eighth Jud. Dist. Ct.* 331 P 3d 905, 913 (D. Nev. 2014); *U.S. v. Saccoccia,* 898 F. Supp. 53, 57 (D.R.I. 1995); *Coastal States Gas Corp. v. Department of Energy,* 617 F.2d 854, 862 (D.C. Cir. 1980); *In re I. Kelly v. Ford Motor Company* 110 F.3d 954, 963 (3d Cir. 1997).

367 *Ventouris v Mountain* [1991] 1 W.L.R. 607, 611; *Lee v South West Thames Regional Health Authority* [1985] 1 W.L.R. 845, 850; *Waugh Appellant v British Railways Board Respondents* [1980] A.C. 521, 526; *David Lyell v John Lawson Kennedy (No. 2.)* [1883] 9 App. Cas. 81, 90; *Passmore,* in: Sweet/Maxwell, Privilege, 3. Edition 2013 Para. 3-009.

Dementsprechend kann sich der Verlust der Legal Privileges auch auf außerhalb der Vereinigten Staaten von Amerika anhängige Verfahren auswirken.

Der Verlust der Legal (Professional) Privileges stellt somit ein signifikantes prozessuales Risiko für eine Gesellschaft, die nach Beginn der Durchführung der Sonderprüfung gemäß §§ 142 ff. AktG in dem angloamerikanischen Raum mindestens einmal verklagt wird bzw. bereits Partei eines noch anhängigen Verfahrens dort ist, dar. Entscheidend ist somit nicht unbedingt, ob die Gesellschaft eine Niederlassung im angloamerikanischen Raum hat. Maßgeblich ist vielmehr, ob die Produkte oder Dienstleistungen der Gesellschaft ebenfalls im angloamerikanischen Raum abgesetzt werden bzw. zugänglich sind.

Die Relevanz der Vereinigten Staaten von Amerika als Absatzmarkt für deutsche Unternehmen zeigt sich zum einen an der Größe des US-Marktes[368] sowie dem Umstand, dass die Vereinigten Staaten von Amerika seit 2015 jährlich jeweils der wichtigste Abnehmer von deutschen Waren waren.[369] Die Wichtigkeit des Vereinigten Königreichs als Absatzmarkt für deutsche Unternehmen ergibt sich zum einen aus deren Teilnahme am EU-Binnenmarkt[370] sowie den signifikanten Importen aus Deutschland[371], die das Vereinigte

368 Nach Angaben des Deutschen Statistischen Bundesamtes lag das Bruttoinlandsprodukt der US im Jahr 2017 bei USD 19.390,6 Mrd. In diesem Zeitraum importierte die US Waren und Dienstleistungen im Wert von USD 120.161,6 Mio. aus Deutschland (Quelle: https://www.destatis.de/DE/ZahlenFakten/LaenderRegionen/Internationales/Staat/Amerika/VereinigteStaatenvonAmerika.html). Laut des Bureau of Economic Analysis lag das Bruttoinlandsprodukt der US im Jahr 2017 bei USD 19.386,8 Mrd., wobei Waren und Dienstleistungen im Wert von USD 153.313 Mio. in diesem Zeitraum aus Deutschland importiert wurden. Somit stammen 5,3% aller Importe der US aus Deutschland (Quelle: https://apps.bea.gov/international/factsheet/factsheet.cfm?Area=308).

369 https://www.destatis.de/DE/ZahlenFakten/GesamtwirtschaftUmwelt/Aussenhandel/HandelspartnerJahr.html.

370 Das Vereinigte Königreich wird die Europäische Union und mithin ggf. den EU-Binnenmarkt wahrscheinlich gemäß Art. 50 Abs. 3 EUV verlassen. Wie die weitere Beziehung zwischen der EU und dem ab diesem Zeitpunkt als Drittstaat anzusehenden Vereinigten Königreich ausgestaltet sein wird, lässt sich zum heutigen Tage nicht absehen. Gleichwohl bleibt die Relevanz der Legal Professional Privileges unter UK-Recht insoweit erhalten, als dass nicht zu erwarten ist, dass sämtliche deutsche Gesellschaften das Vereinigte Königreich als Absatzmarkt zukünftig gänzlich ignorieren werden.

371 Nach Angaben des Deutschen Statistischen Bundesamtes lag das Bruttoinlandsprodukt des Vereinigten Königreichs im Jahr 2017 bei USD 2.624,5 Mrd. In diesem Zeitraum importierte das Vereinigte Königreich Waren und Dienstleistungen im Wert von USD 89.230 Mio. aus Deutschland. (Quelle: https://www.destatis.de/DE/ZahlenFakten/LaenderRegionen/Internationales/Staat/Europa/VerKoenigreich.html).

Königreich im Jahr 2017 zum viertgrößten Abnehmer von deutschen Waren machte.[372]

Der Verlust von Legal (Professional) Privileges in Jurisdiktionen des angloamerikanischen Rechtsraums bedeutet somit einen höchstwahrscheinlich schwerwiegenden (finanziellen) Schaden von zahlreichen mit diesen Jurisdiktionen handelnden deutschen Gesellschaften. Dieser ergibt sich aus einen signifikant erhöhten Prozessrisiko, welches sich daraus resultiert, dass im angloamerikanischen Rechtsraum geltende Prozessgrundsätze ausgehebelt werden.

V) Schutzmechanismen im deutschen Recht

Der möglicherweise gravierende Schaden der jeweiligen Gesellschaften sowie der weitreichende Kreis der betroffenen Gesellschaften gebietet es, den bestehenden Konflikt zwischen dem Prozessrecht im angloamerikanischen Rechtsraum sowie den Regelungen über die Sonderprüfung gemäß §§ 142 ff. AktG sinnvoll aufzulösen. Dazu ist zunächst zu untersuchen, ob das deutsche Recht bereits hinreichende Schutzmechanismen bereithält. Denkbar sind sowohl aktienrechtliche als auch zivilprozessuale Regelungen. Sofern derartige Schutzmechanismen im deutschen Recht nicht vorgesehen sind, gilt es Schutzmechanismen zu entwickeln, die eine effiziente Durchführung der Sonderprüfung gemäß §§ 142 ff. AktG ermöglichen, ohne dass es im Rahmen dessen zu einem umfassenden Verlust der Legal (Professional) Privileges im angloamerikanischen Rechtsraum kommt.

1) Aktienrechtliche Schutzmechanismen

Einen denkbaren Schutzmechanismus könnte die Vorschrift des § 145 Abs. 4 AktG bereithalten. Danach hat das Gericht auf Antrag des Vorstands zu gestatten, dass bestimmte Tatsachen nicht in den Bericht aufgenommen werden, wenn überwiegende Belange der Gesellschaft dies gebieten und sie zur Darlegung der Unredlichkeiten oder groben Verletzungen gemäß § 142 Abs. 2 AktG nicht unerlässlich sind.

Die Verantwortlichkeit für die Antragsstellung gemäß § 145 Abs. 4 AktG liegt bei dem Vorstand der Gesellschaft. Dieser erhält den Sonderprüfungsbericht gemäß § 145 Abs. 6 Satz 3 AktG unverzüglich nach dessen Unterzeichnung durch den gerichtlich bestellten Sonderprüfer, welche die Fertigstellung des Sonderprüfungsberichts markiert.[373] Da der Vorstand zu diesem Zeitpunkt zum ersten Mal Kenntnis von dem Inhalt des Sonderprüfungsberichts erhält, stellt der Erhalt des

---

372 https://www.destatis.de/DE/ZahlenFakten/GesamtwirtschaftUmwelt/Aussenhandel/HandelspartnerJahr.html.

373 *Koch*, in: Hüffer/Koch, AktG, 13. Auflage 2018, § 145 Rn. 9; *Hirschmann*, in: Hölters, AktG, 3. Auflage 2017, § 145 Rn. 16; *Spindler*, in: K. Schmidt/Lutter, AktG, 3. Auflage 2015, § 142 Rn. 32; *Herrler*, in: Grigoleit, AktG, 2013, § 145 Rn. 9; *Bezzenberg*, in: GroßKomm-AktG, 4. Auflage 2008, § 145 Rn. 36.

Sonderprüfungsberichts den frühsten möglichen Zeitpunkt, zu dem der Vorstand den Antrag bei Gericht stellen könnte, dar. Problematisch erscheint insofern, dass der gerichtlich bestellte Sonderprüfer den fertig gestellten Sonderprüfungsbericht gemäß § 145 Abs. 6 Satz 3 AktG nicht nur unverzüglich an den Vorstand, sondern ebenfalls an das Handelsregister des Sitzes der Gesellschaft weiterzuleiten hat. Sofern dem Vorstand und dem Handelsregister der Sonderprüfungsbericht jedoch zeitgleich zugeleitet wird, bliebe dem Vorstand keine Zeit, die Antragsstellung bei Gericht so zeitig in Gang zu setzen, dass mit einer Entscheidung des Gerichts vor Veröffentlichung des Sonderprüfungsberichts in dem entsprechenden Handelsregister zu rechnen wäre. Dementsprechend wird in der Rechtsprechung und Literatur angenommen, dass der gerichtlich bestellte Sonderprüfer den Sonderprüfungsbericht zunächst ausschließlich an den Vorstand weiterleiten kann, um diesem die Möglichkeit zu geben, einen Antrag nach § 145 Abs. 4 AktG zu stellen.[374] Zeitlich gesehen wird der Antrag gemäß § 145 Abs. 4 AktG somit nach Beendigung der Durchführung der Sonderprüfung gemäß §§ 142 ff. AktG und vor Veröffentlichung des Sonderprüfungsberichts gemäß § 145 Abs. 6 Satz 3 AktG im Handelsregister gestellt. Damit ist das Antragsrecht gemäß § 145 Abs. 4 AktG der Einsichtnahme des gerichtlich bestellten Sonderprüfers zeitlich nachgelagert. Die Antragsstellung auf Nichtaufnahme von nachteiligen Tatsachen gemäß § 145 Abs. 4 AktG hat somit keine Auswirkungen auf die Einsichtnahme des gerichtlich bestellten Sonderprüfers an sich in sämtliche Materialien im Rahmen der Durchführung der Sonderprüfung gemäß §§ 142 ff. AktG.[375]

Im Kontext der Durchführung einer Sonderprüfung gemäß §§ 142 ff. AktG bedeutet dies, dass das Antragsrecht gemäß § 145 Abs. 4 AktG im Hinblick auf den Verlust der Legal (Professional) Privileges, der aus der Einsichtnahme des gerichtlich bestellten Sonderprüfers in die privilegierten Materialien der Gesellschaft resultiert, keinerlei Auswirkungen hat.

Allerdings könnte das Antragsrecht auf Nichtaufnahme nachteiliger Tatsachen in den Sonderprüfungsbericht gemäß § 145 Abs. 4 AktG im Hinblick auf die Folgen für das Bestehen der Legal (Professional) Privileges, die sich aus der

---

374 BVerfG, Beschluss vom 20. Dezember 2017, Az.: 1 BvR 2754/17 = AG 2018, 227, 230; OLG Düsseldorf, Beschluss vom 26. November 2015, Az.: I-3 Wx 134/14 = AG 2016, 295, 297f.; *Mock*, in: Spindler/Stilz, AktG, 4. Auflage 2019, § 145 Rn. 57; *Arnold*, in: MünchKomm-AktG, 4. Auflage 2018, § 145 Rn. 52; *Koch*, in: Hüffer/Koch, AktG, 13. Auflage 2018, § 145 Rn. 9; *Hirschmann*, in: Hölters, AktG, 3. Auflage 2017, § 145 Rn. 15; *Holzborn/Jähnig*, in: Bürger/Körbers, AktG, 2017, § 145 Rn. 12; *Rieckers/Vetter*, in: KölnKomm-AktG, 3. Auflage 2015, § 145 Rn. 138, 154 - für den Fall der gerichtlichen Bestellung des Sonderprüfers gemäß § 142 Abs. Satz 1 AktG; *Wilsing/von der Linden*, in: Heidel, Aktienrecht und Kapitalmarktrecht, 4. Auflage 2014, § 145 AktG Rn. 11; *Herrler*, in: Grigoleit, AktG, 2013, § 145 Rn. 8; *Wilsing/von der Linden/Ogorek*, NZG 2010, 729, 733.

375 BT-Drucks. 15/5092, Seite 19; *Mock*, in: Spindler/Stilz, AktG, 4. Auflage 2019, § 145 Rn. 31; *Wilsing/Neumann*, DB 2006, 31, 34.

Veröffentlichung des Sonderprüfungsberichts zum Handelsregister ergeben, einen gerechten Ausgleich in dem Konflikt zwischen den Vorschriften der §§ 142 ff. AktG und dem Prozessrecht der jeweiligen angloamerikanischen Jurisdiktion herbeiführen.

Gemäß § 145 Abs. 6 Satz 2 AktG müssen grundsätzlich auch Tatsachen, deren Bekanntwerden geeignet ist, der Gesellschaft oder einem verbundenen Unternehmen einen nicht unerheblichen Nachteil zuzufügen, in den Prüfungsbericht aufgenommen werden, wenn ihre Kenntnis zur Beurteilung des zu prüfenden Vorgangs durch die Hauptversammlung erforderlich ist. Das Aufklärungsinteresse genießt somit grundsätzlich Vorrang vor dem Geheimhaltungsinteresse der Gesellschaft. Dementsprechend muss der gerichtlich bestellte Sonderprüfer für jede einzelne nachteilige Tatsache, die er in den Sonderprüfungsbericht aufzunehmen gedenkt, unter Berücksichtigung aller Umstände prüfen, ob diese Tatsache zur Beurteilung des zu prüfenden Vorgangs durch die Hauptversammlung erforderlich ist.[376] Sofern die nachteilige Tatsache zur Beurteilung des zu prüfenden Vorgangs nicht erforderlich ist, dient sie nicht dem Aufklärungsinteresse, das insoweit dann auch nicht das Geheimhaltungsinteresse überwiegen kann. Kommt der gerichtlich bestellte Sonderprüfer jedoch zu dem Ergebnis, dass die Berücksichtigung der nachteiligen Tatsache in den Sonderprüfungsbericht erforderlich ist, ist diese aufzunehmen. Die möglichen Konsequenzen einer Veröffentlichung dieser nachteiligen Tatsache für die Gesellschaft bleiben bei dieser Entscheidung vollständig unberücksichtigt.[377]

Indem die Vorschrift des § 145 Abs. 4 AktG dem Vorstand der Gesellschaft die Möglichkeit gibt, einen Antrag bei Gericht auf Nichtaufnahme bestimmter Tatsachen in den Sonderprüfungsbericht zu stellen, statuiert sie eine Ausnahme zu dem in § 145 Abs. 6 Satz 2 AktG verankerten Grundsatz der Vorrangigkeit des Aufklärungsinteresses gegenüber dem Geheimhaltungsinteresse der Gesellschaft.[378] Dieser wird revidiert und ist vom Gericht neu zu evaluieren.

In einem ersten Schritt hat das Gericht festzustellen, ob die in Frage stehende nachteilige Tatsache zur Darlegung der Unredlichkeiten oder groben Verletzungen

---

376 *Arnold*, in: MünchKomm-AktG, 4. Auflage 2018, § 145 Rn. 44; *Koch*, in: Hüffer/Koch, AktG, 13. Auflage 2018, § 145 Rn. 8; *Hirschmann*, in: Hölters, AktG, 3. Auflage 2017, § 145 Rn. 12; *Rieckers/Vetter*, in: KölnKomm-AktG, 3. Auflage 2015, § 145 Rn. 130 f. *Spindler*, in: K. Schmidt/Lutter, AktG, 3. Auflage 2015, § 142 Rn. 26; *Butzke*, (o. Fn. 196), Rn. M.30.

377 *Arnold*, in: MünchKomm-AktG, 4. Auflage 2018, § 145 Rn. 43; *Hirschmann*, in: Hölters, AktG, 3. Auflage 2017, § 145 Rn. 12; *Holzborn/Jähnig*, in: Bürger/Körbers, AktG, 2017, § 145 Rn. 11; *Spindler*, in: K. Schmidt/Lutter, AktG, 3. Auflage 2015, § 145 Rn. 25f. *Herrler*, in: Grigoleit, AktG, 2013, § 145 Rn. 7.

378 *Mock*, in: Spindler/Stilz, AktG, 4. Auflage 2019, § 145 Rn. 30; *Arnold*, in: MünchKomm-AktG, 4. Auflage 2018, § 145 Rn. 45; *Hirschmann*, in: Hölters, AktG, 3. Auflage 2017, § 145 Rn. 11 f. *Rieckers/Vetter*, in: KölnKomm-AktG, 3. Auflage 2015, § 145 Rn. 122; *Spindler*, in: K. Schmidt/Lutter, AktG, 3. Auflage 2015, § 142 Rn. 27; *Wilsing/Neumann*, DB 2006, 31, 34.

gemäß § 142 Abs. 2 AktG nicht unerlässlich ist. Um einen Leerlauf des Anwendungsbereichs des § 145 Abs. 4 AktG zu vermeiden, ist der Begriff „unerlässlich“ denklogisch enger als der im Grundsatz anzutreffende Begriff „erforderlich“ auszulegen.[379] Sofern die jeweilige nachteilige Tatsache als unerlässlich für die Darlegung der Unredlichkeiten und groben Verletzungen gemäß § 142 Abs. 2 AktG angesehen wird, ist sie zwingend in den Sonderprüfungsbericht aufzunehmen.[380] Das Aufklärungsinteresse darf insoweit nicht unerfüllt bleiben.

Sofern das Gericht zu dem Ergebnis kommt, dass die in Frage stehende nachteilige Tatsache nicht unerlässlich ist, hat es eine Interessenabwägung zwischen dem Geheimhaltungsinteresse der Gesellschaft und dem Aufklärungsinteresse vorzunehmen.[381] Um von der Aufnahme der jeweiligen nachteiligen Tatsache in den Sonderprüfungsbericht abzusehen, müssen überwiegende Belange der Gesellschaft dies gebieten. Aus dem Wortlaut „gebieten“ in § 145 Abs. 4 AktG ergibt sich, dass nicht jedweder aus der Aufnahme in den Prüfungsbericht möglicherweise resultierende Nachteil ausreichend ist. Vielmehr müssen die sich aus der Aufnahme in den Prüfungsbericht für die Gesellschaft konkret ergebenden Nachteile so schwerwiegender Natur sein, dass sie das Aufklärungsinteresse der Aktionäre deutlich überwiegen.[382]

Wie bereits dargestellt (vgl. Ziffer B) IV)), wird es der Gesellschaft schwerlich möglich sein, die genauen Folgen des Verlustes der Legal (Professional) Privileges darzulegen. Ebenso wenig wird die Gesellschaft in der Lage sein, den bevorstehenden Schaden, der aus dem Verlust der Legal (Professional) Privileges resultieren könnte, konkret zu beziffern. Eine allgemeine Beschreibung der sich ergebenden Risiken stellt jedoch keine hinreichende Darlegung des Geheimhaltungsinteresses

---

379 *Mock*, in: Spindler/Stilz, AktG, 4. Auflage 2019, § 145 Rn. 55; *Spindler*, in: K. Schmidt/Lutter, AktG, 3. Auflage 2015, § 142 Rn. 27; *Herrler*, in: Grigoleit, AktG, 2013, § 145 Rn. 7; *Wilsing/Neumann*, DB 2006, 31, 34; a.A.: *Holzborn/Jähnig*, in: Bürger/Körbers, AktG, 2017, § 145 Rn. 12 - der von einem einheitlichen Anwendungsbereich der beiden Begriffe ausgeht.

380 *Mock*, in: Spindler/Stilz, AktG, 4. Auflage 2019, § 145 Rn. 36; *Arnold*, in: MünchKomm-AktG, 4. Auflage 2018, § 145 Rn. 47; *Hirschmann*, in: Hölters, AktG, 3. Auflage 2017, § 145 Rn. 14; *Wilsing/von der Linden*, in: Heidel, Aktienrecht und Kapitalmarktrecht, 4. Auflage 2014, § 145 AktG Rn. 10; *Wilsing/Neumann*, DB 2006, 31, 34.

381 *Arnold*, in: MünchKomm-AktG, 4. Auflage 2018, § 145 Rn. 47; *Koch*, in: Hüffer/Koch, AktG, 13. Auflage 2018, § 145 Rn. 8; *Hirschmann*, in: Hölters, AktG, 3. Auflage 2017, § 145 Rn. 14; *Liebscher*, in: Henssler/Strohn, GesR, 3. Auflage 2017, § 145 AktG Rn. 7; *Spindler*, in: K. Schmidt/Lutter, AktG, 3. Auflage 2015, § 142 Rn. 28; *Rieckers/Vetter*, in: KölnKomm-AktG, 3. Auflage 2015, § 145 Rn. 127; *Herrler*, in: Grigoleit, AktG, 2013, § 145 Rn. 7; *Wilsing/Neumann*, DB 2006, 31, 34.

382 *Mock*, in: Spindler/Stilz, AktG, 4. Auflage 2019, § 145 Rn. 34; *Arnold*, in: MünchKomm-AktG, 4. Auflage 2018, § 145 Rn. 47; *Spindler*, in: K. Schmidt/Lutter, AktG, 3. Auflage 2015, § 142 Rn. 28; *Rieckers/Vetter*, in: KölnKomm-AktG, 3. Auflage 2015, § 145 Rn. 127; *Kirschner*, (o. Fn. 2), S. 321 f. *Wilsing/Neumann*, DB 2006, 31, 34.

der Gesellschaft dar.[383] Dies führt letztlich zu dem Umstand, dass der Verlust von Legal Privileges mangels Möglichkeit, die konkreten Folgen exakt zu bezeichnen, kein überwiegendes Geheimhaltungsinteresse der Gesellschaft begründen kann. Somit wird ein Antrag auf Nichtaufnahme nachträglicher Tatsachen gemäß § 145 Abs. 4 AktG, welcher sich ausschließlich auf den Verlust von Legal (Professional) Privileges stützt, keinen Erfolg haben.

Der Schutzantrag gemäß § 145 Abs. 4 AktG stellt somit aus drei Gründen keinen tauglichen Schutzmechanismus zur Abfederung der Konsequenzen eines Verlustes der Legal (Professional) Privileges dar: Erstens hat er keinerlei Auswirkungen auf die Folgen, die sich aus der Einsichtnahme des gerichtlich bestellten Sonderprüfers in privilegierte Materialien der Gesellschaft, für das Bestehen der Legal (Professional) Privileges ergeben. Zweitens kommt im Hinblick auf die Veröffentlichung des Sonderprüfungsberichts eine Nichtaufnahme von nachteiligen Tatsachen nur dann in Betracht, wenn sie zur Darlegung der Unredlichkeiten oder groben Verletzungen gemäß § 142 Abs. 2 nicht unerlässlich sind.[384] Dies schränkt den Kreis, der möglicherweise nicht aufzunehmenden, nachteiligen Tatsachen bereits gravierend ein. Drittens wird der Gesellschaft die konkrete Darlegung eines überwiegenden Geheimhaltungsinteresses aufgrund zahlreicher Unabwägbarkeiten nicht möglich sein, sodass die Voraussetzungen des § 145 Abs. 4 AktG in den meisten Fällen höchstwahrscheinlich nicht erfüllt werden können.

2) Zivilprozessrechtliche Schutzmechanismen

Denkbar wäre jedoch, dass das deutsche Zivilprozessrecht ein den Legal (Professional) Privileges vergleichbares Institut kennt, welches den unter angloamerikanischem Recht privilegierten Materialien der Gesellschaft einen vergleichbaren Status nach deutschem Zivilprozessrecht zuerkennt. In einem weiteren Schritt wäre dann zu überlegen, ob dieser vergleichbare Status geeignet ist, um einer umfassenden Herausgabe der unter angloamerikanischen Recht privilegierten Materialien vorzubeugen.

---

383 BVerfG, Beschluss vom 20. Dezember 2017, Az.: 1 BvR 2754/17 = AG 2018, 227, 228f; OLG Düsseldorf, Beschluss vom 9. Dezember 2009, Az.: I-6 W 45/09 = AG 2010, 126, 130.

384 BVerfG, Beschluss vom 20. Dezember 2017, Az.: 1 BvR 2754/17 = AG 2018, 227, 230 – wonach „*schwere Nachteile möglicherweise nicht durch einen Schutzantrag nach § 145 Abs. 4 AktG abgewehrt werden können, da in den im Handelsregister zu veröffentlichenden Prüfungsbericht zwingend die Tatsachen aufzunehmen sind, die zur Darlegung von Unredlichkeiten oder groben Verletzungen gem. § 142 Abs. 2 AktG unerlässlich sind. Die Aufnahme solcher Tatsachen kann selbst dann nicht verhindert werden, wenn überwiegende Belange der Gesellschaft dies gebieten würden (vgl. § 145 Abs. 4 AktG).*“

a) *Verschwiegenheitspflicht des Rechtsanwalts gemäß §§ 43a Abs. 2, 59b Abs. 2 Nr. 1 lit. c BRAO i.V.m. § 2 BORA*

In Betracht kommt die Verschwiegenheitspflicht des Rechtsanwalts. Gemäß §§ 43a Abs. 2, 59b Abs. 2 Nr. 1 lit. c BRAO i.V.m. § 2 BORA ist der Rechtsanwalt zur Verschwiegenheit über alles, was ihm in Ausübung seines Berufs bekanntgeworden ist, verpflichtet. Diese Verschwiegenheitspflicht betrifft jedoch nur den Rechtsanwalt und weitere in seiner Kanzlei arbeitende Personen.[385] Sie erstreckt sich gerade nicht auf den Mandanten, indem sie diesem eine Art Zurückbehaltungspflicht von Informationen auferlegt. Vielmehr steht es dem Mandanten frei, Tatsachen, die er seinem Rechtsanwalt im Vertrauen auf dessen Verschwiegenheit anvertraut hat, Dritten gegenüber zu offenbaren. Somit vermag die Verschwiegenheitspflicht des Rechtsanwalts gemäß §§ 43a Abs. 2, 59b Abs. 2 Nr. 1 lit. c BRAO i.V.m. § 2 BORA das Einsichtnahme- und Prüfungsrecht des gerichtlich bestellten Sonderprüfers gemäß § 145 Abs. 1 AktG sowie die Pflicht, sämtliche Tatsachen in den Sonderprüfungsbericht gemäß § 145 Abs. 6 Satz 2 AktG aufzunehmen, nicht zu begrenzen.

Mithin ist sie nicht geeignet, um dem Verlust der Legal (Professional) Privileges, der sich aus der Einsichtnahme des gerichtlich bestellten Sonderprüfers in unter angloamerikanischen Recht privilegierten Materialien bzw. der Veröffentlichung des Sonderprüfungsberichts im Handelsregister ergibt, vorzubeugen.

b) *Privilegien im deutschen Zivilprozessrecht*

Ein der Disclosure/Discovery vergleichbares Beweiserhebungsverfahren besteht in Deutschland nicht. Vielmehr basiert das deutsche Zivilprozessrecht auf den Verfahrensgrundsätzen des Beibringungsgrundsatzes und der Parteimaxime. Letztere sieht vor, dass es in der Verantwortung der Parteien liegt, welche Tatsachen im Prozess vorgebracht und somit der Entscheidung zugrunde gelegt werden.[386] Im Rahmen des Beibringungsgrundsatzes obliegt ihnen eine objektive Darlegungs- und Beweislast, sodass es in die Verantwortlichkeit der Parteien fällt, die ihren Anspruch begründenden Tatsachen vorzubringen und zu beweisen.[387] Anders als dem US-Rechtssystem liegt dem deutschen Rechtssystem folglich nicht die Idee zugrunde, dass ein Rechtsstreit auf Basis aller entscheidungsrelevanten Informationen entschieden werden soll. Vielmehr wird die Auswahl der vorzubringenden Tatsachen den Parteien überantwortet. Ein den Legal (Professional) Privileges entsprechendes zivilprozessuales Instrument ist im deutschen Prozessrecht folglich

---

385 *Römermann/Praß* in: BeckOK BORA, Römermann, 20. Edition, § 43a Rn. 67 (Stand: 1. Juni 2018); *Träger* in: Feuerich/Weyland, BRAO, 9. Auflage 2016, § 43a Rn. 21.

386 *Rauscher* in: MünchKomm-ZPO, 5. Auflage 2016, Einleitung Rn. 332.

387 BGH, Urteil vom 23. Januar 2014, Az.: III ZR 37/13 = NJW 2014, 939, 940; *Rauscher* in: MünchKomm-ZPO, 5. Auflage 2016, Einleitung Rn. 332.

nicht notwendig und ließe sich darüber hinaus auch nicht mit den grundlegenden Verfahrensmaximen des deutschen Zivilprozessrechts vereinbaren.

c) Zwischenergebnis

Der im Aktienrecht vorgesehene Schutzantrag gemäß § 145 Abs. 4 AktG vermag dem Verlust der Legal (Professional) Privileges, der aus der Einsichtnahme des gerichtlich bestellten Sonderprüfers in unter angloamerikanischem Recht privilegierte Materialien resultiert, nicht abzuhelfen. Im Hinblick auf die Konsequenzen, die sich für das Bestehen der Legal (Professional) Privileges aus der Veröffentlichung des Sonderprüfungsberichts im Handelsregister ergeben, bietet der Schutzantrag gemäß § 145 Abs. 4 allenfalls sehr selektiven und mithin einen unzureichenden Schutz für die Gesellschaft.

Das deutsche Zivilprozessrecht beruht unter anderem auf dem Beibringungsgrundsatz und der Parteimaxime. Diese Grundsätze stehen diametral zu den hinter der Disclosure/Discovery stehenden Überlegungen, auf denen das angloamerikanische Prozessrecht beruht. Dementsprechend besteht im deutschen Zivilprozessrecht schon gar kein Bedürfnis für ein den Legal (Professional) Privileges vergleichbares Institut, welches folglich auch nicht vorgesehen ist. Dies bedingt weiterhin, dass die Verschwiegenheitspflicht des Rechtsanwalts im deutschen Zivilprozessrecht eine geringere Reichweite, die sich nicht mit dem Legal Advice Privilege oder dem Attorney Client Privilege vergleichen lässt, aufweist.

Folglich hält weder das deutsche Aktienrecht noch das deutsche Zivilprozessrecht ausreichende Schutzmechanismen, die die Konsequenzen aus dem Verlust der Legal (Professional) Privileges mildern könnten, vor.

3) Denkbare Schutzmaßnahmen

Da das deutsche Recht keine geeigneten Schutzmechanismen zur Aufrechterhaltung der Legal (Professional) Privileges bereithält, gilt es, solche im Folgenden zu entwickeln. Dabei ist zu bedenken, dass ein effektiver Schutz nur dann erreicht werden kann, wenn der Schutzmechanismus auf der Stufe der Einsichtnahme durch den gerichtlich bestellten Sonderprüfer eingreift. Ein Einschreiten auf der Stufe der Veröffentlichung des Prüfungsberichts beugt dem Verlust der Legal Privileges nicht umfassend vor (vgl. Ziffer B) III) 1) b), B) III) 2) a) (ii), B) III) 2) b) (ii)).

a) Auskunftsverweigerungsrecht gemäß § 131 Abs. 3 Nr. 1 AktG analog

In Betracht kommt ein Auskunftsverweigerungsrecht der Mitglieder des Vorstands bzw. des Aufsichtsrats auf Basis einer analogen Anwendung des § 131 Abs. 3 Satz 1 Nr. 1 AktG. Diese Vorschrift sieht vor, dass der Vorstand in Einschränkung seiner grundsätzlichen Auskunftspflicht gegenüber den Aktionären im Rahmen der Hauptversammlung gemäß § 131 Abs. 1 Satz 1 AktG die Auskunftserteilung verweigern darf, soweit die Erteilung der Auskunft nach vernünftiger kaufmännischer

Beurteilung geeignet ist, der Gesellschaft oder einem verbundenen Unternehmen einen nicht unerheblichen Nachteil zuzufügen.

Eine analoge Anwendung zur Begrenzung des Einsichts- und Prüfungsrechts gemäß § 145 Abs. 1 AktG kommt von vorneherein nicht in Betracht, da dieses keine Auskunftspflicht des Vorstands oder des Aufsichtsrats statuiert. Es fehlt insoweit bereits offensichtlich an einer vergleichbaren Interessenlage. Denkbar wäre jedoch, dass das Aufklärungs- und Nachweisrecht, welches dem gerichtlich bestellten Sonderprüfer gemäß § 145 Abs. 2 AktG gegenüber den Mitgliedern des Vorstands und des Aufsichtsrats zusteht, auf Grundlage einer analogen Anwendung des § 131 Abs. 3 Satz 1 Nr. 1 AktG eingeschränkt werden kann.

Dies setzt zunächst eine planwidrige Regelungslücke im Sinne einer planwidrigen Unvollständigkeit des Gesetzes voraus.[388] In Bezug auf die Frage, welche Tatsachen in den Sonderprüfungsbericht aufzunehmen sind, spricht die Vorschrift des § 145 Abs. 6 Satz 2 AktG dem Aufklärungsinteresse grundsätzlich den Vorrang vor dem Geheimhaltungsinteresse der Gesellschaft zu. Dieser Grundsatz wird von der in § 145 Abs. 4 AktG eröffneten Möglichkeit des Vorstands, einen Schutzantrag auf Nichtaufnahme nachteiliger Tatsachen in den Sonderprüfungsbericht zu stellen, durchbrochen (vgl. Ziffer B) V) 1)).

In der Beschränkung des Aufklärungs- und Nachweisrechts des gerichtlich bestellten Sonderprüfers gemäß § 145 Abs. 2 AktG dergestalt, dass dieser nur Auskünfte und Nachweise über solche Informationen, deren Veröffentlichung im Sonderprüfungsbericht keine Bedenken seitens der Gesellschaft hervorrufen, wäre eine Vorverlagerung des Beschränkungsrechts des Prüfungsinhalts gemäß § 145 Abs. 4 AktG auf die vorangehende Stufe der Tatsachenermittlung zu sehen. Gleichzeitig würde der in § 145 Abs. 6 Satz 2 AktG statuierte Grundsatz ausgehebelt werden, indem das Aufklärungsinteresse nicht mehr grundsätzlich vorrangig geschützt werden würde. Um eine effektive Berücksichtigung des gesetzgeberischen Willens hinsichtlich der von ihm getroffenen Abwägungsentscheidung für das Verhältnis von Aufklärungsinteresse und Geheimhaltungsinteresse der Gesellschaft zu gewährleisten, muss dieser umfassend für die gesamte Durchführung der Sonderprüfung gemäß §§ 142 ff. AktG Geltung beanspruchen können. Sofern der Gesetzgeber jedoch das Verhältnis von Aufklärungsinteresse und

388 BGH, Urteil vom 12. Dezember 2017, Az.: IX ZR 267/16 = NJW 2018, 1006, 1006; BGH, Urteil vom 13. Juli 1988, Az.: IVa ZR 55/87 = NJW 1988, 2734, 2734; *Brox/Walker*, Allgemeiner Teil des BGB, 42. Auflage 2018, § 3 Rn. 14; *Puppe*, Kleine Schule des juristischen Denkens, 3. Auflage 2014 S. 175; *Schwacke*, Juristische Methodik mit Technik der Fallbearbeitung, 5. Auflage 2011 S. 321 ff. *Schmalz*, Methodenlehre für das juristische Studium, 3. Auflage 1992 Rn. 321 ff. *Larenz*, Methodenlehre der Rechtswissenschaft, 6. Auflage 1991, S. 370ff. *Danwerth*, ZfPW 2017, 230, 233; *Beaucamp*, AöR 2009, 83, 84ff. *Würdinger*, AcP 206 2006, 946, 949ff.

Geheimhaltungsinteresse der Gesellschaft bereits umfassend geregelt hat, bleibt kein Raum für die Annahme des Bestehens einer planwidrigen Regelungslücke.[389]

Auch eine vergleichbare Interessenlage, welche die zweite Voraussetzung für die rechtliche Zulässigkeit einer Analogie darstellt,[390] besteht nicht. Ebenso wie die Vorschrift des § 131 Abs. 1 Satz 1 AktG dem Aktionär einen Auskunftsanspruch gegenüber der Gesellschaft gewährt, spricht § 145 Abs. 2 AktG dem Sonderprüfer einen Auskunftsanspruch gegenüber der Gesellschaft zu. Jedoch handelt es sich bei dem Auskunftsrechts eines Aktionärs gemäß § 131 Abs. 1 Satz 1 AktG, um ein eigennütziges mitgliedschaftliches Individualrecht.[391] Aus dem Merkmal der Eigennützigkeit ergibt sich, dass der Aktionär sich bei seinem Auskunftsanspruch von seinen eigenen Interesse leiten lassen darf.[392] Geradezu diametral dazu dient die Sonderprüfung gemäß §§ 142 ff. AktG jedoch ausschließlich dem Interesse der Gesellschaft (vgl. Ziffer A) II) 4)).

Eine analoge Anwendung des § 131 Abs. 3 Satz 1 AktG zur Beschränkung des Aufklärungs- und Nachweisrecht des gerichtlich bestellten Sonderprüfers gemäß § 145 Abs. 2 AktG ist somit mangels Vorliegens einer Regelungslücke und einer vergleichbaren Interessenlage abzulehnen.[393]

Selbst wenn man die rechtliche Zulässigkeit einer analogen Anwendung des § 131 Abs. 3 Satz 1 Nr. 1 AktG annehmen würde, stellt sich die Problematik, dass

389 *Arnold*, in: MünchKomm-AktG, 4. Auflage 2018, § 145 Rn. 26; *Rieckers/Vetter*, in: *KölnKomm-AktG, 3. Auflage 2015, § 145 Rn. 62.*

390 BGH, Urteil vom 12. Dezember 2017, Az.: IX ZR 267/16 = NJW 2018, 1006, 1006; BGH, Urteil vom 12. Oktober 2017, Az.: IX ZR 267/16 = WM 2017, 2324, 2325; BVerfG, Kammerbeschluss vom 28. September 1998, Az.: 2 BvR 2232/94 = juris Rn. 15f; *Danwerth*, ZfPW 2017, 230, 233.

391 OLG Düsseldorf, Beschluss vom 23. Februar 2015, Az.: I-26 W 14/14 = NZG 2015, 1194, 1195; OLG München, Urteil vom 4. Juli 2001, Az.: 7 U 5285/00 = NZG 2002, 187, 188; LG Frankfurt, Beschluss vom 16. Januar 2007, Az.: 3–5 O 56/06 = BeckRS 2009, 08313; *Kubis*, in: MünchKomm-AktG, 4. Auflage 2018, § 131 Rn. 4; *Koch*, in: Hüffer/Koch, AktG, 13. Auflage 2018, § 131 Rn. 2; *Siems*, in: Spindler/Stilz, AktG, 3. Auflage 2015, § 131 Rn. 2; *Herrler*, in: Grigoleit, AktG, 2013, § 131 Rn. 1; *Haggeney/Hausmanns*, NZG 2016, 814, 815; *Lieder*, NZG 2014, 601, 602.

392 KG Berlin, Beschluss, vom 24. August 1995, Az.: 2 W 1255/95 = ZIP 1995, 1585, 1587; *Kubis*, in: MünchKomm-AktG, 4. Auflage 2018, § 131 Rn. 4; *Koch*, in: Hüffer/Koch, AktG, 13. Auflage 2018, § 131 Rn. 2; *Spindler*, in: K. Schmidt/Lutter, AktG, 3. Auflage 2015, § 131 Rn. 6; *Siems*, in: Spindler/Stilz, AktG, 3. Auflage 2015, § 131 Rn. 2; *Arnold*, in: KölnKomm-AktG, 3. Auflage 2011, § 33 Rn. 21; *Nitschke/Bartsch*, AG 1969, 95, 99.

393 *Mock*, in: Spindler/Stilz, AktG, 4. Auflage 2019, § 145 Rn. 55; *Arnold*, in: MünchKomm-AktG, 4. Auflage 2018, § 145 Rn. 26; *Koch*, in: Hüffer/Koch, AktG, 13. Auflage 2018, § 145 Rn. 8; *Spindler*, in: K. Schmidt/Lutter, AktG, 3. Auflage 2015, § 142 Rn. 13; *Bezzenberg*, in: GroßKomm-AktG, 4. Auflage 2008, § 145 Rn. 20; *Marsch-Barner*, in: FS Baums, 2017, 775, 783; *Hüffer*, ZHR 174 2010, 642, 6700; *Wilsing/von der Linden*, AG 2017, 568, 571.

das Aufklärungs- und Nachweisrecht gemäß § 145 Abs. 2 AktG erst im Anschluss an die Ausübung des Einsichts- und Prüfungsrechts gemäß § 145 Abs. 1 AktG geltend gemacht wird. Die Einsichtnahme des gerichtlich bestellten Sonderprüfers in die privilegierten Materialien der Gesellschaft ruft jedoch bereits den Verlust der Legal (Professional) Privileges hervor. Dementsprechend bietet eine Beschränkung des Aufklärungs- und Nachweisrechts gemäß § 145 Abs. 2 AktG – unabhängig davon, ob dies im Rahmen einer analogen Anwendung des § 131 Abs. 3 Satz 1 Nr. 1 AktG rechtlich zulässig wäre – keinen hinreichenden Schutz. Vielmehr müsste bereits an die erste Maßnahme des gerichtlich bestellten Sonderprüfers angeknüpft werden. Nur so kann einem Verlust der Legal (Professional) Privileges hinreichend vorgebeugt werden.

b) Auskunftsverweigerungsrecht gemäß § 384 Nr. 1 ZPO analog

Den Mitgliedern des Vorstands bzw. des Aufsichtsrats könnte ein Auskunftsverweigerungsrecht gegenüber dem Sonderprüfer in analoger Anwendung des § 384 Nr. 1 ZPO zustehen. Die Vorschrift des § 384 Nr. 1 ZPO gewährt einem Zeugen ein Zeugnisverweigerungsrecht, sofern die Auskunft einer ihm gemäß § 383 Nr. 1 bis 3 ZPO nahestehenden Person einen unmittelbaren, vermögensrechtlichen Schaden verursachen würde.

Zu der Frage des Vorliegens einer planwidrigen Regelungslücke, welche eine zwingende Voraussetzung für die rechtliche Zulässigkeit der Analogie darstellt,[394] kann auf die vorgenannten Ausführungen verwiesen werden (vgl. Ziffer B) V) 3) a)). Das Vorliegen einer planwidrigen Regelungslücke erscheint somit bereits fragwürdig.

Auch das Bestehen einer vergleichbaren Interessenlage zwischen der Situation eines auskunftspflichtigen Zeugens und derjenigen, in der sich die Mitglieder des Vorstands und Aufsichtsrats im Rahmen der Durchführung einer Sonderprüfung gemäß §§ 142 ff. AktG wiederfinden, scheint zweifelhaft.

Ein Zeuge unterliegt keiner rechtsgeschäftlichen oder gesetzlichen Verpflichtung zur Auskunftserteilung. Vielmehr ist er als außenstehender Dritter zu qualifizieren, der seine staatsbürgerliche Pflicht im Interesse der Wahrheitsfindung erfüllt.[395] Wenn schon von Beschuldigten und Prozessparteien nicht erwartet wird, dass sie sich durch eine Aussage selbst belasten, dann gebührt ein solcher Schutz erst recht dem Zeugen.[396] Im Hinblick auf die Stellung eines außenstehenden

---

394 BGH, Urteil vom 12. Dezember 2017, Az.: IX ZR 267/16 = NJW 2018, 1006, 1006; BGH, Urteil vom 13. Juli 1988, Az.: IVa ZR 55/87 = NJW 1988, 2734, 2734; *Brox/Walker*, (o. Fn. 369), , § 3 Rn. 14; *Puppe*, (o. Fn. 369), S. 175; *Schwacke*, (o. Fn. 369), S. 321 ff. *Schmalz*, (o. Fn. 369), Rn. 321 ff. *Larenz*, (o. Fn. 369), , S. 370ff. *Danwerth*, ZfPW 2017, 230, 233; *Beaucamp*, AöR 2009, 83, 84ff. *Würdinger*, AcP 206 2006, 946, 949ff.

395 BVerfG, Urteil vom 13. Januar 1981, Az.: 1 BvR 116/77 = NJW 1981, 1431, 1432.

396 BVerfG, Urteil vom 13. Januar 1981, Az.: 1 BvR 116/77 = NJW 1981, 1431, 1432.

Dritten tritt das Informationsinteresse des Auskunftsempfängers somit hinter dem Geheimhaltungsinteresse des jeweiligen Auskunftspflichtigen zurück.

Sofern der Auskunftspflichtige rechtsgeschäftlich oder gesetzlich zur Auskunftserteilung verpflichtet ist, was sich meist daraus ergibt, dass es ihm als einzigem möglich ist, die ersuchte Auskunft zu erteilen, überwiegt das Informationsinteresse des Auskunftsempfängers das Geheimhaltungsinteresse des Auskunftspflichtigen.[397]

Die Mitglieder des Vorstands und des Aufsichtsrats unterliegen gemäß § 145 Abs. 2 AktG einer solchen gesetzlichen Auskunftspflicht. Der Zweck dieser Regelung liegt darin, dass sichergestellt werden soll, dass der gerichtlich bestellte Sonderprüfer sämtliche Informationen erhält, die er zur sorgfältigen Prüfung der Vorgänge benötigt.[398] Dabei ist davon auszugehen, dass die Mitglieder des Vorstands und des Aufsichtsrats aufgrund ihrer Stellung als Geschäftsführer bzw. Überwacher der Geschäftsführung am ehesten in der Lage sind, die ersuchten Auskünfte zu erteilen. Sie sind somit nicht als unabhängige, außenstehende Dritte zu qualifizieren. Vielmehr sind sie stark in die zu prüfenden Vorgänge involviert. Ohne die Erteilung der gewünschten Auskunft wäre der gerichtlich bestellte Sonderprüfer jedoch nicht im Stande, eine effiziente Prüfung der Vorgänge vorzunehmen. Die Vorschrift des § 145 Abs. 2 AktG ist somit Ausdruck des Umstandes, dass das Auskunftsinteresse des gerichtlich bestellten Sonderprüfers das Geheimhaltungsinteresse der Mitglieder des Vorstands und des Aufsichtsrats überwiegt.

Dementsprechend ist das Verhältnis von Geheimhaltungsinteresse und Auskunftsinteresse in dem Fall des § 384 Nr. 1 ZPO anders gelagert als in dem Fall der Durchführung der Sonderprüfung gemäß §§ 142 ff. AktG. Es fehlt mithin an einer vergleichbaren Interessenlage.[399]

Ein Auskunftsverweigerungsrecht auf Basis einer analogen Anwendung des § 384 Nr. 1 ZPO kommt mangels planwidriger Regelungslücke und vergleichbarer Interessenlage somit nicht in Betracht.

Unabhängig davon, gilt es jedoch wiederum zu bedenken, dass eine Beschränkung des Auskunfts- und Nachfragerechts des gerichtlich bestellten Sonderprüfers gemäß § 145 Abs. 2 AktG keinen hinreichenden Schutz vor dem umfassenden Verlust der Legal (Professional) Privileges bietet, da dieser bereits mit der vorangehenden

---

397 BVerfG, Urteil vom 13. Januar 1981, Az.: 1 BvR 116/77 = NJW 1981, 1431, 1432; ähnlich BGH, Urteil vom 30. April 1964, Az.: VII ZR 156/62 = BGHZ 41, 318, 324.

398 *Mock*, in: Spindler/Stilz, AktG, 4. Auflage 2019, § 145 Rn. 1; *Arnold*, in: MünchKomm-AktG, 4. Auflage 2018, § 145 Rn. 3; *Koch*, in: Hüffer/Koch, AktG, 13. Auflage 2018, § 145 Rn. 1; *Hirschmann*, in: Hölters, AktG, 3. Auflage 2017, § 145 Rn. 1; *Spindler*, in: K. Schmidt/Lutter, AktG, 3. Auflage 2015, § 142 Rn. 1; *Rieckers/Vetter*, in: KölnKomm-AktG, 3. Auflage 2015, § 145 Rn. 2; *Bezzenberg*, in: GroßKomm-AktG, 4. Auflage 2008, § 145 Rn. 4; *Humrich*, NZG 2014, 441, 444.

399 *Spindler*, in: K. Schmidt/Lutter, AktG, 3. Auflage 2015, § 142 Rn. 13; *Rieckers/Vetter*, in: KölnKomm-AktG, 3. Auflage 2015, § 145 Rn. 63; *Bezzenberg*, in: GroßKomm-AktG, 4. Auflage 2008, § 145 Rn. 20.

Ausübung des Einsichtnahme- und Prüfungsrechts des gerichtlich bestellten Sonderprüfers gemäß § 145 Abs. 1 AktG eintreten kann.

c) *Anordnung des Gerichts*

Unter US-Recht besteht die Möglichkeit, dass ein US-Gericht eine Anordnung erlässt, wonach die Offenlegung von privilegierten Materialien im Zusammenhang mit dem anhängigen Verfahren nicht zu einem Verlust der Legal Privileges führt. So sieht Rule 502(d) Fed. R. Evid. vor, dass

> *"A federal court may order that the privilege or protection is not waived by disclosure connected with the litigation pending before the court — in which event the disclosure is also not a waiver in any other federal or state proceeding."* (Hervorhebung hinzugefügt).

Aufgrund der Tatsache, dass die deutsche Zivilprozessordnung ein den Legal (Professional) Privileges vergleichbares Institut nicht kennt, sieht sie auch keine der Rule 502(d) Fed. R. Evid. vergleichbare Regelung vor. Selbst wenn man annähme, dass ein deutsches Gericht eine solche Anordnung aussprechen würde, erscheint es zum einen fragwürdig, ob ein US-Gericht dies als bindend erachten würde. Zum anderen beugt dies nicht der Problematik vor, dass mit Veröffentlichung des Sonderprüfungsbericht im Handelsregister, sämtliche in diesem enthaltenen Informationen gemäß § 9 Abs. 1 Satz 1 HGB öffentlich zugänglich sind, sodass insoweit ohnehin keine Basis zur Aufrechterhaltung der Legal Privileges derjenigen Dokumente, aus denen die Informationen entnommen wurden, mehr besteht.

Folglich scheint eine gerichtliche Anordnung zur Aufrechterhaltung der Legal Privileges keine geeignete Schutzmaßnahme darzustellen.

d) *Gesetzesübersteigende Rechtsfortbildung des § 145 Abs. 4 AktG*

Als Ansatzpunkt für die Entwicklung eines Schutzmechanismus kommt auch das Beschränkungsrecht des Vorstands im Hinblick auf den Sonderprüfungsbericht gemäß § 145 Abs. 4 AktG in Betracht. Allerdings gilt auch hier zu bedenken, dass die Veröffentlichung des Sonderprüfungsbericht zeitlich nach der Einsichtnahme des gerichtlich bestellten Sonderprüfers in die gegebenenfalls unter angloamerikanischem Recht privilegierten Dokumente erfolgt. Dementsprechend kann eine Vermeidung der Veröffentlichung von privilegierten Informationen im Sonderprüfungsbericht gemäß § 145 Abs. 6 Satz 3 AktG nur insoweit den Verlust der entsprechenden Legal (Professional) Privileges verhindern, wie diese nicht bereits im Rahmen der Einsichtnahme durch den gerichtlich bestellten Sonderprüfer verloren gegangen sind. Anders gesagt, stellt die unterbliebene Veröffentlichung von privilegierten Informationen, die bereits durch die Einsichtnahme des gerichtlich bestellten Sonderprüfers verloren gegangenen Privilegien nicht rückwirkend wieder her. Im Hinblick auf den Schutz zur Vermeidung des Verlustes von Legal (Professional) Privileges hat § 145 Abs. 4 AktG somit von vorneherein eine begrenzte Reichweite.

Wie bereits dargestellt, stellt § 145 Abs. 4 AktG an sich keinen hinreichenden Schutzmechanismus dar (vgl. Ziffer A) IV) 3) a) (ii)). Etwas anderes könnte sich jedoch ergeben, sofern die Anforderungen an den Maßstab, der an die Nichtaufnahme der jeweiligen Information gestellt wird, heruntergesetzt würde. In der gegenwärtigen Fassung sieht die Vorschrift des § 145 Abs. 4 AktG vor, dass auch Tatsachen, deren Bekanntwerden geeignet ist, der Gesellschaft einen nicht unerheblichen Nachteil zuzufügen, in den Prüfungsbericht aufgenommen werden müssen, wenn ihre Kenntnis zur Beurteilung des zu prüfenden Vorgangs durch die Hauptversammlung erforderlich ist. Denkbar wäre etwa eine Abweichung von dieser strikten zweistufigen Prüfung, die dem Aufklärungsinteresse grundsätzlich den Vorrang vor dem Geheimhaltungsinteresse der Gesellschaft einräumt[400], hin zu dem Maßstab, der bei der gerichtlichen Bestellung an die Angemessenheit im Rahmen der Verhältnismäßigkeitsprüfung anzulegen ist (vgl. Ziffer C) II) 6) d) (ii)).[401] Diese Maßnahme würde dem Geheimhaltungsinteresse der Gesellschaft und mithin dem Schutz der Gesellschaftsinteressen ein stärkeres Gewicht zuschreiben. Gleichzeitig würde die Durchführung der Sonderprüfung gemäß §§ 142 ff. AktG, welche sich auf die Aufklärung von Tatsachen fokussiert, nicht in unvertretbarer Weise behindert. Diese Erkenntnis beruht auf der Überlegung, dass Nachteile, die so gravierend sind, dass sie einer gerichtlichen Bestellung des Sonderprüfers gemäß § 142 Abs. 2 Satz 1 AktG entgegen gestanden hätten, nicht bei der Frage, welche Informationen in den zu veröffentlichenden Sonderprüfungsbericht aufgenommen werden sollen, unberücksichtigt bleiben sollten. Eine gleichgelagerte Verhältnismäßigkeitsprüfung im Rahmen des Beschränkungsrechts gemäß § 145 Abs. 4 AktG liefe auch nicht zwangsläufig auf dieselbe Beurteilung wie derjenigen, die im Rahmen der Antragsstellung gemäß § 142 Abs. 2 Satz 1 AktG vorgenommen wurde, heraus. Vielmehr trägt diese Vorgehensweise dem Umstand Rechnung, dass die Gesellschaftsinteressen sich ab dem Zeitpunkt der gerichtlichen Bestellung des Sonderprüfers gemäß § 142 Abs. 2 Satz 1 AktG ändern können.[402]

Fraglich bleibt jedoch, wie man eine derartige Korrektur des Maßstabs in § 145 Abs. 4 AktG erreichen könnte. Der wohl erstrebenswerteste Weg wäre eine Gesetzesänderung durch den Gesetzgeber. Unabhängig davon könnte eine gesetzesübersteigende oder rechtspolitische Rechtsfortbildung in Betracht gezogen werden.[403] Dabei handelt es sich um eine über die Gesetzesauslegung hinausgehende Rechtsfortbildung, welche auf die Neuschöpfung von Gesetzen abzielt.[404] Allerdings ist in

---

400 *Mock*, in: Spindler/Stilz, AktG, 4. Auflage 2019, § 145 Rn. 30; *Arnold*, in: MünchKomm-AktG, 4. Auflage 2018, § 145 Rn. 46; *Spindler*, in: K. Schmidt/Lutter, AktG, 3. Auflage 2015, § 142 Rn. 27; *Wilsing/Neumann*, DB 2006, 31,34.

401 Vgl. *Holle*, ZHR 2018, 569, 597 - der ebenfalls einen anderen Maßstab für das Beschränkungsrecht in § 145 Abs. 4 AktG fordert.

402 *Holle*, ZHR 2018, 569,597.

403 *Holle*, ZHR 2018, 569,598.

404 *Wiedemann*, NJW 2014, 2407, 2411; *Larenz*, (o. Fn. 369), , S. 413f.

der Rechtsprechung und Literatur unklar, auf welcher Grundlage und in welchen Grenzen, eine derartige Rechtsfortbildung, die gerade nicht der Schließung einer Gesetzeslücke dient, zulässig sein soll.[405] Ohne auf die rechtliche Legitimation einer gesetzesübersteigenden Rechtsfortbildung näher einzugehen, wird in der Literatur zum Teil angenommen, dass diese dann zulässig sei, wenn die Neuregelung praktisch unverzichtbar ist und sich aus einer Weiterentwicklung des vorhandenen Rechtsstoffes gewinnen lässt.[406] Ob das Unterbleiben der Anpassung des Maßstabs des § 145 Abs. 4 AktG an denjenigen des § 142 Abs. 2 Satz 1 AktG unverzichtbar ist, bleibt jedoch zu bezweifeln. Zwar wäre eine stärkere Berücksichtigung des Gesellschaftswohl wünschenswert; gleichzeitig sollte diese Entscheidung jedoch dem Gesetzgeber vorbehalten bleiben und kann daher nicht im Wege der gesetzesübersteigenden Rechtsfortbildung erreicht werden.

Somit lässt sich aus § 145 Abs. 4 AktG kein tauglicher Schutzmechanismus ableiten, der dem Verlust der Legal (Professional) Privileges im Rahmen der Durchführung der Sonderprüfung gemäß §§ 142 ff. AktG hinreichend vorbeugen könnte.

e) *Limited Purpose Waiver*

Weiterhin besteht die Möglichkeit, dass die Gesellschaft sich mit dem gerichtlich bestellten Sonderprüfer auf eine Aufhebung der Privilegierung nur für den Zweck der Durchführung der Sonderprüfung einigt („*limited purpose waiver*") (vgl. Ziffer B) III) 1) a)). Dies hätte zur Konsequenz, dass sämtliche privilegierte Dokumente, die vom gerichtlich bestellten Sonderprüfer eingesehen werden, ihre Privilegierung nur gegenüber diesem und auch nur im Zusammenhang mit der Durchführung der Sonderprüfung gemäß §§ 142 ff. AktG verlören.[407] Gegenüber jeder anderen Person

---

405 Im Einzelfall ablehnend BVerfG, Beschluss vom 25. Januar 2011, Az.: 1 BvR 918/10 = NJW 2011, 836, 840 – wonach die Entscheidung zu Umstrukturierung des Systems zum nachehelichen Unterhalt gemäß § 1578 Abs. 1 Satz 1 BGB „auf einer grundsätzlich anderen Bewertung und Zuordnung der verschiedenen Unterhaltsansprüche als sie die Regelung in ihrem vom Gesetzgeber zu Grunde gelegten Verständnis [...] vorsieht" und „sich mit keiner der anerkannten Auslegungsmethoden rechtfertigen" lässt; ebenso BVerfG, Beschluss vom 19. Oktober 1983, Az.: 2 BvR 485/80, 2 BvR 486/80 = NJW 1984, 475, 476; BVerfG, Beschluss vom 11. Juli 1978, Az.: 1 BvR 84/74 = NJW 1979, 305, 307, *Voßkuhle*, in: FS Stürner, 2013, 79, 91.

406 *Holle*, ZHR 2018, 569, 598; *Larenz*, (o. Fn. 369), S. 414.

407 Allgemein zur Rechtsfolgen der Vereinbarung eines "limited purpose waivers": *B and Others v Auckland District Law Society and Another* [2003] 2 A.C. 736, 742; *Bourns Inc v Raychem Corp.* [1999] C.L.C. 1029, 1037; *Court of Appeal in Goldberg v. Ng* [1994] 33 N.S.W.L.R. 639, 651; *British Coal Corporation v. Dennis Rye Ltd. (No. 2)* [1988] 1 W.L.R. 1113,1120 et seq.; *Downey v. Murray* [1988] 13 N.I.J.B. 84; *Goldman v Hesper* [1988] 1 W.L.R. 1245; *Goddard v Nationwide Building Society* [1987] QB 670, 683, 684; *Malek*, in: Sweet/Maxwell, Phipson on Evidence, 19. Edition 2017 Para. 26-30; *Brabyn*, C.J.Q. 2012, 176, 180.

könnte die Gesellschaft sich weiterhin auf die Privilegien berufen, sodass diese Dokumente nicht im Rahmen einer Disclosure zugänglich zu machen wären.

Allerdings besteht das Instrument der Aufhebung der Privilegierung zu einem bestimmten Zweck nur unter UK-Recht. In dem US-Recht wurde das Bestehen dieses Instituts bereits mehrfach ausdrücklich abgelehnt.[408] Dementsprechend bewirkt diese Vorgehensweise von vorneherein keinen Schutz der unter US-Recht bestehenden Privilegien. Darüber hinaus gilt es zu bedenken, dass mit der Veröffentlichung solcher Informationen im Handelsregister, die aus unter UK-Recht privilegierten Materialien entnommen wurden, diese öffentlich zugänglich gemacht werden. Die Veröffentlichung des Sonderprüfungsberichts im Handelsregister gemäß § 145 Abs. 6 Satz 3 AktG führt jedoch zum Verlust des Vertraulichkeitsstatus der jeweiligen Informationen, sodass keine Basis für eine Privilegierung mehr gegeben ist.[409]

Dementsprechend ist festzuhalten, dass der Schutz der Privilegien, der durch eine Vereinbarung zwischen der Gesellschaft und dem gerichtlich bestellten Sonderprüfer zur Aufhebung der Privilegien ausschließlich für den Zweck der Durchführung der Sonderprüfung erreicht werden würde, eine äußerst begrenzte Reichweite aufwiese. Erfasst werden nur solche Materialien, die unter UK-Recht privilegiert sind und deren Informationsgehalt nicht in die finale Version des Sonderprüfungsberichts einfließt, der nach Abschluss der Durchführung der Sonderprüfung im Handelsregister veröffentlicht wird.

f) Individuelle Vereinbarung

Denkbar wäre es, dass die Gesellschaft, vertreten durch den Vorstand, eine individuelle Vereinbarung mit dem gerichtlich bestellten Sonderprüfer abschließt, die einen Umgang mit privilegierten Materialien vorschreibt, der das Interesse der Gesellschaft an der Aufrechterhaltung der Legal (Professional) Privileges und das Interesse des gerichtlich bestellten Sonderprüfers an der Möglichkeit, eine umfassende Aufklärung des zu prüfenden Vorgangs durchzuführen, in einen sinnvoll

---

408 *In re Qwest Commc'ns Int'l*, 450 F.3d 1179, 1197 (10th Cir.2006); *Burden–Meeks v. Welch*, 319 F.3d 897, 899 (7th Cir. 2003); *In re Columbia/HCA Healthcare Corp. Billing Practices Litig.*, 293 F.3d 289, 295 (6th Cir. 2002); *United States v. Mass. Inst. of Tech.*, 129 F.3d 681, 686 (1st Cir. 1997); *Genentech, Inc. v. United States Int'l Trade Comm'n*, 122 F.3d 1409, 1416–18 (Fed.Cir. 1997); *In re Steinhardt Partners, L.P.*, 9 F.3d 230, 236 (2d Cir. 1993); *Westinghouse Elec. Corp. v. Republic of Philippines*, 951 F.2d 1414, 1425 (3d Cir. 1991); *In re Martin Marietta Corp.*, 856 F.2d 619, 623–24 (4th Cir.1988); *Permian Corp. v. United States*, 665 F.2d 1214, 1221 (D.C.Cir. 1981).

409 *Gotha City v Sotheby's and Another* [1998] 1 W.L.R. 114, 118; *Attorney-General v. Guardian Newspapers Ltd. (No. 2)* [1990] 1 A.C. 109, 177; *O. Mustad & Son v. Dosen (Note)* [1964] 1 W.L.R. 109, 111; *Malek*, in: Sweet/Maxwell, Phipson on Evidence, 19. Edition 2017 Para. 23-17; *Passmore*, in: Sweet/Maxwell, Privilege, 3. Edition 2013 Para. 7-042.

miteinander vereinbart. Diese Vorgehensweise ist angelehnt an eine Vereinbarung, die üblicherweise unter US-Recht zwischen einer Gesellschaft und einem Independent Monitor/Auditor, der zur Aufklärung von Sachverhalten bezüglich eines Gesetzesverstoßes und einer anschließenden Überwachung der Aktivitäten der Gesellschaft eingesetzt wird, getroffen wird.[410]

Dafür ist zunächst zu zeigen, dass der Abschluss einer solchen Vereinbarung grundsätzlich als zulässig anzusehen ist. Weiterhin gilt es zu überlegen, wie der Inhalt einer solchen Vereinbarung ausgestaltet sein könnte. Auf der einen Seite ist denkbar, dass die Vereinbarung – ähnlich wie es im US-Recht üblich ist – sämtliche privilegierte Materialien dem Einsichts- und Prüfungsrecht des gerichtlich bestellten Sonderprüfers gemäß § 145 Abs. 1 AktG entzieht. Eine derartige Vereinbarung beträfe das Einsichts- und Prüfungsrecht gemäß § 145 Abs. 1 AktG an sich, sodass in der Vorenthaltung der privilegierten Materialien eine Beschränkung dieses Rechts zu sehen wäre. Auf der anderen Seite könnte eine solche Vereinbarung die Art und Weise der Ausübung des Einsichts- und Prüfungsrecht gemäß § 145 Abs. 1 AktG adressieren. Diese Vereinbarung würde den Vorgang der Ausübung des Rechts berühren und somit lediglich eine Modifizierung darstellen.

(i) Zulässigkeit

Eine entsprechende Vereinbarung könnte im Rahmen eines Prüfungsvertrags abgeschlossen werden, dessen Abschluss an sich grundsätzlich auch zwischen der Gesellschaft und einem gerichtlich bestellten Sonderprüfer zulässig ist (vgl. Ziffer A) III) 1) c)).

Fraglich scheint jedoch, ob eine Vereinbarung zwischen der Gesellschaft und dem gerichtlich bestellten Sonderprüfer, in der beide Parteien sich auf eine bestimmte Vorgehensweise im Hinblick auf den Umgang mit privilegierten Materialien einigen, als grundsätzlich rechtlich zulässig anzusehen ist.[411]

Letztlich stellt eine solche Vereinbarung eine Modifizierung bzw. Beschränkung des umfassenden Einsichts- und Prüfungsrechts des gerichtlich bestellten Sonderprüfers gemäß § 145 Abs. 1 AktG (vgl. Ziffer A) IV) 1) a)) dar. Es gilt somit zu untersuchen, ob die Vorschrift des § 145 Abs. 1 AktG als zwingendes Recht zu verstehen ist oder als Ausfluss der Privatautonomie einer abweichenden Ausgestaltung der Reichweite durch die Parteien zugänglich ist.

---

410 Vgl. Plea Agreement in *United States v. Kellogg Brown & Root, LLC*, No. H-09-071, Exhibit 2, Seite 3 (S.D. Tex. 2009): „*KBR shalll provide the Monitor with access to all information, documents and records that are not subject to protection from disclosure by the attorney-client privilege or the attorney work product doctrine and facilities and/or employees that fall within the scope of responsibilites of the monitor under this Agreement*". (Hervorhebung hinzugefügt).

411 In die Richtung: *Bungert/Rothfuchs*, DB 2011, 1677, 1680 f. - der die Aufstellung von Regeln hinsichtlich der Ausübung der Informationsrechte aus § 145 Abs. 1 und 2 AktG im Vorfeld der Durchführung der Sonderprüfung fordert.

Das deutsche Rechtssystem ist auf dem Grundsatz der Privatautonomie der Parteien aufgebaut.[412] Von diesem Grundsatz wird jedoch in Form von zwingendem Recht abgewichen, sofern der Gesetzgeber der Ansicht ist, dass der Schutz der schwächeren Partei oder die Rechtssicherheit dies gebietet.[413]

Für die Annahme, dass es sich bei der Vorschrift des § 145 Abs. 1 AktG nicht um zwingendes Recht handelt, spricht zunächst einmal der Wortlaut der Vorschrift. Teilweise ergibt sich die Unabdingbarkeit einer Vorschrift bereits aus ihrem Wortlaut. So legt die Vorschrift des § 23 Abs. 5 Satz 1 AktG ausdrücklich fest, dass *„die Satzung* [...] *von den Vorschriften dieses Gesetzes nur abweichen* [kann], *wenn es ausdrücklich zugelassen ist.*" Denkbar ist auch, dass die in einer Vorschrift festgelegte Regelung nur für eine Partei zwingend ist. Als Beispiel ist in diesem Zusammenhang die Vorschrift des § 476 Abs. 1 Satz 1 BGB anzuführen, wonach *„auf eine vor Mitteilung eines Mangels an den Unternehmer getroffene Vereinbarung, die zum Nachteil des Verbrauchers von den §§ 433 bis 435, 437, 439 bis 443 sowie von den Vorschriften dieses Untertitels abweicht,* [...] *der Unternehmer sich nicht berufen* [kann]." Eine derartiges ausdrückliches Abbedingungsverbot findet sich in der Vorschrift des § 145 Abs. 1 AktG nicht.

Allerdings gibt es auch Vorschriften, die einen zwingenden Charakter aufweisen, ohne dass sich dies bereits aus deren Wortlaut ergibt. Die Unabdingbarkeit einer Vorschrift ergibt sich in diesen Fällen aus dem Erfordernis des Schutzes der schwächeren Partei[414] oder dem Bedürfnis nach Rechtssicherheit.[415] So wird die Verschwiegenheitspflicht des einzelnen Vorstandsmitglieds gemäß § 93 Abs. 1 Satz 3 AktG, welche über den Verweis des § 116 AktG auch für die einzelnen Aufsichtsratsmitglieder Geltung beansprucht, als zwingendes Recht angesehen, ohne der Disposition der Gesellschaft und der jeweiligen Organmitgliedern zugänglich zu sein.[416] Zwar ergibt sich diese Charakterisierung nicht unmittelbar aus dem Wortlaut der Vorschrift des § 93 Abs. 1 Satz 3 AktG. Jedoch gebietet der Schutzzweck des § 93 Abs. 1 Satz 3 AktG, welcher auf den Schutz

---

412 *Brox/Walker,* (o. Fn. 369), § 2 Rn. 5; *Medicus/Petersen,* Allgemeiner Teil des BGB, 11. Auflage 2016 Rn. 174, 176.

413 *Brox/Walker,* (o. Fn. 369), Rn. 6f., 17; *Medicus/Petersen,* (o. Fn. 393), Rn. 473.

414 *Brox/Walker,* (o. Fn. 369), Rn. 6f., 17; *Medicus/Petersen,* (o. Fn. 393), Rn. 473.

415 *Brox/Walker,* (o. Fn. 369), Rn. 8, 17.

416 BGH, Urteil vom 5. Juni 1975, Az.: II ZR 156/73 = NJW 1975, 1412, 1412; OLG Düsseldorf, Urteil vom 15. Oktober 1973, Az.: 6 U 131/72 = BB 1973, 1505, 1506; *Bürgers,* in: Bürgers/Körber, AktG, 4. Auflage 2017, § 93 Rn. 47; *Hölters,* in: Hölters, AktG, 3. Auflage 2017, § 93 Rn. 14, 151; *Dauner-Lieb,* in: GesR, 3. Auflage 2016, § 93 AktG Rn. 10; *Krieger/Sailer-Coceani,* in: K.Schmidt/Lutter, AktG, 3. Auflage 2015, § 93 Rn. 3, 22; *Eckert,* in: Wachter, AktG, 2. Auflage 2014, § 93 Rn. 26; *Mertens/Cahn,* in: KölnKomm-AktG, 3. Auflage 2010, § 91 Rn. 8; *Spindler,* in: MünchKomm-AktG, 5. Auflage 2019, § 93 Rn. 114; *Körber,* in: Fleischer, VorstandsR-HdB, 2006, § 10 Rn. 14; *Stegmaier,* AG 2017, 336, 341; *Spieker,* NJW 1965, 1937, 1940.

des Gesellschaftsinteresses[417] – insbesondere die Wettbewerbsfähigkeit[418] und die Reputation der Gesellschaft[419] – gerichtet ist, diese Qualifizierung.

Der Schutzzweck des § 145 Abs. 1 AktG liegt in der Gewährleistung einer umfassenden Aufklärung des zu prüfenden Vorgangs.[420] Diese entspricht grundsätzlich dem Gesellschaftsinteresse (vgl. Ziffer A) II) 4)). Das Einsichts- und Prüfungsrecht gemäß § 145 Abs. 1 AktG ist somit ebenfalls unter Berücksichtigung des Gesellschaftswohls auszuüben. Diese Verpflichtung des gerichtlich bestellten Sonderprüfers ergibt sich darüber hinaus ebenfalls aus dessen organähnlicher Stellung, welche diesem organschaftliche Treuepflichten auferlegt (vgl. Ziffer A) III) 3)).

Aus dieser Überlegung ergeben sich zwei Konsequenzen: Zum einen unterliegen sowohl der gerichtlich bestellte Sonderprüfer[421] als auch der Vorstand[422] organschaftlichen Treuepflichten, auf Basis derer sie ihr Verhalten nach dem Gesellschaftswohl auszurichten haben. Zwar obliegen ihnen unterschiedliche Aufgaben, die sie zur Förderung des Gesellschaftswohls ausführen. Gleichzeitig verfolgen sie letztendlich jedoch dasselbe Ziel. Dabei hat der gerichtlich bestellte Sonderprüfer gegenüber der Gesellschaft, vertreten durch den Vorstand, keine schwächere Stellung inne, sodass er insofern besonders schutzwürdig wäre. Vielmehr erfolgt die gerichtliche Bestellung des Sonderprüfers gemäß § 142 Abs. 2 Satz 1 AktG unabhängig von dem Abschluss einer solchen Vereinbarung zwischen dem gerichtlich bestellten Sonderprüfer und der Gesellschaft. Der Abschluss einer Prüfungsvereinbarung hat keine Auswirkungen auf den Erhalt bzw. das Bestehenbleiben des Mandats des gerichtlich bestellten Sonderprüfers, sodass insoweit

417 BGH, Beschluss vom 6. März 1997, Az.: II ZB 4/96 = NJW 1997, 1985, 1987; BGH, Urteil vom 5. Juni 1975, Az.: II ZR 156/73 = NJW 1975, 1412, 1412 – für den Aufsichtsrat; *Hölters*, in: Hölters, AktG, 3. Auflage 2017, § 93 Rn. 138; *Dauner-Lieb*, in: GesR, 3. Auflage 2016, § 93 AktG Rn. 15; *Spindler*, in: MünchKomm-AktG, 5. Auflage 2019, § 93 Rn. 133; *Körber*, in: Fleischer, VorstandsR-HdB, 2006, § 10 Rn. 1.

418 *Fleischer*, in: Spindler/Stilz, AktG, 3. Auflage 2015, § 93 Rn. 160.

419 *Fleischer*, in: Spindler/Stilz, AktG, 3. Auflage 2015, § 93 Rn. 160.

420 *Mock*, in: Spindler/Stilz, AktG, 4. Auflage 2019, § 145 Rn. 1; *Arnold*, in: MünchKomm-AktG, 4. Auflage 2018, § 145 Rn. 3; *Hirschmann*, in: Hölters, AktG, 3. Auflage 2017, § 145 Rn. 1; *Liebscher*, in: Henssler/Strohn, GesR, 3. Auflage 2017, § 145 AktG Rn. 1; *Koch*, in: Hüffer/Koch, AktG, 13. Auflage 2018, § 145 Rn. 1; *Spindler*, in: K. Schmidt/Lutter, AktG, 3. Auflage 2015, § 142 Rn. 1; *Herrler*, in: Grigoleit, AktG, 2013, § 145 Rn. 2; *Humrich*, NZG 2014, 441, 444.

421 Vgl. Ziffer A) III) 3).

422 BGH, Urteil vom 21. Dezember 2005, Az.: 3 StR 470/04 = NJW 2005, 522, 523; OLG Frankfurt, Urteil vom 18. November 2011, Az: 5 U 110/08 = AG 2011, 462, 46; *Spindler*, in: MünchKomm-AktG, 5. Auflage 2019, § 93 Rn. 125; *Fleischer*, in: Spindler/Stilz, AktG, 4. Auflage 2019, § 93 Rn. 113; *Koch*, in: Hüffer/Koch, AktG, 13. Auflage 2018, § 93 Rn. 28; *Hölters*, in: Hölters, AktG, 3. Auflage 2017, § 93 Rn. 114; *Dauner-Lieb*, in: GesR, 3. Auflage 2016, § 93 AktG Rn. 8; *Wiesner*, in: MünchHdB GesR Band 4, 4. Auflage 2015, § 25 Rn. 41.

kein Abhängigkeitsverhältnis besteht, aus dem sich eine unterlegene Stellung des gerichtlich bestellten Sonderprüfers ergeben könnte.

Zum anderen ist eine Modifizierung bzw. Beschränkung des Einsichts- und Prüfungsrechts gemäß § 145 Abs. 1 AktG gerade notwendig (vgl. Ziffer A) IV) 3)), um die Einhaltung des Schutzzwecks der Durchführung der Sonderprüfung gemäß §§ 142 ff. AktG zu gewährleisten. Sofern man die Vorschrift des § 145 Abs. 1 AktG jedoch als zwingend und mithin der Disposition der Parteien entzogen verstünde, würde man verhindern, dass deren dringend notwendige Modifizierung bzw. Beschränkung durch die Parteien gemeinsam vereinbart werden könnte. Es erscheint jedoch nicht einsichtig, warum es den Parteien nicht offenstehen soll, sich auf eine Modifizierung bzw. Beschränkung des Einsichts- und Prüfungsrecht gemäß § 145 Abs. 1 AktG zu einigen, obwohl beide Parteien letztlich dasselbe Ziel verfolgen.

Dementsprechend ist davon auszugehen, dass eine Vereinbarung zwischen dem gerichtlich bestellten Sonderprüfer und der Gesellschaft an sich grundsätzlich zulässig ist.

(ii) Inhalt

Unabhängig von der Frage, ob der Abschluss einer Vereinbarung zwischen der Gesellschaft und dem gerichtlich bestellten Sonderprüfer an sich als zulässig angesehen werden kann, ist die Frage zu beurteilen, welchen Gegenstand diese Vereinbarung in rechtlich zulässiger Weise zum Inhalt haben könnte.

(1) Beschränkung

Denkbar wäre die Vereinbarung einer Beschränkung des Einsichts- und Prüfungsrecht des gerichtlich bestellten Sonderprüfers gemäß § 145 Abs. 1 AktG dergestalt, dass sämtliche Materialien, die unter angloamerikanischem Recht privilegiert sind, von dessen Einsichts- und Prüfungsrecht ausgenommen sind. Dies entspräche der Vorgehensweise in den Vereinigten Staaten von Amerika im Hinblick auf die Aufklärung von bestimmten Vorgängen durch einen Monitor, der zur Aufklärung von Sachverhalten bezüglich eines Gesetzesverstoßes und einer anschließenden Überwachung der Aktivitäten der Gesellschaft eingesetzt wird.[423]

Sofern dem gerichtlich bestellten Sonderprüfer die Einsichtnahme in unter angloamerikanischen Recht privilegierte Materialien stets verwehrt würde, wäre darin jedoch eine Verkürzung der Reichweite des Einsichts- und Prüfungsrecht gemäß

---

423 Vgl. Plea Agreement in *United States v. Kellogg Brown & Root, LLC*, No. H-09-071, Exhibit 2, Seite 3 (S.D. Tex. 2009): *„KBR shalll provide the Monitor with access to all information, documents and records <u>that are not subject to protection from disclosure by the attorney-client privilege or the attorney work product doctrine</u> and facilities and/or employees that fall within the scope of responsibilites of the monitor under this Agreement“.* (Hervorhebung hinzugefügt).

§ 145 Abs. 1 AktG an sich (d.h. das „Ob" der Ausübung des Rechts) zu sehen. Das Geheimhaltungsinteresse der Gesellschaft würde per se Vorrang vor dem Aufklärungsinteresse genießen. Diese Wertung lässt sich mit Blick auf § 145 Abs. 6 Satz 2 AktG jedoch nicht aufrechterhalten. Die Vorschrift des § 145 Abs. 6 Satz 2 AktG stellt den Grundsatz auf, dass das Aufklärungsinteresse das Geheimhaltungsinteresse der Gesellschaft überwiegt (vgl. Ziffer B) V) 1)). Dieser Grundsatz würde ins Gegenteil verkehrt werden, sofern der gerichtlich bestellte Sonderprüfer mit der Gesellschaft eine Vereinbarung schlösse, die sämtliche unter angloamerikanischem Recht privilegierte Materialien im Vorhinein, ohne alternative Maßnahmen zu erörtern, stets dem Zugang des gerichtlich bestellten Sonderprüfers entzöge.

Dementsprechend ist eine Vereinbarung, die ausschließlich eine Beschränkung des Einsichts- und Prüfungsrecht des gerichtlich bestellten Sonderprüfers gemäß § 145 Abs. AktG als erste und einzige Maßnahme vorsieht, als unzulässig anzusehen.

(2) Modifizierung

Anders könnte diese Beurteilung jedoch ausfallen, sofern der Inhalt der Vereinbarung zwischen der Gesellschaft und dem gerichtlich bestellten Sonderprüfer nur die Art und Weise, wie das Einsichts- und Prüfungsrecht gemäß § 145 Abs. 1 AktG auszuüben ist, adressiert. Der Gesetzeswortlaut der Vorschrift des § 145 Abs. 1 AktG gesteht dem gerichtlich bestellten Sonderprüfer zwar ein umfassendes Einsichts- und Prüfungsrecht zu.[424] Gleichzeitig legt die Vorschrift jedoch nicht fest, auf welche Art und Weise der gerichtlich bestellte Sonderprüfer dieses Recht auszuüben hat. Geht man davon aus, dass der Gesetzgeber es dem gerichtlich bestellten Sonderprüfer überlassen wollte, wie er sein Einsichts- und Prüfungsrecht gemäß § 145 Abs. 1 AktG ausübt, würde eine Festlegung der Art und Weise der Ausübung des Rechts lediglich eine Modifizierung darstellen. Sofern man annimmt, dass der Gesetzgeber die Art und Weise der Ausübung des Einsichts- und Prüfungsrecht gemäß § 145 Abs. 1 AktG durch den gerichtlich bestellten Sonderprüfer vollkommen unbedacht gelassen hat, ist in einer derartigen Festlegung sogar nur eine Konkretisierung des Rechts zu erblicken. Dies stellt ebenfalls keine Beschränkung des Rechts dar. Der gerichtlich bestellte Sonderprüfer wäre zwar nicht mehr vollständig frei in seiner Herangehensweise. Allerdings wird sein Einsichts- und Prüfungsrecht gemäß § 145 Abs. 1 AktG an sich nicht verkürzt, da ihm der Zugang zu den einzelnen Informationen nicht von vorneherein verwehrt werden würde.

---

424 *Mock*, in: Spindler/Stilz, AktG, 4. Auflage 2019, § 145 Rn. 12; *Arnold*, in: MünchKomm-AktG, 4. Auflage 2018, § 145 Rn. 16; *Koch*, in: Hüffer/Koch, AktG, 13. Auflage 2018, § 145 Rn. 2; *Holzborn/Jähnig*, in: Bürger/Körbers, AktG, 2017, § 145 Rn. 3; *Hirschmann*, in: Hölters, AktG, 3. Auflage 2017, § 145 Rn. 3; *Liebscher*, in: Henssler/Strohn, GesR, 3. Auflage 2017, § 145 AktG Rn. 2; *Spindler*, in: K. Schmidt/Lutter, AktG, 3. Auflage 2015, § 142 Rn. 9; *Rieckers/Vetter*, in: KölnKomm-AktG, 3. Auflage 2015, § 145 Rn. 49; *Herrler*, in: Grigoleit, AktG, 2013, § 145 Rn. 2; *Bezzenberg*, in: GroßKomm-AktG, 4. Auflage 2008, § 145 Rn. 16.

Die Vereinbarung dürfte sich inhaltlich nur auf den Umgang mit unter angloamerikanischem Recht privilegierten Materialien beziehen. Bezüglich aller anderen Materialien besteht von vorneherein keine Besorgnis hinsichtlich eines wahrscheinlichen Verlustes von Privilegien, sodass insoweit auch kein Regelungsbedarf besteht.

In einem ersten Schritt muss somit der sachliche Anwendungsbereich der Vereinbarung abgesteckt werden. Dazu muss festgelegt werden, welche Materialien zum Zeitpunkt des Abschlusses der Vereinbarung ein Privileg nach angloamerikanischem Recht genießen. Denkbar wäre es, der Gesellschaft die Verpflichtung aufzuerlegen, eine Liste mit sämtlichen privilegierten Dokumenten zu erstellen und diese regelmäßig zu aktualisieren. Eine derartige Verpflichtung des gerichtlich bestellten Sonderprüfers kommt denklogisch nicht in Betracht, da er keine Übersicht über die bestehenden Dokumente hat und eine schädliche Einsichtnahme durch den gerichtlich bestellten Sonderprüfer gerade vermieden werden soll. Um dem gerichtlich bestellten Sonderprüfer allerdings die Möglichkeit zu geben, das Bestehen des behaupteten Privilegs zu überprüfen bzw. überprüfen zu lassen, muss die Liste jedoch nicht nur den Namen des Dokuments, sondern sämtliche weiteren notwendigen Informationen erhalten. Dementsprechend muss die Liste ebenfalls Auskunft über das jeweilige Privileg, auf das sich die Gesellschaft beruft, die jeweilige Art des Dokuments (z.B.: Email, Notizen, Aufzeichnung von Besprechungen etc.), eine oberflächliche Beschreibung des Inhalts des jeweiligen Dokuments und die entsprechenden Beteiligten geben. Sofern der gerichtlich bestellte Sonderprüfer anhand der in der Liste zur Verfügung gestellten Informationen Zweifel hegt, ob das entsprechende Dokument wirklich unter angloamerikanischem Recht privilegiert ist, muss ein Dritter eine Überprüfung der Einschätzung des Bestehens eines Privilegs vornehmen, sofern die Gesellschaft sich weiterhin auf dieses beruft. Damit könnte beispielsweise die Rechtsabteilung der Gesellschaft oder ein externer Rechtsberater, soweit seine Einsichtnahme nicht in dem Verlust des vermeintlichen Privilegs mündet, beauftragt werden.

Sobald die Gesellschaft und der gerichtlich bestellte Sonderprüfer sich auf den sachlichen Anwendungsbereich der Vereinbarung geeinigt haben, stellt sich in einem zweiten Schritt die Frage, wie mit den privilegierten Materialien zu verfahren ist.

Wie bereits festgestellt (vgl. Ziffer B) V) 3) f) (ii) (1)), wäre es rechtlich bedenklich, dem gerichtlich bestellten Sonderprüfer den Zugang zu sämtlichen privilegierten Materialien schlicht zu verwehren. Gleichwohl könnte die Vereinbarung vorsehen, dass die in dem privilegierten Dokument enthaltene Information, dem gerichtlich bestellten Sonderprüfer auf andere, gleich geeignete Art und Weise zugänglich gemacht wird (z.B. durch Vorlage eines anderen Dokuments, das ebenfalls – allerdings ausschließlich – die begehrte Information enthält oder durch mündliche Auskunft durch den beteiligten Anwalt).[425] Diese Vorgehensweise würde

425 Sofern der gerichtlich bestellte Sonderprüfer dieses Alternativdokument einsieht, besteht die Gefahr, dass die Privilegierung dieser Information (bzgl. der Auswirkungen der Einsichtnahme auf die Legal Professional Privileges in der UK, vgl.

die Erreichung des Schutzzwecks des Einsichts- und Prüfungsrechts gemäß § 145 Abs. 1 AktG[426] nicht beeinträchtigen, da weiterhin eine umfassende Aufklärung des zu prüfenden Vorgangs ermöglicht wird. Gegen die Vereinbarung einer derartigen Vorgehensweise stehen mit Blick auf den Schutzzweck der Sonderprüfung gemäß §§ 142 ff. AktG an sich (d.h. dem Wohl der Gesellschaft) und die fehlende faktische Beeinträchtigung des Einsichts- und Prüfungsrechts des gerichtlich bestellten Sonderprüfers gemäß § 145 Abs. 1 AktG keine rechtlichen Bedenken entgegen.

Problematisch gestalten sich jedoch die Konstellationen, in denen die Gesellschaft dem gerichtlich bestellten Sonderprüfer kein alternatives Dokument anbieten kann. Wie bereits erörtert (vgl. Ziffer B) V) 3) f) (ii) (1)), ist es mit den geltenden gesetzlichen Vorschriften nicht vereinbar, dem Geheimhaltungsinteresse der Gesellschaft ohne Weiteres den Vorrang vor dem Aufklärungsinteresse einzuräumen. Mithin kann die Konsequenz aus einer fehlenden Ausweichmöglichkeit nicht sein, dass dem gerichtlich bestellten Sonderprüfer die Information grundsätzlich nicht zugänglich gemacht wird.

Dementsprechend stellt die Einigung zwischen der Gesellschaft und dem gerichtlich bestellten Sonderprüfer, wonach Letzterer sich auf alternative, ebenso geeignete Unterlagen zur Informationsbeschaffung verweisen lassen muss, nur in einem begrenzten Umfang einen wirksamen Schutzmechanismus dar. Sie adressiert jedoch nicht die Situation, dass kein Alternativdokument für ein privilegiertes Dokument verfügbar ist. Eine derartige Einigung ist somit rechtlich zulässig, jedoch nicht umfassend effektiv.

(3) Kombination: Verhältnismäßigkeit

Um dem Schutz des Gesellschaftswohls Rechnung zu tragen, muss jedoch ein Schutzmechanismus gefunden werden, der sämtliche Materialien, die ein Privileg nach angloamerikanischem Recht genießen, berücksichtigt. Auf Basis dieser

---

B) III) 1) a); bzgl. der Auswirkungen der Einsichtnahme auf die Legal Privileges in den USA, vgl. B) III) 2) a) (i) und B) III) 2) b) (i)) verloren geht. Die Gesellschaft würde insoweit ihr Privileg aufgeben. Gleichwohl erlaubt diese Vorgehensweise zunächst einmal die Abwendung eines (unnötigen) Kollateralschadens (d.h. der Verlust der Legal (Professional) Privileges im Hinblick auf solche Informationen, die der gerichtlich bestellte Sonderprüfer zur Aufklärung des Prüfungsgegenstandes nicht einsehen muss/möchte, die jedoch in dem Dokument, welches die geforderte Information enthält, mitenthalten sind). Denkbar wäre möglicherweise auch die nicht relevanten Informationen in dem ursprünglich verlangten Dokument zu schwärzen. Neben dem damit verbundenen sehr hohen Aufwand könnte dies jedoch zu Unstimmigkeiten bzgl. der Reichweite der notwendigen Schwärzungen führen.

426 Nach allgemeiner Ansicht liegt der Schutzzweck der Vorschrift des § 145 Abs. 1 AktG in der Gewährleistung einer umfassenden Aufklärung des zu prüfenden Vorgangs (vgl. Ziffer B) V) 3) f) (i)).

Überlegung verbietet sich eine allgemeingültige Aussage hinsichtlich der Gewichtung des Geheimhaltungsinteresses der Gesellschaft gegenüber dem Aufklärungsinteresse. Eine generelle Entscheidung zugunsten des Geheimhaltungsinteresse schützt zwar insofern das Gesellschaftswohl. Jedoch untergräbt sie den Zweck der Durchführung der Sonderprüfung gemäß §§ 142 ff. AktG sowie die vom Gesetzgeber getroffene Wertung hinsichtlich des Verhältnisses von Aufklärungsinteresse und Geheimhaltungsinteresse der Gesellschaft, indem sie eine umfassende Aufklärung des zu prüfenden Vorgangs erschwert, und somit als rechtlich unzulässig zu bewerten ist. Eine allgemeine Bevorzugung des Aufklärungsinteresses berücksichtigt dahingegen die Interessen der Gesellschaft nicht hinreichend (vgl. Ziffer A) IV) 3). Außerdem ergibt sich bereits aus der Existenz der Beschränkungsmöglichkeit des Sonderprüfungsberichts gemäß § 145 Abs. 4 AktG, dass selbst der Gesetzgeber davon ausgegangen ist, dass unter gewissen Umständen ein Abweichen von diesem in § 145 Abs. 6 Satz 2 AktG statuierten Grundsatz geboten ist. Da eine allgemeingültige Aussage somit nicht getroffen werden kann, ist jeweils eine Einzelfallentscheidung im Rahmen einer Interessenabwägung zu fordern.

Dies läuft letztlich auf die Vornahme einer Verhältnismäßigkeitsprüfung heraus (vgl. Ziffer A) IV) 3) b) (iii)), welche sie wie folgt gestalten könnte:

Nachdem zunächst sämtliche privilegierte Materialien identifiziert worden sind, ist im Anschluss zu untersuchen, ob die Offenlegung des betroffenen Dokuments gegenüber dem gerichtlich bestellten Sonderprüfer erforderlich ist. Es ist mithin zu fragen, ob die Information, die sich in einem privilegierten Dokument befindet, dem gerichtlich bestellten Sonderprüfer auf gleich geeignete Weise zur Verfügung gestellt werden kann. Sofern eine ebenso geeignete Alternativquelle existiert, ist die Erforderlichkeit zu verneinen. Der gerichtlich bestellte Sonderprüfer ist auf die Einsichtnahme der Alternativquelle zu verweisen (vgl. Ziffer B) V) 3) f) (ii) (2)).

Sofern keine Alternativquelle besteht und die Einsichtnahme durch den gerichtlich bestellten Sonderprüfer somit erforderlich ist, stellt sich in einem nächsten Schritt die Frage, ob die Einsichtnahme auch angemessen ist. Dazu ist eine Abwägung des Geheimhaltungsinteresses mit dem Aufklärungsinteresse im Einzelfall vorzunehmen. Dabei gilt es zu bedenken, dass sowohl das Aufklärungsinteresse als auch das Geheimhaltungsinteresse letztlich Ausfluss des Gesellschaftsinteresses sind. Es geht somit schlussendlich um die Frage, welches Interesse in der jeweiligen Situation, das Gesellschaftswohl besser zu schützen vermag. Sofern man im Rahmen der Interessensabwägung zu dem Ergebnis gelangt, dass das Aufklärungsinteresse das Geheimhaltungsinteresse überwiegt, muss der gerichtlich bestellte Sonderprüfer sein Einsichts- und Prüfungsrecht gemäß § 145 Abs. 1 AktG ausüben dürfen, sodass die Einsichtnahme zuzulassen ist. Ergibt die Interessenabwägung hingegen, dass das Aufklärungsinteresse hinter dem Geheimhaltungsinteresse zurücktritt, hat der gerichtlich bestellte Sonderprüfer die Ausübung seines Einsichts- und Prüfungsrecht gemäß § 145 Abs. 1 AktG zugunsten des Gesellschaftswohls zu unterlassen.

Für das Ergebnis der Abwägung ist der anzulegende Maßstab entscheidend. Dabei ist fraglich, welchen Anforderungen dieser zu genügen hat.

Denkbar wäre es, ein einfaches Überwiegen des jeweiligen Interesses zu fordern. Problematisch erscheint insoweit jedoch wiederum, dass dies den vom Gesetzgeber in § 145 Abs. 6 Satz 2 AktG festgelegten Grundsatz, wonach das Aufklärungsinteresse das Geheimhaltungsinteresse grundsätzlich überwiegt, revidieren bzw. abschwächen würde.

Die Interessenabwägung im Rahmen der Verhältnismäßigkeitsprüfung stellt eine Ausnahme zu dem in § 145 Abs. 6 Satz 2 AktG statuierten Grundsatz dar. Mithin scheint es näherliegender, auf denjenigen Maßstab zurückzugreifen, den der Gesetzgeber im Rahmen einer derartigen Ausnahme aufgestellt hat. Diese findet sich in dem Beschränkungsrecht des Sonderprüfungsvertrags gemäß § 145 Abs. 4 AktG. Danach müssen bestimmte Tatsachen dann nicht in den Sonderprüfungsbericht aufgenommen werden, wenn überwiegende Belange der Gesellschaft dies gebieten und sie zur Darlegung der Unredlichkeiten oder groben Verletzungen gemäß § 142 Abs. 2 AktG nicht unerlässlich sind. Der Maßstab setzt sich somit aus zwei Komponenten zusammen.

Der erste Faktor, wonach die Tatsache nicht zur Darlegung der Unredlichkeiten oder groben Verletzungen gemäß § 142 Abs. 2 AktG unerlässlich sein darf, lässt sich auf die vorliegende Konstellation nicht übertragen. In dem Stadium der Durchführung der Sonderprüfung gemäß §§ 142 ff. AktG, in dem der gerichtlich bestellte Sonderprüfer Einsicht in Dokumente nimmt und diese prüft, steht gerade noch nicht fest, ob es zu Unredlichkeiten oder einer groben Verletzung gemäß § 142 Abs. 2 AktG gekommen ist. Dementsprechend kann in diesem Zeitpunkt nicht beurteilt werden, ob die Information zur Aufklärung des zu prüfenden Vorgangs unerlässlich ist.

Allerdings könnte auf das zweite Kriterium des Maßstabes des § 145 Abs. 4 AktG zurückgegriffen werden, wonach überwiegende Belange der Gesellschaft die Beschränkung des Inhalts des Sonderprüfungsberichts gebieten. Aus der Kombination des Wortlauts „überwiegen" und „gebieten" ergibt sich nach herrschender Meinung, dass die Gesellschaftsbelange das Aufklärungsinteresse dabei deutlich überwiegen müssen.[427] Übertragen auf die Abwägung zwischen Aufklärungsinteresse und Geheimhaltungsinteresse der Gesellschaft, ist somit davon auszugehen, dass das Geheimhaltungsinteresse das Aufklärungsinteresse deutlich überwiegen muss, um von dem Grundsatz, dass das Einsichts- und Prüfungsrecht des gerichtlich bestellten Sonderprüfers gemäß § 145 Abs. 1 AktG umfassend ausgestaltet ist, abgewichen und der Zugang zu einer bestimmten Information beschränkt werden darf.

---

427 *Mock*, in: Spindler/Stilz, AktG, 4. Auflage 2019, § 145 Rn. 34; *Arnold*, in: MünchKomm-AktG, 4. Auflage 2018, § 145 Rn. 47; *Spindler*, in: K. Schmidt/Lutter, AktG, 3. Auflage 2015, § 142 Rn. 28; *Rieckers/Vetter*, in: KölnKomm-AktG, 3. Auflage 2015, § 145 Rn. 33, 127; *Kirschner*, (o. Fn. 2), S. 321 f. *Wilsing/Neumann*, DB 2006, 31, 34.

(4) Zwischenergebnis

Der Inhalt der individuellen Vereinbarung darf keine grundsätzliche Beschränkung des Einsichts- und Prüfungsrechts des gerichtlich bestellten Sonderprüfers gemäß § 145 Abs. 1 AktG dergestalt darstellen, dass sämtliche privilegierte Materialien stets der Einsichtnahme des gerichtlich bestellten Sonderprüfers entzogen sind.

Denkbar ist dahingegen der Verweis des gerichtlich bestellten Sonderprüfers auf alternative Quellen, aus denen sich die geforderte Information, die Teil eines privilegierten Dokuments ist, in gleich geeigneter Art und Weise ergibt, sodass der Schutzzweck des § 145 Abs. 1 AktG in keiner Weise berührt wird. Sofern allerdings keine Alternativquellen zur Verfügung stehen, greift dieser Schutzmechanismus zu kurz.

In dieser Konstellation ist zur Festlegung der Reichweite des Einsichts- und Prüfungsrechts gemäß § 145 Abs. 1 AktG im Hinblick auf privilegierte Materialien jeweils eine Verhältnismäßigkeitsprüfung vorzunehmen. Im Rahmen dieser ist eine Interessenabwägung zwischen dem Aufklärungsinteresse und dem Geheimhaltungsinteresse der Gesellschaft vorzunehmen. Die Zulässigkeit dieser Abwägung ergibt sich zum einen daraus, dass sowohl das Aufklärungsinteresse als auch das Geheimhaltungsinteresse dem Gesellschaftswohl dienen, sodass es letztlich nur festzustellen gilt, welches Interesse das Gesellschaftswohl im Einzelfall besser zu schützen vermag. Zum anderen lässt das Beschränkungsrecht des Sonderprüfungsberichts gemäß § 145 Abs. 4 AktG erkennen, dass der Gesetzgeber ebenfalls davon ausgegangen ist, dass der Grundsatz, wonach das Aufklärungsinteresse grundsätzlich dem Geheimhaltungsinteresse vorgeht, unter gewissen Umständen durchbrochen werden muss.[428] Der im Rahmen der Interessenabwägung anzulegende Maßstab orientiert sich an demjenigen des § 145 Abs. 4 AktG. Somit ist ein deutliches Überwiegen des Geheimhaltungsinteresses zu fordern, um eine Ausnahme von dem Grundsatz, dass das Einsichts- und Prüfungsrecht des gerichtlich bestellten Sonderprüfers gemäß § 145 Abs. 1 AktG umfassend ist, zuzulassen.

Problematisch bleibt in diesem Zusammenhang der Umstand, dass der Verlust von Legal (Professional) Privileges keine unmittelbaren Konsequenzen nach sich zieht, sondern nur den Umfang der herauszugebenden Dokumente im Rahmen einer Disclosure/Discovery ausweitet und somit das Prozessrisiko der Gesellschaft erhöht (vgl. Ziffer B) IV)). Unbestritten dürfte in diesem Zusammenhang sein, dass dieses Prozessrisiko möglicherweise zu einem signifikanten Schaden der Gesellschaft führen kann. Gleichzeitig dürfte es sich in der Praxis schwierig gestalten, die genauen Folgen und damit die Gewichtung des Geheimhaltungsinteresses genau vorherzusagen. Diese Unwägbarkeit kann dem Geheimhaltungsinteresse im

---

428 *Mock*, in: Spindler/Stilz, AktG, 4. Auflage 2019, § 145 Rn. 30; *Arnold*, in: MünchKomm-AktG, 4. Auflage 2018, § 145 Rn. 45; *Hirschmann*, in: Hölters, AktG, 3. Auflage 2017, § 145 Rn. 11 f. *Rieckers/Vetter*, in: KölnKomm-AktG, 3. Auflage 2015, § 145 Rn. 122; *Spindler*, in: K. Schmidt/Lutter, AktG, 3. Auflage 2015, § 142 Rn. 27; *Wilsing/Neumann*, DB 2006, 31, 34.

Rahmen der Abwägung jedoch nicht zu einer stärkeren Stellung verhelfen. Vielmehr kann in Fällen, in denen der Eintritt eines Schadens der Gesellschaft aufgrund des Verlustes von Legal (Professional) Privileges nicht mit annähernd hinreichender Wahrscheinlichkeit vorhergesagt bzw. präzisiert werden kann, nicht davon ausgegangen werden, dass das Geheimhaltungsinteresse das Aufklärungsinteresse überwiegt.

(iii) Pflicht des gerichtlich bestellten Sonderprüfers zum Abschluss einer individuellen Vereinbarung

Der Abschluss einer individuellen Vereinbarung zwischen der Gesellschaft und dem gerichtlich bestellten Sonderprüfer, die darauf abzielt, die Art und Weise der Ausübung der Rechte des gerichtlich bestellten Sonderprüfers gemäß § 145 Abs. 1 und 2 AktG zu modifizieren bzw. zu konkretisieren, ist rechtlich zulässig (vgl. Ziffer B) V) 3) f) (i)). Dementsprechend können die Parteien eine solche Vereinbarung vor Beginn der Durchführung der Sonderprüfung freiwillig miteinander abschließen. Fraglich scheint jedoch, ob darüber hinaus eine Pflicht des gerichtlich bestellten Sonderprüfers besteht, aus welcher dieser zum Abschluss einer solchen individuellen Vereinbarung angehalten wird.

Die Durchführung der Sonderprüfung gemäß §§ 142 ff. AktG dient ausschließlich dem Schutz des Gesellschaftswohls. Indem die Rechte des gerichtlich bestellten Sonderprüfers gemäß § 145 Abs. 1 und 2 AktG diesem die Möglichkeit zur effektiven Durchführung der Sonderprüfung geben sollen, dürfen auch sie nur im Einklang mit dem Gesellschaftswohl ausgeübt werden. Dies ergibt sich insbesondere auch aus der organähnlichen Stellung des gerichtlich bestellten Sonderprüfers, welche diesem organschaftliche Treuepflichten auferlegt (vgl. Ziffer A) III) 3)).

Die Modifizierung bzw. Konkretisierung der Rechte des gerichtlich bestellten Sonderprüfers gemäß § 145 Abs. 1 und 2 AktG ist jedoch gerade notwendig, um den Verlust sämtlicher unter angloamerikanischen Recht bestehender Legal (Professional) Privileges zu vermeiden. Ein solcher Verlust würde die Gesellschaft einem hohen, weltweiten Prozessrisiko aussetzen, welches mit höchster Wahrscheinlichkeit in einem erheblichen finanziellen Schaden der Gesellschaft resultieren würde (vgl. Ziffer B) IV)). Dies entspräche allerdings gerade nicht dem Gesellschaftswohl.

Als Ausfluss seiner organähnlichen Stellung und der sich daraus ergebenden organschaftlichen Treuepflichten sowie im Hinblick auf den Schutzzweck der Sonderprüfung gemäß §§ 142 ff. AktG ist der gerichtlich bestellte Sonderprüfer somit verpflichtet, sein Verhalten so zu gestalten, dass es nicht den Verlust der Legal (Professional) Privileges zur Folge hat. Gleichzeitig muss er jedoch die Aufklärung des zu prüfenden Sachverhalts so umfassend und genau wie möglich betreiben. Der Umstand, dass das Aufklärungsinteresse und das Geheimhaltungsinteresse der Gesellschaft in einen gerechten Einklang zu bringen sind, gestaltet sich somit zwingend. Der Abschluss einer individuellen Vereinbarung über die Art und Weise der Ausübung der Rechts gemäß § 145 Abs. 1 und 2 AktG bietet eine Möglichkeit[429], dem bestehenden Interessenkonflikt einer gerechten Lösung zu zuführen. Gleichwohl beschreibt eine individuelle Vereinbarung nur die Art und Weise, auf die der bestehende Konflikt aufgelöst werden könnte. Ein Zwang, eine solche Vereinbarung einzugehen, kann somit nicht bestehen.

Etwas anderes könnte sich jedoch im Hinblick auf den durch die Hauptversammlung gemäß § 142 Abs. 1 Satz 1 AktG bestellten Sonderprüfer ergeben, sofern der Bestellungsbeschluss mit der Auflage versehen ist, dass der Sonderprüfer eine derartige individuelle Vereinbarung mit der Gesellschaft abschließt.

(iv) Zuständigkeit/Ablauf

Das Aufklärungsinteresse der Gesellschaft ist der Durchführung einer Sonderprüfung gemäß §§ 142 ff. AktG inhärent. Dementsprechend scheint es naheliegend, dass die Darlegung des Aufklärungsinteresses (d.h. Gründe, warum die Einsichtnahme in das fragliche Dokument für die Aufklärung zwingend notwendig ist) dem gerichtlich bestellten Sonderprüfer obliegt. Dagegen ergibt sich das Geheimhaltungsinteresse der Gesellschaft daraus, dass die Geschäftstätigkeit der Gesellschaft nicht in negativer Weise beeinträchtigt werden soll. Folglich kommt dem Vorstand der Gesellschaft, der gemäß § 76 Abs. 1 AktG die Geschäfte der Gesellschaft unter eigener Verantwortung leitet, die Aufgabe zu, das Geheimhaltungsinteresse (d.h. Gründe, warum das in Frage stehende Dokument nicht der Einsichtnahme durch den gerichtlich bestellten Sonderprüfer zugänglich gemacht werden sollte) der Gesellschaft darzulegen.

Im Hinblick darauf, dass sowohl das Aufklärungsinteresse als auch das Geheimhaltungsinteresse letztlich dem Gesellschaftswohl dienen, erscheint in diesem Zusammenhang die Frage problematisch, wem die Kompetenz zukommt, das Gesellschaftswohl im individuellen Fall festzulegen. Der Beantwortung dieser Frage soll im Rahmen dieser Arbeit jedoch nicht nachgegangen werden.

Sofern der Vorstand und der gerichtlich bestellte Sonderprüfer sich nicht auf ein Abwägungsergebnis einigen können, ist dies mit größter Wahrscheinlichkeit darauf zurückzuführen, dass jeder der Beiden die Ansicht vertritt, dass das Interesse, das er geltend macht, das Interesse des jeweils anderen überwiegt. In dieser Konstellation könnte es dazu kommen, dass der Vorstand dem gerichtlich bestellten Sonderprüfer die Einsichtnahme in das umstrittene Dokument verweigert. Sofern dieser Fall eintritt, muss es dem gerichtlich bestellten Sonderprüfer möglich sein, eine entsprechende Überprüfung durch das Gericht zu erlangen. Denkbar wäre ein Erzwingungsverfahren, welches auf Erfüllung der Auskunftspflicht

---

429 Nach hier vertretener Ansicht stellt eine individuelle Vereinbarung zwischen der Gesellschaft und dem gerichtlich bestellten Sonderprüfer soweit ersichtlich die einzige <u>effektive</u> Maßnahme dar, die das Aufklärungsinteresse und das Geheimhaltungsinteresse der Gesellschaft im Hinblick auf Legal (Professional) Privileges in einen gerechten Einklang zu bringen vermag.

der Vorstandsmitglieder in (analoger) Anwendung des § 407 Abs. 1 Satz 1 AktG gerichtet ist, einzuleiten. Falls das Gericht im Rahmen dessen eine Abwägungsentscheidung zu Gunsten des Aufklärungsinteresses trifft und die Offenlegung des Dokuments gegenüber dem gerichtlich bestellten Sonderprüfer anordnet, hätte dieses Szenario zudem den Vorteil für die Gesellschaft, dass die Offenlegung des Dokuments gerichtlich angeordnet worden wäre, sodass unter US-Recht das Attorney Client Privilege möglicherweise weiter bestehen bleiben würde.

(v) Zwischenergebnis

Der Abschluss einer individuellen Vereinbarung zwischen dem gerichtlich bestellten Sonderprüfer und der Gesellschaft, welche auf die Art und Weise der Ausübung der Rechte gemäß § 145 Abs. 1 und 2 AktG durch den gerichtlich bestellten Sonderprüfer adressiert, ist zulässig. Die Vorschrift des § 145 Abs. 1 und 2 AktG ist insoweit nicht als zwingend anzusehen und unterliegt mithin der Privatautonomie der Parteien.

Allerdings kommt eine ausschließliche Beschränkung der Rechte des gerichtlich bestellten Sonderprüfers dergestalt, dass ihm der Zugang zu von der Gesellschaft bestimmten Dokumenten von vorneherein verwehrt wird, nicht in Betracht. Darin wäre eine unzulässige Umgehung des in § 145 Abs. 6 Satz 2 AktG statuierten Grundsatzes, der den grundsätzlichen Vorrang des Aufklärungsinteresses vor dem Geheimhaltungsinteresse festlegt, zu sehen. Möglich ist dagegen eine Modifizierung bzw. Konkretisierung der Art und Weise, wie die Rechte gemäß § 145 Abs. 1 und 2 AktG von dem gerichtlich bestellten Sonderprüfer ausgeübt werden. Denkbar ist in diesem Zusammenhang, dass der gerichtlich bestellte Sonderprüfer insoweit von der Einsichtnahme in privilegierte Dokumente, die zu einem Verlust der Legal (Professional) Privileges führen würde, Abstand nimmt, als die Gesellschaft zur Informationserlangung gleich geeignete Alternativquellen (z.B. in Form von anderen Dokumenten, mündlichen Aussagen etc.) anbieten kann. Dazu müsste die Gesellschaft in einem ersten Schritt zunächst eine Übersicht über sämtliche Dokumente, die nach ihrer Ansicht dem Schutz von Legal (Professional) Privileges unterfallen, bereithalten. Jedoch bietet diese Vorgehensweise nur insofern eine ausreichende Lösung zur Vermeidung des Verlustes der Legal (Professional) Privileges, als eine gleich geeignete Alternativquelle vorhanden ist. Fehlt eine solche Alternativquelle, bewirkt die Einsichtnahme des gerichtlich bestellten Sonderprüfers in die privilegierten Dokumente immer noch den Verlust der Legal (Professional) Privileges.

Eine geeignete Maßnahme, um das Geheimhaltungsinteresse der Gesellschaft in Form der Aufrechterhaltung der Legal (Professional) Privileges mit dem hinter der Sonderprüfung gemäß §§ 142 ff. AktG stehenden Aufklärungsinteresse zu schützen, findet sich in der Vornahme einer Verhältnismäßigkeitsprüfung. Diese trägt dem Umstand Rechnung, dass eine allgemein gültige Aussage bezüglich des Verhältnisses von Geheimhaltungsinteresse und Aufklärungsinteresse im Hinblick auf einzelne privilegierte Dokumente nicht im Voraus pauschal getroffen werden kann. Im Rahmen dieser Verhältnismäßigkeitsprüfung ist auf der Stufe der Erforderlichkeit zunächst zu untersuchen, ob gleich geeignete Alternativquellen zur Verfügung stehen. Sofern derartige Alternativquellen dem gerichtlich bestellten Sonderprüfer nicht angeboten werden können, ist auf der Stufe der Angemessenheit eine Abwägung zwischen dem Geheimhaltungsinteresse und dem Aufklärungsinteresse vorzunehmen. Als anzulegender Maßstab ist dabei auf denjenigen des § 145 Abs. 4 Hs. 1 AktG abzustellen, sodass eine Einsichtnahme des gerichtlich bestellten Sonderprüfers dann zu unterbleiben hat, wenn überwiegende Belange des Gesellschaftswohls dem entgegenstehen.

Eine Pflicht zum Abschluss einer individuellen Vereinbarung, die die Ausübung der Rechte des gerichtlich bestellten Sonderprüfers gemäß § 145 Abs. 1 und 2 AktG adressiert, besteht für diesen nicht. Gleichwohl hat er aufgrund seiner organähnlichen Stellung, welche organschaftliche Treuepflichten begründet, sein Verhalten an dem Schutzzweck der Sonderprüfung gemäß §§ 142 ff. AktG, welcher in dem ausschließlichen Schutz des Gesellschaftswohls liegt, auszurichten. Der Abschluss einer individuellen Vereinbarung, welche eine Verhältnismäßigkeitsprüfung im Hinblick auf die Ausübung seiner Rechte gemäß § 145 Abs. 1 und 2 AktG vorsieht, würde das Verhalten des gerichtlich bestellten Sonderprüfers nach dem Schutz des Gesellschaftswohls ausrichten. Gleichzeitig wäre jedoch weiterhin gewährleistet, dass eine effiziente Aufklärung des zu prüfenden Sachverhalts gefördert wird, soweit sie dem Gesellschaftswohl dient.

Während der Vorstand das Geheimhaltungsinteresse darzulegen hat, muss der gerichtlich bestellte Sonderprüfer das Aufklärungsinteresse geltend machen. Sofern die Parteien keine einvernehmliche Einigung erreichen können, kann der gerichtlich bestellte Sonderprüfer ein Erzwingungsverfahren, welches auf Erfüllung der Auskunftspflicht der Vorstandsmitglieder in (analoger) Anwendung des § 407 Abs. 1 Satz 1 AktG gerichtet ist, anstrengen. Sofern das Gericht im Rahmen dessen die Offenlegung des entsprechenden Dokuments anordnet, hat dies den Vorteil für die Gesellschaft, dass zumindest unter US-Recht die Möglichkeit bestünde, dass das Attorney Client Privilege bestehen bleiben würde.

C) Antrag auf gerichtliche Bestellung des Sonderprüfers – insbesondere Verhältnismäßigkeit

Die gerichtliche Bestellung des Sonderprüfers erfolgt gemäß § 142 Abs. 2 Satz 1 AktG. Danach hat das Gericht, sofern die Hauptversammlung einen Antrag auf Bestellung von Sonderprüfern zur Prüfung eines Vorgangs bei der Gründung oder eines nicht über fünf Jahre zurückliegenden Vorgangs bei der Geschäftsführung abgelehnt hat, auf Antrag von Aktionären, deren Anteile bei Antragsstellung zusammen den hundertsten Teil des Grundkapitals oder einen anteiligen Betrag von 100.000 Euro erreichen, Sonderprüfer zu bestellen, wenn Tatsachen vorliegen, die den Verdacht rechtfertigen, dass bei dem Vorgang Unredlichkeiten oder grobe Verletzungen des Gesetzes oder der Satzung vorgekommen sind. Damit das Gericht dem Antrag der Aktionäre stattgibt, muss dieser zulässig und begründet sein.

I) Zulässigkeit

Im Rahmen der Zulässigkeit hat das Gericht zu prüfen, ob die Antragsstellung gemäß § 142 Abs. 2 Satz 1 AktG ordnungsgemäß erfolgt ist, die Antragssteller die entsprechende Antragsberechtigung (insbesondere das erforderliche Quorum) vorweisen können und ein hinreichendes Rechtsschutzbedürfnis besteht.

1) Antragsstellung

Auf den Antrag auf gerichtliche Bestellung eines Sonderprüfers gemäß § 142 Abs. 2 Satz 1 AktG sind gemäß § 142 Abs. 8 AktG die Vorschriften des Gesetzes über das Verfahren in Familiensachen und in den Angelegenheiten der freiwilligen Gerichtsbarkeit („**FamFG**") anzuwenden, soweit in dem Aktiengesetz nichts anderes bestimmt ist. Dementsprechend kann der Antrag nach § 142 Abs. 2 Satz 1 AktG gemäß § 142 Abs. 8 AktG i.V.m. § 25 FamFG schriftlich oder zur Niederschrift der Geschäftsstelle abgegeben werden. Eine Antragsfrist besteht nicht.[430] Der Antrag muss inhaltlich hinreichend bestimmt sein.[431] Somit muss der Antrag

430 *Mock*, in: Spindler/Stilz, AktG, 4. Auflage 2019, § 142 Rn. 127; *Arnold*, in: MünchKomm-AktG, 4. Auflage 2018, § 142 Rn. 98; *Holzborn/Jähnig*, in: Bürger/Körbers, AktG, 2017, § 142 Rn. 18; *Rieckers/Vetter*, in: KölnKomm-AktG, 3. Auflage 2015, § 142 Rn. 212; *Wilsing/von der Linden*, in: Heidel, Aktienrecht und Kapitalmarktrecht, 4. Auflage 2014, § 142 AktG Rn. 24; *Herrler*, in: Grigoleit, AktG, 2013, § 142 Rn. 25; *Bezzenberg*, in: GroßKomm-AktG, 4. Auflage 2008, § 142 Rn. 57.

431 OLG Stuttgart, Urteil vom 25. November 2008, Az.: 8 W 370/08 = AG 2009, 169, 171; *Mock*, in: Spindler/Stilz, AktG, 4. Auflage 2019, § 142 Rn. 128; *Arnold*,

den Prüfungsgegenstand hinreichend genau bezeichnen.[432] Um dem Erfordernis des vorangegangenen ablehnenden Hauptversammlungsbeschlusses gerecht zu werden, darf der beantragte Prüfungsgegenstand nicht weitergehend als derjenige, der Gegenstand des ablehnenden Hauptversammlungsbeschlusses war, sein.[433]

Ob dieses Erfordernis ebenfalls die Person des Sonderprüfers betrifft, ist umstritten. Einige Stimmen in der Literatur vertreten, dass das Gericht nicht an die im Rahmen des Hauptversammlungsbeschlusses abgelehnte Person des Sonderprüfers gebunden ist, sondern ihm ein Ermessen hinsichtlich der Auswahl der Person des Sonderprüfers zukommt.[434] Daraus ergibt sich, dass eine konkrete Bezeichnung der Person des Sonderprüfers im Antrag mangels Bindungswirkung nicht erforderlich wäre. Dahingegen geht eine weitere Ansicht davon aus, dass die Person des Sonderprüfers ebenfalls als Gegenstand des ablehnenden Hauptversammlungsbeschlusses zu werten ist, sodass die Bestellung einer anderen Person insoweit über den ablehnenden Hauptversammlungsbeschluss hinausgeht.[435] Danach ist die Person des Sonderprüfers in dem Antrag anzugeben und das Gericht hinsichtlich der Person des Sonderprüfers auf die Bestellung der im Antrag genannten Person beschränkt.

---

in: MünchKomm-AktG, 4. Auflage 2018, § 142 Rn. 97; *Spindler*, in: K. Schmidt/Lutter, AktG, 3. Auflage 2015, § 142 Rn. 8; *Rieckers/Vetter*, in: KölnKomm-AktG, 3. Auflage 2015, § 142 Rn. 213; *Kirschner*, (o. Fn. 2), S. 75.

432 OLG München, Beschluss vom 25. November 2008, Az.: 8 W 370/08 = AG 2009, 169, 171; *Mock*, in: Spindler/Stilz, AktG, 4. Auflage 2019, § 142 Rn. 128; *Arnold*, in: MünchKomm-AktG, 4. Auflage 2018, § 142 Rn. 97; *Spindler*, in: K. Schmidt/Lutter, AktG, 3. Auflage 2015, § 142 Rn. 46; *Rieckers/Vetter*, in: KölnKomm-AktG, 3. Auflage 2015, § 142 Rn. 213; *Bezzenberg*, in: GroßKomm-AktG, 4. Auflage 2008, § 142 Rn. 56; *Jänig*, (o. Fn. 39), S. 306.

433 OLG München, Beschluss vom 16. Juli 2007, Az.: 31 Wx 29/07 = AG 2008, 33, 35; LG Hamburg, Beschluss vom 8. Mai 2009, Az.: 417 O 174/08 = BeckRS 2009, 13900; *Mock*, in: Spindler/Stilz, AktG, 4. Auflage 2019, § 142 Rn. 128; *Arnold*, in: MünchKomm-AktG, 4. Auflage 2018, § 142 Rn. 83; *Holzborn/Jähnig*, in: Bürger/Körbers, AktG, 2017, § 142 Rn. 14; *Rieckers/Vetter*, in: KölnKomm-AktG, 3. Auflage 2015, § 142 Rn. 213; *Bezzenberg*, in: GroßKomm-AktG, 4. Auflage 2008, § 142 Rn. 56; *Jänig*, (o. Fn. 39), S. 288, 306; *Trölitzsch/Gunßer*, AG 2008, 833 Rn. 834 f.

434 *Mock*, in: Spindler/Stilz, AktG, 4. Auflage 2019, § 142 Rn. 179; *Koch*, in: Hüffer/Koch, AktG, 13. Auflage 2018, § 142 Rn. 32; *Hirschmann*, in: Hölters, AktG, 3. Auflage 2017, § 142 Rn. 19, 44; *Bork*, in: HdB Corporate Governance, 2. Auflage 2009, 743, 754; *Spindler*, in: K. Schmidt/Lutter, AktG, 3. Auflage 2015, § 142 Rn. 61; *Bezzenberg*, in: GroßKomm-AktG, 4. Auflage 2008, § 142 Rn. 66; *Jänig*, (o. Fn. 39), S. 309; *Slavik*, WM 2017, 1684, 1688; so wohl auch *Rieckers*, DB 2016, 2526, 2533.

435 LG Frankfurt a.M., Beschluss vom 23. Februar 2016, Az.: 3-16 O 2/15 = NZG 2016, 830, 831; *Arnold*, in: MünchKomm-AktG, 4. Auflage 2018, § 142 Rn. 85; *Wilsing/von der Linden*, in: Heidel, Aktienrecht und Kapitalmarktrecht, 4. Auflage 2014, § 142 AktG Rn. 25.

Der Wortlaut der Vorschrift des § 142 Abs. 2 Satz 1 AktG, wonach das Gericht „Sonderprüfer zu bestellen" hat, lässt zunächst nicht auf eine Bindungswirkung des Hauptversammlungsbeschlusses hinsichtlich der Person des Prüfers schließen. Ein bestimmter Artikel, der konkret darauf hinweisen würde, dass das Gericht gerade „die" Sonderprüfer zu bestellen hat, findet sich in der Vorschrift nicht. Dies scheint zunächst für ein Ermessen des Gerichts hinsichtlich der Auswahl der Person des Sonderprüfers zu sprechen.[436]

Dagegen spricht jedoch zum einen, dass nach einheitlicher Ansicht, die Person des Sonderprüfers in dem Hauptversammlungsbeschluss konkret bezeichnet werden muss.[437] Wenn die Person des Sonderprüfers jedoch ausdrücklich Bestandteil des ablehnenden Hauptversammlungsbeschlusses gemäß § 142 Abs. 1 Satz 1 AktG ist, erscheint unklar, wieso sie nicht von dem Hauptversammlungsbeschluss gemäß § 142 Abs. 2 Satz 1 AktG, der sich gerade auf § 142 Abs. 1 Satz 1 AktG bezieht, erfasst werden soll. Darüber hinaus ist es durchaus denkbar, dass die Hauptversammlung die Bestellung eines Sonderprüfers gerade im Hinblick auf die Person des Sonderprüfers abgelehnt hat.[438] Die Bestellung einer von dem ablehnenden Hauptversammlungsbeschluss abweichenden Person würde mithin die Subsidiarität der gerichtlichen Bestellung gemäß § 142 Abs. 2 Satz 1 AktG gegenüber der Bestellung durch die Hauptversammlung gemäß § 142 Abs. 1 Satz 1 AktG umgehen.[439] Dementsprechend ist davon auszugehen, dass das Gericht an die Person des Sonderprüfers gebunden ist, die im Rahmen des Hauptversammlungsbeschlusses abgelehnt worden ist. Mithin ist es ebenfalls erforderlich, die Person des Sonderprüfers in den Antrag an das Gericht auf Bestellung eines Sonderprüfers gemäß § 142 Abs. 2 Satz 1 AktG mit aufzunehmen.

2) Antragsberechtigung

Antragsberechtigt sind gemäß § 142 Abs. 2 Satz 1 Aktionäre, deren Anteile bei der Antragsstellung zusammen den hundertsten Teil des Grundkapitals oder einen

---

436 *Koch*, in: Hüffer/Koch, AktG, 13. Auflage 2018, § 142 Rn. 32; *Hirschmann*, in: Hölters, AktG, 3. Auflage 2017, § 142 Rn. 44.

437 *Mock*, in: Spindler/Stilz, AktG, 4. Auflage 2019, § 142 Rn. 94; *Arnold*, in: MünchKomm-AktG, 4. Auflage 2018, § 142 Rn. 47; *Hirschmann*, in: Hölters, AktG, 3. Auflage 2017, § 142 Rn. 22; *Holzborn/Jähnig*, in: Bürger/Körbers, AktG, 2017, § 142 Rn. 9; *Spindler*, in: K. Schmidt/Lutter, AktG, 3. Auflage 2015, § 142 Rn. 25, 26; *Bezzenberg*, in: GroßKomm-AktG, 4. Auflage 2008, § 142 Rn. 28, 29; *Bork*, in: HdB Corporate Governance, 2. Auflage 2009, 743, 750.

438 LG Frankfurt a.M., Beschluss vom 23. Februar 2016, Az.: 3-16 O 2/15 = NZG 2016, 830, 831; *Arnold*, in: MünchKomm-AktG, 4. Auflage 2018, § 142 Rn. 85.

439 LG Frankfurt a.M., Beschluss vom 23. Februar 2016, Az.: 3-16 O 2/15 = NZG 2016, 830, 831; *Arnold*, in: MünchKomm-AktG, 4. Auflage 2018, § 142 Rn. 85.

anteiligen Betrag von 100.000 Euro erreichen. Dabei müssen die antragsstellenden Aktionäre gemäß § 142 Abs. 2 Satz 2 AktG nachweisen, dass sie seit mindestens drei Monaten vor dem Tag der Hauptversammlung Inhaber der Aktien sind und dass sie die Aktien bis zur Entscheidung über den Antrag durch das Gericht halten werden. Ziel dieser Mindestbesitzzeit und dieses Halteerfordernisses ist es, zu verhindern, dass Aktien an der Gesellschaft allein zu dem Zweck der Herbeiführung einer Sonderprüfung erworben werden.[440] Der entsprechende Nachweis des Aktienbesitzes kann durch eine Bestätigung des depotführenden Instituts jeweils zum Zeitpunkt der Antragsstellung hinsichtlich der Mindestbesitzzeit und zum Zeitpunkt der Beendigung des Verfahrens der Bestellung des Sonderprüfers gemäß § 142 Abs. 2 Satz 1 AktG bezüglich der Einhaltung des Halteerfordernisses erbracht werden.[441] Alternativ ist auch die Einreichung einer Bescheinigung des depotführenden Instituts mit einem Sperrvermerk oder mit einer Verpflichtungserklärung, dem Gericht jegliche Änderungen des Aktienbestands mitzuteilen, möglich.[442]

3) Rechtsschutzbedürfnis

Als weitere Zulässigkeitsvoraussetzung müssen die Antragssteller des Antrags auf gerichtliche Bestellung eines Sonderprüfers gemäß § 142 Abs. 2 Satz 1 AktG ein Rechtsschutzbedürfnis darlegen können.

---

440 BayOLG, Beschluss vom 15. September 2004, Az.: 3Z BR 145/04 = AG 2005, 244, 245; *Arnold*, in: MünchKomm-AktG, 4. Auflage 2018, § 142 Rn. 100; *Koch*, in: Hüffer/Koch, AktG, 13. Auflage 2018, § 142 Rn. 23; *Hirschmann*, in: Hölters, AktG, 3. Auflage 2017, § 142 Rn. 40; *Spindler*, in: K. Schmidt/Lutter, AktG, 3. Auflage 2015, § 142 Rn. 42; *Rieckers/Vetter*, in: KölnKomm-AktG, 3. Auflage 2015, § 142 Rn. 251; *Bezzenberg*, in: GroßKomm-AktG, 4. Auflage 2008, § 142 Rn. 49; *Seibt*, WM 2004, 2137, 2140.

441 *Mock*, in: Spindler/Stilz, AktG, 4. Auflage 2019, § 142 Rn. 171; *Arnold*, in: MünchKomm-AktG, 4. Auflage 2018, § 142 Rn. 101; *Koch*, in: Hüffer/Koch, AktG, 13. Auflage 2018, § 142 Rn. 24; *Hirschmann*, in: Hölters, AktG, 3. Auflage 2017, § 142 Rn. 40; *Spindler*, in: K. Schmidt/Lutter, AktG, 3. Auflage 2015, § 142 Rn. 43; *Rieckers/Vetter*, in: KölnKomm-AktG, 3. Auflage 2015, § 142 Rn. 247; *Wilsing/von der Linden*, in: Heidel, Aktienrecht und Kapitalmarktrecht, 4. Auflage 2014, § 142 AktG Rn. 34; *Wilsing/Neumann*, DB 2006, 31, 33.

442 OLG München, Beschluss vom 16. Juli 2007, Az.: 31 Wx 29/07 = AG 2008, 33, 34 – bzgl. der Unterrichtungsverpflichtung gegenüber dem Gericht; OLG München, Beschluss vom 20. Juni 2006, Az.: 31 Wx 036/06 = AG 2006, 801, 802 - bzgl. der Unterrichtungsverpflichtung gegenüber dem Gericht; *Mock*, in: Spindler/Stilz, AktG, 4. Auflage 2019, § 142 Rn. 173; *Liebscher*, in: Henssler/Strohn, GesR, 3. Auflage 2016, § 142 Rn. 13; *Spindler*, in: K. Schmidt/Lutter, AktG, 3. Auflage 2015, § 142 Rn. 43; *Rieckers/Vetter*, in: KölnKomm-AktG, 3. Auflage 2015, § 142 Rn. 254; *Slavik*, WM 2017, 1684, 1687.

a) Allgemeines Rechtsschutzbedürfnis

Ein Antrag im Rahmen der freiwilligen Gerichtsbarkeit ist unzulässig, soweit der Antragssteller kein allgemeines Rechtsschutzbedürfnis aufweist.[443] Somit muss auch derjenige, der die gerichtliche Bestellung eines Sonderprüfers gemäß § 142 Abs. 2 AktG beantragt, ein allgemeines Rechtsschutzbedürfnis vorweisen können.[444] Dieses ist grundsätzlich negativ zu bestimmen. Dessen Vorliegen ist nur dann abzulehnen, wenn der Antragssteller kein berechtigtes Interesse an der Entscheidung vorweisen kann. Dies ist dann anzunehmen, wenn der Antragssteller sein Begehren ohne Verfahren einfacher und schneller erreichen kann,[445] das Betreiben des Verfahrens somit offensichtlich zweckwidrig oder rechtsmissbräuchlich ist.[446]

In der Konstellation des Antrags der gerichtlichen Bestellung eines Sonderprüfers gemäß §§ 142 ff. AktG ist das Vorliegen des allgemeinen Rechtschutzbedürfnisses dann zu verneinen, wenn sich aus der beantragten Sonderprüfung keine Folgen für die Gesellschaft mehr ergeben können[447] (z.B. aufgrund der Verjährung

---

443 BayObLG, Beschluss vom 21. Februar 1979, Az.: 3 Z 174/77 = BayObLGZ 1979, 60, 61; OLG Frankfurt, Beschluss vom 8. März 1976, Az.: 20 W 854/75 = OLGZ 1977, 401, 401; KG, Beschluss vom 15. Dezember 1970, Az.: 1 W 2982/69 = OLGZ 1971, 260, 65; KG, Beschluss vom 1. Februar 2005, Az.: 1 W 528/01 = FGPrax 2005, 130, 131; KG, Beschluss vom 17. Juni 1999, Az.: 1 W 6809/98 = NJWE-FER 2000, 15, 15; *Burschel*, in: BeckOK FamFG, 2018, § 23 Rn. 14; *Gomille*, in: Haußleiter, FamFG, 2. Auflage 2017, § 23 Rn. 10; *Sternal*, in: Keidel, FamFG, 19. Auflage 2017, § 23 Rn. 33; *Bumiller/Harders/Schwab*, in: Bumiller/Harders/Schwab, FamFG, 11. Auflage 2015, § 23 Rn. 10.

444 OLG Frankfurt, Beschluss vom 2. Juni 2009, Az.: 20 W 187/07 = NJW-RR 2009, 1411, 1411; KG Berlin, Beschluss vom 5. Januar 2012, Az.: 2 W 95/11 = AG 2012, 412, 413; *Holzborn/Jähnig*, in: Bürger/Körbers, AktG, 2017, § 142 Rn. 21; *Rieckers/Vetter*, in: KölnKomm-AktG, 3. Auflage 2015, § 142 Rn. 209, 256; *Bezzenberg*, in: GroßKomm-AktG, 4. Auflage 2008, § 142 Rn. 58.

445 *Gomille*, in: Haußleiter, FamFG, 2. Auflage 2017, § 23 Rn. 10; *Sternal*, in: Keidel, FamFG, 19. Auflage 2017, § 23 Rn. 33.

446 OLG Frankfurt, Beschluss vom 8. März 2´1976, Az.: 20 W 854/75 = OLGZ 1977, 401, 401; BayObLG, Beschluss vom 21. Februar 1979, Az.: 3 Z 174/77 = BayObLGZ 1979, 60, 61; KG, Beschluss vom 17. Juni 1999, Az.: 1 W 6809/98 = NJWE-FER 2000, 15, 15; *Burschel*, in: BeckOK FamFG, 2018, § 23 Rn. 14; *Gomille*, in: Haußleiter, FamFG, 2. Auflage 2017, § 23 Rn. 10; *Sternal*, in: Keidel, FamFG, 19. Auflage 2017, § 23 Rn. 33; *Bumiller/Harders/Schwab*, in: Bumiller/Harders/Schwab, FamFG, 11. Auflage 2015, § 23 Rn. 10.

447 OLG Frankfurt, Beschluss vom 2. Juni 2009, Az.: 20 W 187/07 = NJW-RR 2009, 1411, 1411; LG München I, Beschluss vom 9. Juni 2016, Az.: 17 HK O 6754/15 = NZG 2016, 1342, 1346; *Mock*, in: Spindler/Stilz, AktG, 4. Auflage 2019, § 142 Rn. 165; *Holzborn/Jähnig*, in: Bürger/Körbers, AktG, 2017, § 142 Rn. 21; *Rieckers/Vetter*, in: KölnKomm-AktG, 3. Auflage 2015, § 142 Rn. 256; *Bezzenberg*, in: GroßKomm-AktG, 4. Auflage 2008, § 142 Rn. 58.

der möglicherweise bestehenden Ersatzansprüche[448] oder der bereits vollständigen Aufklärung des zu prüfenden Vorgangs[449]).

b) Besonderes Rechtsschutzbedürfnis

Ein besonderes Rechtsschutzbedürfnis der antragsstellenden Aktionäre ist nach allgemeiner Ansicht nicht erforderlich.[450] Der Umstand, dass ein Verdacht einer Unredlichkeit oder groben Gesetzes- oder Satzungsverletzung vorliegt, rechtfertigt das Begehren zur Bestellung des Sonderprüfers in ausreichendem Maße.[451]

II) Begründetheit

Damit der Antrag auf gerichtliche Bestellung eines Sonderprüfers gemäß § 142 Abs. 2 Satz 1 AktG begründet ist, müssen folgende Voraussetzungen kumulativ erfüllt sein.

1) Ablehnender Beschluss der Hauptversammlung

Als Ausdruck der Subsidiarität der gerichtlichen Bestellung des Sonderprüfers gegenüber der Bestellung des Sonderprüfers durch die Hauptversammlung muss als materielle Voraussetzung für die Begründetheit des Antrags gemäß § 142 Abs. 2 Satz 1 AktG ein ablehnender Beschluss der Hauptversammlung vorliegen. Genauer gesagt, muss ein zulässiger Beschlussantrag im Rahmen der Hauptversammlung gestellt worden sein, welcher von dieser abgelehnt worden ist.[452] Für

---

448 *Mock*, in: Spindler/Stilz, AktG, 4. Auflage 2019, § 142 Rn. 165; *Rieckers/Vetter*, in: KölnKomm-AktG, 3. Auflage 2015, § 142 Rn. 256; *Bezzenberg*, in: GroßKomm-AktG, 4. Auflage 2008, § 142 Rn. 58.

449 OLG Frankfurt, Beschluss vom 15. Juni 2011, Az.: 21 W 18/11 = ZIP 2011, 1764, 1770 f.; LG München I, Beschluss vom 9. Juni 2016, Az.: 17 HK O 6754/15 = NZG 2016, 1342, 1345 f., KG Berlin, Beschluss vom 5. Januar 2012, Az.: 2 W 95/11 = AG 2012, 412, 413; *Herrler*, in: Grigoleit, AktG, 2013, § 142 Rn. 21, 29; *Liebscher*, in: Henssler/Strohn, GesR, 3. Auflage 2016, § 142 Rn. 12; *Kirschner*, (o. Fn. 2), S. 75; z.T. wird in dieser Konstellation auch das Vorliegen eines tauglichen Prüfungsgegenstandes abgelehnt vgl. OLG Stuttgart, Beschluss vom 25. November 2008, Az.: 8 W 370/08 = AG 2009, 169, 171.

450 *Mock*, in: Spindler/Stilz, AktG, 4. Auflage 2019, § 142 Rn. 165; *Arnold*, in: MünchKomm-AktG, 4. Auflage 2018, § 142 Rn. 103; *Rieckers/Vetter*, in: KölnKomm-AktG, 3. Auflage 2015, § 142 Rn. 256; *Bezzenberg*, in: GroßKomm-AktG, 4. Auflage 2008, § 142 Rn. 58; *Weber*, in: Mehrbrey, Hdb Gesellschaftsrechtliche Streitigkeiten, 2. Auflage 2015, § 6 Rn. 76.

451 *Mock*, in: Spindler/Stilz, AktG, 4. Auflage 2019, § 142 Rn. 165; *Bezzenberg*, in: GroßKomm-AktG, 4. Auflage 2008, § 142 Rn. 58.

452 *Mock*, in: Spindler/Stilz, AktG, 4. Auflage 2019, § 142 Rn. 136; *Liebscher*, in: Henssler/Strohn, GesR, 3. Auflage 2016, § 142 Rn. 12; *Wilsing/von der Linden*, in: Heidel,

die Annahme dieses Hauptversammlungsbeschlusses bedarf es gemäß § 133 Abs. 1 AktG einer einfachen Mehrheit der abgegebenen Stimmen. Dementsprechend liegt eine Ablehnung des Beschlusses dann vor, wenn mindestens 50% der abgegebenen Stimmen, sich gegen die Bestellung eines Sonderprüfers aussprechen.

Einer Ablehnung durch die Hauptversammlung steht es gleich, wenn diese dem Beschluss zunächst zustimmt, ihn im Nachhinein jedoch wieder aufhebt.[453] Ebenso ist eine Ablehnung in der Absetzung eines ordnungsgemäß eingebrachten Antrags auf Bestellung eines Sonderprüfers von der Tagesordnung bzw. eine Vertagung desselbigen durch die Hauptversammlung zu sehen.[454] Schließlich kommt es einer Ablehnung ebenfalls gleich, wenn der Versammlungsleiter einen derartigen Antrag pflichtwidrig nicht zur Abstimmung stellt.[455]

Aktienrecht und Kapitalmarktrecht, 4. Auflage 2014, § 142 AktG Rn. 24; *Herrler*, in: Grigoleit, AktG, 2013, § 142 Rn. 19; *Trölitzsch/Gunßer*, AG 2008, 833, 834.

453 OLG Düsseldorf, Beschluss vom 9. Dezember 2009, Az.: I-6 W 45/09 = AG 2010, 126, 126; LG Düsseldorf Beschluss vom 14. August 2009, Az.: 31 O 38/09 = BeckRS 2009, 24113; *Mock*, in: Spindler/Stilz, AktG, 4. Auflage 2019, § 142 Rn. 137; *Arnold*, in: MünchKomm-AktG, 4. Auflage 2018, § 142 Rn. 81; *Koch*, in: Hüffer/Koch, AktG, 13. Auflage 2018, § 142 Rn. 18; *Hirschmann*, in: Hölters, AktG, 3. Auflage 2017, § 142 Rn. 32; *Holzborn/Jähnig*, in: Bürger/Körbers, AktG, 2017, § 142 Rn. 13; *Liebscher*, in: Henssler/Strohn, GesR, 3. Auflage 2016, § 142 Rn. 12; *Rieckers/Vetter*, in: KölnKomm-AktG, 3. Auflage 2015, § 142 Rn. 259; *Spindler*, in: K. Schmidt/Lutter, AktG, 3. Auflage 2015, § 142 Rn. 48; *Wilsing/von der Linden*, in: Heidel, Aktienrecht und Kapitalmarktrecht, 4. Auflage 2014, § 142 AktG Rn. 24; *Herrler*, in: Grigoleit, AktG, 2013, § 142 Rn. 19; *Bezzenberg*, in: GroßKomm-AktG, 4. Auflage 2008, § 142 Rn. 54; *Slavik*, WM 2017, 1684, 1688; *Müller-Michaels/Wingerter*, AG 2010, 903, 905; *Spindler*, NZG 2010, 282.

454 *Mock*, in: Spindler/Stilz, AktG, 4. Auflage 2019, § 142 Rn. 136; *Arnold*, in: MünchKomm-AktG, 4. Auflage 2018, § 142 Rn. 81; *Koch*, in: Hüffer/Koch, AktG, 13. Auflage 2018, § 142 Rn. 18; *Hirschmann*, in: Hölters, AktG, 3. Auflage 2017, § 142 Rn. 18; *Rieckers/Vetter*, in: KölnKomm-AktG, 3. Auflage 2015, § 142 Rn. 259; *Spindler*, in: K. Schmidt/Lutter, AktG, 3. Auflage 2015, § 142 Rn. 48; *Wilsing/von der Linden*, in: Heidel, Aktienrecht und Kapitalmarktrecht, 4. Auflage 2014, § 142 AktG Rn. 24; *Herrler*, in: Grigoleit, AktG, 2013, § 142 Rn. 19; *Bezzenberg*, in: GroßKomm-AktG, 4. Auflage 2008, § 142 Rn. 54; *Slavik*, WM 2017, 1684, 1688.

455 OLG Frankfurt a.M., Beschluss vom 13. Januar 2010, Az.: 21 W 16/11 = BeckRS 2012, 10249; *Mock*, in: Spindler/Stilz, AktG, 4. Auflage 2019, § 142 Rn. 136; *Arnold*, in: MünchKomm-AktG, 4. Auflage 2018, § 142 Rn. 24; *Hirschmann*, in: Hölters, AktG, 3. Auflage 2017, § 142 Rn. 18; *Holzborn/Jähnig*, in: Bürger/Körbers, AktG, 2017, § 142 Rn. 13; *Liebscher*, in: Henssler/Strohn, GesR, 3. Auflage 2016, § 142 Rn. 12; *Rieckers/Vetter*, in: KölnKomm-AktG, 3. Auflage 2015, § 142 Rn. 259; *Spindler*, in: K. Schmidt/Lutter, AktG, 3. Auflage 2015, § 142 Rn. 48; *Wilsing/von der Linden*, in: Heidel, Aktienrecht und Kapitalmarktrecht, 4. Auflage 2014, § 142 AktG Rn. 24; *Bezzenberg*, in: GroßKomm-AktG, 4. Auflage 2008, § 142 Rn. 54.

Dahingegen stellt die unterbliebene Annahme der Bestellung durch den Sonderprüfer selbst keinen ablehnenden Beschluss der Hauptversammlung dar.[456] Dies ergibt sich aus dem Umstand, dass der Ablehnung des angetragenen Mandats durch den Sonderprüfer gerade inhärent ist, dass die Hauptversammlung im Voraus beschlossen hat, diesen zu bestellen. Es liegt also gerade kein ablehnender Beschluss vor. Außerdem müsste das Gericht, sofern man in der unterbliebenen Annahme der Bestellung durch den Sonderprüfer einen ablehnenden Hauptversammlungsbeschluss i.S.v. § 142 Abs. 2 Satz 1 AktG sehen wollte, zwingend auf eine andere Person im Hinblick auf die Bestellung eines Sonderprüfers zurückgreifen.[457] Eine derartige Maßnahme durchbräche jedoch die Subsidiarität der Bestellung des Sonderprüfers durch das Gericht gegenüber der Bestellung des Sonderprüfers durch die Hauptversammlung. Die Abweichung von der Person des Sonderprüfers im Rahmen der Bestellung steht dem Gericht jedoch nicht zu (vgl. Ziffer C) II) 1)).

2) Zulässiger Prüfungsgegenstand

Der Antrag auf gerichtliche Bestellung des Sonderprüfers muss den angestrebten Prüfungsgegenstand beschreiben.[458] Gemäß § 142 Abs. 2 Satz 1 AktG kann dieser sich auf einen Vorgang bei der Gründung oder einen nicht über fünf Jahre zurückliegenden Vorgang bei der Geschäftsführung beziehen. Dieser Zeitraum wird auf zehn Jahre erweitert, sofern die Gesellschaft zur Zeit des Vorgangs börsennotiert war. Der Prüfungsgegenstand weist somit sowohl eine sachliche als auch eine zeitliche Komponente auf.

a) Sachlich

Die sachliche Reichweite des Prüfungsgegenstandes der Sonderprüfung ist gemäß § 142 Abs. 2 Satz 1 AktG auf Vorgänge bei der Gründung und Vorgänge der Geschäftsführung beschränkt.

---

456 *Wilsing/von der Linden*, in: Heidel, Aktienrecht und Kapitalmarktrecht, 4. Auflage 2014, § 142 AktG Rn. 26.

457 *Wilsing/von der Linden*, in: Heidel, Aktienrecht und Kapitalmarktrecht, 4. Auflage 2014, § 142 AktG Rn. 26.

458 *Mock*, in: Spindler/Stilz, AktG, 4. Auflage 2019, § 142 Rn. 179; *Arnold*, in: MünchKomm-AktG, 4. Auflage 2018, § 142 Rn. 109; *Koch*, in: Hüffer/Koch, AktG, 13. Auflage 2018, § 142 Rn. 32; *Holzborn/Jähnig*, in: Bürger/Körbers, AktG, 2017, § 142 Rn. 19; *Spindler*, in: K. Schmidt/Lutter, AktG, 3. Auflage 2015, § 142 Rn. 61; *Rieckers/Vetter*, in: KölnKomm-AktG, 3. Auflage 2015, § 142 Rn. 305; *Bezzenberg*, in: GroßKomm-AktG, 4. Auflage 2008, § 142 Rn. 66; A/D/S, 6. Auflage 1996, §§ 142 Rn. 21; *Lieder*, in: MünchHdB GesR, Band 7, 5. Auflage 2016, § 26 Rn. 137; *Jänig*, (o. Fn. 39), S. 309; *Jänig*, BB 2005, 949, 953.

Ein Vorgang der Gründung umfasst sämtliche Vorgänge bis hin zur Eintragung der Gesellschaft in das Handelsregister gemäß § 41 Abs. 1 AktG sowie Nachgründungsvorgänge gemäß § 52 AktG.[459] Allerdings kann nicht die gesamte Gründung an sich Gegenstand einer Sonderprüfung gemäß §§ 142 ff. AktG sein, da die Regelungen des §§ 33 ff. AktG insoweit vorrangig sind.[460]

Unter einem Vorgang der Geschäftsführung sind sämtliche rechtliche und tatsächliche Tätigkeiten des Vorstands im Hinblick auf die Geschäftsführung zu verstehen.[461] Insbesondere werden auch die beispielhaft in § 142 Abs. 1 Satz 1 AktG aufgezählten Geschäftsführungsmaßnahmen trotz fehlender Nennung in § 142 Abs. 2 Satz 1 AktG erfasst.[462] Darüber hinaus werden auch solche Tätigkeiten des Aufsichtsrats mit einbezogen, die mit der Geschäftsführung des Vorstands in Zusammenhang stehen.[463] Ausgenommen sind jedoch Vorgänge, bei denen es

---

459 *Mock*, in: Spindler/Stilz, AktG, 4. Auflage 2019, § 142 Rn. 54; *Arnold*, in: MünchKomm-AktG, 4. Auflage 2018, § 142 Rn. 19; *Koch*, in: Hüffer/Koch, AktG, 13. Auflage 2018, § 142 Rn. 3; *Holzborn/Jähnig*, in: Bürger/Körbers, AktG, 2017, § 142 Rn. 5; *Hirschmann*, in: Hölters, AktG, 3. Auflage 2017, § 142 Rn. 12; *Liebscher*, in: Henssler/Strohn, GesR, 3. Auflage 2016, § 142 Rn. 3; *Spindler*, in: K. Schmidt/Lutter, AktG, 3. Auflage 2015, § 142 Rn. 12; *Bezzenberg*, in: GroßKomm-AktG, 4. Auflage 2008, § 142 Rn. 17; *Jänig*, (o. Fn. 39), S. 210; *Habersack*, in: FS Wiedemann, 2002, 889, 898; *Trölitzsch/Gunßer*, AG 2008, 833, 834; *Jänig*, BB 2005, 949, 950.

460 *Mock*, in: Spindler/Stilz, AktG, 4. Auflage 2019, § 142 Rn. 28, 54; *Liebscher*, in: Henssler/Strohn, GesR, 3. Auflage 2016, § 142 Rn. 3; *Spindler*, in: K. Schmidt/Lutter, AktG, 3. Auflage 2015, § 142 Rn. 12.

461 OLG Hamburg, Urteil vom 23. Dezember 2010, Az.: 11 U 185/09 = BeckRS 2011, 09369; OLG Düsseldorf, Beschluss vom 9. Dezember 2009, Az.: I-6 W 45/09 = AG 2010, 126, 126; KG Berlin, Beschluss vom 5. Januar 2012, Az.: 2 W 95/11 = AG 2012, 412, 413; *Mock*, in: Spindler/Stilz, AktG, 4. Auflage 2019, § 142 Rn. 56; *Arnold*, in: MünchKomm-AktG, 4. Auflage 2018, § 142 Rn. 20; *Koch*, in: Hüffer/Koch, AktG, 13. Auflage 2018, § 142 Rn. 4; *Hirschmann*, in: Hölters, AktG, 3. Auflage 2017, § 142 Rn. 13; *Holzborn/Jähnig*, in: Bürger/Körbers, AktG, 2017, § 142 Rn. 6; *Liebscher*, in: Henssler/Strohn, GesR, 3. Auflage 2016, § 142 Rn. 4; *Spindler*, in: K. Schmidt/Lutter, AktG, 3. Auflage 2015, § 142 Rn. 14; *Bezzenberg*, in: GroßKomm-AktG, 4. Auflage 2008, § 142 Rn. 11; *Trölitzsch/Gunßer*, AG 2008, 833, 834; *Schneider*, AG 2008, 305, 306; *Jänig*, BB 2005, 949, 950.

462 *Mock*, in: Spindler/Stilz, AktG, 4. Auflage 2019, § 142 Rn. 143; *Arnold*, in: MünchKomm-AktG, 4. Auflage 2018, § 142 Rn. 27; *Koch*, in: Hüffer/Koch, AktG, 13. Auflage 2018, § 142 Rn. 19; *Rieckers/Vetter*, in: KölnKomm-AktG, 3. Auflage 2015, § 142 Rn. 263; *Herrler*, in: Grigoleit, AktG, 2013, § 142 Rn. 21; *Bungert*, in: Krieger/Schneider, Hdb. Managerhaftung, 3. Auflage 2017, § 16 Rn. 8.

463 OLG Hamburg, Urteil vom 23. Dezember 2010, Az.: 11 U 185/09 = BeckRS 2011, 09369; OLG Düsseldorf, Beschluss vom 9. Dezember 2009, Az.: I-6 W 45/09 = AG 2010, 126, 126; AG Ingolstadt, Beschluss vom 18. Januar 2001, Az.: HRB 2468 = AG 2002, 110, 110; *Mock*, in: Spindler/Stilz, AktG, 4. Auflage 2019, § 142 Rn. 59; *Arnold*, in: MünchKomm-AktG, 4. Auflage 2018, § 142 Rn. 24; *Koch*, in: Hüffer/Koch, AktG, 13. Auflage 2018, § 142 Rn. 5; *Holzborn/Jähnig*, in: Bürger/Körbers, AktG, 2017,

lediglich um eine Überprüfung einer Ermessensentscheidung des Vorstands oder des Aufsichtsrats gemäß § 93 Abs. 1 Satz 2 AktG (i.V.m. § 116 Abs. 1 AktG) geht.[464] Dies ergibt sich daraus, dass es nicht Aufgabe der Sonderprüfung gemäß §§ 142 ff. AktG ist, die Zweckmäßigkeit einer Maßnahme zu untersuchen.[465] Sie hat keine wertende Funktion, sondern zielt vielmehr ausschließlich auf eine rein feststellende Aufklärung von Tatsachen ab. Eine abweichende Beurteilung ist nur insoweit möglich, als der Verdacht auf Überschreitung des unternehmerischen Ermessens vorliegt.[466] In dieser Konstellation ist die Vorschrift des § 93 Abs. 1 Satz 2 AktG nicht anwendbar, sodass insoweit das Vorliegen einer Pflichtverletzung nicht von vorneherein ausscheidet.

Eng mit dieser Überlegung verbunden ist die Frage, ob auch Rechtsfragen einen tauglichen Prüfungsgegenstand darstellen können. Dazu wird vereinzelt in der Literatur angeführt, dass die Aktionäre ein genauso großes Interesse an der Klärung von Rechtsfragen wie an der Aufklärung von Tatsachen haben können.[467] Dagegen spricht jedoch, dass der Wortlaut des § 142 Abs. 2 Satz 1 AktG ausdrücklich von der Prüfung eines Vorgangs und gerade nicht von der Bewertung eines Vorgangs spricht. Es geht also gerade nicht um den Umgang mit den durch die Durchführung der Sonderprüfung gemäß §§ 142 ff. AktG erlangten Tatsachen.

Darüber hinaus würde sich in der Praxis das Problem stellen, dass die vorausgesetzten Qualifikationen eines Sonderprüfers gemäß § 143 AktG keine juristischen

§ 142 Rn. 6a; *Hirschmann*, in: Hölters, AktG, 3. Auflage 2017, § 142 Rn. 14; *Liebscher*, in: Henssler/Strohn, GesR, 3. Auflage 2016, § 142 Rn. 4; *Spindler*, in: K. Schmidt/Lutter, AktG, 3. Auflage 2015, § 142 Rn. 16; *Herrler*, in: Grigoleit, AktG, 2013, § 142 Rn. 5; *Bezzenberg*, in: GroßKomm-AktG, 4. Auflage 2008, § 142 Rn. 13; *Habersack*, in: FS Wiedemann, 2002, 889, 899; *Jänig*, (o. Fn. 39), S. 221 f. *Trölitzsch/Gunßer*, AG 2008, 833, 834; *Schneider*, AG 2008, 305, 307; *Jänig*, BB 2005, 949, 950.

464 *Mock*, in: Spindler/Stilz, AktG, 3. Auflage 2015, § 142 Rn. 128; *Herrler*, in: Grigoleit, AktG, 2013, § 142 Rn. 22; *Trölitzsch/Gunßer*, AG 2008, 833, 835; *Schneider*, AG 2008, 305, 306.

465 OLG München, Beschluss vom 16. Juli 2007, Az.: 31 Wx 29/07 = AG 2008, 33,35; LG Köln, Beschluss vom 19. August 2009, Az.: 91 O 110/08 = BeckRS 2010, 21353; *Mock*, in: Spindler/Stilz, AktG, 4. Auflage 2019, § 142 Rn. 150; *Arnold*, in: MünchKomm-AktG, 4. Auflage 2018, § 142 Rn. 88; *Rieckers/Vetter*, in: KölnKomm-AktG, 3. Auflage 2015, § 142 Rn. 264; *Herrler*, in: Grigoleit, AktG, 2013, § 142 Rn. 22; *Bezzenberg*, in: GroßKomm-AktG, 4. Auflage 2008, § 142 Rn. 19; *Trölitzsch/Gunßer*, AG 2008, 833, 835; *Bungert/Rothfuchs*, DB 2011, 1677, 1677; *Schneider*, AG 2008, 305 Rn. 306; *Seibt*, WM 2004, 2137, 2140.

466 OLG Frankfurt, Beschluss vom 15. Juni 2011, Az.: 21 W 18/11 = AG 2011, 755, 756; *Mock*, in: Spindler/Stilz, AktG, 4. Auflage 2019, § 142 Rn. 150; *Rieckers/Vetter*, in: KölnKomm-AktG, 3. Auflage 2015, § 142 Rn. 264; *Herrler*, in: Grigoleit, AktG, 2013, § 142 Rn. 22; *Trölitzsch/Gunßer*, AG 2008, 833, 835.

467 *Mock*, in: Spindler/Stilz, AktG, 4. Auflage 2019, § 142 Rn. 153; *Mock*, EWiR 2011, 725, 726.

Kenntnisse umfassen.[468] Somit dürfte es dem gerichtlich bestellten Sonderprüfer unter Umständen gar nicht möglich sein, eine rechtliche Klärung vorzunehmen. Zwar könnte dem entgegengehalten werden, dass § 143 Abs. 1 AktG nur Mindestanforderungen statuiert, *„sofern der Gegenstand der Sonderprüfung keine anderen Kenntnisse fordert“*. Somit wäre es dem Wortlaut nach grundsätzlich denkbar, dass bei der Auswahl der Person des Sonderprüfers juristische Kenntnisse verlangt werden können, sofern der Prüfungsgegenstand auf die Klärung einer Rechtsfrage abzielt. Gleichwohl lässt die Formulierung des § 143 Abs. 1 AktG darauf schließen, dass sich das Erfordernis der *„anderen Kenntnisse“* gerade aus dem Prüfungsgegenstand an sich ergeben muss. Dies legt die Schlussfolgerung nahe, dass die Vorschrift nicht auf solche Kenntnisse abstellt, die nicht zum Verständnis des Gegenstandes an sich erforderlich sind[469], sondern erst im Nachgang der Aufklärung des Gegenstandes zum Tragen kommen. Dementsprechend entspricht das Erfordernis von juristischen Kenntnissen nicht der Intention der Vorschrift des § 143 Abs. 1 AktG. Auch wenn es grundsätzlich nicht vorneherein ausgeschlossen ist, dass der gerichtlich bestellte Sonderprüfer gegebenenfalls juristische Kenntnisse besitzt, lässt sich aus § 143 Abs. 1 AktG nicht ableiten, dass diese eine zwingende Qualifikation darstellen können.

Weiterhin obliegt die Klärung rechtlicher Fragen den Gerichten. Für eine rechtliche Bewertung durch den gerichtlich bestellten Sonderprüfer besteht somit weder eine Notwendigkeit noch wäre darin ein Mehrwert für die Gesellschaft zu erblicken, da die Feststellungen des gerichtlich bestellten Sonderprüfers für diese nicht bindend sind.

Dementsprechend ist davon auszugehen, dass die Sonderprüfung gemäß §§ 142 ff. AktG nicht auf die Klärung von Rechtsfragen abzielt,[470] sondern vielmehr auf eine tatsachenorientierte Aufklärung beschränkt ist.

---

468 OLG Frankfurt, Beschluss vom 15. Juni 2011, Az.: 21 W 18/11 = ZIP 2011, 1764, 1771.

469 Vgl. dazu *Arnold*, in: MünchKomm-AktG, 4. Auflage 2018, § 143 Rn. 9; *Koch*, in: Hüffer/Koch, AktG, 13. Auflage 2018, § 143 Rn. 2 – die jeweils auf besondere technische, wirtschaftliche oder branchenbezogene Kenntnisse abstellen.

470 OLG Frankfurt, Beschluss vom 15. Juni 2011, Az.: 21 W 18/11 = AG 2011, 755, 758; OLG Hamburg, Urteil vom 23. Dezember 2010, Az.: 11 U 185/09 = AG 2011, 677, 680; OLG Stuttgart, Beschluss vom 25. November 2008, Az.: 8 W 370/08 = AG 2009, 169, 171; KG Berlin, Beschluss vom 5. Januar 2012, Az.: 2 W 95/11 = AG 2012, 412, 413; LG Köln, Beschluss vom 19. August 2009, Az.: 91 O 110/08 = BeckRS 2010, 21353; LG Dortmund, Urteil vom 25. Juni 2009, Az.: 18 O 14/09 = AG 2009, 881, 883; *Arnold*, in: MünchKomm-AktG, 4. Auflage 2018, § 142 Rn. 8, 17; *Koch*, in: Hüffer/Koch, AktG, 13. Auflage 2018, § 142 Rn. 2; *Rieckers/Vetter*, in: KölnKomm-AktG, 3. Auflage 2015, § 142 Rn. 24; *Holzborn/Jähnig*, in: Bürger/Körbers, AktG, 2017, § 142 Rn. 3; *Spindler*, in: K. Schmidt/Lutter, AktG, 3. Auflage 2015, § 142 Rn. 8; *Herrler*, in: Grigoleit, AktG, 2013, § 142 Rn. 2; *Kamm*, (o. Fn. 15), 39 f. *Slavik*, WM 2017, 1684, 1685; *Bungert/Rothfuchs*, DB 2011, 1677, 1677; *Jänig*, EWiR 2012, 369, 370.

b) Zeitlich

Während es keine zeitliche Begrenzung für die Überprüfung eines Vorgangs bei der Gründung gibt, können gemäß § 142 Abs. 2 Satz 1 AktG nur solche Vorgänge der Geschäftsführung Prüfungsgegenstand einer gerichtlich angeordneten Sonderprüfung gemäß §§ 142 ff. AktG sein, die nicht länger als fünf Jahre zurückliegen. Sofern die Gesellschaft zur Zeit des fraglichen Vorgangs börsennotiert war, wird diese Frist gemäß § 142 Abs. 2 Satz 1 AktG a.E. auf zehn Jahre ausgeweitet. Sie ist jeweils von dem Tag der Ablehnung der Bestellung eines Sonderprüfers durch die Hauptversammlung an zurückzurechnen.[471]

Es ist nicht notwendig, dass der gesamte zu prüfende Vorgang der Geschäftsführung innerhalb dieser Frist liegt. Sofern es sich um einen zeitlich gestreckten Vorgang handelt, ist vielmehr ausreichend, dass ein Teil dieses Vorgangs innerhalb der Frist stattgefunden hat.[472] Vorgänge der Geschäftsführung, die sich vollständig außerhalb der Frist zugetragen haben, können dagegen nicht Prüfungsgegenstand einer gerichtlich angeordneten Sonderprüfung sein. Denkbar ist allenfalls, dass sie insoweit untersucht werden, als es zur Aufklärung eines zeitlich zulässigen Prüfungsgegenstandes erforderlich ist.[473]

---

471 OLG Düsseldorf, Beschluss vom 9. Dezember 2009, Az.: I-6 W 45/09 = AG 2010, 126, 126; *Mock*, in: Spindler/Stilz, AktG, 4. Auflage 2019, § 142 Rn. 146; *Koch*, in: Hüffer/Koch, AktG, 13. Auflage 2018, § 142 Rn. 19; *Hirschmann*, in: Hölters, AktG, 3. Auflage 2017, § 142 Rn. 35; *Holzborn/Jähnig*, in: Bürger/Körbers, AktG, 2017, § 142 Rn. 14; *Liebscher*, in: Henssler/Strohn, GesR, 3. Auflage 2016, § 142 Rn. 12; *Spindler*, in: K. Schmidt/Lutter, AktG, 3. Auflage 2015, § 142 Rn. 51; *Rieckers/Vetter*, in: Köln-Komm-AktG, 3. Auflage 2015, § 142 Rn. 266; *Herrler*, in: Grigoleit, AktG, 2013, § 142 Rn. 21; *Arnold*, in: Marsch-Barner/Vetter, Hdb. börsennotierte AG, 4. Auflage 2018, § 19 Rn. 10.

472 OLG Düsseldorf, Beschluss vom 9. Dezember 2009, Az.: I-6 W 45/09 = CCZ 2010, 117, 120; LG Hannover, Beschluss vom 23. Juni 2017, Az.: 15 O 28/16 - noch nicht veröffentlicht; *Mock*, in: Spindler/Stilz, AktG, 4. Auflage 2019, § 142 Rn. 146; *Koch*, in: Hüffer/Koch, AktG, 13. Auflage 2018, § 142 Rn. 19; *Arnold*, in: MünchKomm-AktG, 4. Auflage 2018, § 142 Rn. 98; *Holzborn/Jähnig*, in: Bürger/Körbers, AktG, 2017, § 142 Rn. 14; *Hirschmann*, in: Hölters, AktG, 3. Auflage 2017, § 142 Rn. 35; *Liebscher*, in: Henssler/Strohn, GesR, 3. Auflage 2016, § 142 Rn. 12; *Spindler*, in: K. Schmidt/Lutter, AktG, 3. Auflage 2015, § 142 Rn. 51; *Wilsing/von der Linden*, in: Heidel, Aktienrecht und Kapitalmarktrecht, 4. Auflage 2014, § 142 AktG Rn. 27; *Herrler*, in: Grigoleit, AktG, 2013, § 142 Rn. 21; *Bezzenberg*, in: GroßKomm-AktG, 4. Auflage 2008, § 142 Rn. 52; *Harbarth/Jaspers*, NZG 2011, 368, 374; *Hüffer*, ZHR 174 2010, 642, 654; *Spindler*, NZG 2010, 282; a.A. *Mutter/Quinke*, EWiR 2010, 171, 172 - wonach die Untersuchung auf Vorfälle von Vorgängen, die innerhalb der Fünf-Jahres-Frist liegen beschränkt ist.

473 *Arnold*, in: MünchKomm-AktG, 4. Auflage 2018, § 142 Rn. 98; *Spindler*, in: K. Schmidt/Lutter, AktG, 3. Auflage 2015, § 142 Rn. 51; *Bezzenberg*, in: GroßKomm-AktG, 4. Auflage 2008, § 142 Rn. 52.

Der Zweck dieser zeitlichen Begrenzung liegt darin, einen zeitlichen Gleichlauf zwischen der Verjährung von möglichen Ansprüchen gegen Organmitglieder gemäß § 93 Abs. 6 AktG und den zu prüfenden Vorgängen zu erzeugen.[474] Es soll mithin verhindert werden, dass eine Sonderprüfung gemäß §§ 142 ff. AktG durchgeführt wird, aus der sich unabhängig von dem Ergebnis ihrer Durchführung keine Konsequenzen mehr ergeben können, da sämtliche Ansprüche Einrede behaftet wären.[475] Allerdings verlängert sich die Frist des § 142 Abs. 2 Satz 1 AktG nicht, sofern die Verjährung der möglichen Ansprüchen gegen die Organmitglieder gemäß § 93 Abs. 6 AktG gehemmt ist.[476] Ebenso wenig hat die Durchführung der Sonderprüfung gemäß §§ 142 ff. AktG selbst verjährungshemmende Wirkung.[477] Dementsprechend ist ein Gleichlauf zwischen der Verjährungsfrist des § 93 Abs. 6 AktG und dem Prüfungsgegenstand der Sonderprüfung gemäß § 142 ff. AktG im Hinblick auf die zeitliche Komponente zwar angestrebt; letztlich ist dieser jedoch nicht zwingend.[478]

3) Unredlichkeit oder grobe Verletzung des Gesetzes oder der Satzung

Gemäß § 142 Abs. 2 Satz 1 AktG hat das Gericht einen Sonderprüfer nur dann zu bestellen, wenn Tatsachen vorliegen, die den Verdacht rechtfertigen, dass bei dem Vorgang Unredlichkeiten oder grobe Verletzungen des Gesetzes oder der Satzung vorgekommen sind. Der Wortlaut dieser Voraussetzung entspricht insoweit demjenigen der Vorschrift des § 148 Abs. 1 Nr. 3 AktG.

---

474 BT-Drucks. 17/3024, Seite 82; *Mock*, in: Spindler/Stilz, AktG, 4. Auflage 2019, § 142 Rn. 146; *Koch*, in: Hüffer/Koch, AktG, 13. Auflage 2018, § 142 Rn. 19; *Arnold*, in: MünchKomm-AktG, 4. Auflage 2018, § 142 Rn. 98; *Holzborn/Jähnig*, in: Bürger/Körbers, AktG, 2017, § 142 Rn. 14; *Hirschmann*, in: Hölters, AktG, 3. Auflage 2017, § 142 Rn. 35; *Spindler*, in: K. Schmidt/Lutter, AktG, 3. Auflage 2015, § 142 Rn. 51; *Rieckers/Vetter*, in: KölnKomm-AktG, 3. Auflage 2015, § 142 Rn. 265; *Wilsing/von der Linden*, in: Heidel, Aktienrecht und Kapitalmarktrecht, 4. Auflage 2014, § 142 AktG Rn. 27; *Herrler*, in: Grigoleit, AktG, 2013, § 142 Rn. 21; *Bezzenberg*, in: GroßKomm-AktG, 4. Auflage 2008, § 142 Rn. 52; *Slavik*, WM 2017, 1684, 1689; *Hüffer*, ZHR 174 2010, 642, 654; *Trölitzsch/Gunßer*, AG 2008, 833, 834.

475 *Mock*, in: Spindler/Stilz, AktG, 4. Auflage 2019, § 142 Rn. 144; *Spindler*, in: K. Schmidt/Lutter, AktG, 3. Auflage 2015, § 142 Rn. 51; *Rieckers/Vetter*, in: KölnKomm-AktG, 3. Auflage 2015, § 142 Rn. 265; *Bezzenberg*, in: GroßKomm-AktG, 4. Auflage 2008, § 142 Rn. 52; *Trölitzsch/Gunßer*, AG 2008, 833, 834.

476 *Mock*, in: Spindler/Stilz, AktG, 4. Auflage 2019, § 142 Rn. 146; *Arnold*, in: MünchKomm-AktG, 4. Auflage 2018, § 142 Rn. 98; *Mock*, ZIP 2018, 201, 203.

477 *Arnold*, in: MünchKomm-AktG, 4. Auflage 2018, § 142 Rn. 98; *Rieckers/Vetter*, in: KölnKomm-AktG, 3. Auflage 2015, § 142 Rn. 266; *Harbarth/Jaspers*, NZG 2011, 368, 374; *Baums*, ZHR 174 2010, 593, 614.

478 *Arnold*, in: MünchKomm-AktG, 4. Auflage 2018, § 142 Rn. 98; NZG 2010, 897, 898.

Unter einer Unredlichkeit ist ein subjektiv vorwerfbares, sittlich anstößiges Verhalten zu verstehen.[479] Sofern das Verhalten einen (vorsätzlichen) Straftatbestand erfüllt, ist meist vom Vorliegen einer Unredlichkeit auszugehen.[480] Dahingegen ist das Vorliegen einer Unredlichkeit grundsätzlich abzulehnen, sofern das betroffene Verhalten gemäß § 93 Abs. 2 Satz 1 AktG keine Pflichtverletzung darstellt.[481]

Eine Verletzung des Gesetzes oder der Satzung kann nur dann die gerichtliche Bestellung eines Sonderprüfers begründen, wenn sie als „grob" einzustufen ist. So ist bei einer einfachen Pflichtverletzung gemäß § 93 Abs. 1 Satz 1 AktG nicht notwendigerweise von dem Vorliegen einer groben Pflichtverletzung auszugehen.[482] Vielmehr ist dies erst dann anzunehmen, wenn das Unterbleiben der Verfolgung der Pflichtverletzung schlicht unerträglich wäre.[483] Bei der Beurteilung der Schwere der Pflichtverletzung sind sämtliche Umstände des Einzelfalls zu berücksichtigen.[484] Insbesondere stellen dabei das Ausmaß des Schadens sowie der Grad

479 OLG Köln, Beschluss vom 22. Februar 2010, Az.: 18 W 1/10 = AG 2010, 414, 414; OLG Düsseldorf, Beschluss vom 9. Dezember 2009, Az.: I-6 W 45/09 = CCZ 2010, 117, 118; LG Heidelberg, Urteil vom 28. Juli 2016, Az.: 2 O 240/14 = AG 2017, 162, 165; *Mock*, in: Spindler/Stilz, AktG, 4. Auflage 2019, § 142 Rn. 150; *Arnold*, in: MünchKomm-AktG, 4. Auflage 2018, § 142 Rn. 86; *Hirschmann*, in: Hölters, AktG, 3. Auflage 2017, § 142 Rn. 36; *Spindler*, in: K. Schmidt/Lutter, AktG, 3. Auflage 2015, § 142 Rn. 53; *Rieckers/Vetter*, in: KölnKomm-AktG, 3. Auflage 2015, § 142 Rn. 275; *Wilsing/von der Linden*, in: Heidel, Aktienrecht und Kapitalmarktrecht, 4. Auflage 2014, § 142 AktG Rn. 30; *Herrler*, in: Grigoleit, AktG, 2013, § 142 Rn. 22; *Bezzenberg*, in: GroßKomm-AktG, 4. Auflage 2008, § 142 Rn. 60; *Müller-Michaels/Wingerter*, AG 2010, 903, 906.

480 *Arnold*, in: MünchKomm-AktG, 4. Auflage 2018, § 142 Rn. 86; *Spindler*, in: K. Schmidt/Lutter, AktG, 3. Auflage 2015, § 144 Rn. 53; *Rieckers/Vetter*, in: KölnKomm-AktG, 3. Auflage 2015, § 142 Rn. 278; *Wilsing/von der Linden*, in: Heidel, Aktienrecht und Kapitalmarktrecht, 4. Auflage 2014, § 142 AktG Rn. 30; *Jänig*, (o. Fn. 39), S. 275; *Seibert*, in: FS Priester, 2007, 763, 766.

481 *Mock*, in: Spindler/Stilz, AktG, 4. Auflage 2019, § 142 Rn. 150.

482 LG Hamburg, Beschluss vom 8. Mai 2009, Az.: 417 O 174/08 = BeckRS 2009, 13900; *Arnold*, in: MünchKomm-AktG, 4. Auflage 2018, § 142 Rn. 86; *Kirschner*, (o. Fn. 2), S. 83.

483 BT-Drucks. 3/05, Seite 44; OLG Köln, Beschluss vom 22. Februar 2010, Az.: 18 W 1/10 = AG 2010, 414, 414; OLG Düsseldorf, Beschluss vom 9. Dezember 2009, Az.: I-6 W 45/09 = AG 2010, 126, 127; LG München I, Beschluss vom 9. Juni 2016, Az.: 17 HK O 6754/15 = NZG 2016, 1342, 1345; *Arnold*, in: MünchKomm-AktG, 4. Auflage 2018, § 142 Rn. 87; *Wilsing/von der Linden*, in: Heidel, Aktienrecht und Kapitalmarktrecht, 4. Auflage 2014, § 142 AktG Rn. 30; *Müller-Michaels/Wingerter*, AG 2010, 903, 906.

484 OLG Köln, Beschluss vom 22. Februar 2010, Az.: 18 W 1/10 = AG 2010, 414, 415; LG München I, Beschluss vom 9. Juni 2016, Az.: 17 HK O 6754/15 = NZG 2016, 1342, 1345; *Mock*, in: Spindler/Stilz, AktG, 4. Auflage 2019, § 142 Rn. 151; *Arnold*, in: MünchKomm-AktG, 4. Auflage 2018, § 142 Rn. 87; *Koch*, in: Hüffer/Koch, AktG, 13. Auflage 2018, § 142 Rn. 20; *Holzborn/Jähnig*, in: Bürger/Körbers, AktG, 2017, § 142 Rn. 15; *Spindler*, in: K. Schmidt/Lutter, AktG, 3. Auflage 2015, § 142 Rn. 54; *Rieckers/Vetter*, in: KölnKomm-AktG, 3. Auflage 2015, § 142 Rn. 285; *Wilsing/von der*

des Verschuldens wesentliche – jedoch nicht die einzigen relevanten – Faktoren dar.[485] Die Verwirklichung eines Straftatbestandes indiziert regelmäßig das Vorliegen einer groben Pflichtverletzung.[486]

4) Hinreichender Verdacht

Im Rahmen der gerichtlichen Bestellung eines Sonderprüfers gemäß § 142 Abs. 2 Satz 1 AktG ist keine Feststellung hinsichtlich des Vorliegens dieser Unredlichkeiten oder groben Verletzungen des Gesetzes oder der Satzung zu treffen. Es entspricht gerade der Aufgabe der Durchführung der Sonderprüfung gemäß §§ 142 ff. AktG, die Tatsachen, auf Basis derer eine solche Feststellung getroffen werden kann, aufzuklären. Gleichzeitig soll jedoch die Durchführung einer Sonderprüfung gemäß §§ 142 ff. AktG dann vermieden werden, wenn nicht davon auszugehen ist, dass diese Tatsachen aufklären wird, die auf eine Unredlichkeit oder eine grobe Pflichtverletzung hinweisen und mithin die Geltendmachung von Ersatzansprüchen ermöglichen.

Auf der einen Seite dient die Sonderprüfung gerade der Aufklärung, sodass insoweit nicht zu hohe Anforderungen an die Gewissheit des Vorliegens von Unredlichkeiten und groben Pflichtverletzungen gestellt werden darf. Auf der anderen Seite darf deren Vorliegen auch nicht gänzlich unwahrscheinlich sein, sodass die Durchführung einer Sonderprüfung letztlich ergebnislos und mithin eine Verschwendung von Mitteln der Gesellschaft darstellen würde. Fraglich ist somit, welcher Grad an Wahrscheinlichkeit für das Vorliegen von Unredlichkeiten oder groben Pflichtverletzungen zu fordern ist.

Die bloße Möglichkeit, dass Unredlichkeiten oder groben Pflichtverletzungen vorgekommen sein könnten, ist nicht ausreichend.[487] Vielmehr muss deren

---

Linden, in: Heidel, Aktienrecht und Kapitalmarktrecht, 4. Auflage 2014, § 142 AktG Rn. 30; *Herrler*, in: Grigoleit, AktG, 2013, § 142 Rn. 22.

485 OLG Düsseldorf, Beschluss vom 9. Dezember 2009, Az.: I-6 W 45/09 = AG 2010, 126, 127; LG Heidelberg, Urteil vom 28. Juli 2016, Az.: 2 O 240/14 = AG 2017, 162, 165; *Arnold*, in: MünchKomm-AktG, 4. Auflage 2018, § 142 Rn. 87; *Hirschmann*, in: Hölters, AktG, 3. Auflage 2017, § 142 Rn. 36; *Holzborn/Jähnig*, in: Bürger/Körbers, AktG, 2017, § 142 Rn. 15; *Spindler*, in: K. Schmidt/Lutter, AktG, 3. Auflage 2015, § 142 Rn. 54; *Rieckers/Vetter*, in: KölnKomm-AktG, 3. Auflage 2015, § 142 Rn. 285 ff. *Wilsing/von der Linden*, in: Heidel, Aktienrecht und Kapitalmarktrecht, 4. Auflage 2014, § 142 AktG Rn. 30; *Herrler*, in: Grigoleit, AktG, 2013, § 142 Rn. 22; *Jänig*, BB 2005, 949, 951.

486 *Arnold*, in: MünchKomm-AktG, 4. Auflage 2018, § 142 Rn. 87; *Rieckers/Vetter*, in: KölnKomm-AktG, 3. Auflage 2015, § 142 Rn. 286 - mit weiteren Fallgruppen.

487 OLG Celle, Beschluss vom 8. November 2017, Az.: 9 W 86/17 = NZG 2017, 1381, 1382; OLG Köln, Beschluss vom 22. Februar 2010, Az.: 18 W 1/10 = AG 2010, 414, 415; OLG München, Beschluss vom 30. August 2010, Az.: 31 Wx 24/10 = AG 2010, 840, 841; OLG Düsseldorf, Beschluss vom 9. Dezember 2009, Az.: I-6 W 45/09 = AG 2010, 126, 127; LG Heidelberg, Urteil vom 28. Juli 2016, Az.: 2 O 240/14 = AG 2017,

Vorliegen mindestens wahrscheinlich erscheinen.[488] Der anzuwendende Maßstab ist somit an denjenigen des hinreichenden Tatverdachts, dessen Vorliegen zur Erhebung einer Anklage durch die Staatsanwaltschaft gemäß § 170 Abs. 1 StPO bzw. zur Zulassung einer Anklage zur Hauptverhandlung durch das Gericht gemäß § 203 StPO gefordert wird, angelehnt.

Die Antragssteller müssen das Vorliegen der Unredlichkeit oder der groben Pflichtverletzung nicht beweisen.[489] Gleichzeitig ist die bloße Aufstellung einer Behauptung oder Vermutung ebenfalls nicht ausreichend.[490] Vielmehr ist ein

---

162, 165; *Mock*, in: Spindler/Stilz, AktG, 4. Auflage 2019, § 142 Rn. 152; *Arnold*, in: MünchKomm-AktG, 4. Auflage 2018, § 142 Rn. 88; *Koch*, in: Hüffer/Koch, AktG, 13. Auflage 2018, § 142 Rn. 20; *Holzborn/Jähnig*, in: Bürger/Körbers, AktG, 2017, § 142 Rn. 15a; *Hirschmann*, in: Hölters, AktG, 3. Auflage 2017, § 142 Rn. 37; *Liebscher*, in: Henssler/Strohn, GesR, 3. Auflage 2016, § 142 Rn. 12; *Rieckers/Vetter*, in: Köln-Komm-AktG, 3. Auflage 2015, § 142 Rn. 293; *Spindler*, in: K. Schmidt/Lutter, AktG, 3. Auflage 2015, § 142 Rn. 55; *Wilsing/von der Linden*, in: Heidel, Aktienrecht und Kapitalmarktrecht, 4. Auflage 2014, § 142 AktG Rn. 29; *Bezzenberg*, in: GroßKomm-AktG, 4. Auflage 2008, § 142 Rn. 61.

488 OLG Celle, Beschluss vom 8. November 2017, Az.: 9 W 86/17 = NZG 2017, 1381, 1382; OLG Köln, Beschluss vom 22. Februar 2010, Az.: 18 W 1/10 = AG 2010, 414, 415; OLG München, Beschluss vom 30. August 2010, Az.: 31 Wx 24/10 = AG 2010, 840, 841; OLG Düsseldorf, Beschluss vom 9. Dezember 2009, Az.: I-6 W 45/09 = AG 2010, 126, 127; LG Heidelberg, Urteil vom 28. Juli 2016, Az.: 2 O 240/14 = AG 2017, 162, 165; *Arnold*, in: MünchKomm-AktG, 4. Auflage 2018, § 142 Rn. 88; *Koch*, in: Hüffer/Koch, AktG, 13. Auflage 2018, § 142 Rn. 20; *Holzborn/Jähnig*, in: Bürger/Körbers, AktG, 2017, § 142 Rn. 15a; *Mock*, in: Spindler/Stilz, AktG, 4. Auflage 2019, § 142 Rn. 152; *Spindler*, in: K. Schmidt/Lutter, AktG, 3. Auflage 2015, § 142 Rn. 55; *Rieckers/Vetter*, in: KölnKomm-AktG, 3. Auflage 2015, § 142 Rn. 293; *Herrler*, in: Grigoleit, AktG, 2013, § 142 Rn. 23; *Bezzenberg*, in: GroßKomm-AktG, 4. Auflage 2008, § 142 Rn. 61; *Bork*, in: HdB Corporate Governance, 2. Auflage 2009, 743, 753; *Slavik*, WM 2017, 1684, 1689; *Müller-Michaels/Wingerter*, AG 2010, 903, 906.

489 OLG Celle, Beschluss vom 8. November 2017, Az.: 9 W 86/17 = NZG 2017, 1381, 1382; OLG Frankfurt, Beschluss vom 15. Juni 2011, Az.: 21 W 18/11 = AG 2011, 755, 755; OLG München, Beschluss vom 30. August 2010, Az.: 31 Wx 24/10 = AG 2010, 840, 841; OLG Düsseldorf, Beschluss vom 9. Dezember 2009, Az.: I-6 W 45/09 = AG 2010, 126, 127; *Mock*, in: Spindler/Stilz, AktG, 4. Auflage 2019, § 142 Rn. 152; *Arnold*, in: MünchKomm-AktG, 4. Auflage 2018, § 142 Rn. 88; *Koch*, in: Hüffer/Koch, AktG, 13. Auflage 2018, § 142 Rn. 20; *Holzborn/Jähnig*, in: Bürger/Körbers, AktG, 2017, § 142 Rn. 15a; *Hirschmann*, in: Hölters, AktG, 3. Auflage 2017, § 142 Rn. 37; *Liebscher*, in: Henssler/Strohn, GesR, 3. Auflage 2016, § 142 Rn. 12; *Spindler*, in: K. Schmidt/Lutter, AktG, 3. Auflage 2015, § 142 Rn. 56; *Wilsing/von der Linden*, in: Heidel, Aktienrecht und Kapitalmarktrecht, 4. Auflage 2014, § 142 AktG Rn. 28; *Herrler*, in: Grigoleit, AktG, 2013, § 142 Rn. 23; *Bezzenberg*, in: GroßKomm-AktG, 4. Auflage 2008, § 142 Rn. 62; *Slavik*, WM 2017, 1684, 1689; *Müller-Michaels/Wingerter*, AG 2010, 903, 906.

490 OLG Frankfurt, Beschluss vom 15. Juni 2011, Az.: 21 W 18/11 = AG 2011, 755, 7556; OLG München, Beschluss vom 30. August 2010, Az.: 31 Wx 24/10 = AG 2010, 840,

hinreichend substantiierter Vortrag der Antragssteller von Tatsachen, die das Vorliegen der Unredlichkeit oder der groben Pflichtverletzung als wahrscheinlich erscheinen lassen, zu fordern.[491] Das Gericht entscheidet sodann auf Basis seines Kenntnisstands am Ende des Verfahrens (d.h. nach Anhörung der Gesellschaft und der betroffenen Organmitglieder).[492] Allerdings sind im Hinblick auf die erheblichen Kosten und negative Auswirkungen der Durchführung der Sonderprüfung hohe Anforderungen an die Überzeugung des Gerichts zu stellen.[493] Es erscheint jedoch unklar, was genau darunter zu verstehen ist.

5) Kein Rechtsmissbrauch

Weiterhin darf die Antragsstellung auf gerichtliche Bestellung des Sonderprüfers gemäß § 142 Abs. 2 Satz 1 AktG nicht rechtsmissbräuchlich sein.

841; OLG Düsseldorf, Beschluss vom 9. Dezember 2009, Az.: I-6 W 45/09 = AG 2010, 126, 127; *Arnold*, in: MünchKomm-AktG, 4. Auflage 2018, § 142 Rn. 88; *Holzborn/Jähnig*, in: Bürger/Körbers, AktG, 2017, § 142 Rn. 15a; *Liebscher*, in: Henssler/Strohn, GesR, 3. Auflage 2016, § 142 Rn. 12; *Spindler*, in: K. Schmidt/Lutter, AktG, 3. Auflage 2015, § 142 Rn. 56; *Wilsing/von der Linden*, in: Heidel, Aktienrecht und Kapitalmarktrecht, 4. Auflage 2014, § 142 AktG Rn. 29; *Herrler*, in: Grigoleit, AktG, 2013, § 142 Rn. 23; *Bezzenberg*, in: GroßKomm-AktG, 4. Auflage 2008, § 142 Rn. 62.

491 OLG Frankfurt, Beschluss vom 15. Juni 2011, Az.: 21 W 18/11 = AG 2011, 755, 756; OLG Düsseldorf, Beschluss vom 9. Dezember 2009, Az.: I-6 W 45/09 = AG 2010, 126, 127; *Mock*, in: Spindler/Stilz, AktG, 4. Auflage 2019, § 142 Rn. 152; *Arnold*, in: MünchKomm-AktG, 4. Auflage 2018, § 142 Rn. 88; *Koch*, in: Hüffer/Koch, AktG, 13. Auflage 2018, § 142 Rn. 20; *Holzborn/Jähnig*, in: Bürger/Körbers, AktG, 2017, § 142 Rn. 15a; *Hirschmann*, in: Hölters, AktG, 3. Auflage 2017, § 142 Rn. 37; *Spindler*, in: K. Schmidt/Lutter, AktG, 3. Auflage 2015, § 142 Rn. 56; *Wilsing/von der Linden*, in: Heidel, Aktienrecht und Kapitalmarktrecht, 4. Auflage 2014, § 142 AktG Rn. 28; *Bezzenberg*, in: GroßKomm-AktG, 4. Auflage 2008, § 142 Rn. 62; *Müller-Michaels/Wingerter*, AG 2010, 903, 906.

492 OLG Frankfurt, Beschluss vom 15. Juni 2011, Az.: 21 W 18/11 = AG 2011, 755, 756; OLG München, Beschluss vom 30. August 2010, Az.: 31 Wx 24/10 = AG 2010, 840, 841; OLG Düsseldorf, Beschluss vom 9. Dezember 2009, Az.: I-6 W 45/09 = AG 2010, 126, 127; *Rieckers/Vetter*, in: KölnKomm-AktG, 3. Auflage 2015, § 142 Rn. 298.

493 BT-Drucks. 15/5092, Seite 18; OLG Celle, Beschluss vom 8. November 2017, Az.: 9 W 86/17 = NZG 2017, 1381, 1382; OLG Frankfurt, Beschluss vom 15. Juni 2011, Az.: 21 W 18/11 = AG 2011, 755, 756; OLG Köln, Beschluss vom 22. Februar 2010, Az.: 18 W 1/10 = AG 2010, 414, 415; *Holzborn/Jähnig*, in: Bürger/Körbers, AktG, 2017, § 142 Rn. 15a; *Liebscher*, in: Henssler/Strohn, GesR, 3. Auflage 2016, § 142 Rn. 12; *Spindler*, in: K. Schmidt/Lutter, AktG, 3. Auflage 2015, § 142 Rn. 52; *Rieckers/Vetter*, in: KölnKomm-AktG, 3. Auflage 2015, § 142 Rn. 293; *Wilsing/von der Linden*, in: Heidel, Aktienrecht und Kapitalmarktrecht, 4. Auflage 2014, § 142 AktG Rn. 28; *Herrler*, in: Grigoleit, AktG, 2013, § 142 Rn. 23; im Ergebnis so wohl auch *Mock*, in: Spindler/Stilz, AktG, 4. Auflage 2019, § 142 Rn. 152 - wonach der Maßstab „hohe Anforderungen“ jedoch nur schwerlich bestimmbar ist.

a) Allgemeines

Nach allgemeiner Ansicht findet die Ausübung von Individualrechten ihre Grenze in dem Verbot des Rechtsmissbrauchs.[494] Dementsprechend erfährt diese Beschränkung auch auf die Beantragung der gerichtlichen Bestellung eines Sonderprüfers Anwendung, obwohl der Wortlaut des § 142 Abs. 2 Satz 1 AktG eine derartige Beschränkung nicht ausdrücklich vorsieht. Die Berechtigung eines Aktionärs, einen Antrag auf gerichtliche Bestellung eines Sonderprüfers zu fordern, entfällt somit dann, wenn dieser sein Recht missbräuchlich eingesetzt.[495] Als Konsequenz ist der Antrag unbegründet, da es dem Antragssteller dann an der materiellen Berechtigung fehlt.[496] Die Darlegungs- und Beweislast für die ein rechtsmissbräuchliches Verhalten begründende Antragsstellung liegt bei der Gesellschaft.[497]

Ein Bedürfnis für eine derartige Beschränkung des Antragsrechts gemäß § 142 Abs. 2 Satz 1 AktG ergibt sich in der vorliegenden Konstellation insbesondere daraus, dass die Durchführung der Sonderprüfung gemäß §§ 142 ff. AktG schwerwiegende Auswirkungen auf die Gesellschaft hat. Neben den erheblichen Kosten[498] der

---

494 OLG München, Beschluss vom 25. März 2010, Az.: 31 Wx 144/09 = AG 2010, 598, 600; OLG München, Beschluss vom 16. Juli 2007, Az.: 31 Wx 29/07 = AG 2008, 33, 34; OLG Düsseldorf, Beschluss vom 9. Dezember 2009, Az.: I-6 W 45/09 = AG 2010, 126; OLG Frankfurt am Main, Beschluss vom 13. Januar 2010, Az.: 21 W 16/11 = BeckRS 2012, 10249; *Arnold*, in: MünchKomm-AktG, 4. Auflage 2018, § 142 Rn. 91; *Koch*, in: Hüffer/Koch, AktG, 13. Auflage 2018, § 142 Rn. 21; *Rieckers/Vetter*, in: KölnKomm-AktG, 3. Auflage 2015, § 142 Rn. 307; *Spindler*, in: K. Schmidt/Lutter, AktG, 3. Auflage 2015, § 142 Rn. 59; *Wilsing/von der Linden*, in: Heidel, Aktienrecht und Kapitalmarktrecht, 4. Auflage 2014, § 142 AktG Rn. 31; *Bezzenberg*, in: GroßKomm-AktG, 4. Auflage 2008, § 142 Rn. 59.

495 *Arnold*, in: MünchKomm-AktG, 4. Auflage 2018, § 142 Rn. 94.

496 OLG München, Beschluss vom 16. Juli 2007, Az.: 31 Wx 29/07 = AG 2008, 33, 34; KG Berlin, Beschluss vom 5. Januar 2012, Az.: 2 W 95/11 = AG 2012, 412, 413; *Mock*, in: Spindler/Stilz, AktG, 4. Auflage 2019, § 142 Rn. 166; *Arnold*, in: MünchKomm-AktG, 4. Auflage 2018, § 142 Rn. 95; *Koch*, in: Hüffer/Koch, AktG, 13. Auflage 2018, § 142 Rn. 21; *Hirschmann*, in: Hölters, AktG, 3. Auflage 2017, § 142 Rn. 42; *Holzborn/Jähnig*, in: Bürger/Körbers, AktG, 2017, § 142 Rn. 22; *Spindler*, in: K. Schmidt/Lutter, AktG, 3. Auflage 2015, § 142 Rn. 59; *Rieckers/Vetter*, in: KölnKomm-AktG, 3. Auflage 2015, § 142 Rn. 304; *Wilsing/von der Linden*, in: Heidel, Aktienrecht und Kapitalmarktrecht, 4. Auflage 2014, § 142 AktG Rn. 31; *Herrler*, in: Grigoleit, AktG, 2013, § 142 Rn. 29; *Habersack*, in: Emmerich/Habersack, Aktien- und GmbH-Konzernrecht, 8. Auflage 2016, § 315 Rn. 13; *Kirschner*, (o. Fn. 2), S. 89; *Jänig*, (o. Fn. 39), S. 319 f. *Hirte*, ZIP 1988, 953, 956; a.A.: AG Düsseldorf, Beschluss vom 4. Mai 1988, Az.: HR B 20461 = ZIP 1988, 970, 970 – das bei einer rechtsmissbräuchlichen Antragsstellung von der Unzulässigkeit des Antrags ausgeht.

497 LG Hamburg, Beschluss vom 8.5.2009, Az.: 417 O 174/08 = BeckRS 2009, 13900.

498 OLG Frankfurt, Beschluss vom 15. Juni 2011, Az.: 21 W 18/11 = AG 2011, 755, 756; OLG Frankfurt, Beschluss vom 13. Januar 2011, Az.: 21 W 16/11 = juris, Rn. 27.

Sonderprüfung, die die Gesellschaft gemäß § 146 Satz 1 AktG zu tragen hat, erfordert sie auch die Bereitstellung zahlreicher Ressourcen (z.B. Personal, Räume etc.) und geht mit einer Störung des Betriebsklimas einher.[499] Daher weist die Durchführung der Sonderprüfung gemäß §§ 142 ff. AktG eine hohe Eingriffsintensität in die Rechte und die Geschäftstätigkeit der Gesellschaft auf. Um diesem Umstand Rechnung zu tragen, bedarf es Schutzmechanismen, die die gerichtliche Bestellung des Sonderprüfers gemäß § 142 Abs. 2 Satz 1 AktG in Konstellationen, in denen eine Durchführung der Sonderprüfung konträr zu ihrem Schutzzweck (vgl. Ziffer A) II) 4)) wäre, d.h. nicht im Interesse der Gesellschaft läge, ausschließt. Ein solcher Schutzmechanismus findet sich zunächst in der Schranke des Verbots des Rechtsmissbrauchs, der sich aus dem allgemeinen Prinzip von Treu und Glauben gemäß § 242 BGB ableiten lässt.[500]

Nach allgemeiner Meinung wird unter einer rechtsmissbräuchlichen Antragsstellung eine illoyale, eigennützige Rechtsausübung verstanden.[501] Dieser Umschreibung lässt sich sowohl eine objektive als auch eine subjektive Komponente entnehmen. Objektiv ist eine Antragsstellung dann rechtsmissbräuchlich, wenn die angestrebte gerichtliche Bestellung des Sonderprüfers nicht dem Schutzzweck der Sonderprüfung gemäß §§ 142 ff. AktG entspricht, sondern gerade zweckwidrig ist.[502] Dies ist dann anzunehmen, wenn die angestrebte Durchführung der Sonderprüfung nicht den (Vermögens-)Interessen der Gesellschaft dienen soll. Es handelt sich also um Konstellationen, in denen nicht die Aufdeckung von unbekannten Tatsachen zur Ermöglichung der (erfolgreichen) Geltendmachung von Ersatzansprüchen oder anderer (personelle) Sanktionen im Vordergrund der Sonderprüfung steht. Vielmehr verfolgt die Durchführung der Sonderprüfung in dieser Situation Zwecke, die außerhalb des Schutzzwecks der Sonderprüfung

---

499 BT-Drucks. 15/5092, Seite 18 – wonach es sich bei der Sonderprüfung gemäß §§ 142 ff. AktG um ein „sehr teures und aufwendiges Instrument" handelt; *Diekmann/Leuering*, NZG 2004, 249, 252.

500 *Arnold*, in: MünchKomm-AktG, 4. Auflage 2018, § 142 Rn. 91; *Mansel*, in: Jauernig, BGB, 17. Auflage 2018, § 242 Rn. 7; *Brox/Walker*, (o. Fn. 369), § 32 Rn. 5; *Looschelders*, Schuldrecht Allgemeiner Teil, 15. Auflage 2017 Rn. 78; *Medicus/Petersen*, (o. Fn. 393), Rn. 129, 136.

501 OLG München, Beschluss vom 25. März 2010, Az.: 31 Wx 144/09 = AG 2010, 598, 600; OLG München, Beschluss vom 16. Juli 2007, Az.: 31 Wx 29/07 = AG 2008, 33, 34; OLG München, Beschluss vom 16. Juli 2007, Az.: 31 Wx 29/07 = AG 2008, 33, 34; *Mock*, in: Spindler/Stilz, AktG, 4. Auflage 2019, § 142 Rn. 167; *Arnold*, in: MünchKomm-AktG, 4. Auflage 2018, § 142 Rn. 91; *Rieckers/Vetter*, in: KölnKomm-AktG, 3. Auflage 2015, § 142 Rn. 307; *Spindler*, in: K. Schmidt/Lutter, AktG, 3. Auflage 2015, § 142 Rn. 59; *Wilsing/von der Linden*, in: Heidel, Aktienrecht und Kapitalmarktrecht, 4. Auflage 2014, § 142 AktG Rn. 31; *Bungert*, in: MünchHdb-AG, 4. Auflage 2015, § 43 Rn. 16; *Bachmann*, ZIP 2018, 101, 105; *Hüffer*, ZHR 174 2010, 642, 658.

502 *Arnold*, in: MünchKomm-AktG, 4. Auflage 2018, § 142 Rn. 92; *Herrler*, in: Grigoleit, AktG, 2013, § 142 Rn. 29; *Bachmann*, ZIP 2018, 101, 105.

gemäß §§ 142 ff. AktG liegen. Aus dem Adjektiv „eigennützig“ ergibt sich weiterhin, dass zu der objektiven Zweckwidrigkeit eine subjektive Komponente treten muss. Der Antragssteller muss gerade diese objektiv zweckwidrigen Interessen subjektiv verfolgen.[503]

Eine rechtsmissbräuchliche Antragsstellung ist immer dann anzunehmen, wenn sowohl die objektive als auch die subjektive Komponente vorliegt. Umgekehrt ist ein rechtsmissbräuchliches Verhalten stets dann abzulehnen, wenn weder die objektive noch die subjektive Voraussetzung des Rechtsmissbrauch erfüllt ist.

b) Problematische Konstellationen

Problematisch erscheinen die Konstellationen, in denen nur eine der Komponenten erfüllt ist.

(i) Vorherrschende zweckwidrige, eigennützige Motive des Antragsstellers

Denkbar wäre zum einen, dass der Antragssteller mit der Durchführung der Sonderprüfung gemäß §§ 142 ff. AktG zweckwidrige, eigennützige Motive (z.B. die Vorbereitung eines eigenen Schadensersatzanspruchs etc.) verfolgt, sodass das subjektive Element des Rechtsmissbrauchs gegeben ist. Darüber hinaus dürfte die Durchführung der Sonderprüfung gemäß §§ 142 ff. AktG auch objektiv dazu geeignet sein, dem Antragssteller die für eigene Zwecke begehrten Informationen zu liefern, sodass auch die objektive Komponente des Rechtsmissbrauchs vorliegt. Gleichzeitig ist es jedoch denkbar, dass im Rahmen der Durchführung der Sonderprüfung Tatsachen aufgeklärt werden, die als Grundlage zur Geltendmachung von Ersatzansprüchen sowie personeller Sanktionen dienen könnten. Die objektive Komponente des Rechtsmissbrauchs ist in diesem Fall zwar erfüllt. Gleichzeitig erscheint die Verfolgung des vorgesehenen Zwecks der Sonderprüfung gemäß §§ 142 ff. AktG jedoch auch möglich. Es stellt sich somit die Frage, ob die teilweise objektive Zweckmäßigkeit der Durchführung der Sonderprüfung, die nur eine Nebenwirkung der Intention des Antragsstellers darstellt, die zweckwidrige Absicht des Antragsstellers aufwiegen kann.[504] Anders gesagt, ist zu fragen, welche Gewichtung von altruistischen und eigennützigen Motiven des Antragsstellers zur Annahme einer rechtsmissbräuchlichen Antragsstellung zu verlangen ist.

Die Annahme, dass eine objektive Zweckwidrigkeit der Durchführung der Sonderprüfung gemäß §§ 142 ff. AktG, die subjektiv von dem Antragssteller intendiert wird, durch das Vorliegen einer auch teilweise objektiven Zweckmäßigkeit unbeachtlich wird, erscheint im Hinblick auf im Zivilprozess geltende Prozessgarantien

---

503 *Arnold*, in: MünchKomm-AktG, 4. Auflage 2018, § 142 Rn. 93.

504 Offen gelassen in OLG München, Beschluss vom 25. März 2010, Az.: 31 Wx 144/09 = AG 598, 600; ablehnend *Arnold*, in: MünchKomm-AktG, 4. Auflage 2018, § 142 Rn. 91.

bedenklich. In diesem Zusammenhang ist durch die abschließende Veröffentlichung des Sonderprüfungsberichts gemäß § 145 Abs. 6 Satz 3 AktG im Handelsregister, der sämtliche im Hinblick auf den Prüfungsgegenstand der Sonderprüfung gewonnene Erkenntnisse (d.h. auch solche, die Gesellschaft oder einem verbundenen Unternehmen einen nicht unerheblichen Nachteil zuzufügen können[505]) insbesondere eine Aushöhlung des verfassungsrechtlich garantierten Beibringungsgrundsatzes zu besorgen:

Die im Zivilprozess geltende Prozessgarantien gebieten verfassungsrechtlich als Ausfluss des Gleichheitsgrundsatzes sowie des Rechtsstaatsprinzips die grundsätzliche Waffengleichheit im Prozess und die gleichmäßige Verteilung des Risikos am Verfahrensausgang.[506] Die Aufgabe des Zivilrechts liegt dabei vorrangig in der Auflösung von Interessenkonflikten zwischen rechtlich gleichgeordneten Rechtssubjekten.[507] Diesem Ziel trägt das Verfahrensrecht Rechnung, welches gesetzmäßige und gerechte Entscheidungen herbeiführen soll.[508] Entsprechend der Verfügungsmacht der jeweiligen Parteien über privatrechtliche Ansprüche ist im Zivilprozess dort, wo öffentliche Belange nicht berührt werden, den Prozessparteien im großen Umfang auch die Verfügung über das Verfahren eingeräumt. Diese besondere prozessuale Position der Parteien findet in dem die entsprechenden Verfahrensarten prägenden Beibringungsgrundsatz Ausdruck.[509] Ihm zufolge liegt es bei den Prozessparteien, darüber zu befinden, welchen Tatsachenstoff sie dem Gericht unterbreiten wollen.[510] Dementsprechend obliegt den Prozessparteien grundsätzlich auch die Beweislast für die von ihnen vorgebrachten, beweisbedürftigen Tatsachen.[511]

---

505 Vgl. § 145 Abs. 6 Satz 2 AktG.

506 BVerfG. Beschluss vom 7. Oktober 1987, Az.: 1 BvR 1471/86 = NJW 1988, 2597; BVerfG, Beschluss vom 25. Juli 1979, Az.: 2 BvR 878/74 = NJW 1979, 1925.

507 BVerfG, Beschluss vom 25. Juli 1979, Az.: 2 BvR 878/74 = NJW 1979, 1925, 1927; BVerfG, Beschluss vom 24. Februar 1971, Az.: 1 BvR 435/68 = NJW 1971, 1645, 1648.

508 BVerfG, Beschluss vom 25. Juli 1979, Az.: 2 BvR 878/74 = NJW 1979, 1925, 1927; BVerfG, Beschluss vom 24. März 1976, Az.: 2 BvR 804/75 = NJW 1976, 1391.

509 BVerfG, Beschluss vom 25. Juli 1979, Az.: 2 BvR 878/74 = NJW 1979, 1925, 1927.

510 BVerfG, Beschluss vom 18. April 1984, Az.: 1 BvR 869/86 = NJW 1984, 2203, 2203; BVerfG, Beschluss vom 25. Juli 1979, Az.: 2 BvR 878/74 = NJW 1979, 1925, 1927; *Musielak*, in: Musielak/Voit, ZPO, 15. Auflage 2018, Einleitung Rn. 37; *Saenger*, in: Saenger, ZPO, 7. Auflage 2017, Einleitung Rn. 69; *Rauscher*, in: MünchKomm-ZPO, 5. Auflage 2016, Einleitung Rn. 332; *Stein*, JuS, 896, 897.

511 BGH, Urteil vom 23. Januar 2014, Az.: III ZR 37/13 = NJW 2014, 939, 940; BGH, Urteil vom 14. November 2013, Az.: III ZR 376/12 = NJW 2014, 220, 223; BVerfG, Beschluss vom 25. Juli 1979, Az.: 2 BvR 878/74 = NJW 1979, 1925, 1927; *Musielak*, in: Musielak/Voit, ZPO, 15. Auflage 2018, Einleitung Rn. 37; *Saenger*, in: Saenger, ZPO, 7. Auflage 2017, Einleitung Rn. 69; *Rauscher*, in: MünchKomm-ZPO, 5. Auflage 2016, Einleitung Rn. 332; *Stein*, JuS, 896, 897.

Der Sonderprüfer hat gemäß § 145 Abs. 6 Satz 1 AktG über das Ergebnis der Sonderprüfung schriftlich zu berichten. Der Sonderprüfungsbericht ist gemäß § 145 Abs. 6 Satz 3 AktG zum Handelsregister des Sitzes der Gesellschaft einzureichen, sodass dieser gemäß § 9 Abs. 1 Satz 1 HGB öffentlich einsehbar ist. Somit erlangt der Antragssteller, der die gerichtliche Bestellung eines Sonderprüfers aus zweckwidrigen, eigennützigen Motiven heraus beantragt hat, Zugang zu den in dem Sonderprüfungsbericht enthaltenen Informationen. Diese Informationen kann er für seine eigenen Zwecke verwenden. Der Sonderprüfungsbericht an sich ist als Privatgutachten zu qualifizieren,[512] sodass er nur mit Zustimmung beider Parteien als Sachverständigengutachten in den Prozess eingebracht werden kann.[513] Denkbar ist jedoch die darin enthaltenen Informationen im Wege eines qualifizierten Parteivortrags (d.h. nicht als Beweismittel gemäß § 355 ff. ZPO) im Rahmen des Prozesses vorzutragen.[514] Darüber hinaus kann der Sonderprüfer als Zeuge vernommen werden.[515] Dies würde zu dem seltsam anmutenden Umstand führen, dass der Sonderprüfer, der eine organähnliche Stellung innerhalb der Gesellschaft inne hat (vgl. Ziffer A) III) 3)), dem Antragssteller (als Kläger) mit der Durchführung der Sonderprüfung, die einzig dem Gesellschaftswohl dienen soll (vgl. Ziffer A) II) 4)), zahlreiche, für diesen günstige Tatsachen aufklärt und ihm gleichzeitig ein probates Beweismittel liefert, das er im Rahmen eines gerichtlichen Verfahrens gegen die Gesellschaft verwenden kann.

Sofern das Gericht auf Antrag des Antragsstellers, der vorrangig zweckwidrige, eigennützige Motive verfolgt, also einen Sonderprüfer bestellen würde, hätte dies zur Folge, dass die Sonderprüfung gemäß §§ 142 ff. AktG zu einem gewissen Grad dazu instrumentalisiert werden würde, die Eigeninteressen der Antragssteller im Wege der Zurverfügungstellung von Informationen und Beweismitteln zu fördern. Dies würde letztlich zu einer Aushöhlung des verfassungsrechtlich garantierten Beibringungsgrundsatzes führen, da die Gesellschaft (als Beklagte) dem Antragssteller (als Kläger) die für diesen günstigen Tatsachen und Beweismittel an die Hand gäbe. Überdies wäre ein derartiges Vorgehen im Hinblick auf das aktienrechtliche Gleichhandlungsgebot gemäß § 53a AktG sowie dem Verbot der

---

512 *Jänig*, (o. Fn. 39), S. 409; *Weber*, in: Mehrbrey, Hdb Gesellschaftsrechtliche Streitigkeiten, 2. Auflage 2015, § 6 Rn. 145.

513 BGH, Urteil vom 11. Mai 1993, Az.: VI ZR 243/92 = NJW 1993, 2382, 2383; BGH, Urteil vom 5. Mai 1986, Az.: III ZR 233/84 = NJW 1986, 3077, 3079.

514 *Weber*, in: Mehrbrey, Hdb Gesellschaftsrechtliche Streitigkeiten, 2. Auflage 2015, § 6 Rn. 145; *Holzborn/Jähnig*, in: Bürger/Körbers, AktG, 2017, § 145 Rn. 14; *Spindler*, in: K. Schmidt/Lutter, AktG, 3. Auflage 2015, § 145 Rn. 35 Fn. 164; siehe auch BGH, Urteil 9. Juni 2016, Az.: IX ZR 314/14 = NJW 2016, 2328, 2333.

515 *Mock*, in: Spindler/Stilz, AktG, 4. Auflage 2019, § 145 Rn. 66; *Holzborn/Jähnig*, in: Bürger/Körbers, AktG, 2017, § 145 Rn. 14; *Spindler*, in: K. Schmidt/Lutter, AktG, 3. Auflage 2015, § 145 Rn. 35; *Weber*, in: Mehrbrey, Hdb Gesellschaftsrechtliche Streitigkeiten, 2. Auflage 2015, § 6 Rn. 145; *Lieder*, in: MünchHdB GesR, Band 7, 5. Auflage 2016, § 26 Rn. 173.

Einlagenrückgewähr gemäß § 57 AktG bedenklich, da die Durchführung der Sonderprüfung das Aufklärungsinteresse der individuellen Antragssteller auf Kosten der Gesellschaft in tatsächlicher Hinsicht fördern würde.[516]

Um eine derartige Umgehung zu verhindern, muss folglich angenommen werden, dass es für das Fehlen einer rechtsmissbräuchlichen Antragsstellung nicht ausreicht, wenn die Durchführung der Sonderprüfung auch (!) objektiv zweckmäßig wäre. Die teilweise objektive Zweckmäßigkeit der Durchführung der Sonderprüfung vermag eine vorherrschende zweckwidrige, eigennützige Absicht des Antragsstellers nicht aufzuwiegen.[517] Ein rechtsmissbräuchliches Verhalten liegt somit nur dann nicht vor, wenn sowohl der objektive Zweck der angestrebten Sonderprüfung als auch die subjektive Absicht des Antragsstellers ausschließlich auf das Wohl der Gesellschaft gerichtet sind.

(ii) Fehlende objektive Zweckmäßigkeit

Zum anderen wäre es möglich, dass der Antragssteller zwar nicht aus zweckwidrigen, eigennützigen Motiven heraus handelt (d.h. die subjektive Komponente des Rechtsmissbrauchs nicht erfüllt ist). Gleichwohl entspricht die Durchführung einer Sonderprüfung und mithin die gerichtliche Bestellung eines Sonderprüfers gemäß § 142 Abs. 2 Satz 1 AktG jedoch nicht dem Schutzzweck der Sonderprüfung gemäß §§ 142 ff. AktG, sodass die objektive Komponente des Rechtsmissbrauchs erfüllt ist. Dies ist immer dann anzunehmen, wenn die Durchführung der Sonderprüfung (nahezu) folgenlos bleiben würde. Das kann darin begründet sein, dass nur Tatsachen, die zur Geltendmachung nicht (mehr) durchsetzbarer Ersatzansprüche verhelfen würden, aufgeklärt werden würden. Dann würde das Vermögen der Gesellschaft letztlich durch die Durchführung der Sonderprüfung nicht geschützt, sondern nur zusätzlich belastet werden. Gleichzeitig kann die Durchführung einer Sonderprüfung auch deshalb nicht im Interesse der Gesellschaft liegen, weil personelle Konsequenzen bereits erfolgt sind und somit nicht mehr gezogen werden können.

Sofern es offensichtlich ist, dass sich aus der Durchführung der Sonderprüfung gemäß §§ 142 ff. AktG keine Folgen ergeben werden, entfällt bereits das allgemeine Rechtsschutzbedürfnis (vgl. Ziffer C) I) 3) a)). Fraglich ist jedoch, wie der Antrag zu beurteilen ist, wenn nahezu keine Folgen zu erwarten sind, sodass das Rechtschutzbedürfnis nicht von vorneherein entfällt.

Einigkeit herrscht insoweit, dass eine gerichtliche Bestellung eines Sonderprüfers gemäß § 142 Abs. 2 Satz 1 AktG in dieser Konstellation zu unterbleiben hat. Fraglich scheint jedoch, ob dies einen Fall des Rechtsmissbrauchs darstellt.[518]

---

516 *Wilsing*, (o. Fn. 29), Seite 160; *von der Linden/Ogorek*, EWiR 2010, 629, 630.

517 *Arnold*, in: MünchKomm-AktG, 4. Auflage 2018, § 142 Rn. 91

518 So OLG München, Beschluss vom 25. März 2010, Az.: 31 Wx 144/09 = AG 598, 600; KG Berlin, Beschluss vom 5. Januar 2012, Az.: 2 W 95/11 = AG 2012, 412, 413; *Arnold*, in: MünchKomm-AktG, 4. Auflage 2018, § 142 Rn. 92; *Koch*, in: Hüffer/Koch, AktG,

Gegen diese Einordnung spricht, dass die Einrede des Rechtsmissbrauchs gerade das Recht selbst vor einer Zweckentfremdung bewahren soll.[519] Sofern der Antragssteller subjektiv jedoch keine zweckwidrigen Motive aufweist, sondern eine Durchführung der Sonderprüfung lediglich objektiv folgenlos bliebe und mithin zweckwidrig wäre, wird das Recht auf Antragsstellung auf gerichtliche Bestellung eines Sonderprüfers gemäß § 142 Abs. 2 Satz 1 AktG gerade nicht absichtlich zweckentfremdet. Vielmehr irrt der Antragssteller über den Wert der Tatsachenaufklärung für die Gesellschaft. Dementsprechend gilt es jedoch nicht, das Recht an sich vor einer Zweckentfremdung zu bewahren. In dieser Konstellation geht es darum, die Gesellschaft vor der Durchführung einer folgenlosen und mithin unnötigen Sonderprüfung zu bewahren. Mithin geht es um den Schutz der Gesellschaft. Diesem wird jedoch vorrangig im Rahmen der Verhältnismäßigkeit (vgl. Ziffer C) II) 6)) Rechnung getragen.

Weiterhin lässt sich anführen, dass das Vorliegen eines rechtsmissbräuchlichen Verhaltens stets nur das individuelle Antragsrecht des Antragsstellers erlöschen lässt.[520] Sofern die Durchführung einer Sonderprüfung jedoch folgenlos und mithin objektiv zweckwidrig ist, gestaltet sich die gerichtliche Bestellung des Sonderprüfers – unabhängig von der Intention des Antragstellers – stets als unbegründet. Dies entspricht jedoch der Rechtsfolge einer unverhältnismäßigen Sonderprüfung, bei der gerade nicht das individuelle Antragsrecht des Antragsstellers an sich betroffen ist, sondern die Bestellung eines Sonderprüfers an sich ausgeschlossen ist.[521]

Somit stellt die Antragsstellung auf gerichtliche Bestellung des Sonderprüfers gemäß § 142 Abs. 2 Satz 1 AktG kein rechtsmissbräuchliches Verhalten dar, sofern der Antragssteller keine zweckwidrigen, eigennützigen Motive verfolgt, die Durchführung einer Sonderprüfung jedoch folgenlos bleiben würde und mithin zweckwidrig wäre. Vielmehr ist dieser Konstellation im Rahmen der Verhältnismäßigkeitsprüfung Rechnung zu tragen.

(iii) Zwischenergebnis

Das rechtsmissbräuchliche Verhalten ist eine allgemein anerkannte Schranke von Individualrechten, bei deren Vorliegen die Begründetheit des Antrags entfällt. Zur Annahme eines Rechtsmissbrauchs müssen sowohl eine objektive Komponente,

---

13. Auflage 2018, § 142 Rn. 8, 21; *Hirschmann*, in: Hölters, AktG, 3. Auflage 2017, § 142 Rn. 42; *Holzborn/Jähnig*, in: Bürger/Körbers, AktG, 2017, § 142 Rn. 21; *Wilsing/von der Linden*, in: Heidel, Aktienrecht und Kapitalmarktrecht, 4. Auflage 2014, § 142 AktG Rn. 31; *Herrler*, in: Grigoleit, AktG, 2013, § 142 Rn. 29

519 *Arnold*, in: MünchKomm-AktG, 4. Auflage 2018, § 142 Rn. 90

520 *Mock*, in: Spindler/Stilz, AktG, 4. Auflage 2019, § 142 Rn. 166; *Herrler*, in: Grigoleit, AktG, 2013, § 142 Rn. 24.

521 *Mock*, in: Spindler/Stilz, AktG, 4. Auflage 2019, § 142 Rn. 166; *Herrler*, in: Grigoleit, AktG, 2013, § 142 Rn. 24.

die in der objektiven Zweckwidrigkeit der Durchführung der Sonderprüfung zu sehen ist, als auch eine subjektive Komponente, die in dem Bestreben des Antragsstellers der Durchführung der Sonderprüfung zur Förderung dieser zweckwidrigen, eigennützigen Motive liegt, erfüllt sein.

Demnach ist eine Antragsstellung auf gerichtliche Bestellung eines Sonderprüfers rechtsmissbräuchlich, wenn die angestrebte Durchführung der Sonderprüfung objektiv nicht im Interesse der Gesellschaft liegt und der Antragssteller subjektiv diese zweckwidrigen Interessen verfolgt. Die objektive (teilweise) Verfolgung der Interessen der Gesellschaft vermag eine subjektive vorherrschende Zweckentfremdungsabsicht des Antragsstellers im Hinblick auf das Instrument der Sonderprüfung gemäß §§ 142 ff. AktG nicht zu überwinden. Dies ergibt sich vorrangig daraus, dass andernfalls die Aushebelung des verfassungsrechtlich garantierten Beibringungsgrundsatzes im Wege der Durchführung der Sonderprüfung gemäß §§ 142 ff. AktG ermöglicht werden würde.

Sofern der Antragssteller keine eigennützigen Zwecke verfolgt, die Durchführung der Sonderprüfung jedoch folgenlos bleiben würde und mithin nicht im Interesse der Gesellschaft läge (z.B. wegen nahezu fehlender Durchsetzbarkeit der möglichen Ersatzansprüche aufgrund von eingetretener Verjährung, bereits nahezu umfänglich erfolgter Aufklärung des Sachverhalts etc.), kann jedoch nicht von einem rechtsmissbräuchlichen Verhalten gesprochen werden. Vielmehr sind derartige Konstellationen im Rahmen der Verhältnismäßigkeit zu berücksichtigen.

In der Praxis dürfte es sich als schwierig erweisen, die tatsächliche Intention des Antragsstellers zu erforschen und auch noch hinreichend zu beweisen. Dementsprechend stellt die Schranke des rechtsmissbräuchlichen Verhaltens allein keinen tauglichen Schutzmechanismus dar, der der hohen Eingriffsintensität der Sonderprüfung ausreichend Rechnung trägt.

6) Verhältnismäßigkeit

Eine weitere Voraussetzung der Begründetheit stellt nach herrschender Meinung der Grundsatz der Verhältnismäßigkeit dar, welcher trotz fehlender Berücksichtigung im Wortlaut des § 142 Abs. 2 Satz 1 AktG als ungeschriebene Voraussetzung der gerichtlichen Bestellung des Sonderprüfers gemäß § 142 Abs. 2 Satz 1 AktG anerkannt wird.[522] Danach ist der Antrag auf gerichtliche Bestellung des

522 BT-Drucks. 15/5092, Seite 18; OLG Düsseldorf, Beschluss vom 9. Dezember 2009, Az.: I-6 W 45/09 = ZIP 2010, 28, 30; OLG Frankfurt, Beschluss vom 13. Januar 2011, Az.: 21 W 16/11 = juris Rn. 28; OLG Frankfurt, Beschluss vom 15. Juni 2011, Az.: 21 W 18/11 = ZIP 2011, 1764, 1771; *Mock*, in: Spindler/Stilz, AktG, 4. Auflage 2019, § 142 Rn. 155; *Koch*, in: Hüffer/Koch, AktG, 13. Auflage 2018, § 142 Rn. 21; *Rieckers/Vetter*, in: KölnKomm-AktG, 3. Auflage 2015, § 142 Rn. 299; *Liebscher*, in: Henssler/Strohn, GesR, 3. Auflage 2016, § 142 Rn. 12; *Spindler*, in: K. Schmidt/Lutter, AktG, 3. Auflage 2015, § 142 Rn. 52; *Wilsing/von der Linden*, in: Heidel, Aktienrecht und Kapitalmarktrecht, 4. Auflage 2014, § 142 AktG Rn. 32; *Möhrle*, in: Happ,

Sonderprüfers gemäß § 142 Abs. 2 Satz 1 AktG nur dann begründet, sofern die Sonderprüfung einen legitimen Zweck verfolgt sowie geeignet, erforderlich und angemessen erscheint.

a) Dogmatische Herleitung

Die Notwendigkeit der Vornahme einer Verhältnismäßigkeitsprüfung im Rahmen des Antrags auf gerichtliche Bestellung gemäß § 142 Abs. 2 Satz 1 AktG lässt sich zunächst aus systematischen Erwägungen ableiten. Die Sonderprüfung gemäß §§ 142 ff. AktG dient der Vorbereitung von Ersatzansprüchen der Gesellschaft gegen (ehemalige) Organmitglieder (vgl. Ziffer A) II) 2)). Sofern diese Tatsachen aufdeckt, die einen Ersatzanspruch gegen ein (ehemaliges) Vorstandsmitglied begründen können, ist der Aufsichtsrat im Rahmen seiner Überwachungspflicht gemäß § 111 Abs. 1 AktG grundsätzlich verpflichtet, diesen Ersatzanspruch geltend zu machen.[523] Deckt die Durchführung der Sonderprüfung gemäß §§ 142 ff. AktG Tatsachen auf, die einen Ersatzanspruch gegen ein Aufsichtsratsmitglied begründen, ist der Vorstand als Ausfluss seiner Sorgfaltspflicht gemäß § 93 Abs. 1 AktG grundsätzlich zu dessen Geltendmachung gehalten.[524][525] Sofern das verantwortliche

---

Aktienrecht, 2. Auflage 2014, Abschnitt 11.16 Rn. 12.5; *Bungert*, in: MünchHdb-AG, 4. Auflage 2015, § 43 Rn. 16; *Zwissler*, in: Wachter, Aktienrecht, 2. Auflage 2014, § 142 Rn. 17; *Kirschner*, (o. Fn. 2), S. 89; *Spindler*, NZG 2010, 282; *Trölitzsch/Gunßer*, AG 2008, 833, 837; *Koch*, 2006, 769, 780; *Göz/Holzborn*, WM 2006, 157, 158; *Spindler*, NZG 2005, 865, 870.

523 BGH, Urteil vom 18.September 2018, Az.: II ZR 152/17 = NZG 2018, 1301, 1304; BGH, Urteil vom 21. April 1997, Az.: II ZR 175/95 = NJW 1997, 1926, 1928 (*ARAG/Garmenbeck*); BGH, Urteil vom 16. März 2009, Az.: II ZR 280/07 = NJW 2009, 550, 552; *Spindler*, in: MünchKomm-AktG, 5. Auflage 2019, § 91 Rn. 215; *Habersack*, in: MünchKomm-AktG, 5. Auflage 2019, § 116 Rn. 34; *Goette*, in: FS Hoffmann-Becking, 2013, 377, 387 ff. *Reichert*, in: FS Hommelhoff, 2012, 907, 915 ff. *Mertens*, in: FS K. Schmidt, 2009, 1183, 1184 ff. *Wilsing*, in: FS Maier-Reimer, 2010, 889, 889; *Goette*, in: FS Liber Amicorum Winter, 2011, 153, 153 ff. *Habersack*, NZG 2016, 321, 321 ff. *Reichert*, ZIP 2016, 1189, 1190; *Bieder*, NZG 2015, 1178, 1179 f. *Faßbender*, NZG 2015, 501, 502; *Tröger*, ZHR 179 2015, 453, 455 ff. *Schnorbus/Ganzer*, WM 2015, 1832, 1877; *Koch*, NZG 2014, 934,937; *Casper*, ZHR 176 2012, 617, 618 f., 649; *Koch*, AG 2009, 93, 93.

524 *Habersack*, in: MünchKomm-AktG, 5. Auflage 2019, § 116 Rn. 8; *Henssler*, in: Henssler/Strohn, GesR, 4. Auflage 2019, § 116 AktG Rn. 15; *Drygala*, in: K. Schmidt/Lutter, AktG, 3. Auflage 2015, § 116 Rn. 55; *Spindler*, in: Spindler/Stilz, AktG, 4. Auflage 2019, § 116 Rn. 140; *Habersack*, NZG 2016, 321, 321; *Lutter/Krieger/Verse*, (o. Fn. 10), § 13 Rn. 1025; *Thum/Klofat*, NZG 2010, 1087, 1087; a.A. *Spindler*, in: MünchKomm-AktG, 5. Auflage 2019, § 93 Rn. 116; *Hopt/Roth*, in: GroßKomm-AktG, 5. Auflage 2014, § 93 Rn. 178

525 Allerdings erscheint es fraglich, ob der Vorstand in der Praxis den Aufsichtsrat mit dem Argument, er habe den Vorstand nicht ordnungsgemäß überwacht und dadurch

Organ (d.h. Vorstand oder Aufsichtsrat) dieser Verpflichtung nicht nachkommt, gibt es drei Möglichkeiten, um dennoch eine Geltendmachung des vermeintlichen Ersatzanspruchs zu erreichen:

Als erstes hat die Hauptversammlung gemäß § 147 Abs. 1 AktG das Recht, die Verfolgung dieses Ersatzanspruchs durch die Gesellschaft verbindlich zu beschließen. Dem verantwortlichen Organ wird durch diese Entscheidung das Ermessen bezüglich der Frage, ob der Ersatzanspruch geltend gemacht werden soll, entzogen.[526] Zweitens kann die Hauptversammlung gemäß § 147 Abs. 2 Satz 1 AktG einen besonderen Vertreter zur Geltendmachung des Ersatzanspruchs bestellen. Diese Vorgehensweise ist insbesondere dann angezeigt, wenn eine unvoreingenommene Rechtsverfolgung durch das verantwortliche Organ von vorneherein aufgrund der gegebenen Umstände (z.B. Interessenkonflikte) fraglich erscheint.[527] Zwar muss die Bestellung eines besonderen Vertreters gemäß § 147 Abs. 2 Satz 1 AktG nicht zwangsläufig auf die Entscheidung der verbindlichen Geltendmachung des Ersatzanspruches gemäß § 147 Abs. 1 AktG folgen.[528] In Anbetracht der Tatsache, dass die Bestellung eines besonderen Vertreters gemäß § 147 Abs. 2 Satz 1 AktG die Art und Weise der Geltendmachung des Ersatzanspruchs (d.h. das „Wie“) adressiert, ist die Entscheidung über das „*Ob*“ der Geltendmachung jedoch notwendigerweise mit in diesem Beschluss enthalten; ein getrennter Beschluss der Hauptversammlung gemäß § 147 Abs. 1 AktG ist somit möglich, jedoch nicht zwingend.[529] Die Bestellung eines besonderen Vertreters kann gemäß § 147 Abs. 2 Satz 2 bis 8 AktG auch auf Antrag einer Aktionärsminderheit erfolgen. Allerdings

---

eine Pflichtverletzung des Vorstands nicht verhindert bzw. geahndet, in Anspruch nehmen würde, so auch *Habersack*, ZHR 177 2013, 782, 786.

526 OLG München, Urteil vom 27. August 2008, Az.: 7 U 5678/07 = AG 2008, 864, 867; KG Berlin, Beschluss vom 18. November 2004, Az.: 1 W 185/04 = NZG 2005, 319, 320; LG Berlin, Urteil vom 9. September 2011, Az.: 100 O 35/11 = ZIP 2012, 1034, 1035; *Arnold*, in: MünchKomm-AktG, 4. Auflage 2018, § 147 Rn. 50; *Koch*, in: Hüffer/Koch, AktG, 13. Auflage 2018, § 147 Rn. 9; *Holzborn/Jähnig*, in: Bürgers/Körber, AktG, 4. Auflage 2017, § 147 Rn. 8; *Spindler*, in: K. Schmidt/Lutter, AktG, 3. Auflage 2015, § 147 Rn. 6; *Herrler*, in: Grigoleit, AktG, 2013, § 147 Rn. 7; *Bezzenberg*, in: GroßKomm-AktG, 4. Auflage 2008, § 147 Rn. 38.

527 *Mock*, in: Spindler/Stilz, AktG, 4. Auflage 2019, § 147 Rn. 64; *Arnold*, in: MünchKomm-AktG, 4. Auflage 2018, § 147 Rn. 58; *Spindler*, in: K. Schmidt/Lutter, AktG, 3. Auflage 2015, § 147 Rn. 13; *Rieckers/Vetter*, in: KölnKomm-AktG, 3. Auflage 2015, § 147 Rn. 282; *Lochner*, in: Heidel, AktR, 4. Auflage 2014, § 148 AktG Rn. 16; *Herrler*, in: Grigoleit, AktG, 2013, § 147 Rn. 8; *Bezzenberg*, in: GroßKomm-AktG, 4. Auflage 2008, § 147 Rn. 41; *Dauner-Lieb/Winnen*, in: FS Kanzleiter, 2010, 119, 120.

528 *Arnold*, in: MünchKomm-AktG, 4. Auflage 2018, § 147 Rn. 58.

529 KG Berlin, Beschluss vom 16. Dezember 2011, Az.: 25 W 92/11 = AG 2012, 328, 328; *Mock*, in: Spindler/Stilz, AktG, 4. Auflage 2019, § 147 Rn. 71; *Holzborn/Jähnig*, in: Bürgers/Körber, AktG, 4. Auflage 2017, § 147 Rn. 10; *Lochner*, in: Heidel, AktR, 4. Auflage 2014, § 148 AktG Rn. 18.

muss diesem ein Beschluss zur verbindlichen Geltendmachung des Ersatzanspruches durch die Hauptversammlung gemäß § 147 Abs. 1 AktG vorausgegangen sein.

Als dritte Option zur Gewährleistung der Durchsetzung des Ersatzanspruches, hat der Gesetzgeber die Möglichkeit der Anstrengung eines Klagezulassungsverfahrens gemäß § 148 AktG geschaffen.[530] Dabei handelt es sich um ein dem Klageverfahren vorgeschaltetes Verfahren, mit dem die Aktionärsminderheit Letzteres einleiten kann. Sofern das Klagezulassungsverfahren Erfolg hat, ist die antragsstellende Aktionärsminderheit als Prozessstandschafter berechtigt, den Anspruch der Gesellschaft gegen (ehemalige) Organmitglieder im eigenen Namen auf Leistung an die Gesellschaft geltend zu machen.[531] Durch die Schaffung dieser drei Handlungsmöglichkeiten in den Vorschriften der §§ 147 f. AktG hat der Gesetzgeber zum Ausdruck gebracht, dass der Geltendmachung von Ersatzansprüchen ein hoher Stellenwert zukommt.

Systematisch gesehen ist die Durchführung einer Sonderprüfung gemäß §§ 142 ff. AktG, welche auf die Aufdeckung von Tatsachen, die Ersatzansprüche der Gesellschaft gegen (ehemalige) Organmitglieder begründen können, gerichtet ist, eine Vorstufe zu der Durchsetzung jener Ersatzansprüche gemäß §§ 147 f. AktG. Dabei stellt die Bestellung des Sonderprüfers durch die Hauptversammlung gemäß § 142 Abs. 1 Satz 1 AktG das Gegenstück zur Verpflichtung zur Geltendmachung von Ersatzansprüchen durch die Hauptversammlung gemäß § 147 Abs. 1 AktG dar. Das Recht der Aktionärsminderheit gemäß § 142 Abs. 2 Satz 1 AktG eine gerichtliche Bestellung des Sonderprüfers zu beantragen, findet sein Äquivalent in dem Klagezulassungsverfahren gemäß § 148 AktG.[532] Anders als bei der gerichtlichen Bestellung des Sonderprüfers, die gemäß § 142 Abs. 2 Satz 1 AktG subsidiär zu der Bestellung des Sonderprüfers durch die Hauptversammlung gemäß § 142 Abs. 1 Satz 1 AktG ist, besteht zwischen der Verpflichtung zur Geltendmachung der Ersatzansprüche durch die Hauptversammlung gemäß § 147 Abs. 1 AktG und der Einleitung eines Klagezulassungsverfahrens durch eine Aktionärsminderheit

---

530 BT-Drucks. 15/5092, Seite 19 ff.; *Mock*, in: Spindler/Stilz, AktG, 4. Auflage 2019, § 148 Rn. 1, 3; *Hirschmann*, in: Hölters, AktG, 3. Auflage 2017, § 148 Rn. 1; *Spindler*, in: K. Schmidt/Lutter, AktG, 3. Auflage 2015, § 148 Rn. 3.

531 BT-Drucks. 15/5092, Seite 22; *Mock*, in: Spindler/Stilz, AktG, 4. Auflage 2019, § 148 Rn. 146; *Arnold*, in: MünchKomm-AktG, 4. Auflage 2018, § 148 Rn. 61; *Koch*, in: Hüffer/Koch, AktG, 13. Auflage 2018, § 148 Rn. 15; *Hirschmann*, in: Hölters, AktG, 3. Auflage 2017, § 147 Rn. 27; *Holzborn/Jähnig*, in: Bürgers/Körber, AktG, 4. Auflage 2017, § 148 Rn. 15; *Liebscher*, in: Henssler/Strohn, GesR, 3. Auflage 2016, § 148 Rn. 10; *Spindler*, in: K. Schmidt/Lutter, AktG, 3. Auflage 2015, § 148 Rn. 40; *Herrler*, in: Grigoleit, AktG, 2013, § 148 Rn. 16; *Bezzenberg*, in: GroßKomm-AktG, 4. Auflage 2008, § 148 Rn. 224; *Zieglmeier*, ZGR 2007, 144, 149; *Spindler*, NZG 2005, 865, 866; *Schröer*, ZIP 2005, 2081, 2087; *Diekmann/Leuering*, NZG 2004, 249, 250; *Linnerz*, NZG 2004, 307, 310; *Seibt*, WM 2004, 2137, 2142.

532 *Müller-Michaels/Wingerter*, AG 2010, 903, 909; *Trölitzsch/Gunßer*, AG 2008, 833, 838; *Wilsing/Ogorek*, GWR 2009, 75, 77.

gemäß § 148 AktG kein Stufenverhältnis. Diese beiden Instrumente stehen unabhängig und gleichberechtigt nebeneinander.[533] Etwas anderes ergibt sich dann, wenn die Hauptversammlung einen besonderen Vertreter zur Durchsetzung der Ersatzansprüche gemäß § 147 Abs. 2 Satz 1 AktG bestellt hat. Dieser Vorgang gilt als Klageerhebung i.S.v. § 148 Abs. 3 Satz 1 AktG, sodass das Klagezulassungsverfahren gemäß § 148 Abs. 1 AktG unzulässig wird.[534] Dem Verhältnis von Hauptversammlung und Aktionärsminderheit im Rahmen der Bestellung des Sonderprüfers gemäß § 142 Abs. 1 Satz 1 AktG bzw. § 142 Abs. 2 Satz 1 AktG und in Bezug auf die Geltendmachung des Ersatzanspruchs gemäß § 147 Abs. 1, 2 AktG bzw. § 148 AktG ist somit gemein, dass der Antrag der Aktionärsminderheit dann unbegründet ist, wenn die Hauptversammlung bereits über das „*Ob*“ bzw. „*Wie*“ der jeweiligen Maßnahme entschieden hat. Die Vorschriften der §§ 142, 147 f. AktG stellen mithin ein in sich schlüssiges System zur Aufklärung von Tatsachen und zur Geltendmachung von darauf basierenden Ersatzansprüchen dar, dem eine einheitliche Wertung bezüglich des Verhältnisses von Hauptversammlung und Aktionärsminderheit zugrunde liegt.

Ein Klagezulassungsverfahren ist gemäß § 148 Abs. 1 Satz 2 Nr. 4 AktG nur zulässig, wenn der Geltendmachung des Ersatzanspruchs keine überwiegenden Gründe des Gesellschaftswohls entgegenstehen. Es ist folglich eine Interessenabwägung zwischen den Interessen der Gesellschaft an der Verfolgung der Ersatzansprüche mit den Interessen der Gesellschaft an dem Absehen von der Verfolgung der Ersatzansprüche aus Gründen des Gesellschaftswohls vorzunehmen.[535] Mit dem Einfügen dieses Erfordernisses trägt der Gesetzgeber dem Umstand Rechnung, dass im Sinne der ARAG/Garmenbeck-Entscheidung, die grundsätzlich eine Pflicht zur Geltendmachung von voraussichtlich durchsetzbaren Ersatzansprüchen gegen (ehemalige) Vorstandsmitglieder durch den Aufsichtsrat postuliert[536], Gründe des Gesellschaftswohl einer Geltendmachung von Ersatzansprüchen entgegenstehen können.[537] Die Geltendmachung eines Ersatzanspruches darf mithin nicht entgegen des vorrangigen Gesellschaftswohls erfolgen.

---

533 *Mock*, in: Spindler/Stilz, AktG, 4. Auflage 2019, § 148 Rn. 34; *Bezzenberg*, in: Groß-Komm-AktG, 4. Auflage 2008, § 148 Rn. 1.

534 *Mock*, in: Spindler/Stilz, AktG, 4. Auflage 2019, § 148 Rn. 34; *Spindler*, in: K. Schmidt/Lutter, AktG, 3. Auflage 2015, § 148 Rn. 36; *Fabricius*, in: FS Gruson, 2009, 133, 145; *Kling*, ZGR 2009, 190, 228 f.

535 BT-Drucks. 15/5092, Seite 18; *Arnold*, in: MünchKomm-AktG, 4. Auflage 2018, § 142 Rn. 89; *Liebscher*, in: Henssler/Strohn, GesR, 3. Auflage 2016, § 142 Rn. 12; *Rieckers/Vetter*, in: KölnKomm-AktG, 3. Auflage 2015, § 142 Rn. 300; *Spindler*, in: K. Schmidt/Lutter, AktG, 3. Auflage 2015, § 142 Rn. 54; *Müller-Michaels/Wingerter*, AG 2010, 903, 909; *Wilsing/Ogorek*, GWR 2009, 75, 76 f.

536 BGH, Urteil vom 21. April 1997, Az.: II ZR 175/95 = NJW 1997, 1926, 1928 (ARAG/Garmenbeck), dies bestätigend BGH, Urteil vom 18. September 2018, Az.: II ZR 152/17 = NZG 2018, 1301, 1304

537 BT-Drucks. 15/5092, Seite 22.

Aus der systematischen Überlegung, nach der die Sonderprüfung gemäß § 142 Abs. 2 Satz 1 AktG das Äquivalent zu dem Klagezulassungsverfahren nach § 148 AktG darstellt, lässt sich schlussfolgern, dass auch im Rahmen eines Antrags nach § 142 Abs. 2 Satz 1 AktG eine Verhältnismäßigkeitsprüfung durchzuführen ist. Andernfalls könnte es zu der Situation kommen, dass das Gericht einen Sonderprüfer gemäß § 142 Abs. 2 Satz 1 AktG auf Antrag einer Aktionärsminderheit bestellt, obwohl die Durchführung der Sonderprüfung nicht dem Gesellschaftswohl dient. Dies lässt sich jedoch gerade nicht mit dem Schutzzweck der Sonderprüfung, der ausschließlich in der Förderung des Gesellschaftswohls zu sehen ist (vgl. Ziffer A) II) 4)), vereinbaren. Eine Überprüfung, ob die angestrebte Sonderprüfung dem Wohl der Gesellschaft dienen würde, ist darüber hinaus insbesondere deswegen angezeigt, weil die Bestellung eines Sonderprüfers nicht auf Initiative der Hauptversammlung, welche als Willensbildungsorgan der Gesellschaft fungiert, erfolgt, sondern von einer Aktionärsminderheit veranlasst wurde. Dies ergibt sich ebenfalls aus einem Vergleich mit § 148 Abs. 1 Satz 2 Nr. 4 AktG, bei dem eine Aktionärsminderheit ohne den Willen der Hauptversammlung die Initiative ergreift, wobei die Zulässigkeit der Ausübung des angestrebten Rechts wiederum einer Verhältnismäßigkeitsprüfung unterworfen wird.

Darüber hinaus erschiene es systemwidrig, dass die Geltendmachung von Ersatzansprüchen nur im Interesse der Gesellschaft erfolgen darf, während die Aufklärung von Tatsachen, die diese Geltendmachung ermöglichen soll, keiner derartigen Beschränkung unterläge.[538]

Gleichzeitig könnte es ohne Vornahme einer Verhältnismäßigkeitsprüfung im Rahmen der gerichtlichen Bestellung des Sonderprüfers gemäß § 142 Abs. 2 Satz 1 AktG zu der Situation kommen, dass die Tatsachen, die die Durchführung der Sonderprüfung zu Tage fördert, nicht verwertet werden. Sowohl der Vorstand[539] als auch der Aufsichtsrat[540] sind gemäß § 93 Abs. 1 AktG (i.V.m. § 116 Satz 1 AktG) im

538 *Wilsing*, (o. Fn. 29), Seite 158; *Holle*, ZHR 2018, 569, 591.

539 BGH, Urteil vom 12. Juni 1989, Az.: II ZR 334/87 = WM 1989, 1365, 1339; BGH, Urteil vom 21. Februar 1983, Az.: II ZR 183/82 = WM 1983, 498, 499; BGH, Urteil vom 10. Februar 1977, Az.: II ZR 79/75 = WM 1977, 361, 362; BGH, Urteil vom 8. Mai 1967, Az. II ZR 126/65 = WM 1967, 679, 679; *Hölters*, in: Hölters, AktG, 3. Auflage 2017, § 93 Rn. 114; *Bürgers*, in: Bürgers/Körber, AktG, 4. Auflage 2017, § 93 Rn. 6; *Dauner-Lieb*, in: GesR, 3. Auflage 2016, § 93 AktG Rn. 8; *Fleischer*, in: Spindler/Stilz, AktG, 3. Auflage 2015, § 93 Rn. 114; *Krieger/Sailer-Coceani*, in: K.Schmidt/Lutter, AktG, 3. Auflage 2015, § 93 Rn. 21; *Hopt/Roth*, in: GroßKomm-AktG, 5. Auflage 2015, § 93 Rn. 229f. *U. Schmidt*, in: Heidel, Aktienrecht und Kapitalmarktrecht, 4. Auflage 2014, § 93 AktG Rn. 31; *Wiesner*, in: MünchHdB GesR Band 4, 4. Auflage 2015, § 25 Rn. 41; *Möllers*, in: HdB Corporate Governance, 2. Auflage 2009, 423, 431; *Fleischer*, in: Fleischer, Vorstandsrecht HdB, 2006, § 9 Rn. 2.

540 *Spindler*, in: Spindler/Stilz, AktG, 4. Auflage 2019, § 116 Rn. 74; *Habersack*, in: MünchKomm-AktG, 5. Auflage 2019, § 116 Rn. 47; *Koch*, in: Hüffer/Koch, AktG, 13. Auflage 2018, § 116 Rn. 8; *Hambloch-Gesinn/Gesinn*, in: Hölters, AktG, 3. Auflage 2017, § 116 Rn. 53; *Hoffmann-Becking*, in: MünchHdB GesR Band 4, 4. Auflage 2015, § 33

Rahmen ihrer Sorgfaltspflicht zur Förderung des Gesellschaftswohls verpflichtet. Dies bedeutet, dass keine Verpflichtung zur Geltendmachung von Ersatzansprüchen besteht, sofern dieser *„gewichtige Gründe des Gesellschaftswohls“* entgegenstehen, wobei ein Überwiegen oder eine Gleichwertigkeit dieser Gründe für das Absehen von der Verfolgung als ausreichend erachtet wird.[541] Ebenso ist die Durchsetzung eines Ersatzanspruches im Wege des Klagezulassungsverfahrens gemäß § 148 Abs. 1 AktG aufgrund fehlender Verhältnismäßigkeit gemäß § 148 Abs. 1 Satz 2 Nr. 4 AktG als unbegründet abzuweisen, sofern *„überwiegende Gründe des Gesellschaftswohls entgegenstehen“*. Um eine wirkungslose Sonderprüfung gemäß §§ 142 ff. AktG zu verhindern, muss mithin ein Gleichlauf zwischen den Anforderungen an das Instrument zur Aufklärung von Tatsachen, die zur Geltendmachung von möglichen Ersatzansprüchen dienen können, und denjenigen, die an die die Geltendmachung dieser möglichen Ersatzansprüche selbst gestellt werden, geschaffen werden. Somit ist im Rahmen von § 142 Abs. 2 Satz 1 AktG eine Verhältnismäßigkeitsprüfung vorzunehmen.

Schließlich findet die Erkenntnis, dass bei der gerichtlichen Bestellung des Sonderprüfers gemäß § 142 Abs. 2 Satz 1 AktG eine Verhältnismäßigkeitsprüfung an sich durchzuführen ist, auch eine Stütze in der Gesetzesbegründung zu § 142 AktG. Diese sieht vor, dass *„[e]ine solche Verhältnismäßigkeitsprüfung [..] auch bei der Zulassung der Sonderprüfung in Geringfügigkeitsfällen vorzunehmen [ist], wenn die Kosten und negativen Auswirkungen einer Sonderprüfung für die Gesellschaft nicht in angemessenem Verhältnis zu dem durch das Fehlverhalten ausgelösten Schaden stehen“*.[542] Zwar begrenzt die Gesetzesbegründung ihrem Wortlaut nach den Anwendungsbereich der Verhältnismäßigkeitsprüfung auf Geringfügigkeitsfälle. Es bleibt jedoch unklar, unter welchen Umständen von einer solchen Geringfügigkeit auszugehen ist.[543] Weiterhin stellt sich das Kriterium der Geringfügigkeit insoweit auch als unpraktikabel dar, als dass es keine Aussage über das geforderte Verhältnis von sich aus der Durchführung der Sonderprüfung gemäß §§ 142 ff AktG ergebenden Vor- und Nachteilen für die Gesellschaft trifft. Dieses dürfte jedoch das ausschlaggebendere Kriterium darstellen, wenn es um die Frage geht, ob die gerichtliche Bestellung eines Sonderprüfers gemäß § 142 Abs. 2 Satz 1 AktG unter Wahrung des Schutzzwecks der Sonderprüfung erfolgen soll.[544] Dennoch gilt: Auch wenn die Gesetzesbegründung keine klare Aussage darüber trifft,

---

Rn. 78 – wobei nach einhelliger Ansicht die Pflicht des Aufsichtsrats zur Förderung des Gesellschaftswohls– anders als diejenige des Vorstands – auf seine Tätigkeiten im Rahmen der Wahrnehmung seiner Organfunktion begrenzt ist; vgl. auch Ziffer 5.5.1 Deutscher Corporate Governance Codex.

541 BGH, Urteil vom 21. April 1997, Az.: II ZR 175/95 = NJW 1997, 1926, 1928 (ARAG/ Garmenbeck).

542 BT-Drucks.15/5092, Seite 18.

543 *Wilsing*, (o. Fn. 31), Seite 158.

544 *Wilsing*, (o. Fn. 31), Seite 158.

wie die vorzunehmende Verhältnismäßigkeitsprüfung genau ausgestaltet sein soll, lässt sich ihr dennoch entnehmen, dass der Gesetzgeber eine solche in jedem Fall im Rahmen der gerichtlichen Bestellung des Sonderprüfers gemäß § 142 Abs. 2 Satz 1 AktG vorgesehen hat.

b) Legitimer Zweck und Geeignetheit

Der legitime Zweck der Sonderprüfung liegt ausschließlich in dem Schutz des Gesellschaftswohls (vgl. Ziffer A) II) 4)). Die Sonderprüfung dient diesem Schutz, indem sie Tatsachen aufklärt, die die Geltendmachung möglicher Ersatzansprüche der Gesellschaft ermöglichen. Darüber hinaus wird die Gesellschaft in die Lage versetzt, personelle Konsequenzen, deren Vornahme zur Abwendung von weiterem Schaden der Gesellschaft notwendig erscheint, zu ziehen.

c) Erforderlichkeit

Die zweite Stufe der Verhältnismäßigkeitsprüfung bildet die Voraussetzung der Erforderlichkeit der gerichtlichen Bestellung eines Sonderprüfers gemäß § 142 Abs. 2 Satz 1 AktG. Nach allgemeiner Ansicht ist eine Maßnahme erforderlich, wenn kein anderes, gleich geeignetes, aber weniger belastendes Mittel zur Verfügung steht.[545] Ein derartiges Mittel, welches die Erforderlichkeit gegebenenfalls entfallen lassen zu vermag, könnte in der Durchführung von privaten Untersuchungen zu sehen sein.

(i) Private Untersuchungen

Sofern der betroffene Sachverhalt im Rahmen einer privaten Untersuchung der Gesellschaft bereits umfassend aufgeklärt worden ist, sodass kein zusätzlicher Erkenntnisgewinn durch die Durchführung der Sonderprüfung gemäß §§ 142 ff. AktG zu erwarten ist, könnte dies die Erforderlichkeit im Rahmen der Verhältnismäßigkeit entfallen lassen.

(1) Zeitpunkt der Einleitung

Im Hinblick auf die Auswirkung einer privaten Untersuchung auf die Erforderlichkeit der gerichtlichen Bestellung des Sonderprüfers gemäß § 142 Abs. 2 Satz 1 AktG, ist zunächst nach dem Zeitpunkt, zu dem eine private Untersuchung

545 BAG, Urteil vom 27. Juli 2017, Az.: 2 AZR 681/16 = NZA 2017, 1327, 1330; BGH, Beschluss vom 16. März 1971, Az.: 1 BvR 52 = NJW 1971, 1255, 1256; BVerfG, Beschluss vom 18. Dezember 1968, Az. 1 BvL 5, 14/64 und 5, 11, 12/65 = BeckRS 1968, 103931; *Grzeszick* in: Maunz/Dürig, GG, 82. EL, Art. 20 Rn. 113 (Stand: Januar 2018); *Kirchhof* in: Maunz/Dürig, GG, 82. EL, Art. 3 Rn. 259 (Stand: Januar 2018), *Voßkuhle*, JuS 2007, 429, 430.

eingeleitet wird, zu unterscheiden. Die Einleitung einer internen Untersuchung nach der gerichtlichen Bestellung eines Sonderprüfers gemäß § 142 Abs. 2 Satz 1 AktG lässt das Vorliegen der Erforderlichkeit als Voraussetzung für dessen gerichtliche Bestellung nicht rückwirkend entfallen. Für die Beurteilung des Vorliegens der entsprechenden Voraussetzungen für eine gerichtliche Bestellung des Sonderprüfers gemäß § 142 Abs. 2 Satz 1 AktG ist insoweit auf den Zeitpunkt der gerichtlichen Entscheidung abzustellen.

Daran schließt sich jedoch die Frage an, ob die Erforderlichkeit dann zu verneinen ist, wenn bereits vor dem Zeitpunkt der Antragsstellung auf gerichtliche Bestellung des Sonderprüfers gemäß § 142 Abs. 2 Satz 1 AktG eine private Untersuchung angestrengt bzw. abgeschlossen wurde. Dabei ist zwischen den verschiedenen Arten von privaten Untersuchungen zu differenzieren.

(2) Arten von privaten Untersuchungen

Eine private Untersuchung kann auf zwei verschiedene Arten ausgestaltet sein. Zum einen besteht die Möglichkeit, die private Untersuchung als interne Untersuchung zu strukturieren. Zum anderen könnte die private Untersuchung die Form einer informellen Sonderprüfung annehmen.

1. Interne Untersuchung

Zwar hat das Phänomen der internen Untersuchung mittlerweile Eingang in den gängigen Maßnahmenkatalog der Gesellschaften gefunden, eine gesetzliche Definition hat dieses Instrument jedoch (bisher) nicht erfahren.[546] Allgemein wird unter einer internen Untersuchung die Zusammenstellung von Informationen und Belegen zu Vorgängen oder Zuständen, die auf Veranlassung des Unternehmens durchgeführt wird, verstanden.[547] Dementsprechend weist eine interne Untersuchung drei Merkmale auf: Erstens handelt es sich, dabei in Abgrenzung zu einer öffentlichen Ermittlung, die durch ein staatliches Organ (z.B. die Staatsanwaltschaft) veranlasst wird, um eine von dem Unternehmen initiierte und mithin private Untersuchung. Zweitens bestehen hinsichtlich der Person, die die Untersuchung durchführt, keine Vorgaben. Es können somit sowohl gesellschaftsinterne Personen als auch externe Ermittler die interne Untersuchung vornehmen.[548] Drittens zielt eine interne Untersuchung auf die Zusammenstellung von Informationen und Belegen zu Vorgängen oder Zuständen ab, wobei damit nur solche Umstände adressiert werden, die eine Auswirkung auf das

546 *Bachmann*, ZIP 2018, 101, 102.
547 *Hugger*, ZHR 179 (2015), 214, 215.
548 *Fuhrmann*, NZG 2016, 881, 882; *Hugger*, ZHR 179 2015, 214, 215; *Reichert/Ott*, NZG 2014, 241, 243; *Arnold*, ZGR 2014, 76, 83; *Behrens*, RIW 2009, 22, 22.

Unternehmensinteresse aufweisen könnten.[549] In der Praxis handelt es sich dabei meist um die Aufklärung von vermuteten Gesetzesverstößen.[550]

Bei der internen Untersuchung handelt es sich um eine Geschäftsführungsmaßnahme gemäß § 76 Abs. 1 AktG, sodass grundsätzlich der Vorstand zu deren Einleitung berufen ist.[551] Ob darüber hinaus auch der Aufsichtsrat befugt sein kann, eine interne Untersuchung einzuleiten, ist umstritten. Eine Zuständigkeit des Aufsichtsrats wird jedoch nach vorherrschender Meinung aufgrund dessen gesetzlicher Überwachungspflicht gemäß § 111 Abs. 1 AktG zumindest dann bejaht, sofern der Verdacht von Unregelmäßigkeiten im Hinblick auf das Verhalten des Vorstands im Rahmen der Geschäftsführung besteht.[552] Dieser Ansicht ist im Hinblick darauf, dass die Sachverhaltsaufklärung dem Wohl der Gesellschaft und als Vorbereitung von möglichen Ersatzansprüchen der Gesellschaft gegen den Vorstand dient, unter Berücksichtigung der Wertung des § 112 AktG zu zustimmen.

Die Ausgestaltung der Durchführung der internen Untersuchung (d.h. vorzunehmende Maßnahmen, Umfang, Reichweite, Zeitraum, Kosten etc.) liegt im Ermessen des Vorstands bzw. des Aufsichtsrats. Ihm kommt mithin ein weitreichender Gestaltungsspielraum hinsichtlich der Festlegung der Rahmenbedingungen zu.[553] Dementsprechend besteht – abgesehen von etwaigen Auskunftspflichten gemäß § 131 Abs. 1 AktG bzw. Art. 17 MMVO[554] – grundsätzlich keine Pflicht der Gesellschaft, die Ergebnisse einer internen Untersuchung auf irgendeine Weise öffentlich zugänglich zu machen.[555]

---

549 *Hugger*, ZHR 179 2015, 214, 215; *Wagner*, CCZ 2009, 8, 12.

550 *Lohmeier/Shahhosseini*, in: Umnuß, Corporate Compliance Checklisten, 3. Auflage 2017, Kapitel 7 Rn. 1; *Wessing*, in: Hauschka/Moosmayer/Lösler, Corporate Compliance, 3. Auflage 2016, §46 Rn. 1; *Grützner/Jakob*, in: Grützner/Jakob, Compliance, 2. Auflage 2015, Internal Investigation; *Fuhrmann*, NZG 2016, 881, 882; *Hugger*, ZHR 179 2015, 214, 215; *Behrens*, RIW 2009, 22, 22; *Wagner*, CCZ 2009, 8, 12

551 *Arnold*, in: MünchKomm-AktG, 4. Auflage 2018, § 142 Rn. 13, 33; *Rieckers/Vetter*, in: KölnKomm-AktG, 3. Auflage 2015, § 142 Rn. 79; *Fuhrmann*, NZG 2016, 881, 882; *Hugger*, ZHR 179 2015, 214, 216; *Reichert/Ott*, NZG 2014, 241, 242; *Fleischer*, NZG 2014, 321, 322; *Bicker*, AG 2012, 542, 543; *Goette*, ZHR 175 2011, 388, 394.

552 *Rieckers/Vetter*, in: KölnKomm-AktG, 3. Auflage 2015, § 142 Rn. 79; *Winter*, in: FS Hüffer, 2010, 1103, 1108 f. *Fuhrmann*, NZG 2016, 881, 883; *Reichert/Ott*, NZG 2014, 241 245; *Arnold*, ZGR 2014, 76, 92; *Wagner*, CCZ 2009, 8, 15.

553 *Rieckers/Vetter*, in: KölnKomm-AktG, 3. Auflage 2015, § 142 Rn. 79; *Bungert*, in: Krieger/Schneider, Hdb. Managerhaftung, 3. Auflage 2017, § 16 Rn. 4; *Bachmann*, ZIP 2018, 101, 102; *Hugger*, ZHR 179 2015, 214, 219; *Fleischer*, NZG 2014, 321, 326 - im Hinblick auf die mit der Durchführung der internen Untersuchung betrauten Personen.

554 Verordnung (EU) Nr. 596/2014 des Europäischen Parlaments und des Rates vom 16. April 2014 über Marktmissbrauch (Marktmissbrauchsverordnung) und zur Aufhebung der Richtlinie 2003/6/EG des Europäischen Parlaments und des Rates und der Richtlinien 2003/124/EG, 2003/125/EG und 2004/72/EG der Kommission Text von Bedeutung für den EWR, ABl. 2014, L 173/1.

555 LG Nürnberg-Fürth, Urteil vom 18. Oktober 2007, Az.: 1 HK O 6564/07 = BeckRS 2008, 01960, Rn. 57 f.; *Arnold*, in: MünchKomm-AktG, 4. Auflage 2018, § 142 Rn. 13;

2. Informelle Sonderprüfung

Im Zwischenbereich von interner Untersuchung und Sonderprüfung gemäß §§ 142 ff. AktG ist die informelle Sonderprüfung angesiedelt.[556] Sie verfolgt ebenfalls den Zweck, einen unternehmensinternen Sachverhalt aufzuklären.[557]

Die Einleitung einer informellen Sonderprüfung ergibt sich aus dem Abschluss einer Vereinbarung zwischen der Gesellschaft und den Aktionären, in der die Rahmenbedingungen für die Durchführung der informellen Sonderprüfung festgelegt werden.[558] Dementsprechend ist gemäß § 78 Abs. 1 Satz 1 vorrangig der Vorstand als Vertreter der Gesellschaft zum Abschluss dieser Rahmenvereinbarung berufen.[559] Denkbar ist unter bestimmten Umständen jedoch ebenfalls, dass der Aufsichtsrat für den Abschluss der Rahmenvereinbarung zuständig ist.[560]

Die Vorschriften der §§ 142 ff. AktG sind bei dem Abschluss der Rahmenvereinbarung nicht zu berücksichtigen. Sie finden auf die informelle Sonderprüfung keine Anwendung.[561] Dementsprechend kann sich eine Verpflichtung, die im Rahmen der informellen Sonderprüfung gewonnenen Erkenntnisse der Öffentlichkeit (insbesondere den Aktionären) zugänglich zu machen, nur aus der Rahmenvereinbarung selbst ergeben. Die Gesellschaft ist gesetzlich jedoch nicht verpflichtet, die erhaltenen Informationen der Öffentlichkeit (insbesondere den Aktionären) gegenüber offenzulegen.[562]

Allerdings kann eine gesetzliche Verpflichtung zur Bekanntmachung der Rahmenvereinbarung, die der informellen Sonderprüfung zugrunde liegt, einschließlich Nebenabreden sowie die Namen der Beteiligten an sich gemäß § 142 Abs. 2

Bachmann, ZIP 2018, 101, 102; *Hugger*, ZHR 179 2015, 214, 222; *Wilsing/Siebmann*, EWiR 2007, 705, 706; beachte allerdings OLG Köln, Urteil vom 17. Dezember 1998, Az.: 22 U 163/97 = ZIP 1998, 994, 997 ff. – wonach eine Bekanntgabe der Ergebnisse einer internen Untersuchung gegenüber den Aktionären insoweit erfolgen muss, als dass sich der Aufsichtsrat selbst auf diese beruft.

556 *Wilsing/von der Linden*, AG 2017, 568, 569; *Marsch-Barner*, in: FS Baums, 2017, 775,776.

557 *Marsch-Barner*, in: FS Baums, 2017, 775,776.

558 *Arnold*, in: MünchKomm-AktG, 4. Auflage 2018, § 142 Rn. 34; *Wilsing/von der Linden*, AG 2017, 568,569.

559 *Mock*, in: Spindler/Stilz, AktG, 4. Auflage 2019, § 142 Rn. 251.

560 *Mock*, in: Spindler/Stilz, AktG, 4. Auflage 2019, § 142 Rn. 251.

561 *Mock*, in: Spindler/Stilz, AktG, 4. Auflage 2019, § 142 Rn. 247; *Arnold*, in: MünchKomm-AktG, 4. Auflage 2018, § 142 Rn. 34; *Rieckers/Vetter*, in: KölnKomm-AktG, 3. Auflage 2015, § 142 Rn. 80; *Spindler*, in: K. Schmidt/Lutter, AktG, 3. Auflage 2015, § 142 Rn. 11; *Wilsing/von der Linden*, AG 2017, 568, 572; *Marsch-Barner*, in: FS Baums, 2017, 775,781.

562 LG Nürnberg-Fürth, Urteil vom 18. Oktober 2007; Az.: 1 HK O 6564/07 = juris Rn. 64; *Wilsing/von der Linden*, AG 2017, 568, 572; *Marsch-Barner* in: FS Baums (2017), 775,781.

Satz 3 AktG i.V.m. § 149 AktG bestehen, sofern die informelle Sonderprüfung auf die Vermeidung der Bestellung eines Sonderprüfers gemäß §§ 142 ff. AktG abzielt.

3. Stellungnahme

Der wesentliche Unterschied zwischen privaten Untersuchungen (d.h. einer internen Untersuchung und einer informellen Sonderprüfung) gegenüber der Sonderprüfung gemäß §§ 142 ff. AktG liegt in der fehlenden Anwendbarkeit der gesetzlichen Vorschriften. Daraus ergeben sich insbesondere zwei wesentliche Konsequenzen: Zum einen unterliegen die Ergebnisse der privaten Untersuchungen keiner Publizitätspflicht, wohingegen eine Sonderprüfung nach §§ 142 ff. AktG gemäß § 145 Abs. 6 Satz 1, 3 AktG zwingend mit der Veröffentlichung eines Sonderprüfungsberichts abgeschlossen werden muss. Zum anderen kommt der Gesellschaft im Hinblick auf die Durchführung privater Untersuchungen ein wesentlich größerer Einfluss und Gestaltungsspielraum (insbesondere im Hinblick auf den sachlichen und zeitlichen Prüfungsgegenstand, die Person des Sonderprüfers, veranschlagte Kosten, Rechte und Pflichten des Sonderprüfers etc.) im Vergleich zu der Ausgestaltung der Durchführung der Sonderprüfung zu.

Dementsprechend gilt es zu untersuchen, wie sich diese Abweichungen der Ausgestaltung der privaten Untersuchungen von derjenigen der Sonderprüfung gemäß §§ 142 ff. AktG auf das Vorliegen der Erforderlichkeit im Rahmen der Verhältnismäßigkeitsprüfung bei der gerichtlichen Bestellung eines Sonderprüfers gemäß § 142 Abs. 2 Satz 1 AktG auswirkt.

(3) Auswirkungen auf die Erforderlichkeit

Die Voraussetzung der Erforderlichkeit im Rahmen der Verhältnismäßigkeitsprüfung könnte dann entfallen, wenn zwei Voraussetzungen kumulativ erfüllt sind. Zum einen müsste die jeweilige private Untersuchung (d.h. die interne Untersuchung oder die informelle Sonderprüfung) ein milderes Mittel im Vergleich zu der Sonderprüfung gemäß §§ 142 ff. AktG darstellen. Zum anderen müsste die private Untersuchung zur Erreichung des Zwecks der Sonderprüfung gemäß §§ 142 ff. AktG gleich geeignet sein.

1. Allgemeines

Während die Bedingungen für die Durchführung der privaten Untersuchung einseitig vom Vorstand bzw. Aufsichtsrat vorgegeben werden, beruhen diejenigen für die Durchführung der informellen Sonderprüfung auf einer individuell ausgehandelten Vereinbarung zwischen der Gesellschaft und den Aktionären. Dementsprechend kommt der Gesellschaft in beiden Konstellationen eine größere Einflussmöglichkeit auf die Gestaltung der Durchführung der jeweiligen privaten Untersuchung als auf diejenige der Sonderprüfung gemäß §§ 142 ff. AktG zu. Sie kann die Durchführung aktiv mitgestalten und ist nicht an die gesetzlichen Vorgaben gebunden. Folglich dürfte die Durchführung einer privaten Untersuchung – unabhängig von ihrer genauen Art – weniger stark in die Rechte der Gesellschaft eingreifen und sich insbesondere weniger störend auf deren Betriebsklima auswirken. Somit stellt eine private Untersuchung gegenüber einer Sonderprüfung gemäß §§ 142 ff. AktG grundsätzlich ein milderes Mittel dar.

Weiterhin müsste die private Untersuchung jedoch gleich geeignet sein, um den Zweck der Sonderprüfung gemäß §§ 142 ff. AktG zu erreichen. Der Zweck der Sonderprüfung liegt in dem Schutz des Gesellschaftswohls, welches durch die Aufklärung von Tatsachen, die der Vorbereitung möglicher Ersatzansprüche der Gesellschaft oder personeller Konsequenzen dienen können (vgl. Ziffer A) II) 2)), gefördert werden soll. Eine private Untersuchung ist mithin im Vergleich zu einer Sonderprüfung gemäß §§ 142 ff. AktG dann gleich geeignet, wenn gewährleistet werden kann, dass die Aufklärung im Rahmen der privaten Untersuchung genauso umfassend ausfallen würde wie diejenige der Sonderprüfung gemäß §§ 142 ff. AktG. Fraglich ist, welche Kriterien erfüllt sein müssen, damit eine private Untersuchung ebenso geeignet erscheint wie die Sonderprüfung gemäß §§ 142 ff. AktG.

2. Offenlegung des Prüfungsumfangs der privaten Untersuchung

Eine private Untersuchung kann die Erforderlichkeit einer Sonderprüfung gemäß §§ 142 ff AktG nur entfallen lassen, soweit sie sich auf denselben Prüfungsgegenstand bezieht. Um dies beurteilen zu können, ist es zunächst einmal notwendig, dass der Prüfungsgegenstand der privaten Untersuchung offengelegt wird.[563] Andernfalls kann denklogisch keine Beurteilung erfolgen, inwieweit der Prüfungsumfang der privaten Untersuchung mit demjenigen der beantragten Sonderprüfung übereinstimmt.

3. Unabhängigkeit des Prüfers

Um eine mit der aus der Durchführung der Sonderprüfung gemäß §§ 142 ff. AktG resultierenden, vergleichbare, umfassende Aufklärung des in Frage stehenden Sachverhalts zu erreichen, müsste weiterhin die Unabhängigkeit des Prüfers gewährleistet sein. Sofern der Prüfer selbst in den zu prüfenden Sachverhalt involviert ist oder in einem Abhängigkeitsverhältnis zu dem Vorstand bzw. Aufsichtsrat steht, kann nicht erwartet werden, dass dieser die Prüfung unvoreingenommen und ohne Berücksichtigung eigener Interessen oder Interessen Dritter durchführt. Darüber hinaus muss der Prüfer in der Lage sein, die Prüfung ohne Einflussnahme durch die Gesellschaft durchführen zu können.[564]

Sofern eine interne Untersuchung durch gesellschaftsinterne Personen vorgenommen wird, dürfte die Unabhängigkeit in der Regel zu verneinen sein. Dahingegen ist die Unabhängigkeit des Prüfers im Rahmen einer internen Untersuchung zumindest nicht grundsätzlich auszuschließen, sofern es sich um einen externen

---

563 OLG Celle, Beschluss vom 8. November 2017, Az.: 9 W 86/17 = AG 2017, 42, 44.

564 OLG Celle, Beschluss vom 8. November 2017, Az.: 9 W 86/17 = AG 2017, 42, 44.

Prüfer handelt. Vielmehr ist in dieser Konstellation im Einzelfall zu untersuchen, inwiefern die Gesellschaft Einfluss auf den (von ihr bestimmten) externen Prüfer nehmen kann.

Bei der informellen Sonderprüfung haben sich die Gesellschaft und die Aktionäre sich auf die Person des Sonderprüfers gemeinsam geeinigt. Es ist somit davon auszugehen, dass die Parteien sich auf eine Person geeinigt haben, die sie als ausreichend unabhängig ansehen. Dementsprechend ist die Unabhängigkeit des informellen Sonderprüfers grundsätzlich im ausreichenden Maße gewährleistet.

4. Rechte des Prüfers

Ein weiterer wichtiger Faktor zur Beantwortung der Frage, ob eine private Untersuchung im Verhältnis zu der Sonderprüfung gemäß §§ 142 ff. AktG gleich geeignet ist, liegt in der Reichweite der Rechte des Prüfers. Der Prüfer muss in die Lage versetzt werden, sämtliche Informationen, die er für die umfassende Aufklärung des Sachverhalts benötigt, einsehen zu können. Sofern der Zugang auf einen von der Gesellschaft abgesteckten Bereich von Informationen begrenzt ist, hätte diese die Möglichkeit, dem Prüfer bestimmte Informationen vorzuenthalten. Das Ergebnis der Aufklärung durch den Prüfer könnte so bewusst von der Gesellschaft gesteuert werden. In dieser Konstellation kann dann jedoch nicht mehr von einer umfassenden Aufklärung, die den Standards einer Sonderprüfung gemäß §§ 142 ff. AktG entspricht, gesprochen werden. Diese Art der Möglichkeit zur Einflussnahme durch die Gesellschaft stünde im Gegensatz zu den umfassenden Einsichts- und Aufklärungsrechten, die der Sonderprüfer gemäß § 145 Abs. 1 und 2 AktG genießt.

Für die Bestimmung der Gleichwertigkeit einer internen Untersuchung ergibt sich daraus, dass diese nur dann angenommen werden kann, wenn dem Prüfer Rechte zukommen, die in ihrer Reichweite denen des Sonderprüfers gemäß § 145 Abs. 1 und 2 AktG gleichkommen. Sofern der Zugang des Prüfers zu Informationen in irgendeiner Weise von der Gesellschaft von vorneherein beschränkt bzw. die zugänglichen Informationen von der Gesellschaft selbst bestimmt werden, ist somit nicht davon auszugehen, dass die interne Untersuchung in gleicher Weise geeignet ist wie die Sonderprüfung gemäß §§ 142 ff. AktG.

Dieser Gedankengang lässt sich weitestgehend ebenfalls auf die Konstellation der informellen Sonderprüfung übertragen. Denkbar wäre es, erneut darauf abzustellen, dass der informellen Sonderprüfung eine individuell ausgehandelte Vereinbarung zugrunde liegt, der beide Parteien zugestimmt haben. Dementsprechend könnte man davon ausgehen, dass beide Parteien die Rechte, die dem informellen Sonderprüfer zugestanden werden, als ausreichend zur Zweckerreichung anzusehen sind. Der Umstand, dass die Person des Sonderprüfers an sich weniger maßgeblich für die Gewährleistung einer umfassenden Prüfung ist als die Rechte, mit denen diese Person ausgestattet ist, erfordert jedoch eine genauere Betrachtung.

Die Annahme, dass eine individuell ausgehandelte Vereinbarung für beide Seiten vollumfänglich zufriedenstellend ist, basiert auf der Voraussetzung, dass beiden Parteien eine gleich starke Stellung im Rahmen der Verhandlungen innehatten.

Davon ist im Hinblick auf die Gesellschaft und eine die informelle Sonderprüfung anstoßende Aktionärsgruppe nicht zwingend auszugehen. Darüber hinaus ist die Frage des Ausmaßes der Geeignetheit objektiv und unabhängig davon zu beantworten, worauf die Parteien sich subjektiv geeinigt haben. Dementsprechend ist auch im Hinblick auf eine informelle Sonderprüfung zu fordern, dass die Rechte des informellen Sonderprüfers weitestgehend an diejenigen des Sonderprüfers gemäß § 145 Abs. 1 und 2 AktG angenähert sein müssen.

5. Offenlegung der Ergebnisse

Schließlich kann eine Vergleichbarkeit der Geeignetheit der privaten Untersuchung mit der Sonderprüfung gemäß §§ 142 ff. AktG nur dann angenommen werden, wenn sichergestellt ist, dass die durch die Prüfung gewonnenen Erkenntnisse sachgerecht behandelt werden. Dies setzt jedoch voraus, dass die Ergebnisse der Prüfung transparent gegenüber den Aktionären kommuniziert werden.[565] Diese Offenlegung ist notwendig, um den Aktionären die Möglichkeit zu geben, Schritte gemäß §§147 f. AktG einzuleiten. Sofern die Aktionäre jedoch nicht über die Ergebnisse der Prüfung informiert werden, ist es ihnen nicht möglich, einen entsprechenden Antrag auf Geltendmachung der sich daraus ergebenden Ersatzansprüche gemäß § 147 Abs. 1 AktG oder Bestellung eines besonderen Vertreters gemäß § 147 Abs. 2 AktG zu stellen. Weiterhin kann eine Aktionärsminderheit ohne entsprechende Kenntnislage, kein Klagezulassungsverfahren gemäß § 148 AktG anstrengen. Sofern die Ergreifung dieser Maßnahmen den Aktionären jedoch faktisch mangels entsprechender Informationsgewährung genommen würde, unterliefe man das Anspruchsdurchsetzungssystem der §§ 142 bis 148 AktG. Dieses sieht vor, dass auf der ersten Stufe die Durchführung der Sonderprüfung gemäß §§ 142 ff. AktG zu der notwendigen Aufklärung des Sachverhalts führt, auf Basis derer auf der zweiten Stufe die Geltendmachung der sich daraus ergebenden Ersatzansprüche durch die Hauptversammlung bzw. eine Aktionärsminderheit gemäß §§ 147 f. AktG erfolgen kann. Ein Abschneiden dieser zweiten Stufe der Geltendmachung der Ersatzansprüche würde dazu führen, dass die Gesellschaft vollständig auf das rechtmäßige Handeln des Vorstands bzw. Aufsichtsrats bezüglich der Geltendmachung der Ersatzansprüche angewiesen wäre. Darauf wollte der Gesetzgeber jedoch gerade nicht vertrauen, wie er mit der Einführung der §§ 147 f. AktG deutlich zu verstehen gegeben hat.[566] Weiterhin dürfte das Wissen um die Kenntnis der Aktionäre einem von vorneherein rechtmäßigen Verhalten des Vorstands bzw. Aufsichtsrats förderlich sein.

---

565 OLG Celle, Beschluss vom 8. November 2017, Az.: 9 W 86/17 = AG 2017, 42, 44.

566 *Mock*, in: Spindler/Stilz, AktG, 4. Auflage 2019, § 147 Rn. 3; *Arnold*, in: MünchKomm-AktG, 4. Auflage 2018, § 147 Rn. 16; *Koch*, in: Hüffer/Koch, AktG, 13. Auflage 2018, § 147 Rn. 1; *Hirschmann*, in: Hölters, AktG, 3. Auflage 2017, § 147 Rn. 1; *Herrler*, in: Grigoleit, AktG, 2013, § 147 Rn. 1.

Aus dieser Erwägung ergibt sich zunächst, dass eine allgemeine Veröffentlichung der Informationen (z.B. im Handelsregister) nicht notwendig ist, um von der gleichen Geeignetheit der privaten Untersuchung und der Sonderprüfung gemäß §§ 142 ff. AktG ausgehen zu können. Gleichwohl ist dem Zweck der Sonderprüfung gemäß §§ 142 ff. AktG jedoch nicht ausreichend gedient, solange die private Untersuchung ein rein interner Vorgang bleibt, dessen Ergebnisse nicht gegenüber den Aktionären kommuniziert werden.[567]

Im Hinblick auf eine interne Untersuchung bedeutet dies, dass diese nur dann als gleich geeignet angesehen werden kann, wenn ihre Ergebnisse gegenüber den Aktionären offengelegt werden. Der Gleichbehandlungsgrundsatz gemäß § 53a AktG gebietet es dabei, dass die Ergebnisse der internen Untersuchung gegenüber allen Aktionären offengelegt werden.

Dieselben Überlegungen treffen auf die informelle Sonderprüfung zu. Jedoch kann sich eine Offenlegungspflicht bezüglich der gewonnenen Erkenntnisse dort bereits aus der zwischen der Gesellschaft und den Aktionären abgeschlossenen Rahmenvereinbarung ergeben.

6. Zwischenergebnis

Dass eine informelle Sonderprüfung unter bestimmten Umständen geeignet sein muss, die Erforderlichkeit auszuschließen, ergibt sich schon daraus, dass der Gesetzgeber die Vereinbarung der Durchführung einer informellen Sonderprüfung zur Vermeidung einer Sonderprüfung ausdrücklich gemäß § 142 Abs. 2 Satz 3 AktG i.V.m. § 149 AktG zugelassen hat.

Diese Annahme muss auch für den Fall einer internen Untersuchung Geltung beanspruchen können: Sofern eine interne Untersuchung unter keinen Umständen geeignet wäre, die Erforderlichkeit entfallen zu lassen, könnte dies auf der einen Seite gegebenenfalls dazu führen, dass in jeder internen Untersuchung die Bestätigung des Verdachts von Unredlichkeiten oder groben Verletzungen des Gesetzes oder der Satzung gesehen würde. Die Einhaltung der Sorgfaltspflicht des Vorstands bzw. des Aufsichtsrats gemäß § 93 Abs. 1 AktG, die in der Durchführung einer internen Untersuchung zum Ausdruck kommt, würde mithin die Grundlage für die Annahme einer Pflichtwidrigkeit begründen. Dies scheint nicht interessengerecht. Auf der anderen Seite würde dem Institut der Sonderprüfung gemäß §§ 142 ff. AktG die Grundlage entzogen, sofern die Durchführung einer internen Untersuchung die Erforderlichkeit einer Sonderprüfung stets ausschließen könnte. Dies könnte den Vorstand bzw. Aufsichtsrat einer Gesellschaft unter Umständen zu der Durchführung „präventiver" interner Untersuchungen zur Vermeidung einer späteren Sonderprüfung einladen.

Nach hier vertretener Ansicht, lässt eine zum Zeitpunkt der Antragsstellung auf gerichtliche Bestellung eines Sonderprüfers gemäß § 142 Abs. 2 Satz 1 AktG

---

567 OLG Celle, Beschluss vom 8. November 2017, Az.: 9 W 86/17 = AG 2017, 42, 44.

bereits eingeleitete und fortgeschrittene, jedoch noch nicht abgeschlossene private Untersuchung die Erforderlichkeit im Rahmen der Verhältnismäßigkeitsprüfung entfallen, sofern sie unter mit denjenigen der Sonderprüfung gemäß §§ 142 ff. AktG vergleichbaren Voraussetzungen im Hinblick auf den Prüfungsumfang, die Unabhängigkeit und die Rechte des Prüfers sowie die Offenlegung der Ergebnisse der privaten Untersuchung erfolgt. Die Darlegungslast hinsichtlich des Vorliegens dieser Kriterien sollte dabei bei der Gesellschaft liegen.

Gleichwohl ist zuzugeben, dass das Vorliegen sämtlicher geforderter Kriterien in der Praxis wohl selten gegeben sein dürfte.

Sofern diese Kriterien jedoch erfüllt sind, ist die private Untersuchung als gleich geeignet und die gerichtliche Bestellung eines Sonderprüfers gemäß § 142 Abs. 2 Satz 1 AktG mithin nicht als erforderlich anzusehen.[568] Denn in dieser Konstellation besteht der Unterschied zwischen der privaten Untersuchung und der Sonderprüfung gemäß §§ 142 ff. AktG letztlich nur in der Art und Weise, wie die jeweilige Prüfung eingeleitet worden ist. Dieser Umstand rechtfertigt es jedoch nicht, eine aufwendige und kostenintensive Sonderprüfung gemäß §§ 142 ff. AktG durchzuführen, die keinen zusätzlichen Erkenntnisgewinn vorzubringen vermag. Somit muss in dieser Konstellation auf die Ergebnisse, die im Rahmen der privaten Untersuchung gewonnen wurden, zurückzugegriffen werden, da diese eine gleich geeignete und gleichzeitig zeitlich schnellere sowie Ressourcen schonendere Maßnahme darstellt. Mithin entfällt unter diesen Umständen die Erforderlichkeit der gerichtlichen Bestellung des Sonderprüfers gemäß § 142 Abs. 2 Satz 1 AktG, sodass der Antrag als unbegründet abzulehnen ist.

(ii) Folgeproblem: Mehrfachuntersuchung

Sofern eine laufende private Untersuchung die Erforderlichkeit einer gerichtlichen Bestellung eines Sonderprüfers gemäß § 142 Abs. 2 Satz 1 AktG nicht entfallen lässt (vgl. Ziffer C) II) 6) c) (i) (3)), stellt sich die Frage, wie mit einer bereits eingeleiteten privaten Untersuchung nach gerichtlicher Bestellung eines Sonderprüfers zu verfahren ist. Sofern eine private Untersuchung einer gerichtlichen Bestellung des Sonderprüfers gemäß § 142 Abs. 2 Satz 1 AktG nicht entgegensteht, kann diese auch keine Auswirkungen auf die Durchführung der Sonderprüfung haben.[569] Im Hinblick darauf, dass eine informelle Sonderprüfung regelmäßig zur Vermeidung der Bestellung des Sonderprüfers gemäß § 142 AktG vereinbart werden dürfte, sodass sich das Problem der Mehrfachuntersuchung gar nicht ergibt, konzentrieren

---

568 Eine Auswirkung auf die gerichtliche Bestellung eines Sonderprüfers gemäß § 142 Abs. 2 Satz 1 AktG grundsätzlich ablehnend: *Mock*, in: Spindler/Stilz, AktG, 4. Auflage 2019, § 142 Rn. 253; *Rieckers/Vetter*, in: KölnKomm-AktG, 3. Auflage 2015, § 142 Rn. 81 - für die informelle Sonderprüfung; *Bachmann*, ZHR 180 2016, 563, 576 - für die interne Untersuchung jedoch nur im Hinblick auf die Zulässigkeit.

569 *Mock*, in: Spindler/Stilz, AktG, 4. Auflage 2019, § 142 Rn. 253; *Spindler*, in: K. Schmidt/ Lutter, AktG, 3. Auflage 2015, § 142 Rn. 11.

sich die folgenden Erwägungen auf die Situation einer bereits eingeleiteten und noch laufenden internen Untersuchung. Denkbar sind in diesem Zusammenhang drei Handlungsalternativen:

(1) Umwandlung der internen Untersuchung in eine informelle Sonderprüfung

Zunächst könnte die interne Untersuchung, bevor es zu einer Antragsstellung auf gerichtliche Bestellung des Sonderprüfers gemäß § 142 Abs. 2 Satz 1 AktG kommt, in eine informelle Sonderprüfung (vgl. Ziffer C) II) 6) c) (i) (2) 2) umgewandelt werden.[570] Diese Maßnahme wäre als Vereinbarung zur Vermeidung einer Sonderprüfung zu qualifizieren, welche gemäß § 142 Abs. 2 Satz 1 Satz 3 AktG i.V.m. § 149 AktG bekanntzumachen wäre (vgl. Ziffer C) II) 6) c) (i) (2) 2). Gleichzeitig erscheint es ratsam, dass sich die Gesellschaft den Verzicht auf die Stellung des Antrags gemäß § 142 Abs. 2 Satz 1 AktG verbindlich von den jeweiligen Aktionären, mit denen die Rahmenvereinbarung geschlossen wurde, zusichern lässt. Darüber hinaus könnte überlegt werden, die Rahmenbedingungen der informellen Sonderprüfung so auszugestalten, dass sie auch zukünftige Anträge auf gerichtliche Bestellung eines Sonderprüfers gemäß § 142 Abs. 2 Satz 1 AktG, die sich auf denselben Prüfungsgegenstand beziehen, nicht erforderlich und mithin unbegründet werden lässt.

(2) Parallelermittlung

Weiterhin könnte in Betracht gezogen werden, die interne Untersuchung weiter zu verfolgen.[571] Die Konsequenz wäre, dass zwei Untersuchungen (d.h. die Sonderprüfung gemäß §§ 142 ff. AktG und die interne Untersuchung), die auf die Aufklärung des gleichen Sachverhalts gerichtet sind, parallel laufen. Diese Entscheidung liegt im Ermessen des Vorstands bzw. des Aufsichtsrats, welcher sein Verhalten gemäß § 93 Abs. 1 Satz 2 AktG (i.V.m. § 116 Satz 1 AktG) an dem Wohl der Gesellschaft auszurichten hat. Es erscheint jedoch fragwürdig, ob eine parallele interne Untersuchung andere Erkenntnisse als eine Sonderprüfung gemäß §§ 142 ff. AktG hervorbringen würde. Zudem gingen mit der weiteren Durchführung der internen Untersuchung zusätzliche Kosten und weitere Störungen des Betriebsablaufs einher. Die Durchführung von parallelen Ermittlungen dient folglich nicht dem Wohl der Gesellschaft[572] und ist daher nicht anzuraten.

---

570 *Marsch-Barner*, in: FS Baums, 2017, 775, 780; *Bachmann*, ZIP 2018, 101, 108; *Bachmann*, ZHR 180 2016, 563, 576.

571 So *Drinhausen* im Rahmen des ZHR-Symposion 2015 siehe *Weber*, ZHR 179 2015, 267, 272; *Bungert*, in: Krieger/Schneider, Hdb. Managerhaftung, 3. Auflage 2017, § 16 Rn. 16.5

572 *Kamm*, (o. Fn. 15), S. 229 - in Bezug auf eine parallele Sonderprüfung gemäß §142 Abs. 1 AktG und § 142 Abs. 2 Satz 1 AktG.

(3) Beendigung der internen Untersuchung

Es könnte angedacht werden, die interne Untersuchung zu unterbrechen und die Ergebnisse der Sonderprüfung gemäß §§ 142 ff. AktG abzuwarten.[573]

Eine Beendigung der internen Untersuchungen wäre jedoch nicht denkbar, sofern den Vorstand bzw. den Aufsichtsrat eine Pflicht zur Anstrengung eigener (d.h. von der Sonderprüfung unabhängige) Aufklärungsbemühungen träfe, die zur Folge hätten, dass in dem Unterlassen der Weiterverfolgung der internen Untersuchung eine Pflichtverletzung des Vorstands bzw. des Aufsichtsrats läge, wodurch dieser sich einem eigenen Haftungsrisiko aussetzen würden. Im Hinblick darauf, dass eine Parallelermittlung in Gestalt der andauernden internen Untersuchung nicht dem Wohl der Gesellschaft dient (vgl. Ziffer C) II) 6) c) (ii) (2)), liefe dies auf die Annahme hinaus, dass eine Pflichtverletzung des Vorstands bzw. Aufsichtsrats (d.h. Beendigung der internen Untersuchung) notwendig wäre, um das Gesellschaftswohl zu fördern. Die Idee von „nützlichen Pflichtverletzungen" widerspricht jedoch dem in § 93 Abs. 1 AktG verankerten Legalitätsprinzip.[574] Fraglich ist somit, ob eine Pflicht zur weiteren Verfolgung einer bereits eingeleiteten internen Untersuchung für den Vorstand bzw. Aufsichtsrat trotz gerichtlicher Bestellung eines Sonderprüfers gemäß § 142 Abs. 2 Satz 1 AktG gibt.

1. Sorgfaltspflicht gemäß § 93 Abs. 1 AktG (i.V.m. § 116 Satz 1 AktG)

Eine Pflicht des Vorstands, eine bereits eingeleitete interne Untersuchung weiter voranzutreiben, könnte sich zunächst aus der Leitungsverantwortung des Vorstands gemäß § 76 Abs. 1 AktG ergeben. Der Sorgfaltsmaßstab, den der Vorstand im Rahmen seiner Geschäftsleitungstätigkeiten anzulegen hat, ergibt sich aus § 93 Abs. 1 Satz 1 AktG. Danach haben die Vorstandsmitglieder bei der Geschäftsführung die Sorgfalt eines ordentlichen und gewissenhaften Geschäftsleiters anzuwenden. Daraus wird eine Legalitätspflicht abgeleitet, wonach der Vorstand für die Einhaltung von Recht und Gesetz zu sorgen hat.[575] Dies kann jedoch nur

---

573 *Bachmann*, ZIP 2018, 101, 108; *Bachmann*, ZHR 180 2016, 563, 576

574 BGH, Beschluss vom 13. September 2010, Az.: 1 StR 220/09 = NJW 2011, 88, 92; BGH, Urteil vom 27. August 2010, Az.: 2 StR 111/09 = NJW 2010, 3456, 3460; *Koch*, in: Hüffer/Koch, AktG, 13. Auflage 2018, § 93 Rn. 6; *Hölters*, in: Hölters, AktG, 3. Auflage 2017, § 93 Rn. 75; *Fleischer*, in: Spindler/Stilz, AktG, 3. Auflage 2015, § 93 Rn. 36; *Krieger/Sailer-Coceani*, in: K.Schmidt/Lutter, AktG, 3. Auflage 2015, § 93 Rn. 7; *Hopt/Roth*, in: GroßKomm-AktG, 5. Auflage 2015, § 93 Rn. 134; *Wiesner*, in: MünchHdB GesR Band 4, 4. Auflage 2015, § 25 Rn. 32; *Mertens/Cahn*, in: KölnKomm-AktG, 3. Auflage 2010, § 91 Rn. 71; *Rönnau*, in: FS Tiedemann, 2008, 713, 724 f. *Bayer*, in: FS K. Schmidt, 2009, 85, 90 f. *Bicker*, AG 2014, 8, 9; *Thole*, ZHR 173 2009, 504, 513; *Fleischer*, NJW 2009, 2337, 2338; *Fleischer*, ZIP 2005, 141, 145; *Windbichler*, ZGR 1989, 434, 437 - bzgl. des Geschäftsführers einer GmbH; *Rehbinder*, ZHR 148 1984, 555, 569, 571.

575 BGH, Urteil vom 10. Juli 2012, Az.: VI ZR 341/10 = NJW 2012, 3439, 3441; BGH, Urteil vom 28. April 2008, Az.: II ZR 264/06 = NZG 2008, 547, 551; *Spindler*,

gewährleistet werden, sofern der Vorstand die nachgeordneten Gesellschaftsebenen sowie die Vorgänge in der Gesellschaft überwacht; ihn trifft somit im Rahmen seiner Leitungsverantwortung gemäß §§ 76 Abs. 1, 93 Abs. 1 Satz 1 AktG eine Überwachungspflicht.[576] Davon umfasst ist die Verpflichtung, Tatsachen aufzuklären, die auf einen Rechts- oder Gesetzesverstoß hindeuten.[577] Andernfalls wäre eine effektive Umsetzung der Legalitätspflicht nicht sicher gestellt.

Dem Vorstand kommt gemäß § 93 Abs. 1 Satz 2 AktG ein Ermessen bezüglich unternehmerischer Entscheidungen zu. Sofern das Vorstandsmitglied vernünftigerweise annehmen durfte, auf der Grundlage angemessener Informationen zum Wohle der Gesellschaft zu handeln, liegt keine Pflichtverletzung vor. Die Verpflichtung des Vorstands, Verdachtsfälle aufzuklären, ergibt sich jedoch aus dessen Legalitätspflicht. Somit kommt dem Vorstand bei der Frage, ob er diesbezüglich eine Aufklärung vornimmt, kein Ermessen zu.[578] Hinsichtlich der Art und Weise der Aufklärung greift jedoch die Vorschrift des § 93 Abs. 2 Satz 1 AktG, sodass dem Vorstand insoweit ein Ermessen zusteht.[579]

---

in: MünchKomm-AktG, 5. Auflage 2019, § 91 Rn. 87; *Koch*, in: Hüffer/Koch, AktG, 13. Auflage 2018, § 93 Rn. 6; *Hölters*, in: Hölters, AktG, 3. Auflage 2017, § 93 Rn. 54; *Fleischer*, in: Spindler/Stilz, AktG, 3. Auflage 2015, § 93 Rn. 14; *Krieger/Sailer-Coceani*, in: K.Schmidt/Lutter, AktG, 3. Auflage 2015, § 93 Rn. 7; *Hopt/Roth*, in: GroßKomm-AktG, 5. Auflage 2015, § 93 Rn. 133; *Wiesner*, in: MünchHdB GesR Band 4, 4. Auflage 2015, § 25 Rn. 23; *Habersack*, in: FS U. H. Schneider, 2011, 429, 431 ff. *Bicker*, AG 2014, 8, 8; *Verse*, ZHR 175 2011, 401, 403; *Reichert/Ott*, ZIP 2009, 2173, 2173; *Thole*, ZHR 173 2009, 504, 509; *Fleischer*, ZIP 2005, 141, 144; *Ihrig*, WM 2004, 2098, 2104 f.; vgl. auch DCGK, 2017, Ziffer 4.1.3.

576 BGH, Urteil vom 18. Juni 2014, Az.: I ZR 242/12 = NZG 2014, 991, 993; BGH, Urteil vom 10. Juli 2012, Az.: VI ZR 341/10 = NJW 2012, 3439, 3441; *Hölters*, in: Hölters, AktG, 3. Auflage 2017, § 93 Rn. 80; *Fleischer*, in: Spindler/Stilz, AktG, 3. Auflage 2015, § 93 Rn. 96; *Rübenstahl/Preuß*, in: Szesny/Kuthe, Kapitalmarkt Compliance, 2. Auflage 2018, 33. Kapitel Rn. 6; *Hopt/Roth*, in: GroßKomm-AktG, 5. Auflage 2015, § 93 Rn. 55; *Grigoleit/Tomasic*, in: 2013, § 93 Rn. 37; *Arnold*, in: Marsch-Barner/Vetter, Hdb. börsennotierte AG, 4. Auflage 2018, § 19 Rn. 18ff. *Goette*, in: HdB Corporate Governance, 2. Auflage 2009, 713, 723 f. *Bicker*, AG 2012, 542, 543; *Goette*, ZHR 175 2011, 388, 391; *Verse*, ZHR 175 2011, 401, 403; *Fleischer*, NJW 2009, 2337, 2338; *Fleischer*, CCZ 2008, 1, 2; vgl. auch DCGK, 2017, Ziffer 4.1.3.

577 BGH, Urteil vom 8. Oktober 1984, Az.: II ZR 175/83 = GmbHR 1985, 143, 144; *Fleischer*, in: Spindler/Stilz, AktG, 4. Auflage 2019, § 93 Rn. 107.

578 BGH, Urteil vom 8. Oktober 1985, Az.: II ZR 175/83 = GmbHR 1985, 143, 143 f. – im Hinblick auf den Geschäftsführer einer GmbH; OLG Koblenz, Urteil vom 10. Juni 1991, Az.: 6 U 1650/89 = ZIP 1991, 870, 871 – im Hinblick auf den Geschäftsführer einer GmbH; *Rübenstahl/Preuß*, in: Szesny/Kuthe, Kapitalmarkt Compliance, 2. Auflage 2018, 33. Kapitel Rn. 7; *Hopt/Roth*, in: GroßKomm-AktG, 5. Auflage 2015, § 93 Rn. 186; *Wagner*, CCZ 2009, 8, 14; *Bicker*, AG 2012, 542, 543; *Goette*, ZHR 175 2011, 388, 392, 400; *Reichert/Ott*, ZIP 2009, 2173, 2176; *Fleischer*, CCZ 2008, 1, 2.

579 *Rübenstahl/Preuß*, in: Szesny/Kuthe, Kapitalmarkt Compliance, 2. Auflage 2018, 33. Kapitel Rn. 7; *Lüneborg/Resch*, NZG 2018, 209, 211; *Bürgers*, ZHR 179 2015, 173, 178;

Sofern der Vorstand eine interne Untersuchung einleitet, kommt er seiner aus der Legalitätspflicht abgeleiteten Überwachungspflicht nach, wobei er sich bei der Frage des „wie" für die Maßnahme der internen Untersuchung entschieden hat. Damit der Vorstand die interne Untersuchung ohne Verletzung seiner Überwachungspflicht einstellen kann, muss gewährleistet sein, dass der Aufklärung des in Frage stehenden Sachverhalts auf eine andere Art und Weise nachgekommen wird. Der Gesellschaft darf ohne die interne Untersuchung kein Informationsmangel entstehen. Diese alternative Aufklärungsmöglichkeit könnte in der Sonderprüfung gemäß §§ 142 ff. AktG zu sehen sein. Gleichwohl ist nicht davon auszugehen, dass der Vorstand die Aufklärungsarbeit vollständig dem gerichtlich bestellten Sonderprüfer überantworten kann. Vielmehr muss der Vorstand sich über die Ergebnisse der Sonderprüfung regelmäßig informieren.[580] Zwar kann der Vorstand keinen direkten Einfluss auf die Durchführung der Sonderprüfung gemäß §§ 142 ff. AktG nehmen. Allerdings erlaubt ihm diese Vorgehensweise jedoch, seiner Überwachungspflicht effizient nachzukommen.

Aus der Sorgfaltspflicht des Vorstands gemäß § 93 Abs. 1 Satz 2 AktG ergibt sich ebenfalls die Verpflichtung, Ansprüche der Gesellschaft geltend zu machen und somit das Vermögen der Gesellschaft zu schützen.[581] Dementsprechend hat der Vorstand unnötige Ausgaben zu unterlassen. Folglich könnte die Sorgfaltspflicht des Vorstands der Beendigung der parallel verlaufenden internen Untersuchung nicht nur nicht entgegenstehen, sondern diese im Hinblick auf die hohen Kosten und den geringen zu erwartenden Mehrwert sogar fördern.

Diese Facette der Sorgfaltspflicht unterstreicht, dass der Vorstand sich über die Erkenntnisse der Sonderprüfung gemäß §§ 142 ff. AktG – soweit möglich – auf dem Laufenden halten muss, um die effektive Durchsetzung der möglichen Ansprüche, insbesondere im Hinblick auf eine drohende Verjährung, zu gewährleisten. Die Durchführung einer Sonderprüfung gemäß §§ 142 ff. AktG hemmt die Verjährung nicht.[582] Um einer bevorstehenden Verjährung von potentiellen Ansprüchen vorzubeugen, kann es im Hinblick auf die Wahrung des Gesellschaftswohls möglicherweise geboten sein, weitere Maßnahmen (z.B. bessere Koordinierung mit dem Sonderprüfer, Zurverfügungstellung weiterer Ressourcen etc.) zu ergreifen. Dies

---

Arnold, ZGR 2014, 76, 83; *Habersack*, in: FS Stilz, 2014, 191, 201; *Goette*, ZHR 175 2011, 388, 392, 400; *Reichert/Ott*, ZIP 2009, 2173, 2176.

580 *Bachmann*, ZIP 2018, 101, 108 ff.

581 BGH, Urteil vom 9. Dezember 1991, Az.: II ZR 43/91 = NJW 1992, 1166, 1167; BGH, Urteil vom 1. März 1982, Az.: II ZR 189/80 = juris Rn. 6; *Krieger/Sailer-Coceani*, in: K. Schmidt/Lutter, AktG, 3. Auflage 2015, § 93 Rn. 10; *Hopt/Roth*, in: GroßKomm-AktG, 5. Auflage 2015, § 93 Rn. 199; *Ebenroth/Lange*, GmbHR 1992, 69, 72 - für die Gmbh.

582 *Arnold*, in: MünchKomm-AktG, 4. Auflage 2018, § 142 Rn. 98; *Rieckers/Vetter*, in: KölnKomm-AktG, 3. Auflage 2015, § 142 Rn. 266; *Harbarth/Jaspers*, NZG 2011, 368, 374; *Baums*, ZHR 174 2010, 593, 614.

setzt jedoch zwingend voraus, dass der Vorstand über die Erkenntnisse der Sonderprüfung gemäß §§ 142 ff. AktG im Bilde bleibt.

Eine Pflicht des Aufsichtsrats, eine durch ihn eingeleitete interne Untersuchung weiter voranzutreiben, könnte sich aus dessen Überwachungspflicht gemäß § 111 Abs. 1 AktG ergeben. Über den Verweis des § 116 Satz 1 AktG ergibt sich der dabei anzulegende Sorgfaltsmaßstab aus der Vorschrift des § 93 Abs. 1 AktG. Dementsprechend kann diesbezüglich auf die Ausführungen zu einer möglichen Pflicht des Vorstands, eine interne Untersuchung weiter zu verfolgen verwiesen werden.

2. ARAG/Garmenbeck-Grundsätze

Eine Pflicht des Vorstands bzw. des Aufsichtsrats, die interne Untersuchung weiter zu verfolgen, könnte sich möglicherweise aus den Grundsätzen, die der BGH in dem ARAG/Garmenbeck-Urteil[583] aufgestellt hat, ergeben. Auch wenn sich die in dem Urteil aufgestellten Grundsätze an den Aufsichtsrat richten, ist es wohl vorherrschende Ansicht, dass diese ebenfalls gegenüber dem Vorstand Geltung beanspruchen.[584]

In dem ARAG/Garmenbeck-Urteil führt der BGH aus, dass der Aufsichtsrat *„eigenverantwortlich das Bestehen von Schadensersatzansprüchen der Gesellschaft gegenüber Vorstandsmitgliedern aus ihrer organschaftlichen Tätigkeit zu prüfen und, soweit die gesetzlichen Voraussetzungen dafür vorliegen, solche unter Beachtung des Gesetzes- und Satzungsrechts und der von ihm vorgegebenen Maßstäbe zu verfolgen“*[585] hat. Das Wort „eigenverantwortlich“ ist im Zusammenhang mit der Aussage, dass *„die Möglichkeit der Hauptversammlung, nach § 147 Abs. 1 AktG über die Geltendmachung von Schadensersatzansprüchen gegenüber einem Vorstandsmitglied zu befinden, [...] [den Aufsichtsrat] nicht von dieser eigenverantwortlichen Prüfung und Entscheidung [entbindet], solange die Hauptversammlung von ihrem Recht noch keinen Gebrauch gemacht hat“*[586], zu lesen. Daraus ergibt sich, dass eine

583 BGH, Urteil vom 21. April 1997, Az.: II ZR 175/95 = NJW 1997, 1926 (ARAG/Garmenbeck).

584 OLG Stuttgart, Urteil vom 8. Juli 2015, Az.: 20 U 2/14 = AG 2016, 370, 375; LG Essen, Urteil vom 25. April 2012, Az.: 41 O 45/10 = NZG 2012, 1307, 1309; *Habersack*, in: MünchKomm-AktG, 5. Auflage 2019, § 116 Rn. 8; *Henssler*, in: Henssler/Strohn, GesR, 4. Auflage 2019, § 116 AktG Rn. 15; *Drygala*, in: K. Schmidt/Lutter, AktG, 3. Auflage 2015, § 116 Rn. 55; *Spindler*, in: Spindler/Stilz, AktG, 4. Auflage 2019, § 116 Rn. 140; *Habersack*, NZG 2016, 321, 321; *Lutter/Krieger/Verse*, (o. Fn. 10), § 13 Rn. 1025; *Thum/Klofat*, NZG 2010, 1087, 1087; a.A. *Spindler*, in: MünchKomm-AktG, 5. Auflage 2019, § 93 Rn. 116; *Hopt/Roth*, in: GroßKomm-AktG, 5. Auflage 2014, § 93 Rn. 178; aA *Bachmann*, ZHR 180 2016, 563, 574f.

585 BGH, Urteil vom 21. April 1997, Az.: II ZR 175/95 = NJW 1997, 1926,1927 (ARAG/Garmenbeck).

586 BGH, Urteil vom 21. April 1997, Az.: II ZR 175/95 = NJW 1997, 1926,1927 (ARAG/Garmenbeck).

Verpflichtung des Aufsichtsrats zur Aufklärung an sich besteht.[587] Hinsichtlich der Art und Weise der Aufklärung werden dem Aufsichtsrat jedoch keine Vorschriften gemacht, sodass ihm insoweit ein Ermessensspielraum erhalten bleibt. Dementsprechend kann die Beendigung der internen Untersuchung insoweit nicht pflichtwidrig sein, sofern die Sonderprüfung gemäß §§ 142 ff. AktG ein effektives Mittel ist, um die Aufklärung des betroffenen Sachverhalts zu gewährleisten.

Darüber hinaus geht aus der Entscheidung des BGH hervor, dass das Gesellschaftswohl den Aufsichtsrat grundsätzlich zur Wahrung des Gesellschaftsvermögens verpflichtet.[588] Die Beendigung der internen Untersuchung würde das Vermögen der Gesellschaft schonen. Somit spricht auch diese Lesart der ARAG/Garmenbeck-Grundsätze nicht dafür, dass die Beendigung einer internen Untersuchung eine Pflichtverletzung des Aufsichtsrats bzw. des Vorstands begründen könnte.[589]

3. Compliance-Pflicht

Schließlich wäre noch denkbar, dass sich eine Verpflichtung des Vorstands (nicht des Aufsichtsrats) zur Aufrechterhaltung der internen Untersuchung aus der ihn treffenden Compliance-Pflicht ergeben könnte. In Anlehnung an das englische Wort „*to comply*" (deutsch: im Einklang stehen (mit), etwas entsprechen)[590] wird darunter die Pflicht verstanden, organisatorische Maßnahmen zu treffen, die für ein gesetzestreues Verhalten nachgeordneter Unternehmensangehöriger sorgen.[591] Dabei ist in der Literatur und Rechtsprechung ungeklärt, ob die Compliance-Pflicht ihre dogmatische Herleitung in einer Analogie zu § 91 Abs. 2 AktG[592], in einer Gesamtanalogie zu sämtlichen Compliance-Regeln aus unterschiedlichen Rechtsgebieten (z.B. § 130 OWiG)[593] oder in der Leitungspflicht des Vorstands gemäß §§ 76 Abs. 1, 93 Abs. 1 AktG[594] findet. Unabhängig davon, besteht jedoch

---

587 BGH, Urteil vom 21. April 1997, Az.: II ZR 175/95 = NJW 1997, 1926,1928 (ARAG/ Garmenbeck).

588 BGH, Urteil vom 21. April 1997, Az.: II ZR 175/95 = NJW 1997, 1926,1928 (ARAG/ Garmenbeck).

589 *Bachmann*, ZIP 2018, 101, 108 ff.

590 Langenscheid, Standard Dictionary German, 2011.

591 *Fleischer*, in: Spindler/Stilz, AktG, 3. Auflage 2015, § 91 Rn. 47; *Grigoleit/Tomasic*, in: 2013, § 93 Rn. 23; *Fleischer*, NZG 2014, 321, 322; *Arnold*, ZGR 2014, 76, 79; *Bicker*, AG 2012, 542, 543; *Goette*, ZHR 175 2011, 388, 391; *Verse*, ZHR 175 2011, 401, 404; *Fleischer*, CCZ 2008, 1, 2.

592 *Faust*, in: Schimansky/Bunte/Lwowski, Bankrechts-HdB, 5. Auflage 2017, § 109 Rn. 95a; *Dreher*, in: FS Hüffer, 2010, 161, 168 ff. *Berg*, AG 2007, 271, 274 ff. *Schwintowski*, NZG 2005, 200, 201 f. *Spindler*, WM 2008, 905, 906f.

593 *Faust*, in: Schimansky/Bunte/Lwowski, Bankrechts-HdB, 5. Auflage 2017, § 109 Rn. 95a; *Moosmayer*, in: Moosmayer, Compliance, 3. Auflage 2015 Rn. 10; *Schneider*, ZIP 2003, 645, 648 f.

594 *Spindler*, in: MünchKomm-AktG, 5. Auflage 2019, § 91 Rn. 52; *Winter*, in: FS Hüffer, 2010, 1103, 1104; *Bachmann*, ZHR 180 2016, 563, 565; *Fleischer*, in: Spindler/Stilz,

insoweit Einigkeit, als dass es die Compliance-Pflicht gebietet, dass der Vorstand bestehende Verdachtsfälle auf Gesetzesverstöße aufklärt.[595] Entscheidend ist somit, ob der Vorstand seiner Aufklärungspflicht an sich mit einer Sonderprüfung gemäß §§ 142 ff. AktG ebenso gut wie mit einer internen Untersuchung nachkommen kann. Diesbezüglich kann jedoch auf die bereits angestellten Erwägungen verwiesen werden (vgl. Ziffer C) II) 6) c) (ii)(3)).

4. Weitergabe der vorläufigen Erkenntnisse an den Sonderprüfer

Sofern von einer Weiterverfolgung der internen Untersuchung abgesehen wird, stellt sich die Frage, ob dem gerichtlich bestellten Sonderprüfer die bereits gesammelten Erkenntnisse zur Verfügung gestellt werden müssen.

Grundsätzlich wird man sämtliche im Rahmen der Untersuchung angefertigte Berichte als Schriften i.S.v. § 145 Abs. 1 AktG einsehen müssen, sodass dem gerichtlich bestellten Sonderprüfer ein Einsichts- und Prüfungsrecht zukommt.[596] Darüber hinaus könnte die Übergabe der erlangten Erkenntnisse an den gerichtlich bestellten Sonderprüfer die Durchführung der Sonderprüfung beschleunigen. Dies würde die Kosten und Störungen des Betriebsablaufs senken,[597] was dem Gesellschaftswohl, dem der Vorstand bzw. der Aufsichtsrat gemäß § 93 Abs. 1 Satz 2 AktG verpflichtet sind, dienen würde. Gleichzeitig sind jedoch die entwickelten Einschränkungen in Bezug auf das Einsichts- und Prüfungsrecht des gerichtlich bestellten Sonderprüfers gemäß § 145 Abs. AktG zu beachten (vgl. Ziffer A) IV) 3)).

(4) Zwischenergebnis

Im Hinblick auf den Umgang mit einer vor der gerichtlichen Bestellung des Sonderprüfers gemäß § 142 Abs. 2 Satz 1 AktG eingeleiteten internen Untersuchung sind grundsätzlich drei Handlungsalternativen denkbar:

Erstens kann die interne Untersuchung zur Abwendung der gerichtlichen Bestellung eines Sonderprüfers gemäß § 142 Abs. 2 Satz 1 AktG in eine formelle

---

AktG, 3. Auflage 2015, § 91 Rn. 50; *Mertens/Cahn*, in: KölnKomm-AktG, 3. Auflage 2011, § 93 Rn. 35; *Langenbucher*, Aktien- und Kapitalmarktrecht, 4. Auflage 2018§ 4 Rn. 86a; *Immenga*, in: FS Schwark, 2009, 199, 202; *Lutter*, in: FS Goette, 2011, 289, 292 f. *Hüffer*, in: FS Roth, 2011, 299, 304; *Fleischer*, NZG 2014, 321, 322; *Goette*, ZHR 175 2011, 388, 392; *Arbeitskreis Externe und Interne Überwachung der Unternehmung der Schmalenbach-Gesellschaft für Betriebswirtschafts e.V.*, DB 2010, 1509, 1511; *Fleischer*, BB 2008, 1070, 1072; *Bürkle*, BB 2007, 1797, 1799; *Vetter*, DB 2007, 1963, 1964; *Verse*, ZHR 175 2011, 401, 404; *Fleischer*, AG 2003, 291, 299.

595 *Bachmann*, ZHR 180 2016, 563, 567; *Fleischer*, NZG 2014, 321, 326; *Arnold*, ZGR 2014, 76, 82; *Goette*, ZHR 175 2011, 388, 392 f. *Fleischer*, CCZ 2008, 1, 2

596 *Bachmann*, ZHR 180 2016, 563, 576.

597 Siehe dazu BVerfG, Beschluss vom 20. Dezember 2017, Az.: 1 BvR 2754/17 = NJW 2018, 381, 382 – das in dieser Vorgehensweise eine Möglichkeit zur Minderung der von der Gesellschaft insgesamt zu tragenden Kosten sieht.

Sonderprüfung umgewandelt werden, wobei die Bekanntmachungspflichten gemäß § 142 Abs. 2 Satz 1 Satz 3 AktG i.V.m. § 149 AktG zu beachten sind.

Zweitens könnte die interne Untersuchung parallel zu der Durchführung der Sonderprüfung gemäß §§ 142 ff. AktG weitergeführt werden, wovon unter Berücksichtigung der mit der. internen Untersuchung einhergehenden Kosten und Störungen des Betriebsablaufs grundsätzlich abgesehen werden sollte.

Drittens kann die interne Untersuchung beendet werden. Darin liegt keine Pflichtverletzung des Vorstands bzw. des Aufsichtsrats, solange dieser sich über den Ablauf der Sonderprüfung soweit wie möglich auf dem Laufenden halten, um eine effektive Durchsetzung möglicher Ansprüche der Gesellschaft (gerade im Hinblick auf eine mögliche Verjährung), zu der sie aufgrund ihrer Stellung verpflichtet sind, gewährleisten zu können.

In diesem Zusammenhang sind die im Rahmen der internen Untersuchungen gewonnen Erkenntnisse dem gerichtlich bestellten Sonderprüfer, soweit sie dem sachlichen Anwendungsbereich des § 145 Abs. 1 AktG unterfallen, zugänglich zu machen. Hierbei sind jedoch die entwickelten Einschränkungen des Einsichts- und Prüfungsrechts gemäß § 145 Abs. 1 AktG zu beachten (vgl. Ziffer A) IV) 3)).

(iii) Alternative Quellen

Die Erforderlichkeit der gerichtlichen Bestellung des Sonderprüfers könnte auch dann entfallen, sofern die antragsstellende Aktionärsminderheit die gewünschten Auskünfte auf eine andere, für die Gesellschaft weniger belastende Weise erlangen könnte.

(1) Andere Untersuchungen

Sofern der Sachverhalt, dessen Aufklärung im Rahmen des Antrags auf gerichtliche Bestellung des Sonderprüfers gemäß § 142 Abs. 2 Satz 1 AktG begehrt wird, als Gegenstand einer anderen Ermittlung (d.h. Sonderprüfung gemäß §§ 142 ff. AktG, informelle Sonderprüfung, interne Untersuchung), die unter mit denjenigen der Sonderprüfung gemäß §§ 142 ff. AktG vergleichbaren Bedingungen durchgeführt wurde, bereits ausführlich beleuchtet und allgemein bekannt gemacht wurde, ist dem Antrag mangels Erforderlichkeit nicht stattzugeben (vgl. Ziffer C) II) 6) c) (i) (3)). In der Rechtsprechung und Literatur ist ungeklärt, ob insoweit bereits kein prüfungsfähiger Vorgang[598] vorliegt, das Rechtsschutzbedürfnis entfällt[599] oder die

598 OLG Frankfurt, Beschluss vom 15. Juni 2011, Az.: 21 W 18/11 = BeckRS 2011, 17042 – im Ergebnis offen gelassen; OLG Stuttgart, Beschluss vom 25. November 2008, Az.: 8 W 370/08 = AG 2009, 169, 171.

599 LG München I, Beschluss vom 9. Juni 2016, Az.: 17 HK O 6754/15 = NZG 2016, 1342, 1345 f; KG, Beschluss vom 5. Januar 2012, Az.: 2 W 95/11 = ZIP 2012, 672, 673f.; *Rieckers/Vetter*, in: KölnKomm-AktG, 3. Auflage 2015, § 142 Rn. 256; *Herrler*, in: Grigoleit, AktG, 2013, § 142 Rn. 21; *Liebscher*, in: Henssler/Strohn, GesR, 3. Auflage 2016, § 142 Rn. 13; *Kirschner*, (o. Fn. 2), S. 75.

gerichtliche Bestellung eines Sonderprüfers gemäß § 142 Abs. 2 Satz 1 AktG – nach hier vertretener Ansicht – im Hinblick auf die nicht zu erwartenden weiteren Erkenntnisse als unverhältnismäßig[600] anzusehen ist. Unabhängig davon, welcher Auffassung man folgt, muss sich die antragsstellende Aktionärsminderheit in beiden Konstellationen auf die Ergebnisse der bereits durchgeführten Untersuchung verweisen lassen.

Etwas anderes ergibt sich auch nicht, soweit die andere Untersuchung bereits in Gang gesetzt wurde, allerdings noch nicht vollständig abgeschlossen wurde.[601]

(2) Auskunftserzwingungsverfahren gemäß §§ 131 f. AktG

Denkbar wäre es weiterhin, die antragsstellende Aktionärsminderheit auf ein Auskunftserzwingungsverfahren gemäß § 132 AktG zu verweisen. Mit diesem Verfahren kann ein Aktionär die Durchsetzung seines Auskunftsrechts gemäß § 131 Abs. 1 Satz 1 AktG gegenüber dem Vorstand gerichtlich durchsetzen.

Sofern der Vorstand eine Auskunft verweigert, verhindert er die Ausübung des Auskunftsrechts des einzelnen Aktionärs gemäß § 131 Abs. 1 Satz 1 AktG. Gegen die Verweigerung der Auskunftserteilung kann sich der einzelne Aktionär nach einhelliger Ansicht im Rahmen eines Auskunftserzwingungsverfahrens gemäß § 132 AktG wenden.[602] Nach einer sich im Vordringen befindlichen Meinung erfasst das Auskunftserzwingungsverfahren gemäß § 132 AktG darüber hinaus auch die Überprüfung von (möglicherweise) unrichtig erteilten Auskünften, da in jeder Falschauskunft zugleich auch die Verweigerung der richtigen Auskunft liegt.[603] Dementsprechend ist es denkbar, dass sich das Auskunftserzwingungsverfahren gemäß § 132 AktG sowie der Antrag auf gerichtliche Bestellung eines

600 *Mock*, in: Spindler/Stilz, AktG, 4. Auflage 2019, § 142 Rn. 168 - soweit es sich bei der bereits abgeschlossenen Untersuchung um eine Sonderprüfung gemäß §§142 ff. AktG handelt.

601 *Mock*, in: Spindler/Stilz, AktG, 4. Auflage 2019, § 142 Rn. 168 - soweit es sich bei der bereits begonnenen Untersuchung um eine Sonderprüfung gemäß §§142 ff. AktG handelt. *Bachmann*, ZIP 2018, 101, 106.

602 *Koch*, in: Hüffer/Koch, AktG, 13. Auflage 2018, § 132 Rn. 4a; *Kubis*, in: MünchKomm-AktG, 4. Auflage 2018, § 132 Rn. 14; *Drinhausen*, in: Hölters, AktG, 3. Auflage 2017, § 132 Rn. 5; *Reger*, in: Bürgeres/Körber, AktG, 4. Auflage 2017, § 132 Rn. 3a; *Liebscher*, in: Henssler/Strohn, GesR, 3. Auflage 2016, § 132 Rn. 5; *Spindler*, in: K. Schmidt/Lutter, AktG, 3. Auflage 2015, § 132 Rn. 8; *Herrler*, in: Grigoleit, AktG, 2013, § 132 Rn. 6; *Grundmann*, in: GroßKomm-AktG, 4. Auflage 2008, § 137 Rn. 6.

603 LG München, Beschluss vom 28. Mai 2010, Az.: 5 HK O 14307/07 = AG 2010, 919, 920; *Koch*, in: Hüffer/Koch, AktG, 13. Auflage 2018, § 132 Rn. 4a; *Drinhausen*, in: Hölters, AktG, 3. Auflage 2017, § 132 Rn. 5; *Kersting*, in: KölnKomm-AktG, 3. Auflage 2015, § 132 Rn. 6; *Rieckers/Vetter*, in: KölnKomm-AktG, 3. Auflage 2015, § 142 Rn. 86; *Spindler*, in: K. Schmidt/Lutter, AktG, 3. Auflage 2015, § 132 Rn. 9; *Grundmann*, in: GroßKomm-AktG, 4. Auflage 2008, § 137 Rn. 7; *Hellwig*, in: FS Budde, 1995, 265, 276; *Quack*, in: FS Beusch, 1993, 663, 669 ff. *Lieder*, NZG 2014, 601, 608f.

Sonderprüfers gemäß § 142 Abs. 2 Satz 1 AktG auf denselben Prüfungsgegenstand beziehen.[604] Folglich muss es grundsätzlich zumindest möglich erscheinen, dass der einzelne Aktionär zur umfassenden Aufklärung einer verweigerten oder möglicherweise unrichtigen Auskunft auf das Auskunftserzwingungsverfahren gemäß § 132 AktG verwiesen wird.

Im Hinblick auf die unterschiedliche Rechtsnatur der Sonderprüfung gemäß §§ 142 ff. AktG und des Auskunftserzwingungsverfahren gemäß § 132 AktG erscheint die Annahme eines solchen Stufenverhältnisses jedoch fragwürdig.[605] Während die Sonderprüfung gemäß §§ 142 ff. AktG ausschließlich dem Gesellschaftswohl dient (vgl. Ziffer A) II) 4)), zielt das Auskunftsrecht gemäß § 131 AktG als Individualrecht auf den Schutz der Ausübung der Mitgliedschaftsrechte (insbesondere des Stimmrechts) des einzelnen Aktionärs ab.[606] Eine Aktionärsminderheit i.S.v. § 142 Abs. 2 Satz 1 AktG kann jedoch nur dann auf ein Individualrecht verwiesen werden, soweit sich daraus keine Verkürzung ihrer Rechte ergibt.

Das Auskunftsrecht des einzelnen Aktionärs gemäß § 131 Abs. 1 Satz 1 AktG bezieht sich auf Auskünfte über Angelegenheiten der Gesellschaft, soweit sie zur sachgemäßen Beurteilung des Gegenstands der Tagesordnung erforderlich sind. Es weist somit einen deutlich engeren sachlichen Anwendungsbereich als die Sonderprüfung gemäß §§ 142 ff. AktG auf. Darüber hinaus bewirkt das Auskunftsrecht gemäß § 131 Abs. 1 Satz 1 AktG auch nur die Beantwortung einzelner Fragen durch den Vorstand. Es wirkt insoweit lediglich punktuell. Die Sonderprüfung gemäß §§ 142 ff. AktG befasst sich dahingegen mit der Aufklärung eines gesamten Sachverhalts. Ihr sachlicher Anwendungsbereich geht somit weit über den des Auskunftsrechts gemäß § 131 Abs. 1 Satz 1 AktG hinaus. Ein Verweis der Aktionärsminderheit auf das Auskunftserzwingungsverfahren gemäß § 132 AktG ist somit generell nur denkbar, soweit der Prüfungsgegenstand der beantragten Sonderprüfung vollständig (!) in den vergleichsweise engeren sachlichen Anwendungsbereich des Auskunftsrechts des einzelnen Aktionärs gemäß § 131 Abs. 1 Satz 1 AktG fällt.

Dem einzelnen Aktionär steht allerdings kein Anspruch auf Auskunftserteilung gemäß § 131 Abs. 1 Satz 1 AktG zu, soweit der Vorstand deren Erteilung

---

604 *Kubis*, in: MünchKomm-AktG, 4. Auflage 2018, § 131 Rn. 180; *Drinhausen*, in: Hölters, AktG, 3. Auflage 2017, § 131 Rn. 44; *Rieckers/Vetter*, in: KölnKomm-AktG, 3. Auflage 2015, § 142 Rn. 86; *Spindler*, in: K. Schmidt/Lutter, AktG, 3. Auflage 2015, § 131 Rn. 118; *Kersting*, in: KölnKomm-AktG, 3. Auflage 2010, § 131 Rn. 569; *Butzke*, (o. Fn. 196), Rn. G.102.

605 *Rieckers/Vetter*, in: KölnKomm-AktG, 3. Auflage 2015, § 142 Rn. 86.

606 BVerfG, Beschluss vom 20. September 1999, Az.: 1 BvR 636/95 = NJW 2000, 349, 350; OLG München, Urteil vom 4. Juli 2001, Az.: 7 U 5285/00 = NZG 2002, 187, 188 (nicht rechtskräftig); *Kubis*, in: MünchKomm-AktG, 4. Auflage 2018, § 131 Rn. 2ff. *Koch*, in: Hüffer/Koch, AktG, 13. Auflage 2018, § 131 Rn. 2; *Siems*, in: Spindler/Stilz, AktG, 3. Auflage 2015, § 131 Rn. 2; *Dechert*, in: GroßKomm-AktG, 4. Auflage 2015, § 131 Rn. 5; *Hüffer*, ZIP 1996, 401, 405 f.

rechtmäßig verweigern darf. Ein derartiges Auskunftsverweigerungsrecht des Vorstands findet sich unter anderem in der Vorschrift des § 131 Abs. 3 Satz 1 Nr. 1 AktG. Danach kann der Vorstand die Auskunft verweigern, soweit die Erteilung nach vernünftiger kaufmännischer Beurteilung geeignet ist, der Gesellschaft einen nicht unerheblichen Nachteil zuzufügen.

Dem Auskunftsverweigerungsrecht gemäß § 131 Abs. 3 Satz 1 Nr. 1 AktG liegt dementsprechend ein anderer Maßstab zugrunde als dem Beschränkungsrecht des Vorstands gemäß § 145 Abs. 4 AktG. Während der Vorstand die Auskunft bereits verweigern darf, sofern „*nicht unerhebliche Nachteile*" zu befürchten sind, ist eine Beschränkung des Inhalts des Sonderprüfungsberichts nur insoweit möglich, als überwiegende Belange der Gesellschaft dies gebieten und die Tatsachen zur Darlegung der Unredlichkeiten oder groben Verletzungen gemäß § 142 Abs. 2 AktG nicht unerlässlich sind (vgl. Ziffer B) V) 1)). Die Anforderungen für die Beschränkung des Auskunftsverweigerungsrecht gemäß § 131 Abs. 1 Satz 1 AktG sind somit niedriger als diejenigen für eine Beschränkung des zu veröffentlichenden Inhalts des Sonderprüfungsberichts im Handelsregister. Beide Maßnahmen geben dem Vorstand jedoch das Recht, die Informationen, die den Aktionären zur Verfügung gestellt werden, zu beschränken.

Die Abweichung der anzulegenden Maßstäbe zur Ausübung des jeweiligen Rechts wirft die Frage auf, ob eine Vorrangigkeit des Auskunftserzwingungsverfahrens gemäß § 132 AktG zu einer Umgehung der strengeren Voraussetzungen zur Beschränkung des Sonderprüfungsberichts gemäß § 145 Abs. 4 AktG führen würde. Die Möglichkeit des einzelnen Aktionärs, eine Auskunft im Rahmen der Hauptversammlung gemäß § 131 Abs. 1 Satz 1 AktG zu fordern, ist der gerichtlichen Bestellung eines Sonderprüfers gemäß § 142 Abs. 2 Satz 1 AktG, die einen diesbezüglich ablehnenden Hauptversammlungsbeschluss voraussetzt, zeitlich stets vorgelagert. Vor der Beantragung auf gerichtliche Bestellung eines Sonderprüfers gemäß § 142 Abs. 2 Satz 1 AktG hatte jeder einzelne Aktionär der antragsstellenden Aktionärsminderheit die Möglichkeit, sein Auskunftsrecht gemäß § 131 Abs. 1 Satz 1 AktG auszuüben. Sofern der Prüfungsgegenstand der beantragten Sonderprüfung gemäß § 142 Abs. 2 Satz 1 AktG vollständig in den sachlichen Anwendungsbereich des Auskunftsrechts gemäß § 131 Abs. 2 Satz 1 AktG fällt, darf das Auskunftsverweigerungsrecht des Vorstands gemäß § 131 Abs. 3 Satz 1 AktG, welches die Grenze des Auskunftsrecht gemäß § 131 Abs. 1 Satz 1 AktG darstellt und die Gesellschaft vor nicht unerheblichen Nachteilen schützen soll, jedoch nicht durch die gerichtliche Bestellung eines Sonderprüfers umgangen werden. Eine Umgehung des die Gesellschaft schützenden Auskunftsverweigerungsrecht des Vorstands gemäß § 131 Abs. 3 Satz 1 Nr. 1 AktG wäre darüber hinaus nicht mit dem Schutzzweck der Sonderprüfung gemäß §§ 142 ff. AktG, welcher gerade ausschließlich in der Förderung des Gesellschaftswohls zu sehen ist (vgl. Ziffer A) II) 4)), vereinbar.[607]

607 *Holle*, ZHR 2018, 569, 591.

Weiterhin würde die gerichtliche Bestellung eines Sonderprüfers gemäß § 142 Abs. 2 Satz 1 AktG trotz vorheriger (ungenutzter) Möglichkeit, ein Auskunftserzwingungsverfahren gemäß § 132 AktG anzustrengen, die Umgehung der in § 132 Abs. 2 Satz 2 AktG vorgesehenen Frist ermöglichen.[608] Die Vorschrift des § 132 Abs. 2 Satz 2 AktG sieht vor, dass eine Antragsstellung auf Auskunftserzwingung binnen zwei Wochen nach der Hauptversammlung, in der die Auskunft abgelehnt wurde, zu erfolgen hat. Ein Antrag auf gerichtliche Bestellung eines Sonderprüfers gemäß § 142 Abs. 2 Satz 1 AktG unterliegt dagegen keiner Fristenbindung.[609] Ein Antrag auf gerichtliche Bestellung eines Sonderprüfers kann mithin auch dann noch gestellt werden, wenn die Frist des § 132 Abs. 2 Satz 2 AktG abgelaufen ist.

Die vorangegangenen Überlegungen lassen sich wie folgt zusammenfassen: Findet sich der Prüfungsgegenstand der beantragten Sonderprüfung gemäß § 142 Abs. 2 Satz 1 AktG vollständig in dem sachlichen Anwendungsbereich des Auskunftsrechts gemäß § 131 Abs. 2 Satz 1 AktG wieder, stellt ein Verweis der antragsstellenden Aktionärsminderheit auf das Auskunftserzwingungsverfahren gemäß § 132 AktG keine Verkürzung ihrer Rechte dar, sondern ist vielmehr zur Wahrung der Grenzen des Auskunftsrecht des einzelnen Aktionärs gemäß § 131 Abs. 3 Satz 1 Nr. 1 AktG und mithin des Gesellschaftswohls sowie des Fristerfordernisses des § 132 Abs. 2 Satz 2 AktG notwendig. Das Auskunftserzwingungsverfahren gemäß § 132 AktG ist in dieser Konstellation als gegenüber der gerichtlichen Bestellung des Sonderprüfers gemäß § 142 Abs. 2 Satz 1 AktG spezieller und mithin vorrangig anzusehen.[610] Wird der beantragte Prüfungsgegenstand jedoch nicht vollumfänglich von dem sachlichen Anwendungsbereich des § 131 Abs. 1 Satz 1 AktG erfasst, steht dem einzelnen Aktionär bereits kein Auskunftsrecht hinsichtlich des beantragten Prüfungsgegenstandes zu. Der sachliche Anwendungsbereich des § 131 Abs. 1 Satz 1 AktG und des § 142 Abs. 2 Satz 1 AktG sind in dieser Konstellation nicht deckungsgleich, sodass von vorneherein kein Konkurrenzverhältnis besteht. Die Erforderlichkeit der gerichtlichen Bestellung eines Sonderprüfers gemäß § 142 Abs. 2 Satz 1 AktG entfällt unter diesen Umständen nicht.

(3) § 171 AktG

Weiterhin könnte die Erforderlichkeit einer gerichtlichen Bestellung eines Sonderprüfers gemäß § 142 Abs. 2 Satz 1 AktG auch dann entfallen, wenn der beantragte Prüfungsgegenstand ausreichend im Bericht des Aufsichtsrats an die

---

608 *Rieckers/Vetter*, in: KölnKomm-AktG, 3. Auflage 2015, § 142 Rn. 86.

609 *Mock*, in: Spindler/Stilz, AktG, 4. Auflage 2019, § 142 Rn. 127; *Arnold*, in: MünchKomm-AktG, 4. Auflage 2018, § 142 Rn. 98; *Holzborn/Jähnig*, in: Bürger/Körbers, AktG, 2017, § 142 Rn. 18; *Rieckers/Vetter*, in: KölnKomm-AktG, 3. Auflage 2015, § 142 Rn. 212; *Wilsing/von der Linden*, in: Heidel, Aktienrecht und Kapitalmarktrecht, 4. Auflage 2014, § 142 AktG Rn. 24; *Herrler*, in: Grigoleit, AktG, 2013, § 142 Rn. 25; *Bezzenberg*, in: GroßKomm-AktG, 4. Auflage 2008, § 142 Rn. 57.

610 *Rieckers/Vetter*, in: KölnKomm-AktG, 3. Auflage 2015, § 142 Rn. 115.

Hauptversammlung gemäß § 171 Abs. 2 AktG erörtert worden ist, sodass davon auszugehen ist, dass die Durchführung einer Sonderprüfung keine zusätzlichen Erkenntnisse zu Tage fördern würde.[611] Ob diese Konstellation in der Praxis zum Tragen kommt, scheint jedoch fraglich. Zum einen ist bereits unklar, inwieweit der Aufsichtsrat gemäß § 171 AktG über die Pflichtverletzung der Verwaltung zu berichten hat.[612] Zum anderen scheint zweifelhaft, ob der Bericht vom Aufsichtsrat eine derart umfassende und objektive Erörterung des in Frage stehenden Sachverhalts bereithalten kann, sodass die Durchführung einer Sonderprüfung gemäß §§ 142 ff. AktG keinen weiteren Erkenntnisgewinn erwarten lässt. In dieser Konstellation müsste der beantragte Sachverhalt als bereits vollständig aufgeklärt betrachtet werden, sodass das allgemeine Rechtschutzbedürfnis für die gerichtliche Bestellung eines Sonderprüfers gemäß § 142 Abs. 2 Satz 1 AktG bereits fehlen könnte (vgl. Ziffer C) I) 3) a)). Andernfalls wäre die antragsstellende Aktionärsminderheit auf den Bericht des Aufsichtsrats gemäß § 171 AktG zu verweisen und die Erforderlichkeit einer gerichtlichen Bestellung des Sonderprüfers gemäß § 142 Abs. 2 Satz 1 AktG wäre nicht gegeben.

(4) Zwischenergebnis

Sofern eine andere Untersuchung (d.h. private Untersuchung oder Sonderprüfung gemäß §§ 142 ff. AktG) bereits unter mit den in den §§ 142 ff. AktG statuierten, vergleichbaren Voraussetzungen in Bezug auf denselben Prüfungsgegenstand durchgeführt worden ist, entfällt die Erforderlichkeit der gerichtlichen Bestellung des Sonderprüfers gemäß § 142 Abs. 2 Satz 1 AktG. Dies gilt unabhängig davon, ob die andere Untersuchung bereits abgeschlossen ist oder sich noch im Stadium der Durchführung befindet (vgl. Ziffer C) II) 6) c) (i) (3)).

Die gerichtliche Bestellung eines Sonderprüfers gemäß § 142 Abs. 2 Satz 1 AktG ist weiterhin dann nicht als erforderlich anzusehen, wenn die antragsstellende Aktionärsminderheit die begehrten Informationen über den beantragten Prüfungsgegenstand ebenfalls durch die Ausübung ihres Auskunftsrechts gemäß § 131 Abs. 1 Satz 1 AktG erhalten hätte können. Die gerichtliche Bestellung eines Sonderprüfers gemäß § 142 Abs. 2 Satz 1 AktG tritt in dieser Konstellation als subsidiär hinter dem Auskunftserzwingungsverfahren gemäß § 132 AktG zurück. Dies ergibt sich daraus, dass andernfalls eine Umgehung des Auskunftsverweigerungsrechts gemäß § 131 Abs. 3 Satz 1 Nr. 1 AktG sowie des Fristerfordernisses gemäß § 132 Abs. 2 Satz 2 AktG zu befürchten wäre. Sofern die antragsstellende Aktionärsminderheit die Auskünfte über den beantragten Prüfungsgegenstand nicht im Rahmen ihres Auskunftsrechts gemäß § 131 Abs. 1 Satz 1 AktG (unabhängig von einer möglichen Verweigerung der Auskunftserteilung durch den Vorstand gemäß

611 *Bachmann*, ZIP 2018, 101, 106 - der den Bericht in der Verhältnismäßigkeitsprüfung berücksichtigt wissen will.

612 *Bachmann*, ZIP 2018, 101, 106.

§ 131 Abs. 3 Satz 1 Nr. 1 AktG) erlangen könnte, scheidet ein Verweis der antragsstellende Aktionärsminderheit auf das Auskunftserzwingungsrecht gemäß § 132 AktG aus. Mangels Konkurrenzverhältnisses besteht dann kein Subsidiaritätsverhältnis zwischen dem Auskunftserzwingungsverfahren gemäß § 132 AktG und der gerichtlichen Bestellung des Sonderprüfers gemäß § 142 Abs. 2 Satz 1 AktG. Die Erforderlichkeit der gerichtlichen Bestellung des Sonderprüfers gemäß § 142 Abs. 2 Satz 1 AktG entfällt in diesen Fällen daher nicht.

Grundsätzlich kann die Erforderlichkeit der gerichtlichen Bestellung des Sonderprüfers gemäß § 142 Abs. 2 Satz 1 AktG auch dann entfallen, wenn über den beantragten Prüfungsgegenstand in ausreichender Weise bereits umfassend und objektiv im Bericht des Aufsichtsrats gemäß § 171 Abs. 2 AktG berichtet worden ist. Ob dies ein in der Praxis realistisches Szenario darstellt, scheint jedoch fragwürdig.

d) Angemessenheit

Die letzte Stufe der Verhältnismäßigkeitsprüfung bildet die Prüfung der Angemessenheit. Dazu ist eine Abwägung der Kosten und negativen Auswirkungen der Sonderprüfung gemäß §§ 142 ff. AktG mit den daraus zu gewinnenden Vorteilen und Nutzen vorzunehmen.[613] Dabei stellt sich jedoch die Frage, welcher Maßstab auf der Stufe der Angemessenheit anzulegen ist. Genauer gesagt gilt es zu untersuchen, in welchem Verhältnis die mit der Durchführung einer Sonderprüfung gemäß §§ 142 ff. AktG einhergehenden Nachteile zu den sich aus dieser für die Gesellschaft ergebenden Vorteile stehen müssen, um die gerichtliche Bestellung eines Sonderprüfers als angemessen beurteilen zu können.

(i) Denkbare Maßstäbe

Als denkbarer Maßstab könnte zunächst einmal der Wortlaut des § 148 Abs. 1 Satz 2 Nr. 4 AktG herangezogen werden.[614] Dies ergibt sich daraus, dass die

---

613 BT-Drucks.15/5092, Seite 18; OLG Düsseldorf, Beschluss vom 9. Dezember 2009, Az.: I 6 W 45/09 = AG 2010, 126, 127; *Mock*, in: Spindler/Stilz, AktG, 4. Auflage 2019, § 142 Rn. 155; *Arnold*, in: MünchKomm-AktG, 4. Auflage 2018, § 142 Rn. 89; *Rieckers/Vetter*, in: KölnKomm-AktG, 3. Auflage 2015, § 142 Rn. 300; *Liebscher*, in: Henssler/Strohn, GesR, 3. Auflage 2016, § 142 Rn. 12; *Spindler*, in: K. Schmidt/Lutter, AktG, 3. Auflage 2015, § 142 Rn. 54; *Herrler*, in: Grigoleit, AktG, 2013, § 142 Rn. 24; *Bungert*, in: Krieger/Schneider, Hdb. Managerhaftung, 3. Auflage 2017, § 16 Rn. 33; *Müller-Michaels/Wingerter*, AG 2010, 903, 909; *Spindler*, NZG 2010, 281, 282; *Mutter/Quinke*, EWiR 2010, 171, 172; *Trölitzsch/Gunßer*, AG 2008, 833, 837.

614 So wohl *Rieckers/Vetter*, in: KölnKomm-AktG, 3. Auflage 2015, § 142 Rn. 302 - der ohne Verweis auf § 148 Abs. 1 Satz 2 Nr. 4 AktG von „überwiegenden Gründen des Gesellschaftswohls" spricht; *Herrler*, in: Grigoleit, AktG, 2013, § 142 Rn. 24 - der von einer „Anlehnung an § 148 Abs. 1 Satz 2 Nr. 4 AktG" spricht; *Hüffer*, ZHR 174 2010, 642, 660; *Müller-Michaels/Wingerter*, AG 2010, 903, 910 - der von einem „deutlichen überwiegen" spricht.

Gesetzesbegründung des § 142 Abs. 2 AktG auf die in § 148 Abs. 1 Satz 2 Nr. 4 AktG vorgesehene Verhältnismäßigkeitsprüfung Bezug nimmt. Allerdings bleibt diesbezüglich offen, ob der Gesetzgeber sich dabei auf die Verhältnismäßigkeitsprüfung an sich oder auf eine Verhältnismäßigkeitsprüfung nach dem genauen Vorbild des § 148 Abs. 1 Satz 2 Nr. 4 AktG bezieht. Die Vorschrift des § 148 Abs. 1 Satz 2 Nr. 4 AktG sieht vor, dass das Gericht die Geltendmachung der Klage durch die Aktionäre im Namen der Gesellschaft nur zulässt, wenn der Geltendmachung des Ersatzanspruchs keine überwiegenden Gründe des Gesellschaftswohls entgegenstehen. Daraus ergibt sich, dass eine Klage bei Vorliegen der Voraussetzungen von § 148 Abs. 1 Satz 2 Nr. 1 bis 3 AktG grundsätzlich zuzulassen ist; es sei denn, Gründe des Gesellschaftswohls, von einer Klage abzusehen, überwiegen die Interessen der Gesellschaft an der Geltendmachung der Ersatzansprüche.[615] Auf die Angemessenheitsprüfung im Rahmen des Antrags auf gerichtliche Bestellung eines Sonderprüfers gemäß § 142 Abs. 2 Satz 1 AktG übertragen, würde dies bedeuten, dass eine solche gerichtliche Bestellung dann angemessen ist, wenn die damit verbundenen Vorteile für die Gesellschaft die sich daraus ergebenden Nachteile für die Gesellschaft überwiegen.

Möglich – und vereinzelt in der Literatur vorgeschlagen[616] – wäre jedoch ebenso die in dem ARAG/Garmenbeck-Urteil entwickelten Grundsätze zur näheren Bestimmung der Angemessenheit heranzuziehen. Danach kann von der grundsätzlich obligatorischen Geltendmachung der Ersatzansprüche der Gesellschaft abgesehen werden, sofern „*gewichtige Gründe des Gesellschaftswohls [gegen eine Verfolgung der Ersatzansprüche der Gesellschaft] sprechen und diese Umstände die Gründe, die für eine Rechtsverfolgung sprechen, überwiegen oder ihnen zumindest annähernd gleichwertig sind*[617]“. Auf die Prüfung der Angemessenheit der gerichtlichen Bestellung eines Sonderprüfers gemäß § 142 Abs. 2 Satz 1 AktG angewendet, würde das bedeuten, dass eine gerichtliche Bestellung bereits dann nicht (mehr) als angemessen angesehen werden kann, wenn den möglichen Vorteilen einer Sonderprüfung gemäß §§ 142 ff. AktG annähernd gleichwertige Nachteile gegenüberstehen. Der in der ARAG/Garmenbeck entwickelte Grundsatz stellt somit im Vergleich zu demjenigen des § 148 Abs. 1 Satz 2 Nr. 4 AktG höhere Anforderungen an das Vorliegen der Angemessenheit bzw. lässt die Angemessenheit unter einfacheren Voraussetzungen entfallen.

Einigkeit dürfte insoweit bestehen, als dass der Maßstab der Angemessenheit unterhalb der Voraussetzungen für das Vorliegen eines rechtsmissbräuchlichen

615 BT-Drucks. 15/5092, Seite 22; *Arnold*, in: MünchKomm-AktG, 4. Auflage 2018, § 148 Rn. 45; *Koch*, in: Hüffer/Koch, AktG, 13. Auflage 2018, § 148 Rn. 9; *Hirschmann*, in: Hölters, AktG, 3. Auflage 2017, § 148 Rn. 14; *Herrler*, in: Grigoleit, AktG, 2013, § 148 Rn. 10; *Wilsing/Ogorek*, GWR 2009, 75, 77.

616 *Wilsing*, (o. Fn. 29), S. 155 ff.

617 BGH, Urteil vom 21. April 1997, Az.: II ZR 175/95 = NJW 1997, 1926 (*ARAG/Garmenbeck*).

Verhaltens anzusiedeln ist, da diesem ansonsten von vorneherein keine eigenständige Bedeutung beigemessen werden könnte.[618]

Ebenso ist ein Antrag auf gerichtliche Bestellung eines Sonderprüfers gemäß § 142 Abs. 2 Satz 1 AktG nicht bereits dann als nicht angemessen abzulehnen, sofern irgendwelche Interessen der Gesellschaft dem entgegenstehen.[619]

(1) Keine Rückschlüsse aus der Gesetzesbegründung zu § 148 Abs. 1 Satz 2 Nr. 4 AktG

Die Annahme, dass die Angemessenheit im Rahmen der Verhältnismäßigkeitsprüfung sich an dem Maßstab des § 148 Abs. 1 Satz 2 Nr. 4 AktG ausrichtet, könnte zunächst aus der Gesetzesbegründung zu § 142 Abs. 2 AktG hergeleitet werden. Diese führt aus, dass *„[e]ine solche Verhältnismäßigkeitsprüfung [..] auch bei der Zulassung der Sonderprüfung in Geringfügigkeitsfällen vorzunehmen [ist], wenn die Kosten und negativen Auswirkungen einer Sonderprüfung für die Gesellschaft nicht in angemessenem Verhältnis zu dem durch das Fehlverhalten ausgelösten Schaden stehen“*.[620] Eindeutig ergibt sich insoweit jedoch nur, dass eine Angemessenheitsprüfung an sich im Rahmen der Entscheidung über den Antrag auf gerichtliche Bestellung eines Sonderprüfers gemäß § 142 Abs. 2 Satz 1 AktG vorzunehmen ist. Allerdings bietet die Gesetzesbegründung keine Anhaltspunkte dafür, wie das Wort „solche“ zu interpretieren und mithin der Maßstab der Angemessenheit auszulegen ist.

Aufschlussreicher gestaltet sich dahingegen ein weiterer Blick in die Gesetzesbegründung zum § 148 Abs. 1 Satz 2 Nr. 4 AktG, laut welcher *„[e]ntgegen den Formulierungen in der ARAG/Garmenbeck-Entscheidung […] nicht auf „gewichtige“, sondern auf „überwiegende“ Gründe abgestellt [wird], um stärker zum Ausdruck zu bringen, dass im Normalfall eine Haftungsklage bei Vorliegen der Voraussetzungen der Nummern 1 bis 3 zu zulassen ist und nur im Wege einer Abwägung gegen überwiegende entgegenstehende Interessen davon abgesehen werden kann.“* (Hervorhebung hinzugefügt). Eine Übertragung des Maßstabs des § 148 Abs. 1 Satz 2 Nr. 4 AktG würde somit voraussetzen, dass der Gesetzgeber die gerichtliche Bestellung des Sonderprüfers gemäß § 142 Abs. 2 Satz 1 AktG ebenfalls als Normalfall verstanden wissen will. Diese Aussage scheint im Hinblick auf die ausdrückliche Subsidiarität der gerichtlichen Bestellung des Sonderprüfers gemäß § 142 Abs. 2 Satz 1 AktG gegenüber der Bestellung des Sonderprüfers durch die Hauptversammlung gemäß § 142 Abs. 1 Satz 1 AktG (vgl. Ziffer A) II) 4)) schwer haltbar. Dahingegen kennt das Klagezulassungsverfahren gemäß § 148 AktG eine derartige Subsidiarität

---

618 *Trölitzsch/Gunßer*, AG 2008, 833, 838.

619 OLG Celle, Beschluss vom 8. November 2017, Az.: 9 W 86/17 = NZG 2017, 1381, 1383; *Holle*, ZHR 2018, 569, 590.

620 BT-Drucks.15/5092, Seite 18.

gegenüber der Geltendmachung von Ersatzansprüchen durch die Hauptversammlung gemäß § 147 Abs. 1 AktG gerade nicht.[621]

Die gerichtliche Bestellung des Sonderprüfers stellt einen schwerwiegenden Eingriff in das Kompetenzgefüge der Gesellschaft dar und dient als Überprüfungsmechanismus der Willensbildung der Hauptversammlung und der Rechtmäßigkeit des Aufsichtsratshandelns (vgl. Ziffer A) II) 4)). Mithin kommt der gerichtlichen Bestellung des Sonderprüfers gemäß § 142 Abs. 2 Satz 1 AktG ein Auffang- und Ausnahmecharakter zu. Sie ist gerade nicht als der vom Gesetzgeber gewünschte Normalfall anzusehen. Dies lässt darauf schließen, dass eine Übertragung des Maßstabs des § 148 Abs. 1 Satz 2 Nr. 4 AktG auf die Angemessenheitsprüfung im Rahmen des § 142 Abs. 2 Satz 1 AktG gerade nicht vom Gesetzgeber intendiert worden ist.

(2) Vermeidung einer wirkungslosen Sonderprüfung

Für die Annahme, dass die Angemessenheit im Rahmen der Verhältnismäßigkeitsprüfung sich an dem Maßstab des § 148 Abs. 1 Satz 2 Nr. 4 AktG ausrichtet, könnte jedoch eine systematische Erwägung sprechen. Das Klagezulassungsverfahren gemäß § 148 AktG, welches die Durchsetzung eines Ersatzanspruchs sichern soll, stellt (meist) einen der Durchführung der Sonderprüfung gemäß §§ 142 ff. AktG, die der Aufklärung des Sachverhalts, der den Ersatzanspruch begründet, dient, nachgelagerten Schritt dar (vgl. Ziffer C) II) 6) a)). Dementsprechend könnte oberflächlich betrachtet eine Anlegung desselben Maßstabs für die Aufklärung des Sachverhalts und die darauf (möglicherweise) folgende Geltendmachung der darauf basierenden Ersatzansprüche angenommen werden.

Diese Betrachtung lässt jedoch den wesentlichen Umstand außer Betracht, dass diesen beiden Maßnahmen das Ermessen des Aufsichtsrats hinsichtlich der Geltendmachung dieser Ersatzansprüche zwischengeschaltet ist. Im Unterschied zu einer Klagezulassung gemäß § 148 Abs. 1 AktG, die einer Aktionärsminderheit das Recht einräumt, Ansprüche der Gesellschaft im eigenen Namen im Wege der Prozessstandschaft geltend zu machen,[622] zieht die Durchführung einer Sonderprüfung

621 *Mock*, in: Spindler/Stilz, AktG, 4. Auflage 2019, § 148 Rn. 34; *Bezzenberg*, in: GroßKomm-AktG, 4. Auflage 2008, § 148 Rn. 1.

622 BT-Drucks. 15/5092, Seite 22; *Mock*, in: Spindler/Stilz, AktG, 4. Auflage 2019, § 148 Rn. 146; *Arnold*, in: MünchKomm-AktG, 4. Auflage 2018, § 148 Rn. 61; *Koch*, in: Hüffer/Koch, AktG, 13. Auflage 2018, § 148 Rn. 15; *Hirschmann*, in: Hölters, AktG, 3. Auflage 2017, § 147 Rn. 27; *Holzborn/Jähnig*, in: Bürgers/Körber, AktG, 4. Auflage 2017, § 148 Rn. 15; *Liebscher*, in: Henssler/Strohn, GesR, 3. Auflage 2016, § 148 Rn. 10; *Spindler*, in: K. Schmidt/Lutter, AktG, 3. Auflage 2015, § 148 Rn. 40; *Herrler*, in: Grigoleit, AktG, 2013, § 148 Rn. 16; *Bezzenberg*, in: GroßKomm-AktG, 4. Auflage 2008, § 148 Rn. 224; *Zieglmeier*, ZGR 2007, 144, 149; *Spindler*, NZG 2005, 865, 866; *Schröer*, ZIP 2005, 2081, 2087; *Diekmann/Leuering*, NZG 2004, 249, 250; *Linnerz*, NZG 2004, 307, 310; *Seibt*, WM 2004, 2137, 2142.

gemäß § 142 Abs. 2 Satz 1 AktG keine unmittelbaren rechtlichen Konsequenzen nach sich.[623] Vielmehr ist der Aufsichtsrat im Rahmen seiner Überwachungspflicht gemäß § 111 Abs. 1 AktG lediglich gehalten, die aufgeklärten Tatsachen zu bewerten und die Geltendmachung von Ersatzansprüchen der Gesellschaft gegen (ehemalige) Organmitglieder zu prüfen. Auf Basis dieser Prüfung trifft er die endgültige Entscheidung darüber, ob Ersatzansprüche der Gesellschaft geltend gemacht werden. Dabei muss der Aufsichtsrat seine Entscheidung jedoch an den Grundsätzen des ARAG/Garmenbeck-Urteils, die insoweit niedrigere Anforderungen an die Rechtmäßigkeit eines Absehens von der Geltendmachung der Ersatzansprüche als § 148 Abs. 1 Satz 2 Nr. 4 AktG an die Unzulässigkeit eines Klagezulassungsverfahrens stellt, messen lassen.

Sofern der Aufsichtsrat von einer Verfolgung sich möglicherweise daraus ergebender Ersatzansprüche zur Vermeidung gewichtiger Nachteile für die Gesellschaft absähe, bliebe die Sonderprüfung jedoch wirkungslos. Die Durchführung einer Sonderprüfung, deren Wirkungslosigkeit von Anfang an bekannt und billigend in Kauf genommen wird, stellt eine Verschwendung von Ressourcen der Gesellschaft dar. Diese widerspräche jedoch dem Schutzzweck der Sonderprüfung gemäß §§ 142 ff. AktG, welcher einzig in dem Schutz des Gesellschaftswohls zu sehen ist (vgl. Ziffer A) II) 4)).

Zwar wäre immer noch denkbar, dass die Geltendmachung aus den im Rahmen der Sonderprüfung gemäß §§ 142 ff. AktG aufgeklärten Tatsachen ergebenden Ersatzansprüchen im Wege eines Hauptversammlungsbeschlusses gemäß § 147 AktG oder eines Klagezulassungsverfahren gemäß § 148 AktG erreicht wird. Ausschließlich auf diese Handlungsoptionen zur Gewährleistung der Vermeidung einer wirkungslosen Sonderprüfung zu vertrauen, würde diesen Instrumenten, die zur Kontrolle des Aufsichtsrats und zur Absicherung eines rechtmäßigen Handelns des Aufsichtsrats dienen sollen[624], als primäre und einzige Handlungsoption eine ungerechtfertigte Bedeutung zukommen lassen. Die Maßnahmen würden als gleichwertige Handlungsmöglichkeiten neben die Zuständigkeit des Aufsichtsrats gerückt. Dies würde jedoch das bestehende Stufenverhältnis zwischen der primären Zuständigkeit des Aufsichtsrats und der nachrangigen Handlungsmöglichkeit der Hauptversammlung bzw. einer Aktionärsminderheit aufheben. Darüber hinaus

---

623 *Mock*, in: Spindler/Stilz, AktG, 4. Auflage 2019, § 142 Rn. 198; *Mock*, ZIP 2018, 201, 203.

624 *Mock*, in: Spindler/Stilz, AktG, 4. Auflage 2019, § 147 Rn. 3; *Arnold*, in: MünchKomm-AktG, 4. Auflage 2018, § 147 Rn. 16; *Arnold*, in: MünchKomm-AktG, 4. Auflage 2018, § 148 Rn. 2; *Koch*, in: Hüffer/Koch, AktG, 13. Auflage 2018, § 147 Rn. 1; *Hirschmann*, in: Hölters, AktG, 3. Auflage 2017, § 147 Rn. 1; *Holzborn/Jähnig*, in: Bürgers/Körber, AktG, 4. Auflage 2017, § 147 Rn. 1; *Spindler*, in: K. Schmidt/Lutter, AktG, 3. Auflage 2015, § 147 Rn. 1; *Spindler*, in: K. Schmidt/Lutter, AktG, 3. Auflage 2015, § 148 Rn. 3; *Bezzenberg*, in: GroßKomm-AktG, 4. Auflage 2008, § 147 Rn. 9; *Bezzenberg*, in: GroßKomm-AktG, 4. Auflage 2008, § 148 Rn. 1; *Bachmann*, NJW-Beilage 2014, 43, 44; *Schmolke*, ZGR 2011, 398, 401.

ergibt sich aus den Vorschriften des §§ 147 f. AktG nur ein Recht der Hauptversammlung bzw. der Aktionärsminderheit. Es besteht jedoch keine Verpflichtung der Hauptversammlung bzw. einer Aktionärsminderheit auf eine Geltendmachung der Ersatzansprüche gemäß § 147 f. AktG hinzuwirken. Dementsprechend ist eine Nutzung der durch die Sonderprüfung gemäß §§ 142 ff. AktG gewonnenen Erkenntnisse ohnehin unter keinen Umständen sichergestellt.

Die Anwendung des Maßstabs des § 148 Abs. 1 Satz 2 Nr. 4 AktG würde somit unter Umständen billigend in Kauf nehmen, dass es zu der gerichtlichen Bestellung des Sonderprüfers gemäß § 142 Abs. 2 Satz 1 AktG kommt, obwohl zu diesem Zeitpunkt bereits feststeht, dass der zuständige Aufsichtsrat die daraus gewonnenen Erkenntnisse nicht zur Geltendmachung von Ersatzansprüchen nutzen werden wird. Die Sonderprüfung bliebe somit – sofern man nicht systemwidrig auf die Geltendmachung im Rahmen der §§ 147 f. AktG vertrauen mag – wirkungslos. Um dies zu vermeiden kann der Maßstab des § 148 Abs. 1 Satz 2 Nr. 4 AktG keine Anwendung auf den Antrag auf gerichtliche Bestellung eines Sonderprüfers gemäß § 142 Abs. 2 Satz 1 AktG finden.[625]

Um eine Sonderprüfung, die wirkungslos und mithin aufgrund der mit ihr verbundenen Nachteile für die Gesellschaft diametral zu ihrem Schutzzweck stünde, zu vermeiden, scheint es für die gerichtliche Bestellung eines Sonderprüfers vielmehr angebracht, denselben Maßstab, der auf die der Durchführung der Sonderprüfung unmittelbar folgende Bewertung durch den Aufsichtsrat (d.h. die Grundsätze des ARAG/Garmenbeck-Urteils) angewendet wird, anzulegen.

(3) Schutzzweck der Sonderprüfung gemäß §§ 142 ff. AktG

Weiterhin muss der Schutzzweck der Sonderprüfung gemäß §§ 142 ff. AktG beachtet werden. Dieser liegt ausschließlich in dem Schutz der Interessen der Gesellschaft (vgl. Ziffer A) II) 4)). Sofern eine gerichtliche Bestellung des Sonderprüfers gemäß § 142 Abs. 2 Satz 1 AktG jedoch nur dann als unangemessen abgelehnt werden würde, wenn die Nachteile der Durchführung der Sonderprüfung gemäß §§ 142 ff. AktG für die Gesellschaft die sich daraus ergebenden Vorteile in Anlehnung an § 148 Abs. 2 Satz 1 AktG überwiegen, würden die Interessen der Gesellschaft marginalisiert.

Zwar basiert die Möglichkeit der gerichtlichen Bestellung eines Sonderprüfers gemäß § 142 Abs. 2 Satz 1 AktG auf der Annahme, dass die Aufklärung von Unredlichkeiten und groben Verletzungen des Gesetzes oder der Satzung grundsätzlich im Interesse der Gesellschaft liegen muss (vgl. Ziffer A) II) 4)). Sofern man jedoch zum Absehen von der gerichtlichen Bestellung eines Sonderprüfers gemäß § 142 Abs. 2 Satz 1 AktG ein überwiegendes Interesse der Gesellschaft fordert, hängt

---

625 *Mock*, in: Spindler/Stilz, AktG, 4. Auflage 2019, § 142 Rn. 155 - mit der Begründung, dass die Durchführung einer Sonderprüfung mit ihren beschränkten Rechtsfolgen deutlich hinter einem Klagezulassungsverfahren zurückbleibt.

man die Anforderungen für ein Abweichen von diesem Grundsatz so hoch, dass man diesen nahezu zu einem Prinzip manifestiert. Die Interessen der Gesellschaft würden von vorneherein festgelegt und jeglicher Raum für eine Evaluierung der Interessen genommen. In diesem Zusammenhang stellt sich ebenfalls die Frage, wem die Letztkompetenz zur Bestimmung des Gesellschaftswohls zukommt. Dieser Frage soll vorliegend jedoch nicht vertieft nachgegangen werden. Denn unabhängig davon, wem diese Kompetenz zugesprochen wird, dürfte man wohl grundsätzlich annehmen können, dass das Gesellschaftswohl dynamisch anhand der sich bietenden Umstände im Einzelfall bestimmt werden muss – und nicht statisch von vorneherein allgemeingültig festgelegt werden kann.

Dementsprechend ist unter Berücksichtigung des Schutzzwecks der Sonderprüfung gemäß §§ 142 ff. AktG eine Anwendung des Maßstabs des § 148 Abs. 1 Satz 2 Nr. 4 AktG abzulehnen.

(ii) Stellungnahme

Der anzulegende Maßstab für die Beurteilung der Angemessenheit im Rahmen der Verhältnismäßigkeitsprüfung bei einer gerichtlichen Bestellung des Sonderprüfers gemäß § 142 Abs. 2 Satz 1 AktG richtet sich nach hier vertretener Ansicht nach den Grundsätzen des ARAG/Garmenbeck-Urteils.

Dies ergibt sich aus der fehlenden Bindungswirkung der Ergebnisse der Sonderprüfung und der damit einhergehenden Notwendigkeit, die primäre Zuständigkeit des Aufsichtsrats für die Geltendmachung von Ersatzansprüchen gegen (ehemalige) Mitglieder des Vorstands angemessen zu berücksichtigen. Zur Vermeidung einer wirkungslosen Sonderprüfung, die nicht im Interesse der Gesellschaft liegt, sind die Anforderungen an die Angemessenheit einer gerichtlichen Bestellung eines Sonderprüfers gemäß § 142 Abs. 2 Satz 1 AktG somit in Einklang mit dem an das Handeln des Aufsichtsrats anzulegenden Maßstab zu bringen. Zwar weicht der Maßstab des § 148 Abs. 1 Satz 2 Nr. 4 AktG dann weiterhin von demjenigen für eine gerichtliche Bestellung des Sonderprüfers gemäß § 142 Abs. 2 Satz 1 AktG sowie für die Rechtmäßigkeit des Handelns durch den Aufsichtsrat ab. Wie sich aus der Gesetzesbegründung ergibt[626], hat der Gesetzgeber diese Abweichung jedoch gesehen, sodass es letztlich auch an ihm liegt, eine diesbezügliche Anpassung vorzunehmen.

Diese Annahme wird auch durch den Schutzzweck der Sonderprüfung gemäß §§ 142 ff. AktG (vgl. Ziffer A) II) 4)) bestätigt. Denn eine Wahrung des Gesellschaftsinteresses kann nur erfolgen, sofern die Voraussetzungen der Instrumente, die dem Schutz des Gesellschaftsinteresses zu dienen bestimmt sind, Raum für die Bestimmung des Gesellschaftsinteresses im Einzelfall zulassen.

---

626 BT-Drucks. 15/5092, Seite 22 („Entgegen der Formulierungen in der ARAG/Garmenbeck-Entscheidung wird nicht auf „gewichtige", sondern auf „überwiegende" Gründe abgestellt [...]").

D) Ersetzungsbefugnis des Gerichts

In der Rechtsprechung ungeklärt und in der Literatur nur vereinzelt aufgegriffen ist die Frage, wie es sich auswirkt, wenn eine gerichtliche Bestellung des Sonderprüfers gemäß § 142 Abs. 2 Satz 1 AktG erfolgt ist, dieser die Bestellung jedoch nicht annimmt. Einigkeit besteht insoweit, dass die gerichtliche Bestellung des Sonderprüfers in diesem Fall nicht wirksam ist und kein Mandatsverhältnis zustande kommt.[627] Allerdings bleibt fraglich, worin die Konsequenz dieser Ablehnung durch den gerichtlich bestellten Sonderprüfer liegt. Denkbar wäre zum einen, dass sich daraus die Notwendigkeit einer erneuten Beschlussfassung durch die Hauptversammlung gemäß § 142 Abs. 1 Satz 1 AktG ergibt, sofern die Durchführung einer Sonderprüfung gemäß §§ 142 ff. AktG weiterhin angestrebt wird. Zum anderen könnte jedoch erwogen werden, ob dem Gericht eine Ersetzungsbefugnis hinsichtlich der Person des Sonderprüfers zukommt. Dies hätte für die Aktionärsminderheit, die die gerichtliche Bestellung des Sonderprüfers gemäß § 142 Abs. 2 Satz 1 AktG beantragt hat, den Vorteil, dass sie keinen erneuten Antrag in der Hauptversammlung stellen müsste und die Frage, ob eine gerichtliche Bestellung des Sonderprüfers an sich stattfindet, nicht neu zu erörtern wäre. Die Durchführung einer Sonderprüfung würde folglich zeitlich gesehen zügiger und mit hinreichender Sicherheit eingeleitet werden.[628]

Fraglich erscheint jedoch, ob das Gesetz eine rechtliche Grundlage bietet, die eine derartige Ersetzungsbefugnis des Gerichts rechtfertigen würde.

I) Ersetzungsbefugnis nach § 142 Abs. 4 Satz 1 AktG

Eine Ersetzungsbefugnis hinsichtlich der Person des Sonderprüfers ergibt sich aus § 142 Abs. 4 Satz 1 AktG: *„Hat die Hauptversammlung einen Sonderprüfer bestellt, so hat das Gericht auf Antrag von Aktionären, deren Anteile bei der Antragsstellung zusammen den hundertsten Teil des Grundkapitals oder einen anteiligen Betrag von 100.000 Euro erreichen, einen anderen Sonderprüfer zu bestellen, wenn dies aus einem in der Person des bestellten Sonderprüfers liegenden Grund geboten erscheint, insbesondere, wenn der bestellte Sonderprüfer nicht die für den Gegenstand der*

---

627 *Mock*, in: Spindler/Stilz, AktG, 4. Auflage 2019, § 142 Rn. 180; *Arnold*, in: MünchKomm-AktG, 4. Auflage 2018, § 142 Rn. 111; *Rieckers/Vetter*, in: KölnKomm-AktG, 3. Auflage 2015, § 142 Rn. 321; *Wilsing/von der Linden*, in: Heidel, Aktienrecht und Kapitalmarktrecht, 4. Auflage 2014, § 142 AktG Rn. 21; *Bezzenberg*, in: GroßKomm-AktG, 4. Auflage 2008, § 142 Rn. 67.

628 *Mock*, in: Spindler/Stilz, AktG, 4. Auflage 2019, § 142 Rn. 220; *Bezzenberg*, in: GroßKomm-AktG, 4. Auflage 2008, § 142 Rn. 83.

Sonderprüfung erforderlichen Kenntnisse hat, seine Befangenheit zu besorgen ist oder Bedenken wegen seiner Zuverlässigkeit bestehen.“

Aus dem Wortlaut der Vorschrift des § 142 Abs. 4 Satz 1 AktG geht jedoch eindeutig hervor, dass diese Ersetzungsbefugnis nur auf den von der Hauptversammlung – und gerade nicht auf den von dem Gericht bestellten – Sonderprüfer anwendbar ist.[629] Weiterhin lässt sich dem Wortlaut entnehmen, dass sie sich auf die Ersetzung eines bereits wirksam mandatierten Sonderprüfers bezieht.[630] Sofern der gerichtlich bestellte Sonderprüfer die gerichtliche Bestellung jedoch nicht annimmt, kommt gerade kein wirksames Mandat zustande. Aufgrund des eindeutigen Wortlauts lässt sich aus der Vorschrift des § 142 Abs. 4 Satz 1 AktG keine Ersetzungsbefugnis des Gerichts für den Fall, dass der gemäß § 142 Abs. 2 Satz 1 AktG gerichtlich bestellte Sonderprüfer die Bestellung ablehnt, entnehmen.

II) Ersetzungsbefugnis nach § 142 Abs. 4 Satz 1 AktG analog

Darauf aufbauend wird in der Literatur vereinzelt eine Ersetzungsbefugnis des Gerichts auf Grundlage einer analogen Anwendung des § 142 Abs. 4 Satz 1 AktG gefordert.[631]

Die Zulässigkeit dieser Analogie setzt zum einen voraus, dass eine planwidrige Regelungslücke im Sinne einer planwidrigen Unvollständigkeit des Gesetzes besteht.[632] Zum anderen müsste eine vergleichbare Interessenlage bestehen.[633]

---

629 LG Frankfurt, Beschluss vom 23. Februar 2016, Az.: 3 16 O 2/15 = NJW-RR 2016, 1008, 1010; *Mock*, in: Spindler/Stilz, AktG, 4. Auflage 2019, § 142 Rn. 205; *Arnold*, in: MünchKomm-AktG, 4. Auflage 2018, § 142 Rn. 114; *Koch*, in: Hüffer/Koch, AktG, 13. Auflage 2018, § 142 Rn. 27; *Hirschmann*, in: Hölters, AktG, 3. Auflage 2017, § 142 Rn. 47; *Rieckers/Vetter*, in: KölnKomm-AktG, 3. Auflage 2015, § 142 Rn. 335; *Zwissler*, in: Wachter, Aktienrecht, 2. Auflage 2014, § 142 Rn. 22; *Herrler*, in: Grigoleit, AktG, 2013, § 142 Rn. 32; *Bungert*, in: Krieger/Schneider, Hdb. Managerhaftung, 3. Auflage 2017, § 16 Rn. 38.

630 *Herrler*, in: Grigoleit, AktG, 2013, § 142 Rn. 32; *Bezzenberg*, in: GroßKomm-AktG, 4. Auflage 2008, § 142 Rn. 74; *Rieckers/Vetter*, in: KölnKomm-AktG, 3. Auflage 2015, § 142 Rn. 345.

631 Allerdings nur für den Fall, dass der von dem Gericht bestellte Sonderprüfer ungeeignet ist: *Heider*, in: Frodermann/Jannott, HdB-AktienR, 9. Auflage 2017, Kapitel 10 Rn. 52; *Bezzenberg*, in: GroßKomm-AktG, 4. Auflage 2008, § 142 Rn. 79.

632 BGH, Urteil vom 12. Dezember 2017, Az.: IX ZR 267/16 = NJW 2018, 1006, 1006; BGH, Urteil vom 13. Juli 1988, Az.: IVa ZR 55/87 = NJW 1988, 2734, 2734; *Danwerth*, ZfPW 2017, 230, 233; *Puppe*, (o. Fn. 369), S. 175; *Schwacke*, (o. Fn. 369), S. 321 ff. *Schmalz*, (o. Fn. 369), Rn. 321 ff. *Larenz*, (o. Fn. 369), , S. 370ff.

633 BGH, Urteil vom 12. Dezember 2017, Az.: IX ZR 267/16 = NJW 2018, 1006, 1006; BGH, Urteil vom 12. Oktober 2017, Az.: IX ZR 267/16 = WM 2017, 2324, 2325; BVerfG, Kammerbeschluss vom 28. September 1998, Az.: 2 BvR 2232/94 = juris Rn. 15f; *Danwerth*, ZfPW 2017, 230, 233; *Larenz*, (o. Fn. 369), , S. 381ff.

1) Planwidrige Regelungslücke

Angesichts seines klaren Wortlauts erscheint bereits zweifelhaft, ob die in § 142 Abs. 4 Satz 1 AktG nicht aufgeführte Ersetzungsbefugnis des Gerichts für einen gerichtlich bestellten Sonderprüfer eine planwidrige Regelungslücke darstellt.[634] Dies würde voraussetzen, dass der Gesetzgeber diese Möglichkeit bei der Schaffung des Gesetzes übersehen hätte. Eine konkrete Aussage dazu, ob der Gesetzgeber die Möglichkeit der Ersetzungsbefugnis hinsichtlich eines gerichtlich bestellten Sonderprüfers erwogen hat, findet sich in den Gesetzesmaterialien nicht. Allerdings lassen diese darauf schließen, dass sich der Gesetzgeber des eingeschränkten Anwendungsbereiches der Ersetzungsbefugnis gemäß § 142 Abs. 4 Satz 1 AktG bewusst war. So wird in dem entsprechenden Ausschussbericht ausgeführt: *„Bisher ist zweifelhaft, ob das Gericht im Verfahren nach Absatz 4 vor seiner Entscheidung auch den von der Hauptversammlung bestellten Sonderprüfer zu hören hat. Man kann die Auffassung vertreten, dass er nicht zu den Beteiligten des Verfahrens gehört, weil die gerichtliche Entscheidung ihn nur mittelbar berührt.“*[635] (Hervorhebung hinzugefügt).

Darüber hinaus stellt die Person des Sonderprüfers einen Teil des Hauptversammlungsbeschlusses dar, an den das Gericht nach hier vertretener Ansicht gebunden ist (vgl. Ziffer C) I) 1)). Das Gericht darf mit der Bestellung des Sonderprüfers gemäß § 142 Abs. 2 Satz 1 AktG jedoch nicht über den ablehnenden Hauptversammlungsbeschluss hinausgehen. Dementsprechend kann das Gericht keinen Sonderprüfer bestellen, dessen Person von derjenigen, die in dem Hauptversammlungsbeschluss aufgeführt wurde, abweicht. Diese Bindung des Gerichts vertieft die bereits bestehenden Zweifel hinsichtlich einer bestehenden planwidrigen Regelungslücke.

2) Vergleichbare Interessenlage

Auch das Vorliegen einer vergleichbaren Interessenlage, die das Erfordernis einer analogen Anwendung des § 142 Abs. 2 Satz 1 AktG zur Begründung einer gerichtlichen Ersetzungsbefugnis bezüglich eines gerichtlich bestellten Sonderprüfers rechtfertigen könnte, scheint fragwürdig.

Die gerichtliche Bestellung des Sonderprüfers gemäß § 142 Abs. 2 Satz 1 AktG zeichnet sich durch ihre Subsidiarität gegenüber der Bestellung des Sonderprüfers durch die Hauptversammlung gemäß § 142 Abs. 1 Satz 1 AktG aus (vgl. Ziffer A) II) 4)). Die Hauptversammlung ist mithin primär für die Bestellung eines

634 *Rieckers/Vetter*, in: KölnKomm-AktG, 3. Auflage 2015, § 142 Rn. 352, 355; *Lieder*, in: MünchHdB GesR, Band 7, 5. Auflage 2016, § 26 Rn. 146; *Spindler*, in: K. Schmidt/Lutter, AktG, 3. Auflage 2015, § 142 Rn. 69a.

635 *Kropff*, Aktiengesetz: Textausgabe des Aktiengesetzes vom 6.9.1965 (Bundesgesetzblatt I S. 1089) und des Einführungsgesetzes zum Aktiengesetz vom 6.9.1965 (Bundesgesetzblatt I S. 1185); mit Begründung d. Regierungsentwurfs, , S. 208.

Sonderprüfers zuständig. Während die Bestellung des Sonderprüfers durch die Hauptversammlung gemäß § 142 Abs. 1 Satz 1 AktG eine Korrektur der vermeintlich unzureichenden Überwachungstätigkeit des Aufsichtsrats gemäß § 111 Abs. 1 AktG darstellt, dient die Möglichkeit der Antragsstellung auf gerichtliche Bestellung des Sonderprüfers gemäß § 142 Abs. 2 Satz 1 AktG der Korrektur der vermeintlich nicht im Gesellschaftswohl ausgeübten Willensbildung der Hauptversammlung (vgl. Ziffer A) II) 4)). Die gerichtliche Bestellung eines Sonderprüfers stellt somit eine Ausübung des originären Rechts der Hauptversammlung dar, auf dessen Ausübung diese entgegen des Gesellschaftswohls verzichtet hat. Sofern das Gericht jedoch nur dem Recht der Hauptversammlung zur Durchsetzung verhilft, kommt ihm – anders als der Hauptversammlung – gerade keine Gestaltungsmöglichkeit hinsichtlich der Art und Weise der Ausübung des Rechts zu. Insoweit besteht gerade keine vergleichbare Interessenlage, die eine gerichtliche Ersetzungsbefugnis hinsichtlich eines gerichtlich bestellten Sonderprüfers begründen würde.

Weiterhin gilt zu bedenken, dass die Ersetzungsbefugnis des Gerichts hinsichtlich eines durch die Hauptversammlung bestellten Sonderprüfers gemäß § 142 Abs. 4 Satz 1 AktG nur Anwendung findet, wenn Zweifel an dessen Tauglichkeit (z.B. mangelnde Kenntnis, zu befürchtende Befangenheit, fehlende Zuverlässigkeit etc.). Sofern diese Bedenken hinsichtlich der Tauglichkeit jedoch nicht bestehen, kommt dem Gericht gerade keine Ersetzungsbefugnis gemäß § 142 Abs. 4 Satz 1 AktG zu.[636] Dementsprechend muss die Hauptversammlung in dem Fall, dass ein von ihr bestellter Sonderprüfer zwar geeignet ist, die Bestellung jedoch nicht annimmt, einen neuen Hauptversammlungsbeschluss gemäß § 142 Abs. 1 Satz 1 AktG bezüglich der Bestellung eines anderen Sonderprüfers fassen.[637] Sofern dem Gericht jedoch bereits keine Ersetzungsbefugnis zukommt, falls die primär zuständige Hauptversammlung einen tauglichen Sonderprüfer bestellt hat, kann diesem erst recht keine Ersetzungsbefugnis für den Fall zustehen, dass es selbst, als subsidiär zuständige Instanz, einen tauglichen Sonderprüfer bestellt hat. In einer derartig eigenständigen Ersetzungsbefugnis des Gerichts bezüglich eines gerichtlich bestellten Sonderprüfers wäre ein Eingriff in die Bestellungskompetenz der primär zuständigen Hauptversammlung zu erblicken. Auch unter diesem Gesichtspunkt erscheint das Vorliegen der für eine Analogie notwendigen vergleichbaren Interessenlage zweifelhaft.

Schließlich gilt zu bedenken, was die gerichtliche Ersetzung eines von der Hauptversammlung wirksam bestellten Sonderprüfers gemäß § 142 Abs. 4 Satz 1 repräsentiert. Einer derartigen Ersetzung liegt der Vorwurf zugrunde, dass die Hauptversammlung eine Person bestellt hat, die nicht die erforderliche

---

636 *Spindler*, in: K. Schmidt/Lutter, AktG, 3. Auflage 2015, § 142 Rn. 69a.

637 *Rieckers/Vetter*, in: KölnKomm-AktG, 3. Auflage 2015, § 142 Rn. 352; *Spindler*, in: K. Schmidt/Lutter, AktG, 3. Auflage 2015, § 142 Rn. 69a; *Wilsing/von der Linden*, in: Heidel, Aktienrecht und Kapitalmarktrecht, 4. Auflage 2014, § 142 AktG Rn. 26.

Tauglichkeit aufweist. Die Entscheidung der Hauptversammlung wird mithin als defizitär beurteilt und durch die Bestellung eines geeigneten Sonderprüfers durch das Gericht korrigiert. Sofern das Gericht also den von ihm bestellten Sonderprüfer durch eine andere Person ersetzt, würde dies nur dann eine vergleichbare Interessenlage mit der Ersetzung eines durch die Hauptversammlung bestellten Sonderprüfers darstellen, wenn das Gericht seiner eigenen Entscheidung den Vorwurf aussetzen wollte, dass diese zu einem gewissen Grad nicht tragbar sei. Die Absicht des Gerichts, eine derartige Aussage zu tätigen, scheint unwahrscheinlich.

Darüber hinaus gilt zu berücksichtigen, dass die Überprüfung und die gegebenenfalls notwendige Korrektur einer gerichtlichen Entscheidung zur Bestellung eines Sonderprüfers gemäß § 142 Abs. 2 Satz 1 AktG im Wege des Beschreitens des Rechtswegs (d.h. Beschwerde, Rechtsbeschwerde) durch die jeweils nächsthöhere Instanz vorgenommen wird. Eine Überprüfung und Korrektur einer derartigen Entscheidung durch das Gericht, dass die Entscheidung erlassen hat, sieht das Gesetz gerade nicht vor.[638] Somit würde eine Ersetzungsbefugnis des Gerichts im Hinblick auf die Person des Sonderprüfers, welcher die gerichtliche Bestellung abgelehnt hat, einer Umgehung des Rechtswegs gleichkommen. Dies zeigt sich insbesondere an dem Umstand, dass das Gericht, das einen untauglichen Sonderprüfer bestellt hat, keine Ersatzbestellung gemäß § 142 Abs. 4 Satz 1 AktG vornehmen kann, sondern die Gesellschaft auf die Beschwerde gemäß § 142 Abs. 5 AktG verwiesen wird.[639] Somit käme eine Ersetzungsbefugnis des Gerichts im Hinblick auf die Person des gerichtlich bestellten Sonderprüfers einem Verstoß gegen das im Grundgesetz gewährleistete Recht auf effektiven Rechtsschutz gemäß Art. 19 Abs. 4 GG sowie das Recht auf einen wirksamen Rechtsbehelf und ein unparteiisches Gericht gemäß Art. 47 GRCh gleich.

3) Zwischenergebnis

Die Herleitung einer gerichtlichen Ersetzungsbefugnis hinsichtlich eines gemäß § 142 Abs. 2 Satz 1 AktG gerichtlich bestellten Sonderprüfers im Wege einer analogen Anwendung der Vorschrift des § 142 Abs. 4 Satz 1 AktG ist abzulehnen.[640] Es liegt weder eine diesbezüglich planwidrige Regelungslücke vor noch besteht

638 Vgl. *Rieckers/Vetter*, in: KölnKomm-AktG, 3. Auflage 2015, § 142 Rn. 355 - der die Rechtsbehelfe des FamFG als abschließend ansieht; *Lieder*, in: MünchHdB GesR, Band 7, 5. Auflage 2016, § 26 Rn. 146

639 *Herrler*, in: Grigoleit, AktG, 2013, § 142 Rn. 32.

640 So auch *Rieckers/Vetter*, in: KölnKomm-AktG, 3. Auflage 2015, § 142 Rn. 335, 352; *Ziemons*, in: Ziemons/Binneweis, Hdb AG, 81. Lieferung 2018 Rn. 11.73; *Bungert*, in: Krieger/Schneider, Hdb. Managerhaftung, 3. Auflage 2017, § 16 Rn. 38; *Lieder*, in: MünchHdB GesR, Band 7, 5. Auflage 2016, § 26 Rn. 146; *Weber*, in: Mehrbrey, Hdb Gesellschaftsrechtliche Streitigkeiten, 2. Auflage 2015, § 6 Rn. 100.

eine vergleichbare Interessenlage zwischen diesen beiden Vorschriften. Dementsprechend sind die Voraussetzungen für die Zulässigkeit einer Analogie sind nicht erfüllt.

III) Ersetzungsbefugnis nach § 318 Abs. 4 Satz 2 HGB analog

Eine gerichtliche Ersetzungsbefugnis hinsichtlich der Person des gerichtlich bestellten Sonderprüfers könnte sich jedoch aus einer analogen Anwendung des § 318 Abs. 4 Satz 2 HGB herleiten lassen.[641] Gemäß § 318 Abs. 4 Satz 1 HGB hat das Gericht auf Antrag der gesetzlichen Vertreter, des Aufsichtsrats oder eines Gesellschafters den Abschlussprüfer zu bestellen, sofern dieser nicht bis zum Ablauf des Geschäftsjahres gewählt worden ist. Die Vorschrift des § 318 Abs. 4 Satz 2 HGB weitet den Anwendungsbereich des § 318 Abs. 4 Satz 1 HGB auf die Konstellationen aus, dass ein gewählter Abschlussprüfer die Annahme des Prüfungsauftrags abgelehnt hat, weggefallen ist oder am rechtzeitigen Abschluss der Prüfung verhindert ist und ein anderer Abschlussprüfer nicht gewählt worden ist.

Eine analoge Anwendung des § 318 Abs. 4 Satz 2 HGB zur Begründung einer gerichtlichen Ersetzungsbefugnis für den Fall der Ablehnung der Bestellung durch den gerichtlich bestellten Sonderprüfer würde wiederum das Vorliegen einer planwidrigen Regelungslücke im Sinne einer planwidrigen Unvollständigkeit des Gesetzes[642] sowie einer vergleichbaren Interessenlage[643] voraussetzen.

1) Planwidrige Regelungslücke

Bezüglich des Vorliegens einer planwidrigen Regelungslücke kann auf die oben gemachten Ausführungen verwiesen werden (vgl. Ziffer D) I)).

---

641 *Mock*, in: Spindler/Stilz, AktG, 4. Auflage 2019, § 142 Rn. 220 ff. *Arnold*, in: MünchKomm-AktG, 4. Auflage 2018, § 142 Rn. 125; *Bezzenberg*, in: GroßKomm-AktG, 4. Auflage 2008, § 142 Rn. 89; *Lieder*, in: MünchHdB GesR, Band 7, 5. Auflage 2016, § 26 Rn. 155; *Weber*, in: Mehrbrey, Hdb Gesellschaftsrechtliche Streitigkeiten, 2. Auflage 2015, § 6 Rn. 105; *Kirschner*, (o. Fn. 2), S. 178 ff.

642 BGH, Urteil vom 12. Dezember 2017, Az.: IX ZR 267/16 = NJW 2018, 1006, 1006; BGH, Urteil vom 13. Juli 1988, Az.: IVa ZR 55/87 = NJW 1988, 2734, 2734; *Brox/Walker*, (o. Fn. 369), , § 3 Rn. 14; *Puppe*, (o. Fn. 369), S. 175; *Schwacke*, (o. Fn. 369), S. 321 ff. *Schmalz*, (o. Fn. 369), Rn. 321 ff. *Larenz*, (o. Fn. 369), , S. 370ff. *Danwerth*, ZfPW 2017, 230, 233; *Beaucamp*, AöR 2009, 83, 84ff. *Würdinger*, AcP 206 2006, 946, 949ff.

643 BGH, Urteil vom 12. Dezember 2017, Az.: IX ZR 267/16 = NJW 2018, 1006, 1006; BGH, Urteil vom 12. Oktober 2017, Az.: IX ZR 267/16 = WM 2017, 2324, 2325; BVerfG, Kammerbeschluss vom 28. September 1998, Az.: 2 BvR 2232/94 = juris Rn. 15f; *Danwerth*, ZfPW 2017, 230, 233.

2) Vergleichbare Interessenlage

Selbst wenn man das Bestehen einer planwidrigen Regelungslücke annehmen würde, müsste darüber hinaus eine vergleichbare Interessenlage im Hinblick auf die Vorschrift des § 318 Abs. 4 Satz 2 HGB bestehen.

Auf den ersten Blick scheinen einige Gründe für eine Vergleichbarkeit der Interessenlagen zu sprechen. Zum einen bezieht sich § 318 Abs. 4 Satz 2 HGB – anders als die Vorschrift des § 142 Abs. 4 Satz 1 AktG (vgl. Ziffer D) I)) – auf die Situation, dass der Abschlussprüfer die Annahme des Prüfungsauftrags ablehnt. Es geht also ebenso wie in dem vorliegenden Szenario um den Umstand, dass von vorneherein kein wirksames Mandat mit dem Prüfer zustande kommt. Zum anderen sind die Regelungen des §§ 319 Abs. 2 bis 4, 319a Abs. 1 und 319b HGB, die sich auf die Auswahl des Abschlussprüfers und Ausschlussgründe beziehen, über den Verweis des § 143 Abs. 2 AktG auf die Sonderprüfung gemäß §§ 142 ff. AktG anwendbar. Darüber hinaus erklärt § 144 AktG die Regelungen des § 323 HGB, der die Verantwortlichkeit des Abschlussprüfers regelt, ebenfalls für sinngemäß anwendbar. Insoweit scheint bereits der Gesetzgeber davon auszugehen, dass die Auswahl, die Person sowie das Amt des Abschlussprüfers und des Sonderprüfers eine gewisse Vergleichbarkeit aufweisen (vgl. ausführlich dazu Ziffer A) III) 2) b) (ii)). Allerdings beziehen sich die Vorschriften des §§ 319 ff. HGB nur auf die Eignung des Abschlussprüfers. Sie treffen dahingegen keine Aussage im Hinblick auf den Bestellvorgang.

Darüber hinaus bestehen auch wesentliche Unterschiede zwischen der Interessenlage des § 318 Abs. 4 Satz 2 HGB und derjenigen der der gerichtlichen Bestellung eines Sonderprüfers gemäß § 142 Abs. 2 Satz 1 AktG.

Eine Abschlussprüfung des Jahresabschlusses und des Lageberichts von Kapitalgesellschaften, die nicht kleine im Sinne des § 267 Abs. 1 HGB sind, ist gemäß § 316 Abs. 1 Satz 1 HGB zwingend vorzunehmen. Im Hinblick auf den Konzernabschluss bzw. den Konzernlagebericht von Kapitalgesellschaften ergibt sich dieses Erfordernis aus § 316 Abs. 2 Satz 1 HGB. Die Feststellung des (Konzern-)Jahresabschlusses ist dabei eine zwingende Voraussetzung für die Feststellung des (Konzern-)Jahresabschlusses gemäß § 316 Abs. 1 Satz 2 HGB bzw. § 316 Abs. 2 Satz 2 HGB. Die Feststellung des Jahresabschlusses ist gemäß § 174 Abs. 1 Satz 2 AktG wiederum zwingende Grundlage für den Beschluss der Hauptversammlung über den Bilanzgewinn. Aus dem Beschluss über die Verwendung des Bilanzgewinns ergibt sich gemäß § 174 Abs. 2 Nr. 1 bis 5 AktG wie die Gesellschaft den erwirtschafteten Bilanzgewinn im nächsten Geschäftsjahr nutzen wird. Die Feststellung des (Konzern-)Jahresabschlusses durch den Abschlussprüfer ist somit zwingender Natur und elementar für die Geschäftstätigkeit der Gesellschaft. Die Sonderprüfung gemäß §§ 142 ff. AktG ist hingegen freiwilliger Natur. Die gerichtliche Bestellung eines Sonderprüfers gemäß § 142 Abs. 2 Satz 1 AktG ist für die Funktionsfähigkeit der Gesellschaft irrelevant.

Die Charakterisierung der Abschlussprüfung als Pflichtprüfung schlägt sich auch in folgender Überlegung nieder: Der Abschlussprüfung des (Konzern-)

Jahresabschlusses kommt eine Kontroll-, Informations- und Beglaubigungsfunktion zu[644] (vgl. ausführlicher dazu Ziffer A) III) 2) b) (ii)). Mit der Erteilung des Bestätigungsvermerks gemäß § 322 HGB bestätigt der Abschlussprüfer als „Garant der öffentlichen Rechnungslegung gegenüber der Allgemeinheit“[645], dass der (Konzern-)Jahresabschluss den gesetzlichen Vorschriften entspricht.[646] Durch die ihr inhärente Beglaubigungsfunktion zielt die Abschlussprüfung gemäß §§ 316 ff. HGB somit ebenfalls auf die Information und mithin den Schutz der Öffentlichkeit, der Kapitalanleger und der Gläubiger ab.[647] Dementsprechend unterliegt die Bestellung des Abschlussprüfers gemäß § 318 Abs. 1 HGB nicht der Disposition der Hauptversammlung, sondern ist zwingend vorzunehmen. Der Schutzzweck der Sonderprüfung gemäß §§ 142 ff. AktG liegt dahingegen ausschließlich in dem Schutz des Gesellschaftswohl (vgl. Ziffer A) II) 4)) und gerade nicht in dem Schutz der Öffentlichkeit (vgl. Ziffer A) II) 3)). Dementsprechend besteht auch keine Pflicht zur Durchführung einer Sonderprüfung gemäß §§ 142 ff. AktG.

Die gerichtliche Ersetzungsbefugnis hinsichtlich der Person des Abschlussprüfers gemäß § 318 Abs. 4 Satz 2 HGB verhilft der Gesellschaft somit zur Wahrung der Pflicht zur Vornahme einer Abschlussprüfung gemäß § 316 Abs. 1 HGB. Eine derartige Pflicht zur Durchführung einer Sonderprüfung gemäß §§ 142 ff. AktG besteht jedoch gerade nicht. Die gerichtliche Bestellung des Sonderprüfers gemäß § 142 Abs. 2 Satz 1 AktG dient der Durchsetzung eines freiwilligen Rechts der Hauptversammlung. Diese Erkenntnis wird weiterhin dadurch unterstrichen, dass der Vorstand gemäß § 318 Abs. 4 Satz 3 HGB verpflichtet ist, die gerichtliche Ersetzung des Abschlussprüfers für den Fall von dessen Ablehnung des Prüfungsauftrags gemäß § 318 Abs. 4 Satz 2 HGB zu beantragen. Eine derartige Verpflichtung des Vorstands, der Hauptversammlung oder der Aktionäre besteht jedoch im Hinblick auf die Ablehnung des Prüfungsauftrags des gerichtlich bestellten Sonderprüfers nicht.[648]

---

644 *Schorse/Morfeld*, in: BeckOK-HGB, 20. Edition 2018, § 316 Rn. 1; *Ebke*, in: MünchKomm-HGB, 3. Auflage 2013, § 316 Rn. 25 ff. *Böcking/Gros/Rabenhorst*, in: E/B/J/S, 3. Auflage 2014, § 316 Rn. 4 ff.

645 OLG Düsseldorf, Beschluss vom 26. Februar 1996, Az.: 3 Wx 279/95 = NJW-RR 1996, 1318; vgl. auch LG Hagen, Urteil vom 8. Februar 1994, Az.: 21 T 4/93 = GmbHR 1994, 714, 715; *Bormann*, in: MünchKomm-BilR, 2013, § 316 HGB Rn. 4; *Marx*, ZGR 2002, 292, 293.

646 *Schorse/Morfeld*, in: BeckOK-HGB, 20. Edition 2018, § 316 Rn. 1; *Böcking/Gros/Rabenhorst*, in: E/B/J/S, 3. Auflage 2014, § 316 Rn. 4; *Bormann*, in: MünchKomm-BilR, 2013, § 316 HGB Rn. 4; *Ebke*, in: MünchKomm-HGB, 3. Auflage 2013, § 316 Rn. 27; *Scheffler*, in: FS Havermann, 1995, 653, 666.

647 BT-Drucks. 14/3649, Seite 17; *Rieckers/Vetter*, in: KölnKomm-AktG, 3. Auflage 2015, § 142 Rn. 353; *Habersack/Schürnbrand*, in: Staub, HGB, 5. Auflage 2011, § 318 Rn. 69.

648 aA *Bezzenberg*, in: GroßKomm-AktG, 4. Auflage 2008, § 142 Rn. 83 - wonach sich eine derartige Verpflichtung des Vorstands aus der analogen Anwendung des § 318 Abs. 4 Satz 3 HGB ergeben soll.

Dementsprechend besteht insoweit keine vergleichbare Interessenlage mit der Vorschrift des § 318 Abs. 4 Satz 2 HGB, der auf die Durchsetzung einer Pflicht abzielt.[649]

Sofern man das Vorliegen einer vergleichbaren Interessenlage bejahen würde und dem Gericht eine Ersetzungsbefugnis hinsichtlich der Person des gerichtlich bestellten Sonderprüfers in analoger Anwendung des § 318 Abs. 4 Satz 2 HGB zuspräche, würde dies das Recht des Gerichts im Hinblick auf die Bestellung eines Sonderprüfers gemäß § 142 Abs. 2 Satz 1 AktG in systemwidriger Weise ausdehnen. Eine analoge Anwendung des § 318 Abs. 4 Satz 2 HGB zur Rechtfertigung einer gerichtlichen Ersetzungsbefugnis hinsichtlich der Person des Sonderprüfers, sofern dieser die gerichtliche Bestellung abgelehnt hat, ist somit abzulehnen.[650]

3) Zwischenergebnis

Eine gerichtliche Ersetzungsbefugnis im Hinblick auf die Person des gerichtlich bestellten Sonderprüfers gemäß § 142 Abs. 2 Satz 1 AktG für den Fall, dass dieser die Annahme des Prüfungsauftrags ablehnt, kann nicht auf eine analoge Anwendung des § 318 Abs. 4 Satz 2 HGB gestützt werden. Aufgrund des Fehlens einer planwidrigen Regelungslücke sowie der mangelnden vergleichbaren Interessenlage sind die Voraussetzungen für die Zulässigkeit einer Analogie in dieser Konstellation nicht gegeben.

IV) Zwischenergebnis

Das System des § 142 AktG zeigt deutlich das Stufenverhältnis zwischen der Bestellung des Sonderprüfers durch die Hauptversammlung und der Bestellung des Sonderprüfers durch das Gericht auf. Die Subsidiarität der gerichtlichen Bestellung des Sonderprüfers ergibt sich aus der dafür erforderlichen Voraussetzung des ablehnenden Hauptversammlungsbeschlusses. Dementsprechend darf die gerichtliche Bestellung nicht über den Inhalt des ablehnenden Hauptversammlungsbeschlusses hinausgehen. Die Bestellungskompetenz der Hauptversammlung umfasst jedoch ebenfalls die Entscheidung über die Person des Sonderprüfers. Mithin besteht eine Bindungswirkung des Gerichts im Hinblick auf die Person des zu bestellenden

---

649 LG Frankfurt a.M., Beschluss vom 23. Februar 2016, Az.: 3-16 O 2/15 = NZG 2016, 830, 831; *Rieckers/Vetter*, in: KölnKomm-AktG, 3. Auflage 2015, § 142 Rn. 353; *Spindler*, in: K. Schmidt/Lutter, AktG, 3. Auflage 2015, § 142 Rn. 49, 69a; *Wilsing/von der Linden*, in: Heidel, Aktienrecht und Kapitalmarktrecht, 4. Auflage 2014, § 142 AktG Rn. 26; *Herrler*, in: Grigoleit, AktG, 2013, § 148 Rn. 20.

650 LG Frankfurt a.M., Beschluss vom 23. Februar 2016, Az.: 3-16 O 2/15 = NZG 2016, 830, 831; *Rieckers/Vetter*, in: KölnKomm-AktG, 3. Auflage 2015, § 142 Rn. 353; *Spindler*, in: K. Schmidt/Lutter, AktG, 3. Auflage 2015, § 142 Rn. 69a; *Wilsing/von der Linden*, in: Heidel, Aktienrecht und Kapitalmarktrecht, 4. Auflage 2014, § 142 AktG Rn. 26; *Herrler*, in: Grigoleit, AktG, 2013, § 148 Rn. 20.

Sonderprüfers. Die gerichtliche Ersatzbestellung eines von dem Hauptversammlungsbeschluss abweichenden personenverschiedenen Sonderprüfers würde somit einen systemwidrigen Eingriff in die originäre Kompetenz der Hauptversammlung darstellen.

Lehnt der gerichtlich bestellte Sonderprüfer die Annahme des Prüfungsauftrags ab, hat das Gericht sein Recht auf gerichtliche Bestellung des Sonderprüfers gemäß § 142 Abs. 2 Satz 1 AktG verbraucht. Denkbar wäre zwar die Bestellung eines anderen Sonderprüfers. Diesbezüglich käme jedoch der Hauptversammlung im Hinblick auf ihre vorrangige Bestellungskompetenz das Recht zu, einen Beschluss zu fassen. Dies ergibt sich daraus, dass die Hauptversammlung bisher nur über die Durchführung einer Sonderprüfung gemäß §§ 142 ff. AktG durch die Person, die die gerichtliche Bestellung abgelehnt hat, beschlossen hat. Die Frage, ob eine Sonderprüfung gemäß §§ 142 ff. AktG durch eine andere Person durchgeführt werden soll, hat die Hauptversammlung hingegen nicht beantwortet. Somit muss der Hauptversammlung zunächst Gelegenheit dazu gegeben werden. Gegenstand dieses Hauptversammlungsbeschlusses ist wiederum der Prüfungsgegenstand und die Person des Sonderprüfers, da diese Elemente nicht losgelöst voneinander betrachtet werden können.

Erst sofern die Hauptversammlung die Bestellung dieses anderen Sonderprüfers gemäß § 142 Abs. 1 Satz 1 AktG abgelehnt hat, ist ein Antrag einer Aktionärsminderheit auf gerichtliche Bestellung dieses anderen Sonderprüfers gemäß § 142 Abs. 2 Satz 1 AktG zulässig.

E) Thesen

- Die Sonderprüfung gemäß §§ 142 ff. AktG dient ausschließlich dem Wohl der Gesellschaft. Sie wird zur Aufklärung von Tatsachen durchgeführt, die der Vorbereitung von möglichen Ersatzansprüchen der Gesellschaft und mithin dem Schutz des Vermögens der Gesellschaft dienen.
- Der gerichtlich bestellte Sonderprüfer hat eine organähnliche Stellung innerhalb der Gesellschaft, welche organschaftliche Treuepflichten begründet. Zwischen ihm und der Gesellschaft besteht ein vertragsähnliches Rechtsverhältnis, aus dem sich jedoch keine Leistungspflichten ergeben.
- Die Ausübung der Rechte des gerichtlich bestellten Sonderprüfers gemäß § 145 Abs. 1 und 2 AktG im Rahmen der Durchführung der Sonderprüfung gemäß §§ 142 ff. AktG resultiert regelmäßig in der Verpflichtung nach ausländischem (angloamerikanischem) Recht, sämtliche eingesehene Dokumente im Rahmen einer Disclosure/Discovery an die gegnerische Partei in einem Prozess herauszugeben. Dies ergibt sich daraus, dass der Schutz vor einer solchen Herausgabepflicht in Gestalt der Legal (Professional) Privileges mit der Einsichtnahme des gerichtlich bestellten Sonderprüfers bzw. der Veröffentlichung des Sonderprüfungsberichts seine Anwendbarkeit verliert.
- Aufgrund seiner organähnlichen Stellung muss der gerichtlich bestellte Sonderprüfer die Ausübung seiner Rechte gemäß § 145 Abs. 1 und 2 AktG im Einklang mit dem Gesellschaftswohl vornehmen. Um das dem Gesellschaftswohl dienende Geheimhaltungsinteresse und das hinter der Sonderprüfung gemäß §§ 142 ff. AktG stehende Aufklärungsinteresse in einen gerechten Einklang zu bringen, ist im Rahmen der Ausübung der Rechte des gerichtlich bestellten Sonderprüfers eine Verhältnismäßigkeitsprüfung vorzunehmen.
- Im Rahmen der Frage, ob die gerichtliche Bestellung des Sonderprüfers verhältnismäßig ist, ist der in der ARAG/Garmenbeck-Entscheidung festgelegte Maßstab heranzuziehen.
- Eine Ersetzungsbefugnis des Gerichts für den Fall der Ablehnung der Bestellung durch den designierten, tauglichen Sonderprüfer besteht nicht. In dieser Konstellation liegt es im Kompetenzbereich der Hauptversammlung, einen erneuten Beschluss über die Bestellung eines anderen Sonderprüfers zu fassen.

Literaturverzeichnis

Adler/Düring/Schmaltz, Rechnungslegung und Prüfung der Unternehmen, 6. Auflage 1996.

Anderson/Cadieux/Hays/Hingerty, Work Product Doctrine, Cornell L. Rev. 1982, 760.

Arbeitskreis Externe und Interne Überwachung der Unternehmung der Schmalenbach-Gesellschaft für Betriebswirtschafts e.V., Compliance: 10 Thesen für die Unternehmenspraxis, DB 2010, 1509.

Arnold, Verantwortung und Zusammenwirken des Vorstands und des Aufsichtsrats bei Compliance-Untersuchungen, ZGR 2014, 76.

Bachmann, Sonderprüfung trotz interner Ermittlung, ZIP 2018, 101.

Bachmann, Interne Ermittlungen - ohne Grenzen?, ZHR (180) 2016, 563.

Bachmann, Reform der Organhaftung? Materielles Haftungsrecht und seine Durchsetzung in privaten und öffentlichen Unternehmen, NJW-Beilage 2014, 43.

Bamberger/Roth/Hau/Poseck, Beck'scher Online-Kommentar-BGB, 47. Edition 2018.

Bamberger/Roth/Hau/Poseck, Beck'scher Online-Kommentar-BGB, 48. Edition 2018.

Baumbach/Hopt, Handelsgesetzbuch: HGB, 38. Auflage 2018.

Baumbach/Hueck, Gesetz betreffend die Gesellschaften mit beschränkter Haftung: GmbHG, 35. Auflage 2017.

Baums, Managerhaftung und Verjährung, ZHR (174) 2010, 593.

Bayer, Legalitätspflicht der Unternehmensleitung, nützliche Gesetzesverstöße und Regress bei verhängten Sanktionen, in: v. Bitter//Lutter/Priester/Schön/Ulmer (Hrsg.), Festschrift für Karsten Schmidt zum 70. Geburtstag, 2009, 85.

Beaucamp, Zum Analogieverbot im öffentlichen Recht, AöR 2009, 83.

Behrens, Internal Investigations: Hintergründe und Perspektiven anwaltlicher „Ermittlungen" in deutschen Unternehmen, RIW 2009, 22.

Berg, Korruption in Unternehmen und Risikomanagement nach § 91 Abs. 2 AktG, AG 2007, 271.

Bicker, Legalitätspflicht des Vorstands - ohne Wenn und Aber?, AG 2014, 8.

Bicker, Compliance - organisatorische Umsetzung im Konzern, AG 2012, 542.

Bieder, Grund und Grenzen der Verfolgungspflicht des Aufsichtsrats bei pflichtwidrigem Vorstandshandeln, NZG 2015, 1178.

Binder, Das Informationsstatut des besonderen Vertreters (§ 147 Abs. 2 AktG), ZHR (176) 2012, 380.

Born/Ghassemi-Tabar/Gehle, Münchener Handbuch des Gesellschaftsrechts, Band 7: Gesellschaftsrechtliche Streitigkeiten (Corporate Litigation), 5. Auflage 2016.

Brabyn, Limited Purpose Waivers of Legal Professional Privilege, C.J.Q. 2012, 176.

Brox/Walker, Allgemeiner Teil des BGB, 42. Auflage 2018.

Bumiller/Harders/Schwab, Gesetz über das Verfahren in Familiensachen und in den Angelegenheiten der freiwilligen Gerichtsbarkeit, 11. Auflage 2015.

Bungert/Rothfuchs, Vorbereitung und Durchführung der Sonderprüfung nach § 142 Abs. 2 AktG in der Praxis, DB 2011, 1677.

Bürgers, Compliance in Aktiengesellschaften - Arbeitsteilung zwischen Vorstand und Aufsichtsrat sowie innerhalb der Organe, ZHR (179) 2015, 173.

Bürgers/Körber, Aktiengesetz, 4. Auflage 2017.

Bürkle, Corporate Compliance als Standard guter Unternehmensführung des Deutschen Corporate Governance Kodex, BB 2007, 1797.

Butzke, Die Hauptversammlung der Aktiengesellschaft, 5. Auflage 2011.

Cahn, Aufsichtsrat und Business Judgment Rule, WM 2013, 1293.

Casper, Hat die grundsätzliche Verfolgungspflicht des Aufsichtsrats im Sinne der ARAG/Garmenbeck-Urteils ausgedient?, ZHR (176) 2012, 617.

Claussen/Scherrer, Kölner Kommentar zum Rechnungslegungsrecht (§§ 238–342e HGB), 2010.

Claussen, Sinngehalt und Ausformung der Sonderprüfung wegen Unterbewertung, in: Möhring/Westermann (Hrsg.), Wirtschaftsfragen der Gegenwart: Festschrift für Carl Hans Barz zum 65. Geburtstag am 6. Dezember 1974, 1974, 317.

Danwerth, Analogie und teleologische Reduktion – zum Verhältnis zweier scheinbar ungleicher Schwestern, ZfPW 2017, 230.

Dauner-Lieb/Winnen, Der besondere Vertreter nach § 147 AktG - Ein effektives Instrument des Anlegerschutzes? in: Bengel/Limmer/Reimann/Deutschen Notarrechtliche Vereinigung (Hrsg.), Festschrift für Rainer Kanzleiter zum 70. Geburtstag am 17. Juni 2010, 2010, 119.

Dauner-Lieb/Langen, BGB – Schuldrecht, Band 2/1: §§ 241–610, 3. Auflage 2016.

Diekmann/Leuering, Der Referentenentwurf eines Gesetzes zur Unternehmensintegrität und Modernisierung des Anfechtungsrechts (UMAG), NZG 2004, 249.

Dreher, Die Vorstandsverantwortung im Geflecht von Risikomanagement, Compliance und interner Revision, in: Kindler/Koch/Ulmer (Hrsg.), Festschrift für Uwe Hüffer zum 70. Geburtstag, 2010, 161.

Drinhausen/Eckstein, Beck'sches Handbuch der AG – Gesellschaftsrecht, Steuerrecht, Börsengang, 3. Auflage 2018.

Ebenroth/Boujong/Joost/Strohn, Handelsgesetzgebuch: HGB, Band 1, 3. Auflage 2014.

Ebenroth/Lange, Sorgfaltspflichten und Haftung des Geschäftsführers einer GmbH nach § 43 GmbHG., GmbHR 1992, 69.

Ebenroth, Das Auskunftsrecht des Aktionärs und seine Durchsetzung im Prozess, 1969.

Ebke, Münchener Kommentar zum Handelsgesetzbuch: HGB, Band 4, 3. Auflage 2013.

Ebke, Wirtschaftsprüfer und Dritthaftung, 1983.

Emmerich/Habersack, Aktien- und GmbH-Konzernrecht, 8. Auflage 2016.

Epstein, The Attorney-client Privilege and the Work-product Doctrine, 4. Auflage 2001.

Fabricius, Der besondere Vertreter gemäß § 147 Abs. 2 AktG, in: Hutter/Baums (Hrsg.), Gedächtnisschrift für Michael Gruson, 2009, 133.

Faßbender, 18 Jahre ARAG Garmenbeck - und alle Fragen offen?, NZG 2015, 501.

Fleischer, Aktienrechtliche Compliance-Pflichten im Praxistest: Das Siemens/Neubürger-Urteil des LG München I, NZG 2014, 321.

Fleischer, Aktuelle Entwicklung der Managerhaftung, NJW 2009, 2337.

Fleischer, Corporate Compliance im aktienrechtlichen Unternehmensverbund, CCZ 2008, 1.

Fleischer, Kartellrechtsverstöße und Vorstandsrecht, BB 2008, 1070.

Fleischer, Handbuch des Vorstandsrechts, 2006.

Fleischer, Aktienrechtliche Legalitätspflicht und „nützliche" Pflichtverletzungen von Vorstandsmitgliedern, ZIP 2005, 141.

Fleischer, Zur organschaftlichen Treuepflicht der Geschäftsleiter im Aktien- und GmbH-Recht, WM 2003, 1045.

Fleischer, Vorstandsverantwortlichkeit und Fehlverhalten von Unternehmensangehörigen - Von der Einzelüberwachung zur Errichtung einer Compliance-Organisation, AG 2003, 291.

Jannott/Frodermann, Handbuch des Aktienrechts, 9. Auflage 2017.

Fuhrmann, Internal Investigation: Was dürfen und müssen die Organe beim Verdacht von Compliance Verstößen tun?, NZG 2016, 881.

Gehb/Heckelmann, Haftungsfreistellung von Vorständen, ZRP 2005, 145.

Gillers/Simon/Perlman, Regulation of Lawyers: Statutes and Standards, 2018.

Goette/Habersack, Münchener Kommentar zum Aktiengesetz: AktG, Band 1: §§ 1–75, 5. Auflage 2019.

Goette/Habersack, Münchener Kommentar zum Aktiengesetz: AktG, Band 2: §§ 76–117, MitbestG, DrittelbG, 5. Auflage 2019.

Goette/Habersack, Münchener Kommentar zum Aktiengesetz: AktG, Band 3: §§ 118–178 4. Auflage 2018.

Goette/Habersack, Münchener Kommentar zum Aktiengesetz: AktG, Band 4: §§ 179–261 4. Auflage 2016.

Goette/Habersack, Münchener Kommentar zum Aktiengesetz: AktG, Band 3: §§ 118–178 3. Auflage 2003.

Goette, Zu den vom Aufsichtsrat zu beachtenden Abwägungskriterien im Rahmen seiner Entscheidung nach den Kriterien — dargestellt am Beispiel des Kartellrechts, in: Krieger/Lutter/Schmidt K. (Hrsg.), Festschrift für Michael Hoffmann-Becking zum 70. Geburtstag, 2013, 377.

Goette, Grundsätzliche Verfolgungspflicht des Aufsichtsrats bei sorgfaltswidrig schädigendem Verhalten im AG-Vorstand?, ZHR (176) 2012, 588.

Goette, „Zur ARAG/GARMENBECK-Doktrin“, in: Hüffer/Hoffmann-Becking/Reichert (Hrsg.), Festschrift Liber amicorum für Martin Winter, 2011, 153.

Goette, Organisationspflichten in Kapitalgesellschaften zwischen Rechtspflicht und Opportunität, ZHR (175) 2011, 388.

Göz/Holzborn, Die Aktienrechtsreform durch das Gesetz für Unternehmensintegrität und Modernisierung des Anfechtungsrecht - UMAG, WM 2006, 157.

Grigoleit, Aktiengesetz: AktG, 2013.

Grottel/Schmidt, Stefan/Schubert/Winkeljohann, Beck'scher Bilanz-Kommentar – Handels- und Steuerbilanz, §§ 238 bis 339, 342 bis 342e HGB, 11. Auflage 2018.

Grützner/Jakob, Compliance von A-Z, 2. Auflage 2015.

Habersack, 19 Jahre „ARAG/Garmenbeck“ - und viele offene Fragen, NZG 2016, 321.

Habersack, Grund und Grenzen der Compliance-Verantwortung des Aufsichtsrats der AG, 2014, 1.

Habersack, Zur Aufklärung gesellschaftsinternen Fehlverhaltens durch den Aufsichtsrat der AG, in: Habersack/Huber/Spindler (Hrsg.), Festschrift für Eberhard Stilz zum 65. Geburtstag, 2014, 191.

Habersack, Perspektiven der aktienrechtlichen Organhaftung, ZHR (177) 2013, 782.

Habersack, Die Legalitätspflicht des Vorstands der AG, in: Burgard/Hadding/Mülbert/Nietsch/Welter (Hrsg.), Festschrift für Uwe H. Schneider zum 70. Geburtstag, 2011, 429.

Habersack, Zweck und Gegenstand der Sonderprüfung nach § 142 AktG in: Wank/Hirte/Frey/Fleischer/Thüsing (Hrsg.), Festschrift für Herbert Wiedemann zum 70. Geburtstag, 2002, 889.

Haggeney/Hausmanns, Der Einfluss von Geheimhaltungsvereinbarungen auf die Informationsrechte des Aktionärs und des GmbH-Gesellschafters, NZG 2016, 814

Halbermann/Gierke, Das Recht der Aktionäre auf Einberufung einer Hauptversammlung, NZG 2004, 494.

Handelsrechtsausschuss des Deutschen Anwaltsvereins: Stellungnahme zur Verlängerung der Verjährungsfrist der aktienrechtlichen Organhaftung nach Art. 5 und 6 des Referentenentwurfs für ein Restrukturierungsgesetz, NZG 2010, 897.

Hahne/Schlögel/Schlünder, Beck'scher Online-Kommentar-FamFG, 28. Edition 2018.

Happ/Groß, Aktienrecht – Handbuch - Mustertexte - Kommentar, 2. Auflage 2014.

Harbarth/Jaspers, Verlängerung der Verjährung von Organhaftungsansprüchen durch das Restrukturierungsgesetz, NZG 2011, 368.

Häublein/Hoffmann-Theinert, Beck'scher Online-Kommentar-HGB, 20. Edition 2018.

Hauschka/Moosmayer/Lösler, Corporate Compliance – Handbuch der Haftungsvermeidung im Unternehmen, 3. Auflage 2016.

Haußleiter, FamFG – Gesetz über das Verfahren in Familiensachen und in den Angelegenheiten der freiwilligen Gerichtsbarkeit, 2. Auflage 2017.

Heckschen, Gründungsprüfung durch den Notar, NotBZ 2005, 429.

Heidel, Aktienrecht und Kapitalmarktrecht, 4. Auflage 2014, 4. Auflage 2014

Heidel/Schall, Handelsgesetzbuch – Handkommentar, 2. Auflage 2015.

Hellwig, Beratungsverträge des Abschlußprüfers - Genehmigungspflicht analog § 114 AktG und Publizitätspflicht analog § 125 Abs 1 Satz 3 AktG, ZIP 1999, 2117.

Hellwig, Der Auskunftsanspruch des Aktionärs nach unrichtiger Auskunftserteilung, in: Förschle/Kaiser u.a. (Hrsg.), Rechenschaftslegung im Wandel: Festschrift für Wolfgang Dieter Budde, 1995, 265.

Hennrichs/Kleindiek/Watrin, Münchener Kommentar zum Bilanzrecht, Band 2, 2013.

Henssler/Strohn, Gesellschaftsrecht – BGB, HGB, PartGG, GmbHG, AktG, GenG, UmwG, InsO, AnfG, IntGesR, 3. Auflage 2016.

Hirte/Mülbert/Roth, Aktiengesetz: AktG, Band 7/1: §§ 118–130, 5.Auflage 2017.

Hirte/Mülbert/Roth, Aktiengesetz: AktG, Band 2/1: §§ 23–40, 5. Auflage 2016.

Hirte/Mülbert/Roth, Aktiengesetz: AktG, Band 4/2: §§ 92 – 94, 5. Auflage 2015.

Hirte/Mülbert/Roth, Aktiengesetz: AktG, Band 7/2: §§ 131–149, 4. Auflage 2008.

Hirte, Berufshaftung, 1996.

Hirte, Die Nichtbestellung von Sonderprüfern im Feldmühle-Verfahren, ZIP 1988, 953.

Hoffmann-Becking, Münchener Handbuch des Gesellschaftsrecht – Aktiengesellschaft, Band 4, 4. Auflage 2015.

Holle, Aufarbeitung pflichtwidrigen Vorstandshandelns durch Aufsichtsrat und Aktionäre, ZHR 2018, 569.

Hommelhoff/Hopt/von Werder, Handbuch Corporate Governance – Leitung und Überwachung börsennotierter Unternehmen in der Rechts- und Wirtschaftspraxis, 2. Auflage 2009.

Hönle, Der Wirtschaftsprüfer, ein Organ der Rechtspflege, BB 1981, 466.

Hölters, Aktiengesetz: AktG, 3. Auflage 2017.

Hopt, ECLR Interessenwahrung und Interessenkonflikte im Aktien-, Bank und Berufsrecht, ZGR 2004, 1.

Hopt, Vom Aktien- und Börsenrecht zum Kapitalmarktrecht? - Teil 2: Die deutsche Entwicklung im internationalen Vergleich, ZHR (141) 1977, 389.

Horn, Unternehmerisches Ermessen und Vorstandshaftung nach § 93 AktG, in: Aderhold/Grunewald/Klingberg/Paefgen (Hrsg.), Festschrift für Harm Peter Westermann zum 70. Geburtstag, 2008, 1053.

Hüffer/Koch, Aktiengesetz: AktG, 13. Auflage 2018.

Hüffer, Compliance im Innen- und Außenrecht der Unternehmen in: Altmeppen/ Fitz/Honsell (Hrsg.), Festschrift für Günter H. Roth zum 70. Geburtstag, 2011, 299.

Hüffer, Verwaltungskontrolle und Rechtsverfolgung durch Sonderprüfer und besondere Vertreter (§§ 142, 147 Abs. 2 AktG), ZHR (174) 2010, 642.

Hüffer, Minderheitsbeteiligungen als Gegenstand aktienrechtlicher Auskunftsbegehren, ZIP 1996, 401.

Hüffer, Die Gesellschafterversammlung - Organ der GmbH oder bloßes Beschlußverfahren?, in: Lutter/Ulmer (Hrsg.), Festschrift 100 Jahre GmbHG, 1992, 521.

Hugger, Unternehmensinterne Untersuchungen - Erfahrungen und Standards der Praxis, ZHR (179) 2015, 214.

Humrich, Die (vermeintlichen) Informationsrechte des besonderen Vertreters nach § 147 II AktG, NZG 2014, 441.

Ihrig, Reformbedarf beim Haftungstatbestand des § 93 AktG, WM 2004, 2098.

Immenga, Compliance als Rechtspflicht nach Aktienrecht und Sarbanes-Oxley Act, in: Windbichler/Grundmann/Schwintowski/Raiser/Kirchner/Weber (Hrsg.), Unternehmensrecht zu Beginn des 21. Jahrhunderts – Festschrift für Eberhard Schwark zum 70. Geburtstag, 2009,199.

Jänig, Keine gerichtliche Bestellung von Sonderprüfern bei unstreitigem Sachverhalt, EWiR 2012, 369.

Jänig, Aktienrechtliche Sonderprüfung und UMAG, BB 2005, 949.

Jänig, Die aktienrechtliche Sonderprüfung - Eine rechtsvergleichende Untersuchung zur außerordentlichen Kontrolle der Verwaltung im deutschen, schweizerischen, französischen, englischen und niederländischen Aktienrecht, 2005.

Jauernig, Bürgerliches Gesetzbuch: BGB – mit Rom-I-, Rom-II-VO, EuUnthVO/ HUntProt und EuErbVO, Kommentar, 17. Auflage 2018.

Kamm, Die aktienrechtliche Sonderprüfung gemäß §§142ff. AktG - Das Gesellschaftsinteresse im Konflikt mit Anliegen der Aktionäre und der Verwaltung, 2015.

Keidel, FamFG – Gesetz über das Verfahren in Familiensachen und in den Angelegenheiten der freiwilligen Gerichtsbarkeit, 19. Auflage 2017.

Kersting, Die Dritthaftung für Informationen im Bürgerlichen Recht, 2007.

Kirschner, Die Sonderprüfung der Geschäftsführung in der Praxis, 2008.

Kling, Der besondere Vertreter im Aktienrecht, ZGR 2009, 190.

Koch, Gesellschaftsrecht, 10. Auflage 2017.

Koch, Keine Ermessensspielräume bei der Entscheidung über die Inanspruchnahme von Vorstandsmitgliedern, AG 2009, 93.

Koch, Die schleichende Erosion der Verfolgungspflicht nach ARAG/Garmenbeck, NZG 2014, 934.

Koch, Das Gesetz zur Unternehmensintegrität und Modernisierung des Anfechtungsrechts (UMAG), 2006.

Koller/Kindler/Roth, Handelsgesetzbuch: HGB, 8. Auflage 2015.

Koller/Kindler/Roth/Drüen, Handelsgesetzbuch: HGB, 9. Auflage 2019.

König, Der Umfang der Berichtserstattung über die aktienrechtliche Sonderprüfung, 1970.

Krieger/Schneider, Handbuch Managerhaftung – Vorstand Geschäftsführer Aufsichtsrat. Pflichten und Haftungsfolgen. Typische Risikobereiche, 3. Auflage 2017.

Kropff, Aktiengesetz: Textausgabe des Aktiengesetzes vom 6.9.1965 (Bundesgesetzblatt I S. 1089) und des Einführungsgesetzes zum Aktiengesetz vom 6.9.1965 (Bundesgesetzblatt I S. 1185); mit Begründung d. Regierungsentwurfs.

Krüger, Münchener Kommentar zum Bürgerlichen Gesetzbuch: BGB, Band 3: Schuldrecht Allgemeiner Teil II (§§ 311–432), 7. Auflage 2016.

Krüger/Rauscher, Münchener Kommentar zur Zivilprozessordnung: ZPO, Band 1: §§ 1–354, 5. Auflage 2016.

Küting/Weber, Handbuch der Rechnungslegung - Einzelabschluss, 16. Ergänzungslieferung 2013.

Langenbucher, Aktien- und Kapitalmarktrecht, 4. Auflage 2018.

Larenz, Methodenlehre der Rechtswissenschaft, 6. Auflage 1991.

Leslie, The costs of confidentiality and the purpose of privilege, Wis. L. Rev. 2000, 31.

Lieder, Auskunftsrecht und Auskunftserzwingung - Höchstrichterliche Fingerzeige in Sachen Porsche/VW-Beteiligungsaufbau, NZG 2014, 601.

Linnerz, Vom Anfechtungs- zum Haftungstourismus? Stellungnahme zur geplanten Neuregelung aktienrechtlicher Haftungsklagen, NZG 2004, 307.

Looschelders, Schuldrecht Allgemeiner Teil, 15. Auflage 2017.

Lüneborg/Resch, Die Ersatzfähigkeit von Kosten interner Ermittlungen und sonstiger Rechtsberater im Rahmen der Organhaftung, NZG 2018, 209.

Lutter/Krieger/Verse, Rechte und Pflichten des Aufsichtsrats, 6. Auflage 2014.

Lutter, Konzernphilosophie vs. konzernweite Compliance und konzernweites Risikomanagement, in: Habersack/Hommelhoff (Hrsg.), Festschrift für Wulf Goette zum 65. Geburtstag, 2011, 289.

Lutter, Der Bericht des Aufsichtsrats an die Hauptversammlung, AG 2008, 1.

Lutter, Haftung von Vorständen, Verwaltungs- und Aufsichtsräten, Abschlußprüfern und Aktionären, ZSR 2005, 415.

Marks, Corporate Investigations, Attorney-Client Privilege, and Selective Waiver: Is a Half-Privilege Worth Having at All?, Seattle U. L. Rev. 2006, 155.

Marsch-Barner/Schäfer, Handbuch börsennotierte AG – Aktien- und Kapitalmarktrecht, 4. Auflage 2018.

Marsch-Barner, Freiwillige Sonderprüfungen, in: Siekmann (Hrsg.), Festschrift für Theodor Baums zum siebzigsten Geburtstag, 2017, 775.

Marx, Die Unabhängigkeit des Abschlussprüfers, ZGR 2002, 292.

Medicus/Petersen, Allgemeiner Teil des BGB, 11. Auflage 2016.

Mehrbrey, Handbuch Gesellschaftsrechtliche Streitigkeiten – Corporate Litigation, 2. Auflage 2015.

Mertens, Schadensersatzhaftung des Aufsichtsrats bei Nichtbeachtung der Regeln des ARAG-Urteils über die Inanspruchnahme von Vorstandsmitgliedern?, in: v. Bitter//Lutter/Priester/Schön/Ulmer (Hrsg.), Festschrift für Karsten Schmidt zum 70. Geburtstag, 2009, 1183.

Mock, Schutzinteressen der Aktiengesellschaft und ihrer Aktionäre bei der Sonderprüfung, ZIP 2018, 201.

Mock, Informationsbeschaffung durch den besonderen Vertreter, ZHR (181) 2017, 688.

Mock, Anmerkung zum Urteil des LG Duisburg vom 16.4.2013, Az. 22 O 12/13 - Zur Aufgabenverteilung zwischen Sonderprüfer und besonderem Vertreter, EWiR 2013, 701.

Mock, Zur Vortragslast bei Sonderprüfungsanträgen, hier: Zusammenhang mit der Übernahme der Dresdner Bank durch die Commerzbank, EWiR 2011, 725.

Mock, Die Entdeckung des besonderen Vertreters, DB 2008, 393.

Mock, Berichts-, Auskunfts- und Publizitätspflichten des besonderen Vertreters, AG 2008, 839.

Moosmayer, Compliance – Praxisleitfaden für Unternehmen, 3. Auflage 2015.

Müller-Michaels/Wingerter, Die Wiederbelebung der Sonderprüfung durch die Finanzkrise: IKB und die Folgen, AG 2010, 903.

Musielak/Voit, Zivilprozessordnung: ZPO, 15. Auflage 2018.

Mutter/Quinke, Bestellung eines Sonderprüfers wegen Pflichtverletzungen von Vorstand und Aufsichtsrat der IKB, EWiR 2010, 171.

Nietsch, Klageinitiative und besondere Vertretung in der Aktiengesellschaft, ZGR 2011, 589.

Nitschke/Bartsch, Über Bedeutung und Umfang des Auskunftsrechts, insbesondere im Zusammenhang mit Entlastungsbeschlüssen, AG 1969, 95.

Papmehl, Aktienrechtliche Gründungsprüfung durch Notare, MitBayNot 2003, 187.

Poll, Die Verantwortlichkeit des Abschlußprüfers nach § 323 HGB, DZWir 1995, 95.

Puppe, Kleine Schule des juristischen Denkens, 3. Auflage 2014.

Quack, Unrichtige Auskünfte und das Erzwingungsverfahren des § 132 AktG, in: Beisse/Lutter/Närger (Hrsg.), Festschrift für Karl Beusch zum 68. Geburtstag am 31. Oktober 1993, 1993, 663.

Rehbinder, Rechtliche Schranken der Erstattung von Bußgeldern an Organmitglieder und Angestellte, ZHR (148) 1984, 555.

Reichert, Das Prinzip der Regelverfolgung von Schadensersatzansprüchen nach „ARAG/Garmenbeck" – Eine kritische Würdigung, in: Erle/Goette/Kleindiek u.a. (Hrsg.) Festschrift für Peter Hommelhoff zum 70. Geburtstag, 2012, 907.

Reichert, „ARAG/Garmenbeck" im Praxistest, ZIP 2016, 1189.

Reichert/Ott, Non Compliance in der AG - Vorstandspflichten im Zusammenhang mit der Vermeidung, Aufklärung und Sanktionierung von Rechtsverstößen, ZIP 2009, 2173.

Reichert/Ott, Die Zuständigkeit von Vorstand und Aufsichtsrat zur Aufklärung von Non Compliance in der AG, NZG 2014, 241.

Reyhn/Rübenstahl, Der 3. Evaluierungsbericht zur OECD-Anti-Korruptionskonvention – Gesetzgeberischer Handlungsbedarf und strengere Compliance-Anforderungen?, CCZ 2011, 161.

Rice/Barnett/Gershon/Janssen/Shea/Teslicko, Attorney-Client Privilege in the United States, 2017.

Rieckers, Nachlese der Hauptversammlungssaison 2016 und Ausblick auf 2017, DB 2016, 2526.

Roth/Altmeppen, Gesetz betreffend die Gesellschaften mit beschränkter Haftung: GmbHG, 9. Auflage 2019.

Rönnau, Errichtung „schwarzer" (Schmiergeld-) Kassen in der Privatwirtschaft. Strafrecht und Wirtschaftsstrafrecht: Dogmatik, Rechtsvergleich, Rechtstatsachen, in: Sieber (Hrsg.), Festschrift für Klaus Tiedermann zum 70. Geburtstag, 2008, 713.

Rottnauer, OLG Hamm: Pflicht zur Aktienhinterlegung bei einem Sonderprüfungsantrag nach §315 Sa. 2 AktG mit Anm. Rottnauer, NZG 2000, 1235.

Säcker/Rehm, Grenzen der Mitwirkung des Aufsichtsrats an unternehmerischen Entscheidungen in der Aktiengesellschaft, DB 2008, 2814.

Saenger, Zivilprozessordnung: ZPO – Familienverfahren | Gerichtsverfassung | Europäisches Verfahrensrecht, 7. Auflage 2017.

Schedlbauer, Sonderprüfungen, 1984.

Scheffler, Aufsichtsrat und Abschlußprüfer als Überwachungsorgane der Aktiengesellschaft, in: Lanfermann (Hrsg.), Internationale Wirtschaftsprüfung: Festschrift zum 65. Geburtstag von Hans Havermann, 1995, 653.

Schimansky/Bunte/Lwowski, Bankrechts-Handbuch, 5. Auflage 2017.

Schmalz, Methodenlehre für das juristische Studium, 3. Auflage 1992.

Schmidt, K./Lutter, Aktiengesetz, 3. Auflage 2015.

Schmidt, K., Gesellschaftsrecht, 4. Auflage 2004.

Schmolke, Geschäftsleiterpflicht: Offenlegung begangenen Fehlverhaltens, RIW 2008, 365.

Schmolke, Die Aktionärsklage nach § 148 AktG, ZGR 2011, 398.

Schneider, Compliance als Aufgabe der Unternehmensleitung, ZIP 2003, 645.

Schneider, Die aktienrechtliche Sonderprüfung im Konzern, AG 2008, 305.

Schneider, Der mühsame Weg der Durchsetzung der Organhaftung durch den besonderen Vertreter nach § 147 AktG, ZIP 2013, 1985.

Schnorbus/Ganzer, Recht und Praxis der Prüfung und Verfolung von Vorstandsfehlverhalten durch den Aufsichtsrat, WM 2015, 1832.

Schröer, Geltendmachung von Ersatzansprüchen gegen Organmitglieder nach UMAG, ZIP 2005, 2081.

Schulze, Bürgerliches Gesetzbuch – Handkommentar, 9. Auflage 2017.

Schulze-Osterloh, Zur öffentlichen Funktion des Abschlussprüfers, ZGR 1976, 411.

Schwacke, Juristische Methodik mit Technik der Fallbearbeitung, 5. Auflage 2011.

Schwintowski, Gesellschaftsrechtliche Anforderungen an Vorstandshaftung und Corporate Governance durch das neue System der kartellrechtlichen Legalausnahme, NZG 2005, 200.

Seibert, UMAG – Zu den Begriffen „Unredlichkeit oder grobe Verletzung des Gesetzes oder der Satzung in § 148 AktG und zu den Zusammenhängen zwischen §§ 93 und 148 AktG in: Hommelhoff/Rawert/ Schmidt, K. (Hrsg.), Festschrift für Hans-Joachim Priester zum 70. Geburtstag, 2007, 763.

Seibt, Die Reform des Verfolgungsrechts nach § 147 AktG und des Rechts der Sonderprüfung, WM 2004, 2137.

Semler, Leitung und Überwachung der Aktiengesellschaft, 2. Auflage 1996.

Semler/Vollhard/Reichert, Arbeitshandbuch für die Hauptversammlung, 4. Auflage 2018.

Slavik, Ausgewählte Probleme der aktienrechtlichen Sonderprüfung, WM 2017, 1684.

Spieker, Die Verschwiegenheitspflicht der Aufsichtsratsmitglieder, NJW 1965, 1937.

Spindler/Stilz, Kommentar zum Aktiengesetz: AktG, Band 1, 4. Auflage 2019.

Spindler/Stilz, Kommentar zum Aktiengesetz: AktG, Band 2, 4. Auflage 2019.

Spindler, Sonderprüfung und Pflichten eines Bankvorstands in der Finanzmarktkrise, Anmerkung zu OLG Düsseldorf, Beschluss vom 9. Dezember 2009, Az.: 6 W 45/09 – IKB, NZG 2010, 281.

Spindler, Compliance in der multinationalen Bankengruppe, WM 2008, 905.

Spindler, Haftung und Aktionärsklage nach dem neuen UMAG, NZG 2005, 865.

Staub, Handelsgesetzbuch: HGB, Band 7/2: §§ 331–342e, 5. Auflage 2011.

Stegmaier, Geheimhaltung bei wissenschaftlichen oder statistischen Studien über Corporate-Governance-Strukturen, AG 2017, 336.

Stein, Die Darlegungs- und Beweislast im Zivilprozess - Ein Überblick, JuS, 896.

Stoll, Abschied von der Lehre von der positiven Vertragsverletzung, AcP 136 1932, 257.

Sweet/Maxwell, Phipson on Evidence, 19. Edition 2017.

Sweet/Maxwell, Privilege, 3. Edition 2013.

Szesny/Kuthe, Kapitalmarkt Compliance, 2. Auflage 2018.

Thole, Managerhaftung für Gesetzesverstöße, ZHR (173) 2009, 504.

Thomas Reuter, Corporate Counsel's Guide to the Attorney-Client, Work-Product and Self-Evaluative Privileges, 2018.

Thum/Klofat, Der ungetreue Aufsichtsrat - Handlungsmöglichkeiten des Vorstands bei Pflichtverletzungen des Aufsichtsrats, NZG 2010, 1087.

Tröger, Durchsetzung der Vorstandshaftung, ZHR (179) 2015, 453.

Trölitzsch/Gunßer, Grenzen der gerichtlichen Anordnung von Sonderprüfungen nach §142 Abs. 2 AktG, AG 2008, 833.

Umnuß, Corporate Compliance Checklisten – Rechtliche Risiken im Unternehmen erkennen und vermeiden, 3. Auflage 2017.

Velte, Die externe Abschlussprüfung als Gegenstand der Corporate Governance-Berichterstattung des Aufsichtsrats - Eine empirische Untersuchung im DAX, TecDAX, MDAX und SDAX, DB 2011, 1173.

Velte, Erteilung des Prüfungsauftrags und Überwachung des Abschlussprüfers durch den Prüfungsausschuss – vorbereitende oder ersetzende Tätigkeit?, NZG 2011, 771.

Verhoeven, Der besondere Vertreter nach § 147 AktG - Erwacht ein schlafender Riese?, ZIP 2008, 245.

Verse, Compliance im Konzern - Zur Legalitätskontrollpflicht der Geschäftsleiter einer Konzernobergesellschaft, ZHR (175) 2011, 401.

Vetter, Die Änderungen 2007 des Deutschen Corporate Governance Kodex, DB 2007, 1963.

von der Linden/Ogorek, Zum Schutzzweck des § 142 Abs 2 AktG, EWiR 2010, 629.

Voßkuhle, Zur Einwirkung der Verfassung auf das Zivilrecht, in: Bruns/Kern/Münch/Piekenbrock/Stadler/Tsikrikas (Hrsg.), Festschrift für Rolf Stürner zum 70. Geburtstag, 2013, 79.

Wachter, Aktienrecht, 2. Auflage 2014.

Wagner, „Internal Investigations" und ihre Verankerung im Recht der AG, CCZ 2009, 8.

Weber, ZHR-Symposium 2015: Zu den Referaten von Heiner Hugger, Florian Drinhausen, Alexander Geschonneck und Barbara Scheben, ZHR (179) 2015, 267.

Weller, Die Vertragstreue, 2009.

Weller, Die Klagbarkeit gesellschaftsrechtlicher Treuepflichten in: Hüffer/Hoffmann-Becking/Reichert (Hrsg.), Festschrift Liber amicorum für Martin Winter, 2011, 755.

Westermann, Der Besondere Vertreter im Aktienrecht, AG 2009, 237.

Wiedemann, Zu den Treuepflichten im Gesellschaftsrecht, in: Kübler/Mertens/Werner (Hrsg.), Festschrift für Theodor Heinsius zum 65. Geburtstag am 25. September 1991, 1991, 949.

Wiedemann, Richterliche Rechtsfortbildung, NJW 2014, 2407.

Wilsing/von der Linden, Die informelle Sonderprüfung, AG 2017, 568.

Wilsing/von der Linden/Ogorek, Gerichtliche Inhaltskontrolle von Sonderprüfungsberichten, NZG 2010, 729.

Wilsing, Voraussetzungen und Folgen der Nichtgeltendmachung von Haftungsansprüchen gegen Vorstandsmitglieder aus übergeordneten Gründen des Unternehmenswohls in: Grunewald/Westermann (Hrsg.), Festschrift für Georg Maier-Reimer zum 70. Geburtstag, 2010, 889.

Wilsing, Der Schutz vor gesellschaftsschädlichen Sonderprüfungen, 2014.

Wilsing/Ogorek, Der Minderheitsantrag auf gerichtliche Einsetzung eines Sonderprüfers gemäß § 142 Abs. 2 AktG - ein neues Betätigungsfeld für professionelle Minderheitsaktionäre, GWR 2009, 75.

Wilsing/Siebmann, Keine Auslage eines Sonderprüfungsberichts auf der Hauptversammlung bei freiwilliger Sonderprüfung durch Vorstand und Aufsichtsrat, EWiR 2007, 705.

Wilsing/Neumann, Die Neuregelung der aktienrechtlichen Sonderprüfungen nach dem Inkrafttreten des UMAG, DB 2006, 31.

Windbichler, Schadensersatzansprüche des stillen Gesellschafters, ZGR 1989, 434.

Winter, Mitgliedschaftliche Treuebindungen im GmbH-Recht, 1988.

Winter, Die Verantwortlichkeit des Aufsichtsrats für „Corporate Compliance" in: Kindler/Koch/Ulmer (Hrsg.), Festschrift für Uwe Hüffer zum 70. Geburtstag, 2010, 1103.

Wirth, Der „besondere Vertreter" nach §147 Abs. 2 AktG Ein neuer Akteur auf der Bühne? in: Kindler/Koch/Ulmer (Hrsg.), Festschrift für Uwe Hüffer zum 70. Geburtstag, 2010, 1129.

Wirth, Ihr Zeuge, Herr Rechtsanwalt! – Weshalb Civil-Law-Schiedsrichter Common-Law-Verfahrensrecht anwenden, SchiedsVZ 2003, 9

Wirth/Pospiech, Der besondere Vertreter gem. § 147 Abs. 2 Satz 1 AktG als Organ der Aktiengesellschaft?, DB 2008, 2471.

Wolkowiak, The Attorney-Client Privilege in Civil Litigation: Protecting and Defending Confidentiality, 2008.

Würdinger, Die Analogiefähigkeit von Normen - Eine methodologische Untersuchung über Ausnahmevorschriften und deklaratorische Normen, AcP 206 2006, 946.

Zieglmeier, Die Systematik der Haftung von Aufsichtsratsmitgliedern gegenüber der Gesellschaft, ZGR 2007, 144.

Ziemons/Binneweis, Handbuch der Aktiengesellschaft – Gesellschaftsrecht - Steuerrecht, 81. Lieferung 2018.

Zöllner/Noack, Kölner Kommentar zum Aktiengesetz, Band 5, Teil 3: §§ 241–249 AktG und §§ 253–261a, 3. Auflage 2018.

Zöllner/Noack, Kölner Kommentar zum Aktiengesetz, Band 3, Teil 5: §§ 147–149 AktG, 5. Auflage 2015.

Zöllner/Noack, Kölner Kommentar zum Aktiengesetz, Band 3, Teil 4: §§ 142–146 AktG, 3. Auflage 2014.

Zöllner/Noack, Kölner Kommentar zum Aktiengesetz, Band 2, Teil 2: §§ 95–117, 3. Auflage 2011.

Zöllner/Noack, Kölner Kommentar zum Aktiengesetz, Band 1/ Teil 2: §§ 1–53 AktG, 3. Auflage 2009.

Zöllner/Noack, Kölner Kommentar zum Aktiengesetz, Band 3/1, Teil 1: §§ 131, 132 AktG, 3. Auflage 2009.

Zöllner/Noack, Kölner Kommentar zum Aktiengesetz, Band 2, Teil 1: §§ 76–94 AktG, 3. Auflage 2009.

Zöllner, Die Schranken mitgliedschaftlicher Stimmrechtsmacht bei den privatrechtlichen Personenverbänden, 1963.

www.ingramcontent.com/pod-product-compliance
Ingram Content Group UK Ltd.
Pitfield, Milton Keynes, MK11 3LW, UK
UKHW021933290926
8980IPUK00016B/1601

9 783631 834114